# कन्या वामा जननी

# कन्या वामा जननी

डॉ. अरुणकुमार मित्र

अनुवाद

मुनमुन सरकार

राधाकृष्ण प्रकाशन

ISBN : 978-81-7119-659-3

**कन्या वामा जननी**



**पहला संस्करण :** 2001
**पहली आवृत्ति :** 2024

**मूल्य :** ₹995

**प्रकाशक**
राधाकृष्ण प्रकाशन प्राइवेट लिमिटेड
जी-17, जगतपुरी, दिल्ली-110 051
**शाखाएँ :** अशोक राजपथ, साइंस कॉलेज के सामने, पटना-800 006
पहली मंज़िल, दरबारी बिल्डिंग, महात्मा गांधी मार्ग, प्रयागराज-211 001
1, अनमोल सोराबजी संतुक लेन, धोबी तलाव, मरीन लाइंस, मुम्बई-400 002
वेबसाइट : www.radhakrishnaprakashan.com
ई-मेल : info@radhakrishnaprakashan.com

**मुद्रक**
राजकमल प्रकाशन प्रा.लि.
नई दिल्ली-110 002

KANYA VAMA JANANI
*by* Dr. Arun Kumar Mitra

# अनुक्रम

# 1

# वयःसंधि का रूपांतर

हे पंद्रह वर्षीया, पहुँच गई तुम पूर्णिमा में... ।

—रवीन्द्रनाथ

स्त्रियों के जीवन के विभिन्न चरणों के अंतराल में किशोरावस्था से आरंभ यौवन का जागरण और उसका क्रमागत विकास उनके जीवन-पथ की एक अपूर्व धारा है। यौवनोद्गम और उसका विकास आमतौर पर नौ वर्ष से लेकर बीस वर्ष तक चलता है। हालाँकि ऋतुमती होने के दो-एक साल पहले से ही कुछ-कुछ दैहिक परिवर्तन परिलक्षित होते हैं, लेकिन ऋतुस्राव (माहवारी) को ही स्त्रियों के नए जीवन की शुरुआत समझा जाता है। इसके बाद पाँच-छह वर्षों में किशोरी के शरीर और मन में यौवन की स्रोतस्विनी ज्वार की तरह प्रवाहित होती है और क्रमशः संतान प्रजनन की क्षमता का विकास होता है। किशोरावस्था के प्रारंभ में प्राथमिक परिवर्तन शरीर की वृद्धि में ही दिखाई देता है। लड़कियाँ इस समय तेजी से लंबी होती जाती हैं—कंधे, छाती, नितंब और जाँघों में भराव आता है और अपेक्षाकृत कमर पतली होती है। परिणामतः नारी सुलभ लावण्य और देह भंगिमा शरीर से प्रस्फुटित होती है। स्तनों की वृद्धि और उनका विकास ऋतु सूचना के छह माह से एक वर्ष पूर्व से ही शुरू हो जाता है और क्रमशः वे पीन पयोधर में रूपांतरित होने लगते हैं। बाँहों के बगल में और योनि पर इस वक्त धीरे-धीरे बाल उगने लगते हैं। ये सारे परिवर्तन सभी मामलों में एक ही नियम से नहीं होते, लेकिन उनके क्रमिक विकास की प्रक्रिया में एक हद तक छंदबद्धता रहती है।

## *किसके प्रभाव से यौवनोद्गम और उसका विकास होता है ?*

सरल भाषा में कहा जाए कि किशोरावस्था की सूचना से शरीर के विभिन्न अंगों में अवस्थित अंतःनिस्सरणकारी ग्रंथियों में वृद्धि होती है और विभिन्न तरह के हारमोन के प्रभाव से यह विवर्तन परिलक्षित होता है। इस समय एक साथ ही शारीरिक और मानसिक परिवर्तन होते हैं। शारीरिक परिवर्तन के दो पहलू हैं—

1. आंतरिक और बाह्य यौनांगों में वृद्धि और प्रस्फुटन।

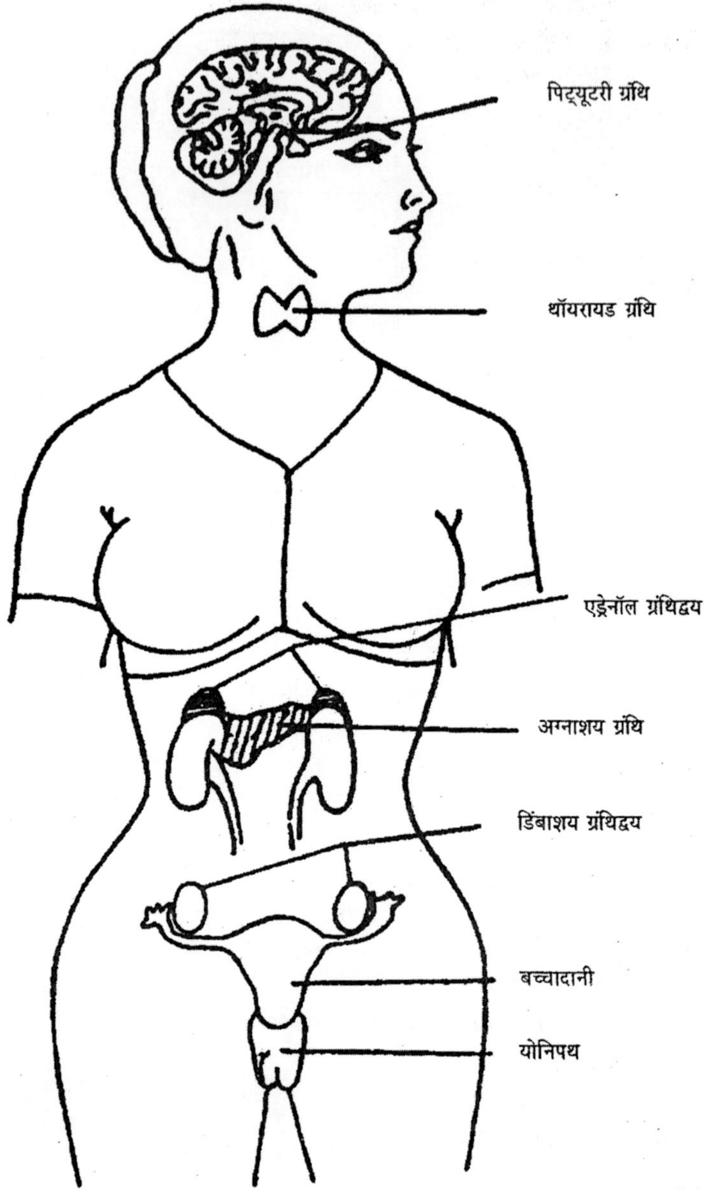


चित्र : 1/1 स्त्री शरीर के प्रजनन अंगों को प्रभावित करने के विभिन्न ग्रंथि समूहों का चित्र

2. स्त्री संबंधी शारीरिक विशेषताओं का विकास।

स्त्री शरीर के आंतरिक यौनांगों में सबसे महत्त्वपूर्ण हैं—

1. बच्चेदानी या यूटरस,
2. डिम्बाशय या ओवरी,
3. गर्भनली या फैलोपियन ट्यूब।

बच्चेदानी नाभि के नीचे मूत्राधार के पीछे तथा मल-नली के सामने रहती है। मांसपेशियों से बनी यह बच्चेदानी बहुत हद तक चपटी नाशपाती की तरह दिखती है। इसके भीतरी हिस्से में इससे चिपकी जो श्लेष्मा झिल्ली (श्लेष्मा पर्दा) होती है उसे एंडोमेट्रियम कहा जाता है। इस श्लेष्मा झिल्ली से ही माहवारी होती है। बच्चेदानी के मुँह को सरविक्स कहा जाता है।

बच्चेदानी के ऊपर के दोनों कोनों से दो मांसपेशियों की नली डिम्बाशय या ओवरी तक फैली रहती है। इसका नाम फैलोपियन ट्यूब है। प्रत्येक नली साढ़े चार इंच लंबी होती है।

नाभि से पेट के नीचे दोनों तरफ दो डिम्बाशय रहते हैं—जो डिम्बकोश का आधार हैं। एक-एक डिम्बाशय में करीब एक लाख डिम्बाणु रहते हैं।

अब देखते हैं कि यौवन के विकास से किस तरह का परिवर्तन होता है।

हमारे मस्तिष्क में पिट्यूटरी नामक एक ग्रंथि है, इस ग्रंथि से निकलने वाला रस शरीर की अन्य ग्रंथियों को सक्रिय बना देता है। किशोरावस्था के अंत में पिट्यूटरी के द्वारा शुरू होती है थॉयरायड, एड्रेनॉल, अग्नाशय, ओवरी आदि ग्रंथियों की क्रिया। ओवरी के अपरिपक्व डिम्बकोश इस समय परिपक्व हो जाते हैं और उनमें से इस्ट्रोजन नामक एक तरह का रासायनिक द्रव निकलता है। इस इस्ट्रोजन से बच्चेदानी तथा अन्य शारीरिक यंत्रों में परिवर्तन आता है। (चित्र 1/1, 1/2)

यौवन के प्रारंभ में पिट्यूटरी के नियंत्रण से महीने में एक बार एक डिम्बकोश ओवरी से निकलकर बहते हुए बच्चेदानी में चला जाता है।

डिम्बकोश के निकल जाने के बाद ओवरी में पीले रंग की एक कोशग्रंथि बनती है। इस पीली ग्रंथि में से प्रेजेस्टेरॉन नामक और एक हारमोन निःसृत होता है। क्रमशः इस्ट्रोजन और प्रेजेस्टेरॉन की संयुक्त प्रक्रिया से बच्चेदानी और उसके आंतरिक श्लेष्मिक झिल्ली की वद्धि और विवर्तन होता है। यह झिल्ली कोश-समूह खून और श्लेष्मा के साथ बच्चेदानी में से निष्कासित होता है। यौवनोद्गम के बाद से माहवारी बंद होने तक बच्चेदानी में से नियमित खून, श्लेष्मा और झिल्ली कोश के निकलने को आम भाषा में ऋतुस्राव या माहवारी कहा जाता है।

ऋतुचक्र के दस से पंद्रह दिनों के बीच डिम्बाशय से एक डिम्बाणु निकलता है और बाद में वह डिम्बाणु डिम्बनली के भीतर से होकर बच्चेदानी में चला आता है। ऋतुक्षरण के कुछ समय पूर्व डिम्बाणु निष्क्रिय हो जाता है और रक्तप्रवाह के साथ बाहर निकलता है। विवाह के बाद स्त्री-पुरुष सहवास के दौरान शुक्राणु के डिम्बनली के बीच डिम्बाणु

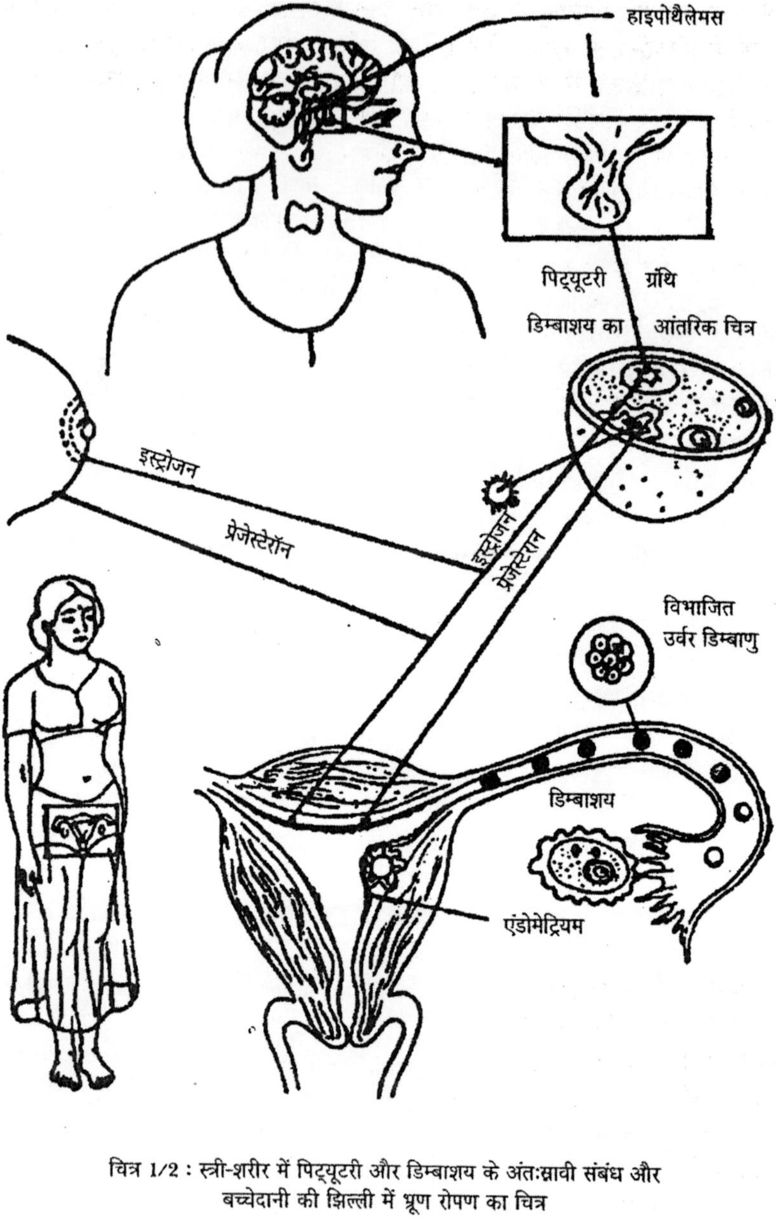


चित्र 1/2 : स्त्री-शरीर में पिट्यूटरी और डिम्बाशय के अंतःस्रावी संबंध और बच्चेदानी की झिल्ली में भ्रूण रोपण का चित्र

से मिलने पर उर्वर डिम्बाणु की सृष्टि होती है। उर्वरता प्राप्ति के बाद डिम्बाणु में विविध तरह के परिवर्तनों की सूचना होती है। यह उर्वर डिम्बाणु बच्चेदानी में पहुँचकर सघन और परिपक्व झिल्ली में अटक जाता है और भ्रूण का निर्माण होता है। बच्चे को जन्म देने में जन्म नियंत्रण के लिहाज से इस नियम का बहुत अधिक महत्त्व है।

शरीर की नारीगत विशेषताओं का विकास और स्तनों में विवर्तन भी इस इस्ट्रोजन और प्रेजेस्टेरॉन हारमोन के प्रभाव से ही होता है।

## *यौन विकास और संबंधित मानसिक परिवर्तन*

पश्चिमी देशों में किशोरावस्था के कुछ समय बाद बारह से पंद्रह वर्ष की उम्र के बीच लड़कियाँ ऋतुमती होती हैं। जाति और आनुवंशिकता की धारा के अनुरूप तथा आमतौर पर स्वास्थ्य, भोजन और शारीरिक वृद्धि पर ऋतु का होना निर्भर करता है। नियमित माहवारी के बाद लड़कियाँ यौवनोद्‌गम और उसके विकास के बारे में सचेत हो जाती हैं। पूरी तरह से यौन चेतना आने में कुछ और साल लगते हैं तथा शादी के बाद इस विषय में सुस्पष्ट धारणा होती है। इन परिवर्तनों के समय किशोरी के चित्त में कई तरह के चांचल्य भाव दिखाई देते हैं। बड़ी सहजता से खिलखिलाकर हँसती है। रोना या अत्यधिक मानसिक पश्चात्ताप और प्रफुल्लता उनके व्यवहार में दृष्टिगोचर होती है। इस समय—

1. यौवन के विकास को लेकर बेवजह चिंता और उसके विरुद्ध संघर्ष की भावना दिखाई देती है।
2. भविष्य के यौन जीवन के प्रति जिज्ञासा, भय और उद्वेग होता है।
3. यौवन के ज्वार में दिवास्वप्न देखने की प्रवृत्ति और लड़कों के प्रति चपल उत्सुकता का भाव जाग्रत होता है।

इस तरह की चिंता के साथ अंतर्द्वंद्व की सृष्टि होती है। स्कूल के सहपाठियों से जो अपरिपक्व चिंतन के आधार पर यौन संबंधी बातें जानने को मिलती हैं, उससे कई तरह की गलत और गंदी धारणाओं का जन्म होता है। स्वाभाविक रूप से तभी इन बातों को माता-पिता से छिपाने की कोशिश बच्चे करते हैं। किसी-किसी मामले में माता-पिता के जीवन के बारे में भी जानने की जिज्ञासा उत्पन्न होते देखी जाती है।

जो बच्चे परिवार में सुशिक्षा और स्नेह-ममता के बीच पलकर बड़े होते हैं तथा माँ-मौसी से यौन के विषय में सही जानकारी पाते हैं, वे इस परिवर्तन से कुछ हद तक आश्चर्यचकित होने पर भी इसे बेवजह शर्म या डर के कारण ग्रहण नहीं करते। जो शारीरिक विवर्तन नारी जीवन के स्वाभाविक विकास और प्राकृतिक नियम के कारण होने के लिए बाध्य हैं, उन शारीरिक विवर्तनों के विषय में किशोरियों को समुचित जानकारी देना अभिभावकों का कर्तव्य है। जिन घरों में सुशिक्षा का अभाव होता है तथा जिन लड़कियों को स्कूल में कैंप या खेल के मैदान में या फिर अस्वाभाविक परिस्थिति

में पहली माहवारी होती है तो उस स्थिति की दुश्चिंता, डर, किंकर्तव्यविमूढ़ता एवं परिस्थितिजन्य असुविधा के कारण वे ऋतुस्राव को बहुत ही निकृष्ट घटना समझ बैठती हैं।

हमारे देश में अकसर यह देखा जाता है कि माता-पिता, अभिभावक किशोरी लड़कियों के साथ इस मामले में खुली बातचीत करने में शर्मिंदगी महसूस करते हैं। शायद वे सोचते हैं कि बच्चों के साथ इस तरह की बातचीत करना उनके सम्मान के विरुद्ध होगा। लेकिन इस गलत सोच का शिकार होने के कारण उनकी किशोरी कन्या के शारीरिक और मानसिक विकास में बाधा आती है—यह वे अनुभव नहीं कर पाते। घर में यदि माता-पिता के बीच मतभेद या अर्थाभाव की समस्या उत्पन्न होती है तो मानसिक अंतर्द्वंद्व के परिणामस्वरूप माहवारी के समय कई तरह की समस्याएँ सामने आती हैं। इसी से आगे चलकर स्त्री रोग का जन्म होता है।

हर महीने किशोरी के मन में अनजानी आशंका के साथ निम्नलिखित लक्षण प्रकट होते हैं—

1. डर, उद्वेग, गुस्सा या चिड़चिड़ापन।
2. मानसिक क्षोभ और असुविधा-बोध के कारण स्नायविक कमजोरी।
3. अत्यधिक दर्द का एहसास और आकस्मिक रक्त-क्षरण का रुक जाना।
4. अत्यधिक मात्रा में या अनियमित रक्त क्षरण होना।

इन लक्षणों की उत्पत्ति अज्ञानता और भय से होती है। किशोरियों के स्वस्थ चिंतन एवं यौन शिक्षा का उत्तरदायित्व अभिभावकों, शिक्षकों, महिला समितियों और महिला समाजसेवियों को उठाना चाहिए। इनके लिए इस समय की अवस्था और संभाव्य असुविधाओं को दूर करने के बारे में कुछ सुझाव प्रस्तुत हैं—

## *माहवारी के समय पालन किए जाने वाले सामान्य नियम*

सभी को यह जानना चाहिए कि माहवारी का समय किसी भी तरह की अस्वस्थता या छुआछूत मानने का समय नहीं होता। इस समय सामान्य स्वास्थ्य नियमों का पालन करने से ही छोटी-मोटी असुविधाओं से निजात पाया जा सकता है। इस समय नियमित स्नान करना चाहिए और स्कूल-कॉलेज भी नियमित रूप से जाना चाहिए। दूसरी ओर, अनावश्यक रूप से उछल-कूद और भाग-दौड़ का खतरा नहीं उठाना चाहिए। वैसे साधारण ढंग से घूमने-फिरने या घर का कामकाज करने से कोई हानि नहीं होती। बल्कि माहवारी को अनावश्यक रूप से महत्त्व न देकर सामान्य कामकाज करना चाहिए। पैड या इस्तेमाल में लाए जाने वाले कपड़ों को साफ रखना चाहिए। अधिकतर स्कूलों में शौचालय तथा पैड फेंकने की यथोचित व्यवस्था नहीं होती। सभी स्कूलों की प्रधान शिक्षिका और स्कूल की महिला डॉक्टर को इस पर ध्यान देना चाहिए। उचित इंतजाम के अभाव में अधिकतर लड़कियाँ दिन-भर एक पैड लिये रहती हैं और जहाँ-तहाँ उसे

फेंक देती हैं। गंदा बिना फींचा हुआ कपड़ा या अंदर के पैड को दिन-भर लिये रहने से योनिद्वार में जीवाणुओं की उत्पत्ति होती है। और जलन हो सकती है। खासतौर पर अविवाहित लड़कियों के लिए आभ्यंतरिक यानी अंदर का पैड प्रयोग में न लाना ही अच्छा है।

स्कूल में पढ़ने वाली लड़कियों को विश्राम, खाने से संबंधित या साधारण बातचीत के जरिए माँ को माहवारी के बारे में जानकारी दे देनी चाहिए। माहवारी के कुछ दिनों पहले पेट साफ करने और बाधा दूर करने वाले साधारण व्यायाम के बारे में भी लड़कियों को जानकारी दी जानी चाहिए। स्वस्थ स्पष्ट बातचीत के माध्यम से इन दिनों क्या करना चाहिए, यह समझा देने से छोटी-मोटी परेशानियाँ कम हो जाती हैं।

छठी से ग्यारहवीं कक्षा तक की छात्राओं को कक्षा में स्वास्थ्य संबंधी पाठ के जरिए इन बातों को समझा देने से बहुत सारी अज्ञानता और मुसीबत से बचा जा सकता है। कई बार यह जानकारी किशोरी को मानसिक प्रकोप के शिकंजे से उसकी रक्षा करने में सहायता करती है; क्योंकि सभी लड़कियों का ऋतुस्राव एक ही उम्र में होगा, ऐसी बात नहीं है। कभी-कभी यह पाया जाता है कि किसी-किसी लड़की को अन्य लड़कियों की अपेक्षा माहवारी जल्दी शुरू हो जाती है। घर में या स्कूल में अभिभावक या शिक्षिकाओं द्वारा इसके बारे में न बताने के कारण कई बार लड़कियों को मानसिक परेशानी का सामना करना पड़ता है। इसलिए प्रत्येक माँ को चाहिए कि जिस तरह वह अपने बच्चों को नियमित दाँत साफ करना, मुँह-हाथ धोना, स्नान करना, मल-मूत्र त्याग करना आदि सामान्य स्वास्थ्य संबंधी बातें सिखाती है और कैसे स्वास्थ्य की रक्षा करनी चाहिए यह सब बताती है, ठीक उसी तरह सहज ढंग से किशोरी लड़की को ऋतुस्राव और उसके लिए क्या करना चाहिए, इस बारे में भी जानकारी देना अपना कर्तव्य समझे।

## *ऋतु रोग संबंधी पीड़ा*

माहवारी के समय थोड़ा-बहुत दर्द या अकबकाहट सभी लड़कियों को होती है। किसी-किसी को ऋतुमती होने के एक-दो साल तक कोई दर्द नहीं होता, उसकी शुरुआत कुछ समय बाद से होती है, जब डिम्बाशय से डिम्बाणु निकलना शुरू करते हैं। यह तो सभी जानते हैं कि अलग-अलग व्यक्तियों के दर्द की अनुभूति और चेतना में तारतम्य है। जो लड़कियाँ अज्ञानता, डर और उद्वेग के साथ रक्त क्षरण या माहवारी से गुजरती हैं, उन्हीं को दर्द का शिकार होना पड़ता है। मौका पाकर दर्द के बहाने बहुतेरी लड़कियाँ स्कूल-कॉलेज नहीं जातीं। ऐसे वक्त में कमजोर मन के माता-पिता द्वारा अत्यधिक वात्सल्य दिखाए जाने पर वह दर्द और बढ़ जाता है। भाग-दौड़ करने, सिर पर पानी डालने, पेट पर गरम सेंक देने, बेवजह पंखे से हवा करने आदि से लड़कियाँ और ज्यादा व्याकुल हो जाती हैं और फर्श पर या बिस्तर पर लोटने लगती हैं। डॉक्टर की सलाह

न मानकर ऐसे वक्त में 'पैथेडिन', 'मारफिन', 'ब्रांडी' आदि मादक द्रव्यों का प्रयोग करने से दर्द धीरे-धीरे बढ़ता ही जाता है।

पहले ही कहा जा चुका है कि सामान्य सलाह और नियमों को मानकर चलने से दर्द कम होता है। किशोरी के मन के डर और गलत सोच को दूर करने के लिए उसके साथ बैठकर सहज ढंग से इस पर बातचीत करनी चाहिए। इस विषय में उसके द्वारा कोई प्रश्न उठाए जाने पर धैर्यपूर्वक उसे सुनिए और सहानुभूति के साथ उसका समाधान कीजिए। सामान्य स्वास्थ्य की देखभाल, माहवारी से पहले पेट साफ रखना, खाने-पीने और खेल-कूद में ध्यान देने से यह दर्द धीरे-धीरे दूर हो जाता है। किसी-किसी मामले में इस्ट्रोजन हारमोन से डिम्बाणु का निकलना बंद करके दर्द को कम किया जा सकता है। निरीक्षण से पता चला है कि माहवारी के शुरू होते ही किशोर मन में अस्वाभाविक मानसिक चंचलता दिखाई देती है और बाद में आसपास के प्रभाव से वह क्रमशः डर और अंततः विकृत मानसिकता में बदल जाती है। 'एनी फ्रैंक की डायरी' पढ़कर बारह वर्ष की लड़की को माहवारी होने पर उसके अवचेतन मन के अंतर्द्वंद्व को बहुत हद तक जाना जा सकता है।

लेकिन वैसी स्थिति में भी सामान्य नियमों का पालन करने से दर्द कम हो जाता है। और, जहाँ दर्द सिर्फ अज्ञानता या आतंक की वजह से नहीं होता, वैसी स्थिति में एस्प्रिन या एस्ट्रोपिन मिश्रित गोली माहवारी के समय दिए जाने पर अच्छा फल मिलता है। लेकिन हमेशा यह जानना चाहिए कि ऐसे वक्त में होने वाला दर्द स्थायी नहीं होता। शादी होने या बच्चा होने के बाद यह कम हो जाता है। बहुत कम ही ऐसे मामले होते हैं जिनमें हारमोन या सर्जिकल चिकित्सा की आवश्यकता पड़ती है। माता-पिता की अस्वाभाविक घबराहट के कारण यह रोग कमजोर मन की किशोरियों पर प्रभाव डालता है।

### *अत्यधिक रक्तस्राव*

पहले ही कहा जा चुका है कि किस तरह यौवन के प्रारंभ में अंतःनिस्सरणकारी ग्रंथि समूह के हारमोन के प्रभाव से शरीर और बच्चेदानी का विकास होता है और माहवारी की शुरुआत होती है। याद रखना चाहिए कि आदमी के शरीर की इन ग्रंथियों के काम पर मन-मस्तिष्क का बहुत असर होता है; पारिवारिक झमेले, असुविधाएँ, अर्थाभाव, माता-पिता के विचारों का न मिलना या बुजुर्गों की मृत्यु आदि छोटी-बड़ी पारिवारिक स्थितियों का मन पर बहुत प्रभाव पड़ता है और इससे डिम्बाशय के काम में बाधा आती है तथा हारमोन के अनियमित निस्सरण के परिणामस्वरूप अत्यधिक रक्तस्राव होता है। कुछ महीनों तक इस तरह खून के बहने से किशोरी क्रमशः खून की कमी का शिकार हो जाती है। फलस्वरूप रक्त की अत्यधिक कमी के कारण रोग कठिन रूप धारण कर लेता है। जो लड़कियाँ कमजोर स्वास्थ्य की या मलेरिया, टी.बी. आदि रोग के कारण

कमजोर होती हैं, वे अतिरिक्त रक्तस्राव के कारण जल्दी दुर्बल हो जाती हैं। बहुतों में खून के जमने की क्षमता कम होती है, वैसी स्थिति में भी अत्यधिक रक्तस्राव और इससे रक्त अल्पता या खून की कमी दिखाई देती है।

इस रोग में किशोरी लड़की का सामान्य स्वास्थ्य बनाए रखने एवं रक्त अल्पता दूर करने का इलाज ज्यादा जरूरी है। किसी-किसी मामले में आयरन, विटामिन और प्रोटीनयुक्त भोजन की सहायता से भी जल्दी काम न होने पर खून चढ़ाना पड़ता है। खून की कमी से उबरने पर रोग अपने-आप धीरे-धीरे दूर हो जाता है। ऐसे मामलों में सहानुभूति के साथ-साथ दृढ़ता दिखाते हुए किशोरी के मन की गहराई में बसे डर और संशय का उद्‌घाटन करने की कोशिश करनी चाहिए। माता-पिता को अपने कर्तव्य के प्रति सचेत रहना चाहिए। बहुत अधिक गुस्सा, अनुशासन, बेवजह और अतिरिक्त स्नेह प्रदर्शित कर पढ़ाई-लिखाई, नृत्य-संगीत आदि सिखाने के लिए अतिरिक्त दबाव के दुष्परिणाम के बारे में भी उन्हें सजग रहना चाहिए। अतिरिक्त खून के बहने के कारण हारमोन चिकित्सा या क्यूरेट आदि की चिकित्सा कम उम्र की बालिकाओं के लिए करना उचित नहीं है।

### *माहवारी शुरू न होना या बंद रहना*

किसी भी लड़की को सोलह-सत्रह वर्ष की उम्र तक माहवारी न होना अभिभावकों तथा बुजुर्गों के लिए चिंता का विषय हो सकता है। पहले परिवर्तन की शुरुआत यदि माहवारी से ही होती है तो आमतौर पर नौ से उन्नीस वर्ष के भीतर ही माहवारी हो जाती है; लेकिन अधिकांश मामलों में तेरह से पंद्रह वर्ष के बीच माहवारी होती है। अधिक अस्वस्थ रहने या कमजोर स्वास्थ्य होने पर माहवारी होने में देर हो सकती है।

किसी-किसी के यौनांग में अस्वाभाविकता रहने पर भी इस रोग की उत्पत्ति होती है। बच्चेदानी न रहने या अपरिपक्व होने पर भी माहवारी नहीं होती। कभी-कभी डिम्बाशय के छोटे होने या उनकी वृद्धि न होने के कारण भी हारमोन के प्रवाह में बाधा आती है और नारीत्व का विकास, स्तन वृद्धि और यौन केश का उदय नहीं होता।

कई मामलों में योनिद्वार के अवरुद्ध होने से भी रक्तस्राव अटक जाता है और वह पेट के निचले हिस्से में जमकर गोलाकार पिंड का रूप ले लेता है। उसके दबाव के कारण कई बार पेशाब की परेशानी को लेकर रोगिणी डॉक्टर के पास जाती है। ऐसी स्थिति में डॉक्टर की सलाह से विशेषज्ञ द्वारा हाइमेन या योनिद्वार के अवरुद्ध होने का कारण पता करके ऑपरेशन की सहायता से जमे हुए खून को निकालने की व्यवस्था करनी पड़ती है।

अपरिपक्व बच्चेदानी को हारमोन चिकित्सा के जरिए बड़ा करने और माहवारी की शुरुआत कराके उसे नियमित करने के उपाय आजकल उपलब्ध हैं। स्त्री के शारीरिक गठन और कोमलता को हारमोन के जरिए पुनर्जीवित किया जा सकता है।

## *असमय क्षरण*

बहुत कम लड़कियों में ही नौ वर्ष की उम्र से पूर्व यौवनोद्गम होते देखा जाता है। चार-पाँच या छह वर्ष की लड़कियों के स्तनों की वृद्धि और माहवारी से घरवाले परेशान हो जाते हैं। अस्वाभाविक शारीरिक परिवर्तन के अलावा कुछ मामलों में डिम्बाशय या एड्रेनल ग्रंथि में ट्यूमर होने से इस तरह का अस्वाभाविक विकास होते देखा जा सकता है। ऐसी स्थिति में विशेषज्ञ की राय लेनी चाहिए।

## *स्तनों के विकास में अस्वाभाविकता*

यौवनोद्गम के साथ-साथ कई बार स्तनों की वृद्धि और पुष्टि में कमी या आधिक्य देखा जाता है। किसी-किसी के स्तनों की वृद्धि होती ही नहीं और कभी-कभी स्तन इतना अधिक बढ़ जाते हैं कि लड़की को लज्जा और ग्लानि होती है।

अविकसित स्तन और निपल की वृद्धि के लिए इस्ट्रोजन हारमोन का प्रयोग किया जाता है। कभी-कभी इस्ट्रोजन मिश्रित मरहम की मालिश से भी फायदा पहुँचता है। लेकिन हमेशा एक-सा फायदा नहीं होता। बहुत बड़े और फूले हुए स्तनों के कारण भी असुविधा हो सकती है। पर ऐसे मामले में कुछ स्थितियों में प्लास्टिक सर्जरी के अलावा कोई चारा नहीं रहता।

इन तथ्यों पर चर्चा करने से यह पता चलता है कि वयःसंधि के रूपांतरण से लड़कियों के जीवन में जो बदलाव आता है, उसे सही क्रम-विकास का रूप देने में बुजुर्गों, शिक्षिकाओं, डॉक्टरों का सामूहिक दायित्व है। कम उम्र की किशोरी के चित्त का सही ढंग से मार्गदर्शन करना सबका कर्तव्य है। भोर की कली के खिलने के लिए जिस तरह सूर्य की किरण का होना निहायत जरूरी है, उसी तरह लड़कियों के यौवन के सही विकास और गति के लिए माता-पिता का सही परामर्श उन्हें भविष्य-जीवन की अज्ञानता और अस्वस्थता से रक्षा करने में सहायता करता है।

# 2

# वैवाहिक जिम्मेदारी और मानसिक तैयारी

गृहिणी सचिवः सखी मिथः।
प्रिय शिष्या ललिते कला विधौ।।
—कालिदास

हमारे यहाँ एक कहावत खूब प्रचलित है—'जन्म, मृत्यु, विवाह तीनों विधाता के हाथ !' अर्थात् किसी भी व्यक्ति के जीवन के तीन मुख्य पहलू जन्म, मृत्यु और विवाह में मनुष्य का हाथ नहीं होता। इस मामले में उसका भाग्य ही उसे संचालित करता है। लेकिन विवाह के बाद सुखी जीवन बिताने तथा पति-पत्नी के बीच आपसी तालमेल बनाए रखने की पूरी जिम्मेदारी उन पर ही निर्भर करती है। विवाह के बाद स्त्री-पुरुष कितना अधिक सुख के साझीदार हो सकते हैं ? हमारे देश में कोई लड़की पसंद करके शादी करता है, कोई अपनी पसंद माता-पिता पर छोड़ देता है तो कोई प्रेम-विवाह करता है। दरअसल, कौन किस तरह से शादी करता है इससे सुखी होने या न होने का कोई संबंध नहीं होता। लेकिन अपने विवाह को लेकर पति-पत्नी के मन में जो संशय और सवाल उठ सकता है, उसके बारे में सचेत होना चाहिए तथा उस समस्या के समाधान का भी उपाय सोचना चाहिए।

मनुष्य कई कारणों से सांसारिक धर्म में प्रवेश करता है। एक समय ऐसा भी था जब हमारे देश के लोग मानते थे—'पुत्रार्थे क्रियते भार्या।' यानी संतान प्राप्ति के लिए, विशेषकर पुत्र संतान के लिए ही लोग शादी करते हैं। लेकिन सभ्यता के विकास के साथ लोग जितना शिक्षित होते गए, उतना ही उनके मन का विश्वास गौण होता गया कि शादी सिर्फ जैविक कारण का ही परिणाम है। अब लोगों के लिए शादी का प्रमुख उद्देश्य उपयुक्त जीवन-साथी प्राप्त करना है। इसके बाद ही आर्थिक, सामाजिक तथा यौन धर्म के पालन के साथ-साथ परिवार सृष्टि की बात आती है। परंतु मुझे लगता है कि सभी को यह बात याद रखनी चाहिए कि शादी के लिए सबसे अहम बात है—उपयुक्त साथी और सहधर्मिणी प्राप्त करना, जो मन की भूख मिटा सके। हर स्त्री-पुरुष के कई परिचित होते हैं लेकिन सभी मन के करीबी नहीं हो पाते। इसलिए शादी के जरिए यह मानसिक सेतु-बंधन स्थापित करने में पति-पत्नी कितना सफल होंगे, यह उनकी मानसिक तैयारी, स्थिरता और त्याग की क्षमता पर निर्भर करता है। याद रखना

चाहिए कि मन के मेल के साथ-साथ हमेशा प्रेम, लगाव या यौनेच्छा का संबंध नहीं भी रह सकता है। चाहे किसी भी तरह से विवाह क्यों न हुआ हो; शिक्षा-संस्कृति और मानसिक तालमेल पर ही वैवाहिक जीवन के सुख की नींव खड़ी हो सकती है।

यदि कोई पति-पत्नी विवाह के तुरंत बाद दैहिक दूरी मिटते ही संशयग्रस्त हो जाएँ तो सहज बुद्धि द्वारा उसे दूर करने की क्षमता उनमें रहनी चाहिए। आजकल शादी थोड़ी अधिक उम्र में होती है। फलस्वरूप स्त्री-पुरुष दोनों के व्यक्तित्व का पूर्ण विकास होता है। कम उम्र की लड़की पर जितनी आसानी से अपने व्यक्तित्व का प्रभाव डाला जा सकता है, अधिक उम्र की लड़की पर उतनी आसानी से अपना प्रभाव थोपा नहीं जा सकता। पहली बार ससुराल जाने के बाद किसी लड़की को वहाँ का रहन-सहन बहुत हद तक अपने परिचित वातावरण से भिन्न लग सकता है। उसके लिए खान-पान, रहन-सहन, बातचीत का ढंग, नाते-रिश्तेदारों से मिलने वाला सहयोग आदि सब कुछ नया लगेगा। सिर्फ प्रेम-विवाह करके या शादी के मंत्रों को पढ़कर कोई भी अपने माता-पिता के साथ रहने वाले दिनों की यादों को भुला नहीं सकता। याद रखना चाहिए कि दो व्यक्तियों के जरिए दो भिन्न परिवारों की अलग-अलग धाराएँ एक परिवार में आकर मिली हैं। परिणामस्वरूप थोड़ा-सा टकराव और थोड़ी-सी ख़ुशी, दोनों की ही उत्पत्ति होती है। चूँकि वैवाहिक जीवन में पति-पत्नी के बीच बराबर-बराबर सहयोग की आवश्यकता होती है, इसलिए पति जिस तरह से पत्नी को अपने परिवार के सभी लोगों के बीच घुल-मिल जाने के लिए प्रोत्साहित करेगा और सहयोग देगा, उसी तरह पत्नी को भी अपना स्नेह और प्यार देना होगा। दोनों में दोनों के प्रति श्रद्धा रहने से ही आदान-प्रदान के जरिए नया रिश्ता कायम होगा। सहज सामान्य बुद्धि ही वैवाहिक जीवन को सुखी बना सकती है, इसके लिए बहुत अधिक तर्क-वितर्क की आवश्यकता नहीं होती।

प्रत्येक व्यक्ति के विचार, पसंद-नापसंद, आदत और धैर्य में कुछ-न-कुछ भिन्नता होती है। इतनी सारी भिन्नताओं को मानते हुए समझदारीपूर्ण सुखी परिवार की स्थापना के लिए मानसिक स्थिरता और परिपक्व बुद्धि का होना बहुत जरूरी है। पति-पत्नी में यदि एक की बुद्धि अपरिपक्व हो तब भी दूसरा अपनी समझ और विवेक के द्वारा विवाहित जीवन को सफल बना सकता है। आमतौर पर अपरिपक्व मन वाले पति-पत्नी में आत्मसंयम कम रहता है और वे हमेशा एक-दूसरे को दोष देते रहते हैं। वे एक-दूसरे को अविश्वास, संदेह तथा टेढ़ी नजर से देखते हैं। फलस्वरूप ये चिड़चिड़े तथा गर्म मिजाज के हो जाते हैं और छोटी-मोटी पारिवारिक घटनाओं को लेकर पति-पत्नी आपस में उलझ पड़ते हैं।

लड़कियाँ यदि सहनशील या स्थिर चित्त की न हों, यदि पति को शक की निगाह से देखें या चिड़चिड़े दिमाग की हों, तो पति की मानसिक स्थिरता में कमी आती है। जो लड़कियाँ आत्मकेंद्रित होती हैं वे कभी-कभी पति पर बेवजह अपनी बात थोपकर उसे अपने अनुसार चलाना चाहती हैं। इतना ही नहीं, वे पति के सामाजिक जीवन तथा उसके कार्यक्षेत्र में भी बेवजह दखलअंदाजी करती हैं। ऐसी महिलाएँ यौन-जीवन में पति

के साथ सहयोग करने में भी असमर्थ होती हैं और कई बार बेवजह पति को दोषी ठहराती हैं। दूसरी तरफ ऐसी भी बहुत-सी महिलाएँ हैं जो पति के परिवार में खुद को पूरी तरह विसर्जित कर मानसिक दबाव में जीती हैं। फिर अपनी बददिमागी के कारण भी कई महिलाएँ अपनी ससुरालवालों के लिए अप्रिय हो जाती हैं।

सफल विवाह में लड़कियों का मातृत्व-बोध सहानुभूति, स्नेह-प्यार सातों धाराओं में स्फुरित होता है। भारतवर्ष में स्त्रियों की कल्पना हमेशा दया, क्षमा, त्याग और सहनशीलता के प्रतीक के रूप में की गई है। लेकिन इस बात से यदि कोई यह समझे कि अपना व्यक्तित्व या अपना अस्तित्व खोकर ससुरालवालों की सारी बुराइयों का समर्थन करना चाहिए तो यह धारणा बिलकुल गलत होगी। यहाँ सिर्फ इतना कहना है कि पति, पुत्र, कन्या, नाते-रिश्तेदार आदि सबके साथ स्नेहभाव रहने पर सुखी परिवार की स्थापना करना संभव हो सकता है। परिवार की आमदनी के साथ सामंजस्य रखकर खर्च करने की जिम्मेदारी भी स्त्रियों की ही होती है। अतिरिक्त खर्च या अत्यधिक कंजूसी, दोनों में कोई भी ठीक नहीं होता। आमदनी और खर्च में तालमेल रखकर ही लड़कियाँ परिवार की नींव को सुदृढ़ कर सकती हैं।

एक वाक्य में कहा जा सकता है कि एक तरफ सब कुछ के साथ खुद को ढाल लेने और सभी परिस्थितियों का दृढ़ता से मुकाबला करने की मानसिकता तथा दूसरी तरफ ससुरालवालों को अपने स्नेह और ममता से भर लेने की क्षमता द्वारा ही सुखी परिवार का गठन संभव हो सकता है।

## *विवाह और उसकी तैयारी के पहले की प्राथमिक शिक्षा तथा यौनधर्म के विषय में मानसिक तैयारी*

स्त्री-पुरुष के बीच सहज पारस्परिक आकर्षण की परिणति ही विवाह है। यौवन के आगमन के साथ-साथ स्त्री-पुरुष का एक-दूसरे के प्रति आकर्षण प्रकृति का स्वाभाविक नियम है। यह आवेग सिर्फ इंद्रियों से संबंधित नहीं है बल्कि इसका उद्देश्य संतान उत्पन्न करना भी है। मनुष्य के यौन जीवन के साथ सौंदर्य-बोध तथा बुद्धि और ज्ञान का व्यावहारिक प्रयोग भी जुड़ा हुआ है। सुखी परिवार के निर्माण में अन्य बातों के साथ-साथ यौन जीवन के उचित विकास का प्रभाव भी बहुत ज्यादा होता है। वैवाहिक जीवन में दैहिक मिलन के महत्त्वपूर्ण होने के कारण स्त्री-पुरुष दोनों को एक-दूसरे के शरीर और यौन-धर्म की थोड़ी-बहुत जानकारी होनी चाहिए। कई महिलाएँ सोचती हैं कि आदर्श पारिवारिक धर्म में यौन-उच्छ्वास का न होना ही उचित है। यह एक गलत सोच है। इसके चलते आत्मवंचना और निपीड़न के फलस्वरूप कई बार पति-पत्नी के बीच भयानक गलतफहमी पैदा होती है। हालाँकि अत्यधिक यौन-उच्छ्वास या कामोत्साह अशालीन और विकारग्रस्त रूप धारण कर सकता है, फिर भी यह याद रखना चाहिए कि स्वाभाविक यौन-धर्म में किसी भी तरह की अशालीनता या बुराई नहीं है। किशोरावस्था

से यौवन की दहलीज पर पहुँचते समय यौन अंगों में जो विकास और वृद्धि होती है, यौन-उच्छ्वास उसी प्राकृतिक नियम का परिणाम है। उचित ज्ञान और शिक्षा के जरिए वह अधिक कमनीय और आकर्षक हो जाता है। अशिक्षा और अज्ञान के कारण दुर्घटना होती है और कुशिक्षा से होती है काम-विकृति।

वैवाहिक जीवन और उसके दायित्व-पालन की सम्यक् मानसिक तैयारी न रहने के कारण बहुत-सी शादियाँ व्यर्थ हो जाती हैं। दुःख की बात यह है कि आज भी हमारे देश में लड़कियों का अपने शरीर के विषय में जानकारी प्राप्त करना अपराध तथा घृणास्पद समझा जाता है। इस मामले में लड़की की माँ की जिम्मेदारी बहुत अधिक है। अपनी बेटी के साथ खुलकर शालीनता से बातचीत करके वैवाहिक जीवन के बारे में जानकारी दे देने पर विवाह के बाद लड़की की जीवन-यात्रा बहुत सहज-सरल हो जाती है। कई लोगों का सोचना है, पति-पत्नी के दैहिक मिलन में स्त्री की भूमिका परोक्ष होती है और पुरुष की भोग-वासना ही मुख्य है; इस आनंद में स्त्रियों के भाग लेने को पाप समझा जाता है। इस तरह की गलत धारणा का शिकार होने के कारण शादी से पूर्व लड़कियाँ मन में किसी भी तरह का काम-विचार आने से डरकर उसे एक भयानक घटना समझ बैठती हैं। ऐसी स्थिति में यदि उसे कोई असहनशील और अपरिपक्व मन वाला पति मिल जाता है तो विवाह के बाद की पहली रात का अनुभव उसके लिए बहुत आनंददायक और उपभोग्य नहीं होता। इस तरह की असुविधा के चलते दोनों के बीच धीरे-धीरे मानसिक असहयोग और विपरीत मानसिकता का निर्माण होता है। पति-पत्नी के सहज ढंग से आपस में या किसी के साथ सही सलाह-परामर्श न करने के कारण इन समस्याओं का समाधान नहीं हो पाता और दोनों के बीच गलतफहमी बढ़ती जाती है।

याद रखना चाहिए कि पति-पत्नी में परस्पर विश्वास, प्यार और देहातीत प्रेम का विकास होता है। पति-पत्नी के बीच सिर्फ शारीरिक मिलन का ही रिश्ता होता है, यह धारणा बिलकुल गलत है। शरीर की चाहत हमेशा नहीं रहती, हमेशा रहती है तो सिर्फ मन की आवश्यकता। मन के इस बंधन तक पहुँचने के लिए शारीरिक बंधन की जरूरत होती है। इसलिए वैवाहिक जीवन में सुखी होने के लिए शारीरिक संपर्क को नकारा नहीं जा सकता।

आमतौर पर पुरुष का यौन आवेग यानी काम संवेग बहुत सीधा-सपाट होता है और यह अचानक चिनगारी की तरह भड़क उठता है। इसीलिए आम स्वस्थ पुरुषों के मन में स्त्री की निकटता भर से थोड़ा-बहुत रोमांच और आवेग पैदा हो जाता है। यह शारीरिक उत्तेजना और वासना की अनुभूति पुरुष की स्वाभाविक चेतना है। इसीलिए पुरुष के आगे बढ़ने या पहल करने की प्रक्रिया भी सीधी और स्पष्ट होती है और आलिंगन-चुंबन के आग्रह के बावजूद उसे पूर्ण संतुष्टि संभोग से ही मिलती है। नवविवाहित स्त्री-पुरुषों के इस स्वाभाविक कामावेग को गलत नहीं समझना चाहिए। यह जानना चाहिए कि पति के अंदर एक शिशु छिपा रहता है जो पत्नी को प्रेयसी, सहधर्मिणी और शय्या-संगिनी के रूप में जिस तरह पाना चाहता है, उसी तरह माँ के

रूप में भी उसे देखना चाहता है। पत्नी में माँ के रूप की खोज को मनोवैज्ञानिक 'इदिपास कॉम्प्लेक्स' कहते हैं। उम्रदराज पुरुषों में भी यह मनोवृत्ति होती है। इसलिए सभी स्त्रियों को इसी के अनुरूप पति के मनोभाव के प्रति सजग रहते हुए प्यार, सहानुभूति के साथ परिवार रूपी सफर तय करना होगा। हर स्त्री का यह फर्ज बनता है कि प्रेम, स्नेह एवं शारीरिक मिलन के साथ पति के आवेग को सहानुभूति की दृष्टि से देखे। स्त्रियाँ यदि आत्मकेंद्रित एवं असहयोगपूर्ण होती हैं और पति की आशा-अपेक्षा को गलत ढंग से देखती हैं तो वैवाहिक आनंद से वंचित होती हैं। स्त्री यदि पुरुष के समक्ष स्वयं को रमणी के रूप में प्रस्तुत करते हुए मातृसुलभ भाव को प्रकट करे, तभी दोनों के बीच परस्पर मैत्री तथा एकात्मकता पैदा होती है। पत्नी को यह एहसास करा देना चाहिए कि वह पति के भावावेग को खुशी-खुशी ग्रहण करने के लिए प्रस्तुत है। लेकिन इसके लिए दोनों की मानसिक तैयारी जरूरी है। प्रथम शारीरिक मिलन में जो अपरिपूर्णता रहती है, वह धीरे-धीरे सहज ही ठीक हो जाती है। इसलिए क्रिया में या बोलचाल में स्त्रियों को पति के साथ बेवजह असहयोग नहीं करना चाहिए।

दूसरी तरफ स्त्रियों के यौन आवेग में दैहिक चाहत कम होती है। भूसे की आग की तरह वह मन के गहरे कोने में छिपी रहती है। पुरुष का प्यार, विश्वास, लगाव-उमंग और सादर-सम्मान उस आवेग को उद्घाटित करता है और तभी स्त्री की सोई शारीरिक उमंग जागती है। आसपास का वातावरण, सुख-शांति, रोजमर्रा की गतिविधियाँ आदि सभी चीजों का थोड़ा-बहुत प्रभाव स्त्री के यौन उत्साह पर पड़ता है। पुरुष को भी यह जानना चाहिए कि स्त्रियों के आवेग के मानसिक पहलू का महत्त्व अधिक है। अपने आपको सब कुछ समझने वाला, स्वार्थी पुरुष यदि पत्नी के मन को न समझकर केवल अपनी शारीरिक माँग की ही पूर्ति करना चाहे तो इससे अस्वाभाविक जीवन का संकेत मिलता है। दोनों में मानसिक तालमेल न रहने पर पति के लिए पत्नी महज एक भोग्य वस्तु में बदल जाती है और पत्नी की मानसिक कोमल भावनाएँ समाप्त होती चली जाती हैं। वह पति की इच्छा से चलने वाली एक गुड़िया में तब्दील होने के लिए बाध्य हो जाती है।

इसलिए एक सुखी परिवार के निर्माण में पति-पत्नी का कर्तव्य और दायित्व बराबर-बराबर होता है। इस बात को हमेशा याद रखते हुए पारिवारिक जीवन की ओर बढ़ना चाहिए।

## *विवाह के पहले और उसके बाद पति-पत्नी के लिए डॉक्टर से जानने लायक बातें*

बहुत-से लोग यह समझ सकते हैं कि शादी के तुरंत बाद भला डॉक्टरी सलाह की क्या आवश्यकता हो सकती है ? आमतौर पर नवविवाहित पति-पत्नी परिवार कल्याण (परिवार नियोजन) संबंधी जानकारी लेने में ज्यादा उत्साही होते हैं। इस बारे में सलाह

लेने के लिए विशेषज्ञ डॉक्टर के पास जाना चाहिए। साधारणतया अनुभवी डॉक्टर पहले पति-पत्नी के साथ अलग-अलग बातचीत करते हैं, फिर दोनों के साथ बैठकर खुली बातचीत के जरिए उन्हें सटीक उपाय की जानकारी देते हैं।

'परिवार कल्याण' के बारे में विभिन्न जोड़े (पति-पत्नी) तरह-तरह की धारणा बनाए रखते हैं और उनके द्वारा अपनाए जाने वाले तरीकों में भी अंतर होता है। इस मामले में डॉक्टरी सलाह से उचित तरीका अपनाने पर पति-पत्नी को फायदा मिल सकता है। परिवार कल्याण संबंधी अध्याय में इस विषय पर विस्तार से चर्चा की गई है।

बहुत-से जोड़े (पति-पत्नी) संतान प्राप्ति के बारे में सलाह लेने के लिए डॉक्टर के पास जाते हैं। ऐसी स्थिति में दोनों की उम्र, शिक्षा-दीक्षा, पारिवारिक माहौल तथा पहले हुए रोग का इतिहास डॉक्टर को बताना बहुत जरूरी है। विवाह से पहले यदि यौन जीवन की कोई समस्या रही हो तो उसके लिए भी शारीरिक जाँच करवा लेनी चाहिए।

स्त्रियों को यदि अनियमित माहवारी की समस्या हो या किसी तरह की शारीरिक अस्वस्थता हो तो डॉक्टर को जरूर बताना चाहिए और आवश्यकता पड़ने पर शारीरिक जाँच के अलावा रक्तचाप (ब्लडप्रेशर), छाती का एक्स-रे, खून की सामान्य जाँच, खून का ग्रुप, आर.एच. विभाग तथा उसके साथ पेशाब की भी जाँच करवा लेने से मोटे तौर पर दोनों के शारीरिक स्वास्थ्य के बारे में निश्चिंत हो जाएँगे। हमारे देश के शिक्षित वर्ग में यौन मिलन संबंधी संक्रामक रोग का प्रादुर्भाव हालाँकि कम है, फिर भी 'डी.डी.आर.एल.' या 'काहन टेस्ट' द्वारा इसकी पूरी जानकारी लेकर निश्चित हो जाने में कोई हर्ज नहीं है।

वैवाहिक जीवन के बारे में सामान्य नासमझी दूर करने के लिए स्त्री और पुरुष की शारीरिक बनावट तथा शारीरिक मिलन के विषय में आवश्यक चित्रांकनवाली पुस्तक के जरिए जानकारी हासिल की जा सकती है। इस विषय को लेकर यदि आपके मन में कोई सवाल उठता है तो विशेषज्ञ डॉक्टर से सलाह ली जा सकती है। हमारे देश में विवाह और शरीर विषयक तथा संभोग पर आधारित मातृभाषा में कोई अच्छी विश्वसनीय पुस्तक नहीं है। इसलिए इस मामले में डॉक्टर की जिम्मेदारी बहुत अधिक होती है। यह बात नहीं भूलना चाहिए कि प्राचीन भारत में वात्स्यायन ने आम लोगों की जानकारी के लिए संस्कृत में बहुत सहज ढंग से इस विषय पर शास्त्र लिखा था।

सुखी दंपतियों (पति-पत्नी) में अधिकांश स्वस्थ और स्वाभाविक यौन जीवन के अधिकारी होते हैं। बहुत-से दंपतियों का प्यार और यौन जीवन निहायत नासमझी के कारण व्यर्थ हो जाता है। कई बार डॉक्टरी सलाह-परामर्श से दंपतियों के जीवन में अशांति के बादल छँट जाते हैं और पारिवारिक सुख-शांति के शुभागमन की सूचना मिलती है।

# 3
# मातृत्व की इच्छापूर्ति

पूछता है बच्चा माँ से, "आया मैं कहाँ से,
कहाँ से पाया तूने मुझे ?"
माँ सुनती है, कहती है हँसकर, विह्वल छाती से चिपकाकर—
"मन में था तू मेरे इच्छा बनकर।"

—रवीन्द्रनाथ

जीवन के क्रम-विकास का सूत्र है बच्चा। सभी देशों के सभी समाजों में स्त्रियों के मन के गहन कोने में बच्चे की लालसा 'इच्छा' बनकर सृष्टि के विकास के रूप में सोई रहती है। लेकिन सभी कलियाँ तो फूल बनकर नहीं खिलतीं, सभी मंजरियों में फल नहीं आते। बच्चे के अभाव में बहुतेरे दांपत्य जीवन सार्थक नहीं हो पाते। संतानहीन स्त्री के मन की व्यथा उसके पति के जीवन को भी कई तरह से प्रभावित करती है। दंतकथाओं में पढ़ने को मिलता है कि अंततः संन्यासी द्वारा दी गई जड़ी-बूटी या फल खाने से या फिर तावीज बाँधने से संतानहीन राजा-रानी का जीवन सफल हो गया। आज बीसवीं सदी के आखिरी पायदान पर खड़े होकर संन्यासी की दी हुई दवा या देवता का प्रसाद विज्ञान के प्रभाव से किस तरह बदल गया है, इस लेख में इसी के बारे में संक्षिप्त चर्चा की जा रही है।

### *मानसिक अप्रस्तुति*

पहले से तो बिलकुल ही नहीं, यहाँ तक कि शादी के बाद भी काफी समय तक परिवार के स्वरूप के बारे में हमारे देश की बहुतेरी लड़कियों को वास्तविक ज्ञान नहीं रहता। संस्कार और अज्ञानता के कारण माता-पिता इस बारे में लड़के-लड़कियों को शिक्षित करने का दायित्व पालन नहीं करते, बस उनकी शादी करके छुट्टी पा लेते हैं। इधर नव विवाहित दंपतियों में बहुतेरे यह सोचते हैं कि शादी के बाद कुछ दिनों तक बच्चे-कच्चे के झंझट से मुक्त रहेंगे, बाद में इसके बारे में सोचा जाएगा। इस धारणा का शिकार होने के कारण कई लोगों को बच्चा होने में देर हो जाती है। सामाजिक

रीति-रिवाजों के परिवर्तन के कारण और कुछ आर्थिक कारणों से वैसे भी आजकल लड़कियों की शादी अधिक उम्र में होती है, और फिर विभिन्न अस्वाभाविक तरीकों से जन्म नियंत्रण की कोशिश करते-करते उम्र तीस से अधिक हो जाती है। शर्म और भय से एक-दो साल और निकल जाते हैं, इसके बाद जब होश आता है तब डॉक्टर का दरवाजा खटखटाते हैं।

इस बीच अनेक मामलों में ही कई तरह की बीमारियाँ पैदा होकर बच्चेदानी और अंडकोष ग्रंथि के काम में बाधा उत्पन्न करती हैं। माहवारी की गड़बड़ी से भी संकट की शुरुआत होती है और अंततः कई तरह के इलाज, यहाँ तक कि शल्य-चिकित्सा भी जरूरी हो जाती है और इतने दिनों में पति-पत्नी के मन पर निराशा के काले बादलों की छाया पड़ने लगती है।

यह स्थिति इतनी दूर तक नहीं खिंच सकती, यदि सभी दंपति अपनी पारिवारिक, आर्थिक या अन्य परिस्थितियों के मामले में शादी के तुरंत बाद सचेत होकर बच्चे को लाने की योजना बना लें। यह बात याद रखनी चाहिए कि 25-30 वर्ष के विवाहित जीवन में हर साल संतान का योग नहीं होता। स्वाभाविक तौर पर शादी के चार-पाँच वर्ष बाद बच्चा होना किसी तरह की अस्वस्थता का संकेत नहीं है। लेकिन स्वस्थ पति-पत्नी के बच्चा चाहने पर एक-दो वर्ष के भीतर उनकी इच्छा पूरी न होने पर डॉक्टर से सलाह जरूर लेनी चाहिए। डॉक्टर उन्हें संतान प्राप्त करने के दायित्व और रास्ते के बारे में सलाह दे सकेंगे कि किन कारणों से संतान-प्राप्ति में अड़चन आई है। जरूरत पड़ने पर विशेषज्ञ की सहायता से अड़चन का पता लगाने और उसे दूर करने में मदद ले सकते हैं। अनावश्यक शर्म और डर से मुक्त होकर सभी दंपतियों को चाहिए कि वे विशेषज्ञ से खुलकर बातचीत करें। यह सच है कि घर के बुजुर्गों की सलाह किसी-किसी समय काम आती है। लेकिन कम उम्र की बहुओं के लिए उनसे मन खोलकर सभी पहलुओं पर चर्चा करना सहज नहीं होता, कई बार तो संभव भी नहीं होता। दूसरे, इतने कारणों से बच्चा होने में बाधा आ सकती है कि उसकी विस्तृत जानकारी के लिए विशेषज्ञों की जाँच आवश्यक हो जाती है।

## *पति का कर्तव्य*

अधिकतर लोगों का यह सोच है कि गर्भधारण की अक्षमता का दोष अकेले स्त्री का है। तभी तो जिस परिवार में बच्चा नहीं है, अनिवार्य रूप से वहाँ सारा दोष स्त्री पर पड़ता है। इस मामले में पति के दायित्व के प्रति आमतौर पर सभी उदासीन रहते हैं, संदेह होने पर भी उसे दबा जाते हैं। पुरुष इस मामले में इतने अधिक आत्म-सचेतन रहते हैं कि उनकी जाँच की बात उठते ही वे क्रुद्ध हो जाते हैं और उनके पौरुष को चोट लगती है। इसके बावजूद एक शुभाकांक्षी के रूप में सहानुभूतिपूर्वक सलाह देकर पति को उनके दायित्व के बारे में इस तरह सचेत करना चाहिए कि वह अपनी जाँच

कराने के लिए तैयार हो जाए।

किसी दंपति के बच्चा जनने की अक्षमता के बारे में किसी निर्णय पर पहुँचने से पहले पति के साथ एकांत में बातचीत करने पर उनके दांपत्य जीवन के इर्द-गिर्द की स्थिति के बारे में मानसिक, शारीरिक और सबसे बढ़कर उनके यौन जीवन के विषय में जानकारी मिलती है। ऐसा भी पाया गया है कि कभी अज्ञानता के कारण और कभी अत्यधिक परिश्रम से, रात को ड्यूटी या स्वेच्छाचार के फलस्वरूप पति थका-हारा घर लौटता है। इस तरह के छोटे-मोटे मामले कई बार गर्भधारण करने के मार्ग में बाधा बन जाते हैं। और, इसकी बहुत अहमियत भी है। इसकी भी जाँच आवश्यक है। कमजोर स्वास्थ्य, खून की कमी, टी.बी., डायबिटीज, यौनांग की अस्वस्थता या बचपन में हार्निया के ऑपरेशन के कारण भी पुरुषों की प्रजनन क्षमता में कमी आ सकती है। बचपन में माम्स रोग का शिकार होने के कारण भी कई बार अनजाने में अंडकोष बेकार हो सकते हैं, जिससे शुक्राणु तैयार होने में बाधा आती है।

पुरुषों की प्रजनन क्षमता को सुनिश्चित करने की एक आवश्यक पद्धति है शुक्र की जाँच। स्वस्थ मनुष्य के वीर्य की मात्रा 2.5 से 5 मिलीलीटर तक होनी चाहिए। प्रति मिलीलीटर छह करोड़ शुक्राणु रहने चाहिए और उसके कम-से-कम 60 प्रतिशत में दो घंटे तक बहुत तेज रफ्तार से हिलने-डुलने की क्षमता होनी चाहिए। इसके अलावा 90 प्रतिशत शुक्राणु का स्वस्थ और सबल होना अच्छा होता है। इन स्वाभाविक गुणों में बहुत अधिक व्यतिक्रम होने या शुक्राणु की संपूर्ण अनुपस्थिति होने पर बच्चा होने में बाधा आ सकती है, इसीलिए किसी लड़की को बाँझ समझने से पहले पति की भी जाँच होना बहुत जरूरी है।

अलग-अलग दंपति के बच्चा जनने की क्षमता में अंतर होता है। किसी-किसी दंपति को संपूर्ण वैवाहिक जीवन में एक ही बच्चा होता और किसी-किसी को दस बच्चे होते हैं; लेकिन दो का होना भी स्वाभाविक माना जाता है। आमतौर पर कहा जा सकता है कि स्वस्थ दंपति के लिए बच्चा होने का संयोग उनकी मानसिक तैयारी, उम्र और स्वास्थ्य पर निर्भर करता है। स्वाभाविक मिलन होने पर भी चाहने के साथ-साथ सभी स्त्रियाँ गर्भवती नहीं होतीं। विवाह होने और बच्चा चाहने के छह महीने के भीतर 40 प्रतिशत महिलाओं में बच्चे की संभावना होती है। अधिक उम्र में जिनकी शादी होती है उन्हें और देर लगती है। 20-25 वर्ष की उम्र लड़कियों के लिए बच्चा जनने का सर्वोत्तम समय है। 35 वर्ष के बाद से बच्चा पैदा करने की क्षमता कम होती जाती है। हमारे देश में 40 की उम्र के बाद भी किसी-किसी को बच्चा पैदा न होता हो, ऐसी बात नहीं, लेकिन इनकी संख्या कम होती है।

## *सहवास की मात्रा*

नवदंपति के बीच आमतौर पर सप्ताह में तीन-चार बार सहवास होना चाहिए। सप्ताह

या पंद्रह दिनों पर सहवास होने से ठीक माहवारी के समय शुक्राणु डिम्बाणु को उर्वर नहीं बना सकता। पति-पत्नी के मिलन को किसी नियम के अंतर्गत नहीं रखा जा सकता, लेकिन महीने में एक या दो बार सहवास होने पर स्वाभाविक रूप से डिम्बाणु की उर्वरता की संभावना कम हो जाती है।

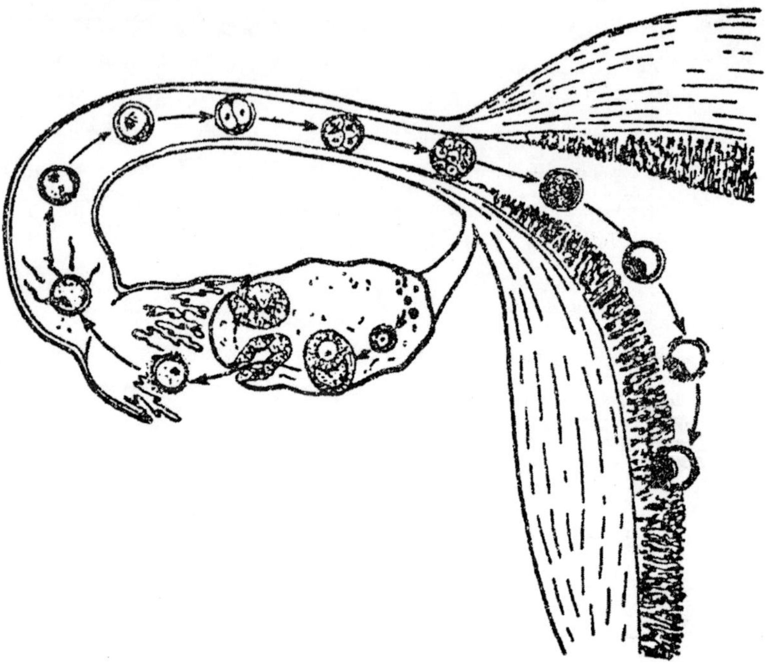

चित्र 3/1 : डिम्बाशय से डिम्बाणु का गमन-पथ

पहले ही बताया गया है कि किस तरह प्रति माह स्त्री का डिम्बाणु ओवरी या डिम्बाशय से निकलकर फैलोपियन ट्यूब में पहुँचता है और वहाँ शुक्राणु से मिलकर किस तरह उर्वर डिंब में परिवर्तित होता है। क्रमशः वह उर्वर डिंब ट्यूब से निकलकर बच्चेदानी में आ पहुँचता है और वहाँ भ्रूण के रूप में बढ़ता रहता है। (चित्र 3/1) लेकिन डिंब के उर्वर होने के बाद भी इसमें कई तरह से बाधा आ सकती है।

साल-भर तक स्वाभाविक जीवन यापन के बाद भी निःसंतान रहने पर डॉक्टरी जाँच करा लेनी चाहिए। दंपति का सामान्य स्वास्थ्य और जननेंद्रिय स्वाभाविक एवं सही ढंग से गठित है या नहीं, इसकी जाँच करा लेनी चाहिए। महिलाओं की उम्र, माहवारी का इतिहास और दूसरी बीमारियों के बारे में डॉक्टर से खुलकर बातचीत करते हुए दोनों

के यौन जीवन की स्वाभाविकता को सुनिश्चित करा लेना जरूरी है।

## *महिलाओं की जाँच*

हालाँकि विभिन्न तरह की जाँच के जरिए स्त्री शरीर के स्वाभाविक गठन और कार्यक्षमता का निर्धारण किया जा सकता है, फिर भी निम्नलिखित कतिपय परीक्षण अपरिहार्य हैं–

1. पति-पत्नी का यौन मिलन स्वाभाविक है ?
2. डिम्बाणु का निर्गमन प्रत्येक महीने हो रहा है ?
3. क्या फैलोपियन ट्यूब साफ-सुथरा है ?
4. बच्चेदानी के मुँह पर कोई जलन या रुकावट तो नहीं है ? बच्चेदानी की माप, स्थिति और आंतरिक झिल्ली स्वाभाविक रूप से काम कर रही है या नहीं ?

**1. मानसिक बाधा :** यौन मिलन संबंधी सुविधा-असुविधा के बारे में पति-पत्नी दोनों को खुलकर बात कर लेनी चाहिए। कम-से-कम पाँच प्रतिशत दंपतियों में यौन मिलन के विषय में निहायत मामूली जानकारी तक का अभाव देखा जाता है। संकुचित मानसिक प्रतिक्रिया के परिणामस्वरूप दोनों में यौन मिलन को लेकर डर, आशंका और बेवजह लज्जा-बोध उत्पन्न होता है। इसीलिए शादी के बाद कई वर्ष यों ही बर्बाद हो जाते हैं। यह बात याद रखनी चाहिए कि मनुष्य का शरीर निरा एक यंत्र या पुर्जा नहीं होता। मन और विभिन्न ग्रंथियों की क्रियाएँ कई तरह से शरीर पर प्रभाव डालती हैं। बाँझपन के मामले में भी इस प्रभाव को देखा गया है।

शादी के बाद लड़कियों को माता-पिता का परिवार छोड़कर एक बिलकुल अनजाने परिवार में आकर बसना पड़ता है और अपने स्वभाव, आदत, आदर्श एवं परिवेश संबंधी विभिन्न परिवर्तनों का सामना करना पड़ता है। इन बहुमुखी परिवर्तनों के साथ बहुत-सी लड़कियाँ अपने-आप को ढाल लेती हैं, लेकिन बहुतेरी लड़कियाँ ऐसा नहीं कर पातीं। एक तरफ नया यौन जीवन शरीर और मन में नई अनुभूति जगाता है, दूसरी तरफ नए परिवार में आत्मीय व्यवहार की कमी महसूस होती है। तब यही मानसिक संघात और असंगति शरीर की विभिन्न ग्रंथियों पर विशेष तरह का प्रभाव डालती है। इसके परिणामस्वरूप स्वस्थ यौन अंग-प्रत्यंग हठात् स्वाभाविक रूप से काम नहीं कर सकते हैं।

अतः डॉक्टर के पास जाने से पूर्व पति-पत्नी को एक-दूसरे के मन को अच्छी तरह जानने-समझने की कोशिश करनी चाहिए। ऐसी भी बहुतेरी स्त्रियाँ हैं जो पति और बुजुर्गों के दबाव में आकर डॉक्टर के पास जाती हैं, लेकिन न तो उनकी मानसिक तैयारी ही रहती है और न माँ होने की आकांक्षा। मातृत्व की आकांक्षा की पूर्ति बहुत हद तक डॉक्टरी चिकित्सा से हो सकती है यह सच है, लेकिन अपने मन की बात छिपाकर खुद

को ठगने से कोई लाभ नहीं होता। उपयुक्त पुस्तक के जरिए दंपति को यौन मिलन संबंधी सामान्य ज्ञान हासिल कर लेना बहुत जरूरी है।

**2. डिम्बाशय की क्रिया :** डिम्बाणु यदि डिम्बाशय से न निकल सके तो स्वाभाविक रूप से शुक्राणुओं से उसका मिलन भी नहीं होता। किसी-किसी स्त्री शरीर में हर माहवारी में डिम्बाणु का निर्गमन नहीं भी हो सकता है। डिम्बाशय के अपरिपक्व रहने या पिट्यूटरी थॉयराइड या एड्रेनल ग्रंथियों के ठीक तरह से काम न करने से भी डिम्बाणु के निर्गमन में बाधा आ सकती है। किसी-किसी मामले में डिम्बाशय रोगग्रस्त भी होता है।

ठीक से डिम्बाणु निकल रहा है या नहीं, इसकी कई तरह से जाँच की जा सकती है—

(क) डायलेटेशन एवं क्यूरेटस : बच्चेदानी के अंदर की श्लेष्मा झिल्ली को क्यूरेटर (खुरपीनुमा अस्त्र) की सहायता से बाहर निकालकर जाँच करने से इस झिल्ली की विकास स्थिति को देखकर पता चलता है कि डिम्बाणु निकल रहा है या नहीं। क्यूरेट करते समय बच्चेदानी को फैलाना पड़ता है और उससे गर्भवती होने में सहायता मिल सकती है। क्यूरेट करना बहुत छोटा-सा ऑपरेशन है। विशेषज्ञ से करवाने में डर की कोई बात नहीं होती।

(ख) माहवारी के समय शारीरिक तापमात्रा का निर्धारण : शरीर की स्वाभाविक तापमात्रा 970 से 980 डिग्री तक रहती है। माहवारी से चौदह दिन पहले कम रहती है, फिर बढ़ते-बढ़ते वह 980 डिग्री से ऊपर पहुँच जाती है और माहवारी होने से पहले तक वह बढ़ी हुई तापमात्रा उतनी ही रहती है।

माहवारी का दिन

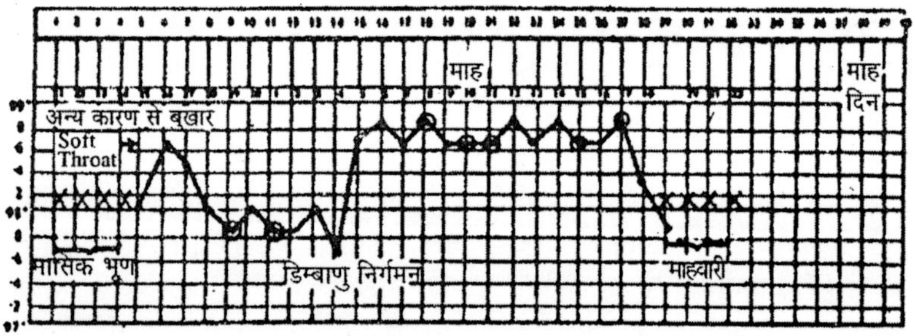


चित्र 3/2 : माहवारी के विभिन्न दिनों में तापमात्रा का व्यतिरेक और बढ़ी हुई तापमात्रा द्वारा डिम्बाणु निर्गमन का तिथि-निरूपण

यौन कोष (डिम्बाणु+शुक्राणु) का मिलन न होने पर अगली माहवारी से पहले तापमात्रा फिर कम हो जाती है। सुबह नींद टूटने पर बिस्तर से उठे बिना, बिना हिले-डुले और बिना मुँह धोए, बासी मुँह किसी से बातचीत

करने से पहले मुँह में पाँच मिनट तक थर्मामीटर रखकर इस तापमात्रा को जाँचा जाता है।

(ग) बच्चेदानी के मुँह के श्लेष्मा के परिवर्तन को देखकर डिम्बाणु की जानकारी मिल सकती है। डिम्बाणु के निर्गमन से ठीक पहले यह श्लेष्मा स्वच्छ और साफ रहती है।

(घ) फिर योनिनली के कोशों में हुए परिवर्तन की जाँच करके भी पता चलता है कि डिम्बाणु निकल रहा है या नहीं। इसके अलावा जाँच के और भी कई तरीके हैं।

**3. ट्यूब या डिम्बवाही नली में रुकावट :** पहले ही बताया गया है कि पुरुष और स्त्री के यौन कोष का मिलन फैलोपियन ट्यूब या डिम्बवाही नली में होता है। कई कारणों से यह नलीद्वार बंद रह सकता है। यह नली पेशियों से बनी है। कभी-कभी मानसिक प्रतिकूलता के कारण अस्वाभाविक संकुचन (स्पैज्म) से या बीमारी के चलते नलीद्वार छोटा हो जाता है और उसका मुँह बंद हो जाता है।

नलीद्वार खुला है या नहीं, इसकी जाँच की एक पद्धति है। बच्चेदानी में कार्बन डाइआक्साइड गैस प्रवेश कराई जाती है। बच्चेदानी के मुँह से ट्यूब में होती हुई वह गैस पेट में पहुँच जाती है। ग्राफ की सहायता से उस गैस की गति को नापा जाता है। जिस यंत्र की सहायता से इसकी जाँच की जाती है, उसका नाम 'काइमोग्राफ' है।

इसके अलावा रंजन-रश्मि की सहायता से बच्चेदानी और फैलोपियन ट्यूब की स्थिति को अपनी आँखों से देखा जा सकता है। बच्चेदानी में पहले इस तरह के रासायनिक पदार्थ का प्रयोग करने के बाद रंजन-रश्मि की सहायता से फोटो खींचा जाता है। इससे पता चल जाता है कि बच्चेदानी की नली का कौन-सा हिस्सा बंद है। इस जाँच का नाम 'हिस्टेरोस्यालफिनगोग्राफी' है।

डिम्बवाही नली बंद रहने से एक तो डिम्बाणु बच्चेदानी में आ नहीं सकता, दूसरे शुक्राणु भी बच्चेदानी से नली में प्रवेश नहीं कर सकता।

**4. बच्चेदानी की आकृति और प्रतिरोध :** कई स्त्रियों की बच्चेदानी का अग्रभाग बहुत छोटा या गंदा रहता है। कई कारणों से किसी-किसी की बच्चेदानी के मुँह से स्वाभाविक स्राव नहीं निकलता। बच्चेदानी के मुँह में घाव रहने से वहाँ तरह-तरह के जीवाणु डेरा डाल लेते हैं। इससे अस्वाभाविक स्राव की उत्पत्ति होती है। इन कारणों से शुक्राणु के प्रवेश में बाधा आ सकती है या उनकी प्राणशक्ति घट सकती है।

बच्चेदानी में ट्यूमर पॉलिश या माहवारी की गड़बड़ी होने से स्वाभाविक कार्य में बाधा आ सकती है। पीछे की तरफ झुके रहने या टेढ़ी रहने पर कभी-कभी बच्चेदानी का काम ठीक से नहीं होता। पीछे की तरफ झुके रहने के कारण लोगों के मन में जैसी धारणा है कि इससे बाँझपन आता है, दरअसल यह उतनी महत्त्वपूर्ण बात नहीं है। स्वाभाविक स्वास्थ्य की स्थिति में भी कई बार बच्चेदानी पीछे की ओर झुकी रह सकती है।

## दत्तक बच्चा ग्रहण करना

हमारे देश में दत्तक यानी बच्चे को गोद लेने की सटीक व्यवस्था नहीं है। अधिकतर लोग अनाथ बच्चे को नहीं अपनाना चाहते। रिश्तेदारों के बच्चे को गोद लेने पर बड़ा होकर वह अपने माता-पिता का परिचय जान सकता है और उसके मन में असली माता-पिता के प्रति कुंती पुत्र कर्ण की तरह प्रतिकूल प्रभाव जाग्रत हो सकता है। दत्तक लेना हो तो कानूनी ढंग से बच्चे के जन्म के कुछ दिनों के बीच ही उसे अपना लेना चाहिए। गोद लेने के बाद बहुतेरी स्त्रियों को अपना बच्चा पैदा हो जाता है, ऐसी स्थिति में माता-पिता को मानसिक दुविधा का सामना करना पड़ सकता है।

कृत्रिम ढंग से प्रजनन और टेस्ट ट्यूब बेबी ही एक मामला नहीं है। बाँझ स्त्री को बच्चेदानी के मुँह में सिरिंज द्वारा कृत्रिम उपाय से शुक्राणु मिला हुआ वीर्य डालकर बच्चा प्रज़नन को कृत्रिम प्रयोजन की संज्ञा दी गई है। पति की कठिन रोग से स्वाभाविक सहवास में अनिच्छा होने के बावजूद वीर्य की गुण-शक्ति स्वाभाविक रहने पर इस प्रक्रिया का सहारा लिया जा सकता है। इसे 'पति द्वारा कृत्रिम प्रजनन' कहा जाता है।

जब पति के वीर्य में एक भी शुक्राणु नहीं रहता या बहुत कम रहते हैं, तब किसी अनाम दाता के वीर्य की सहायता से प्रजनन संभव होता है। इस प्रक्रिया को 'दाता की सहायता से कृत्रिम प्रजनन' कहा जाता है। लेकिन दुनिया के सभी देशों में इस उपाय को चिकित्सक समाज द्वारा ग्रहण किया गया हो, ऐसी बात नहीं है। अमेरिका में यह पद्धति अपनाई गई है। वहाँ हिम शुष्क यानी फ्रीज करके बहुत दिनों तक वीर्य को सुरक्षित रखे जाने की भी व्यवस्था है। लेकिन इंग्लैंड में अभी तक इसका बहुत प्रचलन नहीं है।

एक मानव शरीर से आँख की पुतली, त्वचा, हृदय या खून दूसरे शरीर में प्रत्यारोपित या संचारित करने को लेकर शल्य चिकित्सा यानी सर्जरी में बहुत परीक्षण-निरीक्षण चल रहा है। लेकिन दूसरे व्यक्ति के वीर्य की सहायता से प्रजनन कराने के उपाय के विषय में कई विचारणीय समस्याएँ हैं। महाभारत में उल्लिखित 'नियोग प्रथा' के बारे में अनेक लोगों को जानकारी है। हिटलर ने सोचा था कि जर्मनी के सभी लोगों को वह छह फुट लंबा, सुनहरे केश और नीली आँखों वाला बना देगा और इस तरह स्वस्थ जर्मन जाति का निर्माण करेगा। किसी-किसी का सोचना है, अच्छा ही है कि इस तरीके से सभी को रवीन्द्रनाथ टैगोर, न्यूटन या सुकरात की तरह कृती और मेधावी बनाया जा सकता है। लेकिन प्रजनन के मामले में कई बातें सोचनी पड़ती हैं। यह तरीका वंश परिवर्तन के लिए अपनाने योग्य नहीं है। हाँ, बाँझ स्त्री की आकुल हृदयवेदना को कम करने के लिए इस तरीके के बारे में सोचा जा सकता है।

पहली बात तो यह है कि जिस तरह जाति-धर्म का भेद किए बिना एक शरीर से दूसरे शरीर को खून दिया जा सकता है, प्रजनन के इस उपाय के मामले में यह संभव नहीं है। नैतिक या कानूनी कारण से एक परिवार के स्वस्थ रिश्तेदार को दाता के रूप

में ग्रहण करने पर संपत्ति आदि को लेकर परिवार के लोगों के साथ संबंध खराब हो सकता है। जिन पति-पत्नियों का संबंध पूरी श्रद्धा, प्यार और पारस्परिक विश्वास की नींव पर खड़ा नहीं है या बाद में दोनों के आत्मिक योग में दूरी पैदा होने की आशंका हो, उन्हें इस चिकित्सा का सहारा लेना उचित नहीं है। निम्नलिखित कुछ निर्देश इस पद्धति के मुख्य अंश हैं—

1. पति-पत्नी की लिखित स्वीकृति लेनी होगी।
2. दाता के स्वास्थ्य की अच्छी तरह जाँच कर लेनी चाहिए, ताकि उसमें कोई अस्वस्थता या खून की खराबी का दोष न हो।
3. दाता के चेहरे की बनावट, रंग, ऊँचाई और दैहिक गठन पति के समानुरूप होने चाहिए।
4. दाता का परिचय पूर्णरूप से गोपनीय रखना चाहिए।
5. दंपति को समझा देना चाहिए कि इस तरीके से संतान होने की संभावना 50 प्रतिशत होती है। हाँ, बच्चा होने पर उसका कोई भी अंग विकलांग नहीं होता।
6. पति-पत्नी के उदारमना और दोनों में पारस्परिक प्रेम, श्रद्धा या भगवत विश्वास न होने पर इस पद्धति को अपनाना ठीक नहीं होता।
7. किसी नाते-रिश्तेदार या घनिष्ठ परिचितों के सामने यह तरीका अपनाने की इच्छा व्यक्त करना उचित नहीं है।

भारत में अब तक इस तरीके का कानूनी प्रचलन नहीं है। लेकिन संतानहीन दंपति की मर्मवेदना को कम करने के लिए इस उपाय के सही रूप में प्रचलन से शायद समाज का भला ही होगा।

डिम्बवाही नली में रुकावट या संकुचन रहने पर डिम्बाणु का निर्गमन होने के बावजूद वह उर्वर नहीं हो सकता और बच्चेदानी में भी नहीं पहुँच सकता; दूसरी ओर

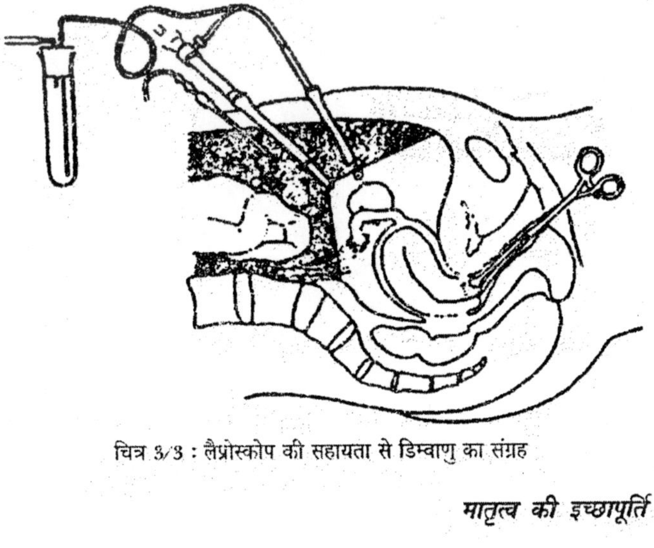

चित्र 3/3 : लैप्रोस्कोप की सहायता से डिम्बाणु का संग्रह

शुक्राणु भी बच्चेदानी से डिम्बनली में प्रवेश नहीं कर सकता। इसलिए डिम्बवाही नली के ठीक न होने वाले रोग से आक्रांत होने पर दंपति बच्चा प्राप्त करने से वंचित रहता है। पहले ही कहा गया है कि हवा का कार्बन डाइआक्साइड बच्चेदानी में प्रवेश कराके डिम्बनली की राह साफ है या नहीं, यह जाना जा सकता है। इसके अलावा 'डायजिनल' या 'कॅन्रे 280' नामक रासायनिक द्रव को बच्चेदानी के भीतर इंजेक्शन से डालकर रंजन-रश्मि की सहायता से बच्चेदानी की आंतरिक स्थिति और डिम्बनली की राह को देखा जा सकता है। आजकल लेप्रोस्कोप नामक पतली नली जैसे यंत्र को पेट के निचले हिस्से में लगाकर भीतर के यौनांग समूह (बच्चेदानी, डिम्बनली और डिम्बाशय) को देखा जा सकता है। इस यंत्र की सहायता से पतली सुई के जरिए वैक्यूम साक्शन द्वारा ओवरी से डिम्बाणु को निकाल लाना भी आजकल संभव हो गया है।

जिनकी डिम्बवाही नली खराब हो गई लेकिन डिम्बाशय ठीक है, उनके डिम्बाणु को बाहर निकालकर कृत्रिम तरीके से पति के शुक्राणु के साथ मिलाकर उर्वर किया जा सकता है या नहीं, इस बात को लेकर दुनिया में कई जगह परीक्षण चल रहा है। लंदन के ओल्ड होम अस्पताल में डॉक्टर एडवर्ड्स और डॉक्टर स्टेप्टो इस विषय में शोध करके बहुत आगे बढ़ चुके हैं।

पहले ओवरी में से लेप्रोस्कोप की मदद से डिम्बाणु को निकालकर टेस्ट ट्यूब में उपयुक्त ऊँचाई पर काफी सँभालकर रखा जाता है, दूसरी ओर पर्याप्त शुक्राणु मिश्रित वीर्य लेकर विशेष पद्धति से उन्हें जीवित बनाए रखने का इंतजाम किया जाता है। इससे शुक्राणु की अग्रगतिक क्षमता बनी रहती है। बाद में शुक्राणुओं को विभिन्न जाँच डिशों (कल्चर डिशों) में लेकर उपयुक्त कार्बन डाइआक्साइड, ऑक्सीजन और नाइट्रोजन युक्त आबोहवा में एक घंटे तक इन्क्यूबेरेट में रखा जाता है। इसके बाद संरक्षित

चित्र 3/4 : कृत्रिम उपाय से शुक्राणु के साथ मिलाकर डिम्बाणु को उर्वर बनाने का दृश्य

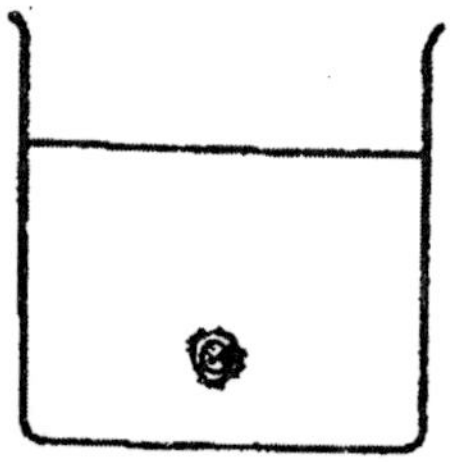

चित्र 3/5 : डिम्बाणु मिश्रित सलुशन में रखा गया है।

शुक्राणुओं में डिम्बाणु का संचरण कराया जाता है और बारह से बीस घंटे तक रखा जाता है।

अंत में डिम्बाणु को गो-शिशु सीरम (पशुरस) और माँ के सीरम से मिश्रित करके सॉलिडेशन में रखा जाता है।

इस समय सॉलिडेशन की ऊष्णता, आद्रता और कार्बन डाइआक्साइड टेंशन सही होना चाहिए। डिम्बाणु के उर्वर होने पर उसे पतली प्लास्टिक ट्यूब की सहायता से उपयुक्त दिनों में माँ की बच्चेदानी में संचारित एवं रोपण कर दिया जाता है।

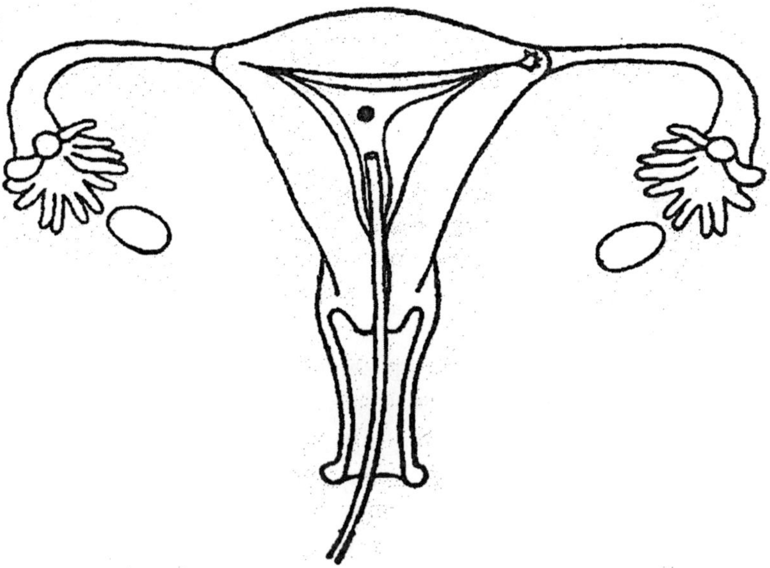

चित्र 3/6 : बच्चेदानी में पलिथिन ट्यूब के द्वारा डिम्बाणु रोपण का दृश्य

इस पद्धति के अनुसंधान का काम अभी तक शुरुआती दशा में है; पाँच प्रतिशत मामलों में ही डिम्बाणु को प्राप्त किया जा सकता है और उसके भी एक प्रतिशत से भी कम मामले में डिम्बाणु की उर्वरता बनाए रखकर माँ के पेट में जाकर भ्रूण संचार कराने में सफलता मिलती है।

इस तरह डिम्बाणु को निकालकर डिम्बनली के बाहर कृत्रिम उपाय से पति के शुक्राणु की सहायता से उर्वरता बढ़ाने की पद्धति को सारे विश्व में अकल्पनीय स्वीकृति मिली है। माँ का अपना डिम्बाणु और पति के शुक्राणुओं का प्रयोग होने से इस तरीके से हुए भ्रूण के संचार से किसी तरह की असामाजिकता की गुंजाइश नहीं रह जाती। हो सकता है, सुदूर भविष्य में हजारों दुखियारी स्त्रियाँ, जो घायल डिम्बाणु के कारण गर्भधारण करने में अक्षम होती हैं, उनके दुःख को दूर करने में यह कृत्रिम उपाय नई आशा की किरण जगाने में सक्षम हो और विज्ञान बहुतेरे निराश दंपति की मनोकामना पूरी करने में सहायता करे। परंतु इस तरह की वैज्ञानिक कोशिश में विकलांग बच्चे के जन्म की संभावना को भी दिमाग में रखकर आगे बढ़ना चाहिए।

# 4

# माँ होने का दायित्व

उस देह इस देह का चुंबन
माँ का शिशु होकर तुम
मधुर हँसी के साथ दिखे दुनिया में।

—रवीन्द्रनाथ

समाज-मर्यादा के साथ रहने के लिए कतिपय रीति-नीति का पालन अनिवार्य है। विवाह बंधन में स्त्री-पुरुष तथा समाज का पूर्ण विकास निहित है। प्रत्येक स्त्री में माँ की अभिलाषा उसके गुड़िया खेलने के दिनों से ही सोई रहती है। माता-पिता का घर छोड़कर एक भिन्न परिवार का पूर्ण दायित्व ग्रहण करना लड़कियों के जीवन का आश्चर्यजनक रूपांतर है। शादी के समय से ही इसकी मानसिक तैयारी का संकेत मिलता है। विवाह बंधन के जरिए अपने से किसी व्यक्ति को जोड़ने के साथ-साथ माँ होने का दायित्व भी अभिन्न रूप से जुड़ा होता है।

हमारे देश की आबादी इतनी अधिक है कि परिवार नियोजन के बारे में हर दंपति का सचेत होना उसका कर्तव्य बनता है। लेकिन शादी के बाद पहला बच्चा प्राप्त करने में देर नहीं करनी चाहिए। दूसरे, लड़कियों के यौन जीवन का स्वाभाविक परिणाम मातृत्व है। इसलिए योजनाहीन ढंग से कृत्रिम उपायों के जरिए संतानोत्पत्ति रोकने से शरीर और मन दोनों की क्षति हो सकती है। अतः इन दोनों पहलुओं को ध्यान में रखते हुए पति-पत्नी को आर्थिक स्थिति और दूसरी जिम्मेदारियों की बात सोचकर अग्रसर होना चाहिए। पर्याप्त आत्मविश्वास और ऐकांतिक प्यार के साथ पहली संतान ग्रहण करने की पति-पत्नी की संयुक्त खुशी से डर और चिंता दूर हो जाती है।

## *माँ का अपना दायित्व*

पिछले तीन दशकों से हमारे देश में विभिन्न तरह से स्त्री शिक्षा का विकास हुआ है। साहित्य, इतिहास, अर्थनीति, शिक्षा, गृह संचालन, संगीत आदि से लड़कियाँ जुड़ी रहती हैं। इस शिक्षित वर्ग की महिलाओं से बातचीत करने से पता चलता है कि विभिन्न विषयों में पैठ रहने के बावजूद माँ होने के दायित्व के प्रति अधिकतर लड़कियों के पास

कोई साफ समझ नहीं है। हमारे देश में अधिकतर लड़के-लड़कियों की शादी माता-पिता ही तय करते हैं, और दुःख के साथ यह स्वीकार करना होगा कि पुत्र या पुत्रवधू की अपनी सत्ता के पूर्ण विकास में वे शायद ही कभी सहायता करते हैं। इसीलिए वैवाहिक जीवन के दायित्व और बच्चों की देखभाल को हमारी लड़कियाँ ठीक से अंजाम नहीं दे पातीं। पहली बार गर्भवती होने को कई बार बहुतेरी लड़कियाँ लज्जा, भय और आतंक के साथ ग्रहण करती हैं। कभी-कभी तो शुरुआती तीन-चार महीनों तक इस बात को सबसे छिपाती हैं कि वे माँ बनने वाली हैं। वर्तमान आर्थिक और सामाजिक विपर्यय के सम्मुख खड़े होकर बहुतेरे दंपति इतना डर जाते हैं कि अर्धशिक्षित और अशिक्षित लोगों से गर्भपात कराने की कोशिश करते हैं। दरअसल, माता-पिता बनने का पूरा दायित्व सँभालने की मानसिक तैयारी उनकी नहीं रहती, इसीलिए वे बेवजह इस तरह का भयानक खतरा उठाते हैं। जीवन में कोई भी नई चीज ग्रहण करते समय आदमी के मन में संशय का होना स्वाभाविक है। इस संशय से बाहर निकलकर मातृत्व के अति महत्त्वपूर्ण दायित्व को अपनाने के लिए जरूरी है जानकारी और पूर्ण मानसिक तैयारी। हमारे देश में इस विषय में शिक्षा की व्यवस्था बहुत अच्छी तरह नहीं की गई है जबकि यह शिक्षा महिलाओं के लिए निहायत जरूरी है। इसके लिए स्कूल-कॉलेज, महिला समितियों, अस्पतालों की ओर से लड़कियों को यौनतत्त्व एवं संतान के जन्म लेने की प्रणाली के बारे में सहज और विज्ञान पर आधारित जानकारी देने की व्यवस्था करनी चाहिए। यह शिक्षा उपलब्ध कराने में शिक्षिकाओं, बुजुर्गों, पति, डॉक्टर, नर्स—सबका कुछ-न-कुछ कर्तव्य निहित है।

## *पति और अभिभावकों के कर्तव्य एवं दायित्व*

गर्भवती स्त्री के प्रति पति के बहुतेरे कर्तव्य एवं दायित्व हैं। इनमें नियमित रूप से डॉक्टर से संपर्क रखना और पत्नी को मानसिक साहचर्य देना प्रमुख है। बच्चे के इस आगमन को यदि पति खुशी के साथ अपनाए तो पत्नी के लिए भी वह बच्चा वांछनीय लगता है और भावी माता का हृदय उत्फुल्ल रहता है। ऐसे वक्त में गर्भवती स्त्री के स्वास्थ्य और खान-पान के प्रति पति को ध्यान रखना चाहिए। विशेषकर आज के युग में, जहाँ अधिकतर मामले में लड़कियों को पति के साथ उसके कार्यस्थल वाली जगह पर घर-परिवार से दूर जाकर रहना पड़ता है। गर्भवती पत्नी के प्रति पति का कर्तव्य और दायित्व बहुत अधिक होता है।

भावी माताओं के प्रति अभिभावकों, विशेषकर ससुराल के बड़े-बूढ़ों की जिम्मेदारी बहुत महत्त्व रखती है। उनसे यदि अपने होने वाले बच्चे के प्रति चाहत की भावना का संकेत मिलता है तो भावी माँ के मन में बेवजह डर नहीं जनमता। तब वे ऐसे मामले में बुजुर्गों से अपनी शारीरिक सुविधा-असुविधा की बातें बता सकती हैं। भावी माँ के खान-पान और विश्राम की ओर भी उन्हें ध्यान देना चाहिए। क्योंकि ऐसी स्थिति में

शारीरिक थकावट बढ़ती है। परिणामतः स्वाभाविक रूप से भावी माँ को परिश्रम करने में कष्ट होता है। बड़े-बुजुर्ग इस तरह की शारीरिक असुविधाओं का एहसास कर यदि उसके लिए उचित आराम की व्यवस्था करें तो भावी माँ के शरीर और मन दोनों को फायदा पहुँचेगा। संतान धारण करने वाली के अकेले दायित्व से स्वस्थ संतान का जन्म नहीं होता। उसके साथ-साथ उसके चारों तरफ और भी जितने लोग हैं, उनका भी दायित्व एवं कर्तव्य होता है और उसका पालन उन्हें अवश्य करना चाहिए।

## *जन्मकथा : मातृत्व की शिक्षा—शरीर और मन का परिवर्तन*

गति जीवन-विकास की एक अपूर्व धारा है। बचपन में स्कूल में बहुतों ने पढ़ा होगा कि किस तरह अंडे से शुक्रकीट और शुक्रकीट से एक सुंदर तितली का जन्म होता है। मनुष्य में भी 'पुरुष' और 'प्रकृति' के मिलन की तरह दो कोशों के मिलन से स्त्री-कोश उर्वर और विकसित होता है तथा एक नए मनुष्य की रचना होती है। अब संक्षेप में जन्मकथा के विषय में कुछ चर्चा जरूरी है। 'वयःसंधि रूपांतर अध्याय' में माहवारी के बारे में चर्चा के अंतर्गत बताया जा चुका है कि ऋतुचक्र के 10 से 15 दिनों के भीतर एक डिम्बाणु निकलता है। दूसरी तरफ पुरुष के अंडकोष के भीतर शुक्राणु बनते हैं।

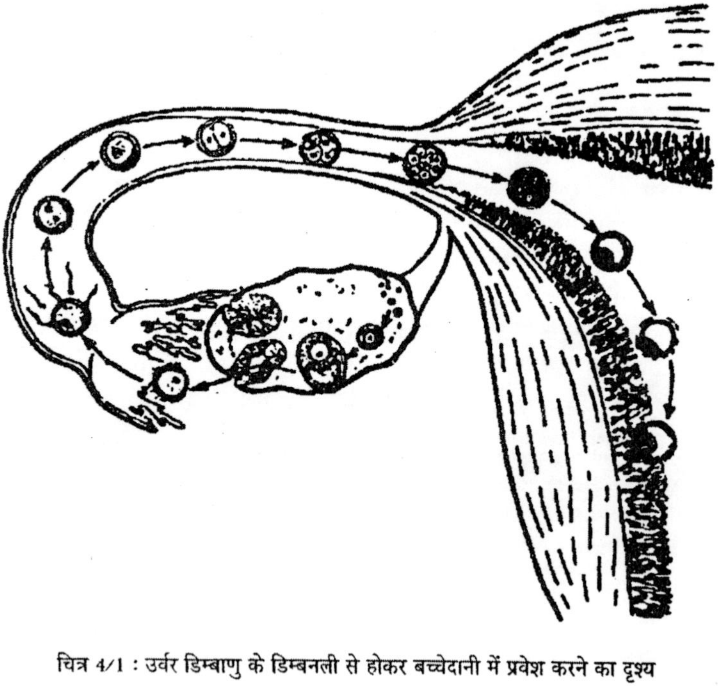

चित्र 4/1 : उर्वर डिम्बाणु के डिम्बनली से होकर बच्चेदानी में प्रवेश करने का दृश्य

सहवास के समय यह शुक्राणुमिश्रित वीर्य लिंग से निकलकर योनि के भीतर बच्चेदानी के मुँह में चला जाता है। इन करोड़ों शुक्राणुओं में से करीब हजार शुक्राणु बच्चेदानी के मुँह में होकर बच्चेदानी के जठर में प्रवेश करते हैं तथा 45 मिनट के भीतर डिम्बनली में आगे बढ़ते हैं। डिम्बनली से निःसृत शर्करा उत्पादित एलकालाइन म्यूकस इस वक्त शुक्राणुओं को जीवित रखने में सहायता करता है। दूसरी ओर, डिम्बाशय से डिम्बाणु निकलकर फैलोपियन ट्यूब में प्रवेश करता है। लगभग 50-60 शुक्राणु उसके चारों तरफ आते हैं और सिर्फ एक शुक्राणु उस डिम्बाणु से मिलकर उसे उर्वर डिम्बकोश में परिणत करता है। कुछ घंटों में डिम्बाणु का प्राणकेंद्र दो-चार-आठ करके विभाजित होता है और बहुकोशीय भ्रूण में बदला जाता है। तीन-चार दिनों में उर्वर डिम्बकोश डिम्बनली में से होकर बच्चेदानी में प्रवेश करता है तथा बच्चेदानी के अंदर की श्लेष्मा झिल्ली में रोपित होता है। दहाँ धीरे-धीरे भ्रूण की वृद्धि और उसमें रूपातंर होता है और उसमें क्रमशः वृद्धि होते-होते मानव शिशु की सृष्टि होती है।

अब इस उर्वर जन्मकोश को बच्चेदानी में प्रवेश कर जाने के बाद उसे खाना चाहिए। कोशवृद्धि होकर भ्रूण का विकास होता है और इसके साथ ही उसके दूसरी ओर से 'फूल' (प्लेसेंटा) की सृष्टि होती है। इसी 'फूल' के जरिए माँ के शरीर के साथ भ्रूण का संबंध बना होता है। नाभि-नाल की सहायता से फूल के जरिए भ्रूण के शरीर में माँ के शरीर से ऑक्सीजन और दूसरी खाद्य सामग्री जाती है और भ्रूण के अंदर का दूषित पदार्थ निकलता है। फूल का एक और काम है—हारमोन बनाना। इस तरह संयोगरक्षक के जरिए प्राण का संचार होता है और उसमें विकास-क्रम की प्रक्रिया चलती है।

गर्भावस्था के प्रथम तीन महीनों में माँ के शरीर में कई परिवर्तन आते हैं। पहला लक्षण है—माहवारी बंद हो जाती है। लेकिन ऋतुस्राव या माहवारी के बंद हो जाने को गर्भधारण का एकमात्र लक्षण या गर्भधारण ही समझ लेना गलत होगा। माहवारी का बंद होना ही गर्भधारण का इकलौता लक्षण नहीं है, क्योंकि कभी-कभी ऐसा भी पाया जाता है कि गर्भधारण के बावजूद शुरुआती कुछेक महीनों तक अत्यल्प मात्रा में माहवारी के समय ऋतुस्राव होता है। फिर गर्भधारण के अलावा भी कई कारणों से माहवारी बंद हो सकती है। इसलिए ऋतुस्राव बंद होने पर या अनियमित होने से अपने आपमें पहले ही गर्भधारण के विषय में पूरी तरह निश्चिंत होने से पूर्व डॉक्टर की सलाह लेनी चाहिए। गर्भसंचार हुआ है या नहीं, डॉक्टर ही जाँच करके यह बता देंगे।

गर्भावस्था स्वस्थ दशा का ही थोड़ा परिवर्तित रूप है। इसीलिए सामान्य दशा में शरीर जिन नियमों को मानकर चलता है, उनमें थोड़ा-बहुत परिवर्तन मात्र होता है और इसी परिवर्तन के कारण भावी माँ के शरीर में भी काफी परिवर्तन आता है। माहवारी बंद हो जाती है, उबकाई आती है। इस स्थिति में माँ के मन में डर और आनंद मिश्रित एक अपूर्व एहसास पैदा होता है। लेकिन यदि वह पाती है कि पति या परिवार के बुजुर्ग किसी कारणवश इस बात को पूरी प्रसन्नता के साथ अपनाने को तैयार नहीं, तो उसका

डर बढ़ता जाता है। इस डर के कारण बहुतों की उबकाई बढ़ जाती है और इससे वे उल्टी की गंभीर बीमारी का शिकार हो सकती हैं। अतः इस अवस्था में परिवार के अन्य सदस्यों की जिम्मेदारी बहुत अधिक होती है। माँ के शारीरिक और मानसिक स्वास्थ्य को वापस लाने और उसे बनाए रखने में सहयोग करना बहुत जरूरी होता है।

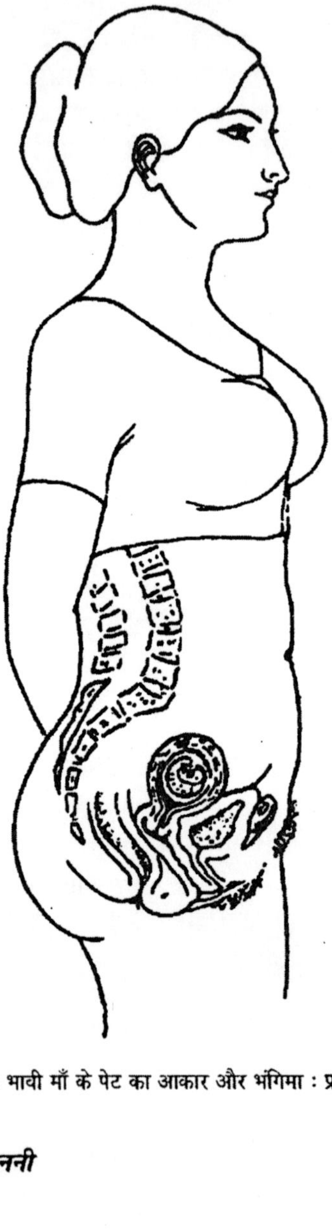

चित्र 4/2 (क) : भावी माँ के पेट का आकार और भंगिमा : प्रथम तीन माह का चित्र

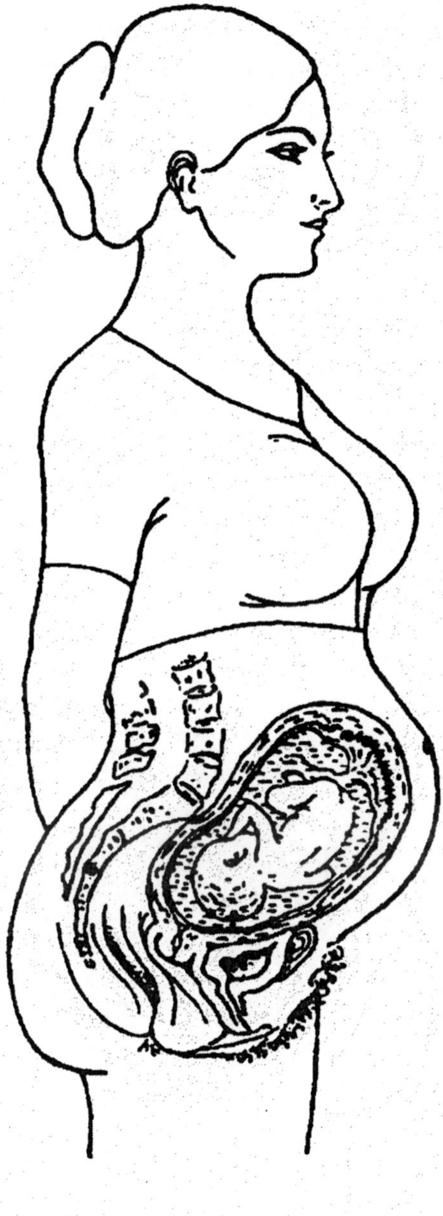

चित्र 4/2 (ख) : भावी माँ के पेट का आकार और भंगिमा : द्वितीय तीन माह का चित्र

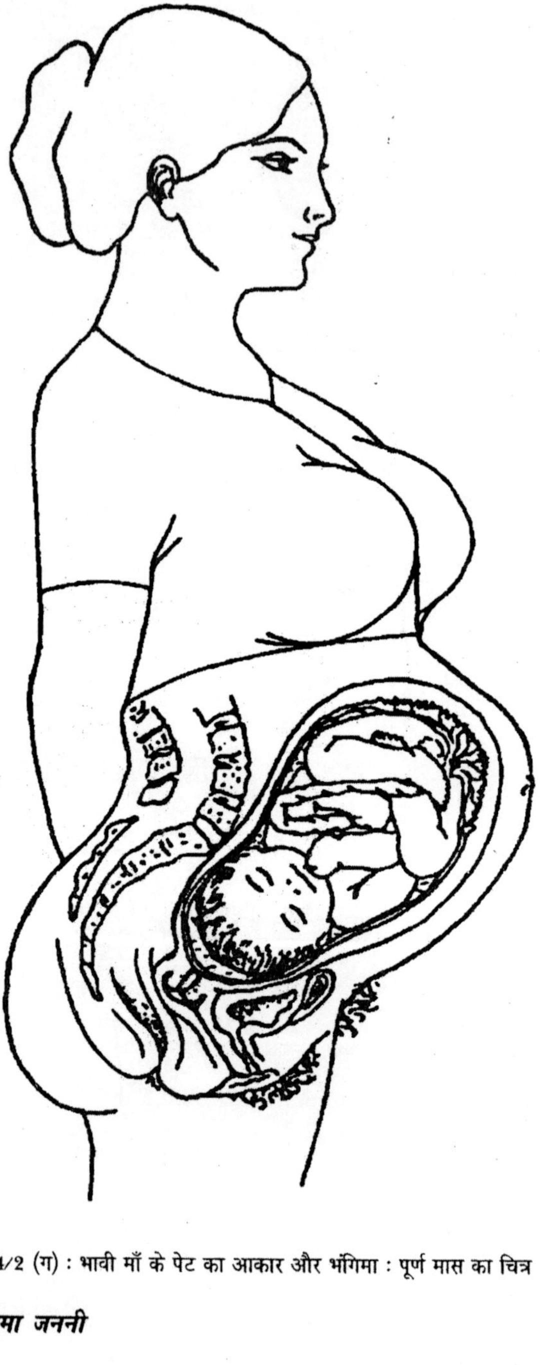

चित्र 4/2 (ग) : भावी माँ के पेट का आकार और भंगिमा : पूर्ण मास का चित्र

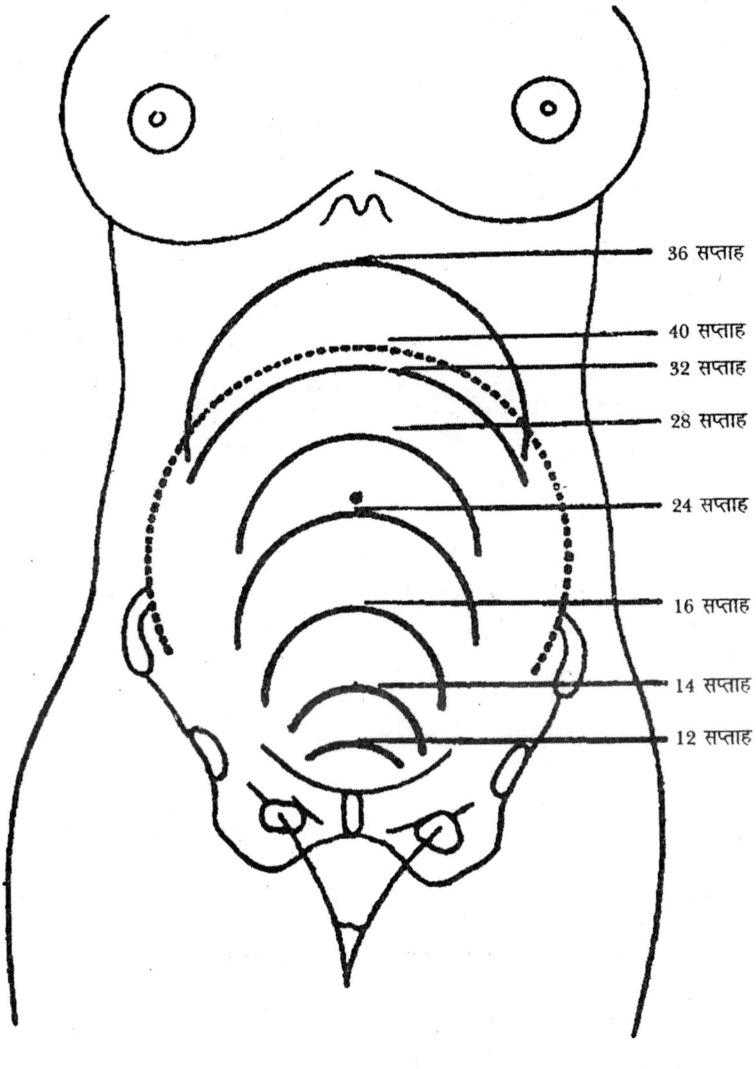


चित्र 4/3 : गर्भावस्था के विभिन्न सप्ताहों में बच्चेदानी की आयतन-वृद्धि का चित्र

भावी माँ की देह में सबसे ज्यादा परिवर्तन उसके दोनों स्तनों और पेट की आकृति में दिखाई देता है। स्तनों के अग्रभाग अत्यधिक कोमल हो जाते हैं और उनका रंग गाढ़ा हो जाता है। स्तनों का आकार भी बढ़ने लगता है। गर्भावस्था के चार महीने के बाद से स्तनों के अग्रभाग पर थोड़ा-सा दबाव डालने से दो-चार बूँद दूध की तरह तरल द्रव बाहर निकलता है। बच्चेदानी के अंदर भ्रूण का शारीरिक आकार क्रमशः बढ़ता है, इसलिए बच्चेदानी क्रमशः गुब्बारे की तरह फूलती जाती है। अतः बाहर से भावी माँ के पेट का आकार और शरीर की आकृति में क्रमशः परिवर्तन होता है।

तीसरा महीना शुरू होने के समय से ही शरीर का यह परिवर्तन दिखाई देना चाहिए। गर्भावस्था के चार महीनों के बाद माँ को एक दिन बच्चे के हाथ-पाँव संचालन की अनुभूति के जरिए प्राण-संचार का प्रथम आस्वाद मिलता है। उसके बाद से हर महीने बच्चेदानी की वृद्धि के साथ-साथ माँ के शारीरिक गठन में क्रमशः परिवर्तन होता है। कमर की हड्डी का जोड़ नरम होने लगता है और रीढ़ की हड्डी पीछे की ओर झुक जाती है। क्रमशः बढ़ती बच्चेदानी के कारण पेट के दूसरे भाग में दबाव पड़ता है और साँस लेने में थोड़ी असुविधा आती है। शरीर में पानी जमने के कारण हाथ-पाँव थोड़े भारी हो जाते हैं। इन परिवर्तनों के बारे में माँ को पहले से सचेत होना चाहिए। उसे याद रखना चाहिए कि उसके खुद के भी कई कर्तव्य हैं। छोटी-मोटी देख-रेख के जरिए उसे इस परिवर्तन के साथ खुद को ढाल लेना होगा।

हमारे देश में अधिकांश प्रसव की व्यवस्था घर पर, अस्पताल में या नर्सिंग होम में की जाती है। प्रसूति की देखभाल में डॉक्टर और दाई की सहायता लेना जरूरी होता है। डॉक्टर के साथ प्रसूता माँ का अच्छी तरह परिचय रहना चाहिए, क्योंकि विश्वास और दायित्व का सूत्र भरोसे और सहयोगिता से ही बनता है। सभी माताओं को चाहिए कि निम्नलिखित लक्षणों और घटनाओं का विवरण रखें और डॉक्टर को ठीक से बताएँ—

1. माहवारी की अंतिम तारीख और पेट में बच्चे के पहली बार हिलने-डुलने की तारीख।
2. पहले के स्वास्थ्य की स्थिति, अस्वस्थता, ऑपरेशन आदि की सूचना।
3. पहले बच्चा (यदि हुआ हो) होने का अनुभव।
4. वर्तमान शारीरिक दशा का सही विवरण।
5. छोटी-मोटी चोट से बहुत अधिक खून बहता है या नहीं ?
6. पहले कभी कृत्रिम उपाय से खून चढ़ाया गया या नहीं ?
7. पहले कभी गर्भपात हुआ था या नहीं, यदि हुआ था तो कितनी बार, कब और किस तरह हुआ ?

इन सारी चीजों की जानकारी लेने के बाद डॉक्टर दाँत, मुँह, छाती आदि की जाँच करते हैं। इसके बाद बच्चेदानी में बच्चे की स्थिति का निरीक्षण करते हैं और अच्छी तरह से क्या करना चाहिए—इसके बारे में तथा स्वास्थ्य विषयक जानकारी दे देते हैं।

किसी तरह की असुविधा न होने पर भी डॉक्टर से नियमित जाँच करवानी चाहिए। पहले के छह महीने तक प्रति माह एक बार, आठ महीने तक दो या तीन सप्ताह में एक बार और और अंतिम महीने में सप्ताह में एक बार। इसके अलावा रक्तचाप, वजन, पेशाब-खून आदि की नियमित रूप से जाँच करानी चाहिए।

## *सामान्य नियम*

विश्राम और परिश्रम : गर्भावस्था में कितना शारीरिक श्रम करना चाहिए, इसे लेकर कई लोगों के मन में कई तरह की धारणाएँ हैं। बहुत-से लोगों का मानना है कि इस अवस्था में सो-बैठकर आराम से दिन गुजारना चाहिए। लेकिन यह धारणा आधारहीन है। चूँकि गर्भावस्था स्वस्थ दशा का ही रूपांतर मात्र है, इसलिए जिस तरह सामान्य ढंग से शारीरिक स्वास्थ्य रक्षा के लिए थोड़ा श्रम सबके लिए जरूरी होता है उसी तरह इस समय भी सामान्य कामकाज करना जरूरी होता है। लेकिन याद रखना चाहिए कि गर्भावस्था के शुरुआती तीन-चार महीने और अंतिम तीन महीनों में बहुत अधिक मेहनत न करें। गर्भावस्था की शुरुआत में ज्यादा परिश्रम करने से गर्भपात होने की आशंका रहती है, फिर आखिरी महीने में ज्यादा परिश्रम करने पर अपुष्ट शिशु के जन्म ग्रहण की संभावना रहती है। इसलिए शुरुआत में भावी माँ को ज्यादा सीढ़ियाँ चढ़ने-उतरने, भागदौड़ करने, भारी सामान उठाने, भारी कपड़े फींचने, रिक्शे पर चढ़ने जैसे वे सारे काम नहीं करने चाहिए जिससे खासतौर पर पेट पर दबाव पड़ता हो और झटका लगता हो। इसी तरह गर्भावस्था के अंतिम दिनों में कुछ सावधानी बरतनी चाहिए। बँगला में एक कहावत है 'आटे-काटे'। यानी आठ महीने की गर्भवती माँ को गाड़ी पर चढ़ने नहीं दिया जाता, घर से बाहर अधिक निकलने नहीं दिया जाता या अधिक परिश्रम भी नहीं करने दिया जाता, ताकि असमय प्रसव न हो जाए। गर्भावस्था में ज्यादा सीढ़ियों के चढ़ने-उतरने से सावधान रहना चाहिए।

बहरहाल, संक्षेप में कहा जा सकता है कि गर्भावस्था में घर के सामान्य कामकाज करने में कोई बाधा नहीं। दोपहर को दो घंटे आराम कर लेना चाहिए। शाम को खुली हवा में या छत पर टहल लेने से शरीर ठीक रहता है। खुली हवा में ऑक्सीजन भी अधिक मिलता है और मन की प्रफुल्लता बढ़ती है।

## *स्नान और स्तनों की हिफाजत*

रोज अच्छी तरह स्नान करना चाहिए। स्नान करते समय कमर में हलका तेल मालिश करने से आराम मिलता है और त्वचा मुलायम रहती है। ऐसे समय में तालाब या समुद्र में नहाना या तैरना उचित नहीं। दोनों स्तनों को साबुन से अच्छी तरह धोकर, स्तनों के अग्रभाग की सूखी चमड़ी को कोल्ड क्रीम की सहायता से नरम करके निकाल देना

चाहिए। स्तन का अग्रभाग अनामिका और अँगूठे से रोज कुछ देर तक उठाकर रखना चाहिए। इस तरह हिफाजत करने से शिशु को प्रथम स्तनपान कराने में कोई असुविधा नहीं होती। शिशु को स्तनपान कराने के बारे में आगे चर्चा की जाएगी।

**कपड़े-लत्ते :** गर्भावस्था में बहुत कसे हुए कपड़े नहीं पहनने चाहिए। आखिरी दिनों में अस्पताल या नर्सिंग होम जाते समय अपने और बच्चे के लिए जरूरत के ऐसे कुछ कपड़े तथा छोटी-मोटी चीजों की व्यवस्था करके रखनी चाहिए; जैसे–

**माँ के लिए :** 1. झब्बानुमा दो कुर्ते, 2. ढीला ब्लाउज–दो, 3. बाइंडर–एक, 4. सेनिटरी पैड–दो, 5. बक्स रुई–एक पाउंड, 6. डेटॉल या सेवलन–एक बोतल, 7. प्लास्टिक का मग–एक, 8. पुरानी साड़ी–दो, 9. सेफ्टीपिन–एक दर्जन।

प्लेट, गिलास, चम्मच और अन्य चीजें जैसे–टूथब्रश, कंघी, साबुन, तेल आदि।

**बच्चे के लिए :** 1. पतले कपड़े के कुर्ते–छह, 2. ढाई फुट की चौकोर चादरें–छह, 3. चौकोर बीस इंच के मुलायम कपड़े–दस, 4. तौलिए–दो, 5. दूध की बोतलें–दो, 6. स्टील की कटोरी और चम्मच–एक-एक। इसके अलावा बच्चे के लिए जरूरत की अन्य सामग्री।

गर्भावस्था में शरीर की आकृति के अनुरूप कपड़े-लत्ते का सामंजस्य कर लेना अच्छा होता है। याद रखना चाहिए कि गर्भावस्था में दोनों स्तन बहुत अधिक भारी और बड़े हो जाते हैं। इसलिए अंदर पहनने के कपड़े नाप के ही होने चाहिए जिससे स्तनों की आकृति में परिवर्तन के बावजूद अटपटा न महसूस हो।

## *खान-पान*

गर्भावस्था में माँ के खान-पान के प्रति सचेत रहना चाहिए, क्योंकि खाने से सिर्फ माँ का शरीर ही नहीं, भावी बच्चे का शरीर भी पुष्ट होगा। अतः गर्भावस्था में माँ के लिए पौष्टिक खाद्य बहुत जरूरी होता है। पौष्टिक खाद्य के विषय में बहुत-से लोगों की धारणा है कि बहुत महँगे फल, मछली, मांस के अलावा और किसी चीज से पौष्टिकता नहीं मिल सकती। पर ऐसा सोचना भ्रांतिपूर्ण है। हमारे दैनिक भोजन की सूची में जो साग-सब्जी, फल आदि रहते हैं उनमें भी पर्याप्त मात्रा में विटामिन, कैल्सियम आदि रहता है जिससे शरीर को पौष्टिकता मिलती है।

गर्भावस्था में जल्दी हजम होने वाला शाकाहारी भोजन अधिक करना चाहिए। फल-सब्जी आदि का सफेद हिस्सा तथा तेलयुक्त पदार्थ मात्रात्मक रूप में खाना चाहिए। वजन बहुत अधिक न बढ़े, इसका ध्यान रखना चाहिए। नमक और नमकीन पदार्थ कम खाने चाहिए। दालमोठ, अचार, नमकीन, पकौड़े, अधिक मक्खन जैसी चीजें नमकीन पदार्थ की श्रेणी में आती हैं। काफी मात्रा में पानी और रोज कम-से-कम आधा किलो दूध पीना आवश्यक है। साथ ही नियमित रूप से आयरन टेबलेट और विटामिन लेने पर खून की कमी का डर नहीं रह जाता।

शुरुआती तीन महीने जब अरुचि रहती है, उस समय 'श्वेत सार' (फल-सब्जी आदि का सफेद हिस्सा) जैसी चीजें अधिक खानी चाहिए। इस समय भुने हुए चावल या चूड़ा का लड्डू, बिस्कुट जैसी चीजें खाई जा सकती हैं। बीच के तीन महीने मछली, दूध, फल खाने चाहिए। ताजे फलों में सिर्फ खनिज पदार्थ और विटामिन होता है, इतनी ही बात नहीं है बल्कि फल और साग-सब्जी पेट (कोष्ठ) साफ रखने में मदद पहुँचाती है। गर्भावस्था के समय कोष्ठ को साफ रखना बहुत जरूरी होता है। आगे चलकर नियमित खाद्यान्न के बारे में विस्तृत चर्चा की जाएगी।

## *गर्भावस्था में व्यायाम : सामान्य स्वास्थ्य के लिए*

स्त्रियों के लिए घर के कामकाज के अलावा कुछ हलके व्यायाम शरीर और मन दोनों को प्रसन्न रखते हैं। ये व्यायाम किस हद तक श्रमसाध्य होने चाहिए, इस बारे में सबको थोड़ा सामान्य ज्ञान रखना चाहिए। वैसे घर के कामकाज में, जिन महिलाओं को घर पोंछना, सामान आदि साफ-सुथरा करने या खाना पकाने जैसे काम करने पड़ते हैं उनके लिए अलग से व्यायाम करने की आवश्यकता नहीं है। जो महिलाएँ स्कूल में पढ़ाती हैं, दफ्तर में टाइपिस्ट या किरानी का काम करती हैं, दिन-भर कुर्सी पर बैठे रहने के कारण उन्हें दिन के अंत में थकान महसूस होती है। दूसरी तरफ, बहुत-सी लड़कियाँ नृत्य, बैडमिंटन या बास्केट बॉल आदि का गर्भावस्था के समय भी प्रैक्टिस जारी रखना चाहती हैं। दोनों ही के लिए उचित सलाह देकर एक ऐसी व्यवस्था की जाती है जिससे थकान रहित व्यायाम की प्रैक्टिस चलती रहे। आमतौर पर प्रसव के डेढ़ से दो माह पूर्व माँ को छुट्टी लेनी चाहिए। शरीर को सामान्य कामकाज में लगाए रखने से अतिरिक्त व्यायाम की जरूरत नहीं पड़ती।

सामान्य व्यायाम के तहत समतल जमीन पर चलना बहुत फायदेमंद होता है। चलते समय दोनों पैरों में इतनी दूरी रखनी चाहिए जिससे अनावश्यक रूप से थकान न आए। गर्भावस्था में थोड़ा-बहुत तैरा जा सकता है, लेकिन समुद्र में स्नान और डाइविंग से बचना चाहिए। इसी तरह गर्भावस्था में साइकिल चलाना, घोड़े पर चढ़ना और चार महीने के बाद से मोटरगाड़ी नहीं चलाना चाहिए।

आजकल दर्दहीन प्रसव के लिए विशेष-विशेष व्यायाम की शिक्षा द्वारा शरीर और मन को एक करके डर, चिंता और प्रसवकालीन संकोच दूर करने की शिक्षा दी जा रही है। आगे के अध्याय में इस विषय में जानने लायक बातों की चर्चा की जाएगी।

गर्भावस्था में ज्यादा भारी सामान भी नहीं उठाना चाहिए; कुर्सी, टेबुल, बाल्टी आदि उठाना या ट्यूबवेल पंप (हैंड पंप) चलाने जैसा परिश्रमपूर्ण काम नहीं करना चाहिए। जमीन पर बैठकर बच्चे को प्यार करते समय स्नेहवश बार-बार उसे गोद में न उठाकर भी प्यार जताया जा सकता है।

### भ्रमण

बहुत-से लोग गर्भावस्था में भ्रमण करने के बारे में पूछते हैं। 'सभी मिलकर गाड़ी से बनारस जा रहे हैं' अथवा 'कश्मीर या नैनीताल का टिकट कटा लिये हैं—जा सकते हैं तो ?' आदि-आदि सवालों के जवाब में उन्हें समझा देना चाहिए कि गर्भावस्था में बेवजह सौ-दो सौ किलोमीटर से अधिक दूरी का सफर नहीं करना चाहिए। यद्यपि 'प्रेसराइज्ड प्लेन' पर चढ़ने से कोई खतरे की बात नहीं होती, फिर भी बीच के तीन महीनों को छोड़कर हवाई जहाज से यात्रा न करना ही अच्छा है। कई बार एयरलाइंस के संचालकगण डॉक्टर से बच्चा होने की तारीख और स्वास्थ्य संबंधी सर्टीफिकेट की माँग करते हैं। इसीलिए गर्भावस्था में यात्रा करने के बारे में बुजुर्गों की जिम्मेदार और सामान्य सलाह को मानकर चलना चाहिए।

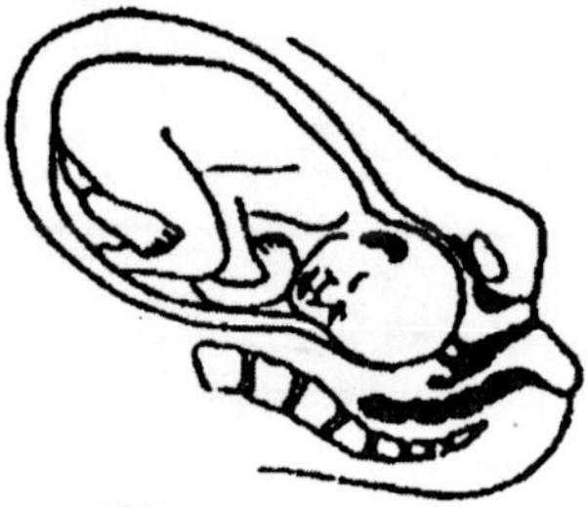

बच्चेदानी के मुँह की बंद स्थिति में माँ के गर्भ में बच्चे का अवस्थान।

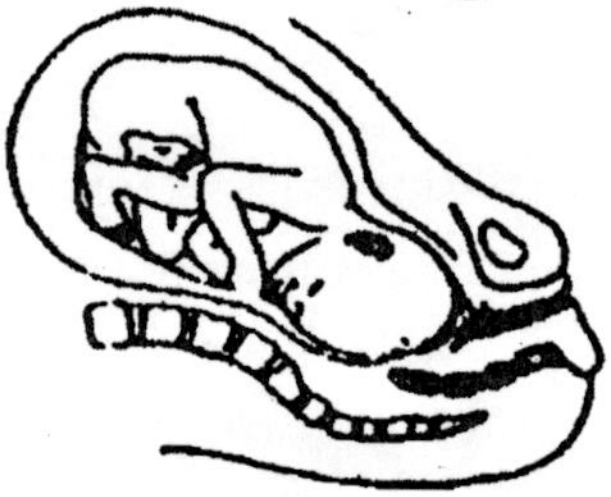

बच्चेदानी का मुँह थोड़ा फैलने के बाद बच्चे का सिर नीचे की ओर उतरने का दृश्य।

बच्चेदानी का मुँह प्रसारित होने के बाद बच्चे का सिर योनिपथ में उतर आने का दृश्य।

चित्र 4/4 : प्रसव के विभिन्न चरणों में बच्चे का अवस्थान

### *सहवास*

गर्भावस्था के विषय में अलग-अलग पुस्तकों में अलग-अलग बातें लिखी हुई होती हैं। यद्यपि बहुत-से दंपति गर्भावस्था में सहवास से अलग रहते हैं, कई नवदंपति सहवास की सुरक्षा के विषय में सवाल करते हैं। गर्भावस्था में शुरुआत के तीन महीनों तक सहवास से बचना चाहिए। दूसरी ओर अंतिम तीन महीनों में शारीरिक गठन में आए परिवर्तन के कारण सहवास सुविधाजनक नहीं होता, और अचानक पानी की थैली टूटने या प्रसव पीड़ा होने की आशंका होती है। सहवास पति-पत्नी की इतनी निजी बात होती है कि हमेशा इस पर सलाह नहीं दी जा सकती; लेकिन यदि पति-पत्नी की इच्छा हो तो अगल-बगल में तिरछे होकर, दर्द न हो, इस तरह सहवास करने पर आनंद भी आता है और हानि भी नहीं होती। जिनको अधिक उम्र में बच्चा हो रहा है या एक-दो बच्चे गिर गए हों उन्हें सहवास से बचना चाहिए।

इस तरह सामान्य ज्ञान की सहायता से इस तरह की सावधानी बरतने पर शारीरिक और मानसिक दोनों तरह के नुकसान से बचा जा सकता है।

### *दाँतों की देखभाल*

दाँत खराब होने पर जिस खाद्य में कैल्सियम की मात्रा अधिक हो, वह या सिर्फ कैल्सियम ही खाना चाहिए। दाँतों के डॉक्टर को एक बार दिखा लेना चाहिए। कैल्सियम और फासफोरस बच्चे के दाँतों और हड्डी को मजबूत होने में सहायक होते हैं। गर्भावस्था में मसूढ़े और दाँत की अधिक देखभाल करनी चाहिए। रोज दो बार सुबह और रात को सोने से पहले ब्रश करना जरूरी है। गर्भावस्था में बहुतों के मसूढ़े फूल जाते हैं या दाँतों की जड़ों से खून आता है। 1. ऐसी स्थिति में विटामिन 'सी' खानी चाहिए। और 2. मारक्यूरोक्रोम से मसूढ़ों की मालिश करनी चाहिए।

### *भावी माँ की मानसिकता*

हमारे देश में यह विश्वास प्रचलित है कि गर्भावस्था में माँ की मानसिक स्थिति जैसी रहती है बच्चे में भी उसी तरह की मानसिक स्थिति नजर आएगी। लेकिन विज्ञान की दृष्टि से यह तर्कसंगत नहीं है; वहाँ कहा जाता है कि वंश की परंपरा के अनुसार माता-पिता के स्वभाव या मानसिक धारा को बच्चा वहन कर सकता है। लेकिन भावी माँ की स्वस्थ मानसिकता एवं विचार से बच्चा भी ऐसा ही होगा, यह तर्कहीन है।

लेकिन यह सच है कि अतिरिक्त आवेग या उत्तेजना, जैसे—क्रोध, शोक, डर आदि के परिणामस्वरूप शरीर पर आगे चलकर प्रभाव दिखाई दे सकता है। इसलिए भावी माँ को आवेग-उत्तेजना से जहाँ तक संभव हो बचना चाहिए, इसी में भलाई है।

**खतरे का संकेत :** अचानक बहुत अधिक सिरदर्द होना, सिर चकराना, अधिक

मात्रा में उलटी होना, कम पेशाब आना या बंद हो जाना, हाथ-पाँव का फूलना आदि लक्षण दिखाई देने पर डॉक्टर की जानकारी में अवश्य लाना चाहिए। शरीर के किसी भी हिस्से में या पेट में दर्द होने पर या रक्तस्राव होने पर जल्द-से-जल्द डॉक्टरी जाँच करानी चाहिए। छाती में घबराहट या साँस की तकलीफ होने पर भी डॉक्टर को सूचित करना चाहिए।

इस तरह दो सौ सत्तर दिन काटने के बाद आहिस्ता-आहिस्ता वह वांछित दिन आ जाता है। डॉक्टर ही इस दिन को निर्धारित कर देते हैं। इस मामले में अधिक-से-अधिक दस-पाँच दिनों की इधर-उधर होती है। डॉक्टर अंतिम माहवारी की तारीख से नौ महीने सात दिन जोड़कर प्रसव का दिन निर्धारित करते हैं। इस निर्धारित तिथि से पंद्रह दिन बीतने पर डॉक्टर को अवश्य सूचित करना चाहिए।

## *बच्चे के जन्म की प्रक्रिया*

हर माँ को बच्चे के जन्म लेने के दैहिक नियम के बारे में सामान्य जानकारी होनी चाहिए। विशेष रूप से इसलिए कि इससे अनिश्चितता और डर से छुटकारा मिलता है।

प्रसव का समय नजदीक आने पर एक दिन माँ अनुभव करेगी कि एक सुन्न-सी (शिथिलतापूर्ण) प्रक्रिया कमर से शुरू होकर पेट के निचले हिस्से से होती हुई पैरों में फैली जा रही है। थोड़ी देर में पूरी तरह सुन्न होने के एहसास के बाद योनि से सफेद और रक्त मिश्रित लाल रंग का स्राव निकलना शुरू हो जाता है। ऐसी स्थिति में समझना होगा कि बच्चेदानी संकुचित होकर उसका मुँह खुलने की कोशिश हो रही है। दर्द की शुरुआत से बच्चेदानी के मुँह के पूरी तरह खुलने तक के समय को प्रसव का 'प्रथम चरण' कहा जाता है। पहले बच्चे के समय यह चरण आठ से बारह घंटे तक चलता है। ऐसी स्थिति में डरे बिना अस्पताल जाने के लिए सामान तैयार कर लेना चाहिए। घर के लोगों को सूचना देकर कुछ हलका नाश्ता और चाय आदि लेकर अस्पताल जाने के लिए पर्याप्त समय हाथ में रहता है। अतः सबको मिलकर, बेमतलब भागदौड़ न करके धीरे-धीरे सारा इंतजाम करना ही ठीक रहता है।

अस्पताल में भर्ती होने के बाद पहले डॉक्टर या नर्स गर्भवती की जाँच करेगी। इसके बाद साफ-सुथरा करके नर्स 'डूस' देकर कोष्ठ साफ करवा लेती है। इस समय सुन्नता (शिथिलता) क्रमशः लगातार दर्द में रूपांतरित होती है। यदि इस वक्त माँ यह सोच सके कि उसकी दीर्घ प्रतीक्षा की घड़ी अब समाप्त होने वाली है तो सहनशीलता बढ़ती है। दर्द के समय शरीर ढीला रखकर खींच-खींचकर साँस लेते रहने से पेट की मांसपेशियाँ ढीली होने और बच्चेदानी के खुलने में मदद मिलती है। बच्चेदानी का मुँह खुलते ही बच्चे के सिर के दबाव से योनिद्वार प्रसारित होता जाता है। कुछ ही देर में बच्चा जिस थैली में रहता है, वह आवरण (मेम्ब्रेन) टूटकर जलस्राव होने लगता है। फलस्वरूप योनिद्वार और भी पिच्छल एवं मुलायम हो जाता है।

क्रमशः दर्द बढ़ता जाता है। इस समय लंबी साँस लेकर मुँह बंद करके नीचे की ओर दबाव डालने से बच्चे का सिर योनिद्वार में आ जाता है।

बच्चे का सिर क्रमशः योनिद्वार को प्रसारित करता हुआ धीरे-धीरे बाहर निकल आता है। उस समय शरीर को ढीला करके लंबी साँस लेने से बच्चे के जन्म लेने में सुविधा होती है। नवजात शिशु के रोने की आवाज जब उसके आगमन की घोषणा करती है तो माँ की आँखें आनंदाश्रु से प्लावित हो उठती हैं। लगभग दस मिनट बाद 'फूल' निकल आता है। और, तब नर्स माँ को साफ करके गरम दूध पिलाकर आराम से सुलाने का इंतजाम करती है।

## *फूल खिलने की तरह*

बच्चे के प्रसव के उपरोक्त विवरण से यह समझने में कोई कठिनाई नहीं होती कि बच्चे का जनमना और फूल का खिलना एक स्वाभाविक घटना है। इसमें डरने की कोई बात नहीं। हमारे देश में आदिवासी और पहाड़ी स्त्रियों ने बच्चा पैदा होने को इतना सहज एवं सरल बना लिया है कि वे प्रसव के बाद ही नवजात शिशु को पीठ पर लेकर खुद ही मैदान और जंगल पार करके घर चली जाती हैं। रूस और फ्रांस में आजकल 'दर्दविहीन प्रसव' को लेकर तरह-तरह के शोध और प्रयोग किए जा रहे हैं। खैर, यौनत्व और प्रसव प्रक्रिया को डर या लज्जा की नजर से न देखकर प्रत्येक विवाहित स्त्री को चाहिए कि वह इस विषय में सामान्य ज्ञान प्राप्त करे। इस मामले में प्रचलित तरह-तरह की धारणाओं की अपेक्षा वैज्ञानिक तथ्यों पर ही अधिक भरोसा करना चाहिए।

## *संकटग्रस्त गर्भावस्था*

दुनिया में करोड़ों-करोड़ स्त्रियाँ गर्भधारण कर रही हैं। स्त्री-जीवन का यह परिवर्तन और परिणति एक स्वाभाविक विकास की प्रक्रिया है। लेकिन कभी-कभी गर्भावस्था में संकट खड़ा होकर काले मेघ की तरह तूफान पैदा कर देता है और माँ को मौत की चौखट पर ला खड़ा करता है। विकसित देशों में जच्चा-बच्चा की देखरेख को अधिक महत्त्व दिए जाने के कारण माताओं की प्रसवकालीन मृत्यु प्रति दस हजार में सिर्फ 2.8 रह गई है। हमारे देश में आज भी गर्भावस्था में माँ की मौत की घटनाएँ प्रति दस हजार में दस से पचास तक देखी जाती हैं। इसकी रोकथाम के विषय में विचार करने पर पाया गया कि निम्नलिखित कारणों से खतरे की आशंका अधिक रहती है–

1. रोगी और उसके रिश्तेदारों की अज्ञानता, अवहेलना और दायित्वहीनता।
2. गर्भावस्था में नियमित रूप से डॉक्टर को न दिखाना।
3. उचित स्वास्थ्य की कमी या स्वास्थ्य विधि का दायित्वपूर्ण ढंग से पालन न करना।

4. अर्धशिक्षित या अशिक्षित लोगों के हाथ में प्रसव का दायित्व सौंपना।
5. प्रतिकूल वातावरण में प्रसव की व्यवस्था।

## *गर्भावस्था में उपयुक्त स्वास्थ्य के प्रति गलतफहमी*

गर्भावस्था में उचित स्वास्थ्य नियमों के पालन में अवहेलना और स्वास्थ्य संबंधी व्यवस्था में कई तरह की त्रुटियों के कारण खतरे का सामना करना पड़ सकता है। गर्भावस्था के विपत्तिजनक लक्षणों के बारे में जानकारी न रहने पर कई बार आसानी के खयाल से रिश्तेदार अव्यवस्थित छोटे नर्सिंग होम, अस्पताल में या घर पर ही प्रसव का इंतजाम करते हैं। ऐसे में प्रसवकाल में किसी तरह की बड़ी समस्या का पता चलने पर उसका सही इलाज संभव नहीं हो पाता। गर्भावस्था में माँ के शरीर में खून की कमी की उपेक्षा करने से खून में हीमोग्लोबिन या रक्तकणिकाओं की मात्रा का विश्लेषण न होने पर अचानक कई तरह की जटिलताएँ उत्पन्न हो सकती हैं। रोगी के स्वास्थ्य, गर्भावस्था के पूर्व या गर्भावस्था के समय रोगों का उचित इलाज न होने या अनदेखी किए जाने पर संकट पैदा होने की आशंका रहती है। नियमित रूप से और ठीक समय पर डॉक्टरी जाँच न कराने से रोगी के संभावित खतरे की उपेक्षा होती है और खतरे का संकेत मिलने या पूर्वाभास होने के बावजूद उचित कदम उठाए जाने के अभाव में बड़ी दुर्घटना एवं जीवन-हानि तक की आशंका रहती है। माँ की जीवन-रक्षा अभिभावक, डॉक्टर और रोगी के स्वयं के सहयोग के बगैर नहीं हो सकती।

आजकल सभी देशों में संकटग्रस्त गर्भावस्था के लिए पहले से ही व्यापक उपाय अपनाकर समस्या को कम करने की कोशिश की जाने लगी है। निम्नलिखित स्थितियों के मद्देनजर 'खतरनाक गर्भावस्था' करार दिया जाता है। सभी अभिभावकों को इनके बारे में जानकारी रहनी चाहिए–

1. पंद्रह वर्ष की उम्र से पूर्व या तीस वर्ष के बाद प्रथम गर्भावस्था।
2. पाँचवीं बार या उससे अधिक गर्भावस्था।
3. डायबिटीज, किडनी की अस्वस्थता, टी.बी. या हृदय संबंधी अस्वस्थता से युक्त स्त्री की गर्भावस्था।
4. अशिक्षित या निम्न आय वाले परिवारों की वे गर्भवती स्त्रियाँ, जिन्होंने कभी या नियमित रूप से डॉक्टर से चेकअप नहीं कराया।
5. विवाह के बहुत दिनों बाद अधिक उम्र में संतान-योग।
6. पूर्व गर्भावस्था में जिनको सिजेरियन सेक्शन द्वारा प्रसव हुआ हो।
7. गर्भावस्था में उच्च रक्तचाप (130/90 मि.मी., अब मरकरी पैमाना), पैर फूलना और प्रसव में एलबुमिन का आविर्भाव होना।
8. गर्भावस्था में रक्तस्राव।
9. गर्भावस्था में अधिक रक्त-शून्यता, खून में प्रति 100 मिलीलीटर 8 ग्राम से भी

अधिक-कम हीमोग्लोबिन का होना।

10. विलंबित गर्भावस्था : निर्धारित तारीख से 10-15 दिन बाद होने वाला प्रसव।
11. गर्भावस्था में जॉन्डिस होने के लक्षण।
12. जुड़वाँ बच्चे या माँ के पेट में बच्चे की प्रतिकूल स्थिति।
13. गर्भावस्था में बच्चेदानी के आकार में क्रमिक विकास का न होना या ट्यूमर होना, ओवरी में ट्यूमर होने से खतरा हो सकता है।
14. पूर्व के प्रसव में 'फूल' गिरते समय (बच्चा निकलते वक्त) अतिरिक्त रक्तस्राव का लक्षण।
15. प्रसवकाल में विलंब होने से माँ की शक्ति निःशोषित होने का संकेत। इससे प्रसव के समय बच्चे की अग्रगति की प्रक्रिया में बाधा आती है।
16. अनाड़ी दाई या अर्धशिक्षित-अप्रशिक्षित चिकित्सक द्वारा बलपूर्वक प्रसव कराने की चेष्ट विफल होने के बाद माँ का उचित डॉक्टरी इलाज न कराना।

इस प्रकार की जोखिम भरी गर्भावस्था के बारे में रिश्तेदार, समाजसेवी, नर्स और डॉक्टर सबको सतर्क रहना चाहिए। किसी भी परिवार में किसी स्त्री के गर्भवती होने पर निकटतम या उपयुक्त स्वास्थ्य केंद्र से संपर्क करना चाहिए।

उचित विश्राम, खाद्य, दवा, अस्पताल में भर्ती का इंतजाम, खून का इंतजाम और ऑपरेशन की सहायता आदि की पूर्व व्यवस्था के बिना माँ का भला संभव नहीं। यह एक सामूहिक दायित्व है। याद रखना चाहिए कि गर्भावस्था के दौरान माताओं की मृत्यु का 60 प्रतिशत पूर्व व्यवस्था के जरिए रोका जा सकता है। अविकसित सामाजिक वातावरण में आर्थिक स्थिति, भूल या आधी-अधूरी जानकारी, उचित आवास का अभाव, पानी, नल, बिजली का अभाव आज भी बहुतेरी स्त्रियों की मृत्यु का कारण है। सरकार का दायित्व तो है ही, लेकिन जनता की सहभागिता के अलावा इस कर्मकांड के सुसंपन्न होने की संभावना नहीं है। स्वास्थ्य के प्रति सचेतनता सभी स्कूलों-कॉलेजों के शैक्षिक पाठ्यक्रम का अंग होना चाहिए। तभी मातृ मंगल और शिशु मंगल संभव है।

# 5

# गर्भावस्था में पौष्टिक आहार की आवश्यकता और नियम

जीवन-देवता तुम
देह-मन अंतर-बाहर
अपनी पूजा के फूल
आप खिलाएँ धीरे-धीरे।

**–रवीन्द्रनाथ**

जीवन के आरंभ से आहार के अन्वेषण में मनुष्य विभिन्न तरह के खाद्य संगृहीत करता आया है। फिलहाल मनुष्य का मुख्य आहार दूध, अंडा, मांस, मछली, सब्जी, फल, दाल, भात, रोटी, मिठाई, घी जैसी चीजों तक ही सीमित है। इसके अलावा पीने का पानी और कुछ लवणयुक्त तथा रासायनिक पदार्थ भी निहायत जरूरी है। इस खाद्य सामग्री को शोधकर्ताओं ने निम्नलिखित वर्गों में विभाजित किया है–

1. शर्करा संबंधी ख़ाद्य (कार्बोहाइड्रेट), जैसे–भात, रोटी, मिठाई, चीनी आदि।
2. मांसाहारी खाद्य (प्रोटीन), जैसे–मछली, मांस, छेना, पनीर आदि।
3. घी या चर्बीयुक्त (फैट), खाद्य, जैसे–मक्खन, घी, तेल, चर्बी।
4. लवणयुक्त खाद्य, जैसे–नमक, कैल्सियम, सोडियम, पोटैशियम, मैग्नेशियम, आयरन (लौहयुक्त यौगिक पदार्थ) आदि।
5. विटामिन–आहार ग्रहण करने के बावजूद मनुष्य और अन्य जीव-जंतुओं के शरीर में विटामिनयुक्त (खाद्य प्राण) पदार्थ न रहने पर कोष्ठ ग्रंथि की सृष्टि या वृद्धि नहीं हो सकती। हर विटामिनयुक्त पदार्थ मनुष्य के स्वाभाविक स्वास्थ्य की रक्षा और विकास के लिए बहुत जरूरी है। इन सारी विटामिनों को 'ए', 'बी', 'सी', 'डी', 'ई', 'एफ', 'के', 'पी' आदि विभिन्न नामों से जाना जाता है। विटामिन 'ए' त्वचा और म्युकस मेम्ब्रेन की जीवनशक्ति की रक्षा करती है। विटामिन 'बी' बहुत जरूरी एनजाइम वर्ग के अंतर्गत आती है। यह शरीर के सभी तरह के मेटाबॉलिज्म और शक्ति के विकास में सहायता करती है। विटामिन 'सी' कोश की रासायनिक प्रक्रिया और उसके चारों तरफ की बँधनी की रक्षा करती है। विटामिन 'डी' कैल्सियम और हड्डी की वृद्धि और दृढ़ता की रक्षा करती है। विटामिन 'के' खून के जमाव में सहायता करती है।

चित्र 5/1 : विभिन्न तरह के खाद्यों का चित्र

गर्भावस्था में माँ और भ्रूण-शिशु के विकास एवं वृद्धि के लिए उचित खाद्य की बहुत आवश्यकता है। लेकिन खाद्य यदि जरूरत से ज्यादा हो या आवश्यकता से कम तो यह ज्यादा हानि पहुँचाता है। गर्भावस्था के दौरान कोई अन्य लक्षण नजर आने पर

आहार की नियमावली में परिवर्तन करना चाहिए। गर्भावस्था की शुरुआत में कभी-कभी शर्करायुक्त खाद्य अधिक खाना चाहिए। और कभी-कभी डायबिटीज होने या डायबिटीज की पूर्वावस्था में शर्करायुक्त भोजन कम खाना चाहिए। ब्लडप्रेशर या किडनी की बीमारी में प्रोटीन और लवणयुक्त खाद्य कम खाना चाहिए। लेकिन टक्सिमिया रोग में ब्लडप्रेशर और पैरों की सूजन के बावजूद प्रोटीन ज्यादा और नमक कम खाना चाहिए। इस सामान्य ज्ञान के अभाव में अभिभावकगण कई बार पुत्रवधू या बेटी को स्नेहवश बहुत अधिक मात्रा में तरह-तरह के, देर से हजम होने वाले खाद्यान्न, मिठाई और स्वादिष्ट नमकीन पकौड़े आदि खिला देते हैं। 'साध' (गर्भवती महिला को उसके इच्छानुसार पकाकर खिलाए जाने का आयोजन) का खाना पंच व्यंजनयुक्त न होने पर किसी का मन नहीं भरता। लेकिन इससे कई बार फायदा होने की बजाए बहुत हानि पहुँचती है। इसीलिए सभी लड़कियों को गर्भावस्था में तंदुरुस्ती या रुग्णता के अनुरूप आहार की सामान्य नियमावली के बारे में आम जानकारी होना बहुत जरूरी है।

पहले खाद्य की सूची और विभिन्न उपादानों की उचित मात्रा के विषय में चर्चा की जाए।

**दूध :** गर्भावस्था में माँ को कम-से-कम आधा लीटर दूध पीना चाहिए। छेना, पनीर, दही, संदेश आदि दूध के ही जमाए हुए प्रोटीनयुक्त खाद्य हैं। इन सबको दूध की श्रेणी में रखा जा सकता है। दूध का प्रोटीन माँ के लिए सहज सुपाच्य और फायदेमंद होता है।

**अंडा :** अंडे में एलबुमिन, न्यूक्लियो प्रोटीन आदि रहता है। गर्भावस्था में एक या दो अंडे खाए जा सकते हैं। प्रोटीन के रूप में अंडे की वैसे कोई खास उपकारिता नहीं है।

**मछली :** 'कोई', 'सिंघी', 'माँगुर', 'छोटी रोहू का बच्चा' आदि चर्बी रहित मछलियाँ सहज ही पचती हैं। 'हिलसा', 'चितल', 'बुआल', 'आड़', 'पाबदा' आदि मछलियों में तैलीय पदार्थ अधिक होने के कारण ये देर से हजम होती हैं।

**मांस :** मुर्गी, छोटी खस्सी, कलेजी आदि प्रोटीन के लिहाज से ज्यादा तेल-घी में पकाने से वह 'गुरु पाक' यानी देर से हजम होने वाला हो जाता है।

**सब्जी :** साग, परवल, झींगा, कद्दू, मटर सभी तरह की दाल आदि में प्रोटीन, कार्बोहाइड्रेट और विटामिन रहती है। टमाटर, कच्चा केला, बैंगन आदि भी खाए जा सकते हैं। मिट्टी के नीचे होने वाली सब्जी जैसे—आलू, गाजर, बीट, मूली आदि डायबिटीज की आशंका रहने पर कम खाना चाहिए।

**फल :** सभी ताजा मौसमी फल फायदेमंद होते हैं। रसयुक्त फलों में नींबू, मौसम्मी, आदि अच्छे होते हैं। केला, आम, जामुन भी खाए जा सकते हैं। सेब, नाशपाती, शरीफा, अमरूद आदि खाना अच्छा होता है। ये पेट साफ रखने में सहायता पहुँचाते हैं और इन सारे फलों में विटामिन रहती है। अंगूर और अनार भारी (देर से हजम होने वाले) होते हैं। हमारी माँ-मौसियों के कथनानुसार अन्ननास और पपीता गर्भावस्था में नहीं

खाना चाहिए।

**भात (चावल), रोटी या चपाती :** दिन-भर में 200 ग्राम कार्बोहाइड्रेट लेने पर दैनिक जरूरत की कैलोरी प्राप्त हो सकती है। दिन-भर में 5-6 'स्लाइस' ब्रेड या दो कटोरी चावल या छह चपाती और उसी मात्रा में शर्करायुक्त पदार्थ खाए जा सकते हैं। कभी-कभी भात (चावल) अधिक खा लेते हैं, हालाँकि उतना जरूरी नहीं होता। सुबह एक पीस पावरोटी या चपाती, दोपहर में एक कटोरी भात, शाम को एक या दो बिस्कुट और रात में तीन-चार रोटियाँ खा लेना ही पर्याप्त होता है।

**घी, मक्खन और चर्बी :** पकाए हुए भोजन के अलावा ज्यादा घी, मक्खन, पकौड़े या तली हुई चीजें न खाना ही ठीक होता है।

पानी : गर्भावस्था में अधिक मात्रा में पानी पीना जरूरी होता है। इससे पेशाब साफ होता है और किडनी का कार्य ठीक रहता है। जिनके शरीर में अत्यधिक चर्बी है, उन्हें निम्नलिखित चीजें नहीं खानी चाहिए, क्योंकि इनसे शरीर का वजन बढ़ता है–

तला हुआ खाद्य, समोसे, कचौड़ियाँ, दालपूड़ी, खस्ता, तले हुए मैदे का नाश्ता, क्रीम, तेल, घी, मक्खन, चीनी, जैम, जेली, मधु, चॉकलेट, केक, पैटिस, बिस्कुट, पुडिंग, बादाम, किशमिश, अखरोट, केला, आम और सभी तरह की मिठाइयाँ वगैरह।

पर्याप्त मात्रा में कैलोरी की जरूरत पूरी करने के लिए 55 किलोग्राम वजन की स्त्री के लिए उपयुक्त खाद्य तालिका नीचे दी जा रही है।

| खाद्य | वजन | कैलोरी |
|---|---|---|
| प्रोटीन | 65 ग्राम | x 4=260 |
| कार्बोहाइड्रेट | 200 ग्राम | x 4=800 |
| घी-मक्खन | 25-60 ग्राम | x 9=540 |
| **लौहयुक्त लवणपूर्ण पदार्थ** | | |
| कैल्सियम | 10 मि. ग्राम | |
| विटामिन 'ए' | 6000 यूनिट | |
| विटामिन 'डी' | 400 यूनिट | |
| **बिटामिन 'बी' कॉम्प्लेक्स** | | |
| थियामिन | 1 मि. ग्राम | |
| रिवोफ्लेबिन | 2 मि. ग्राम | |
| निकोटिनिक एसिड | 15 मि. ग्राम | |
| विटामिन 'सी' | 100 मि. ग्राम | |
| फालिक एसिड | 2 मि. ग्राम | |

## *गर्भावस्था के प्रथम चरण का आहार*

गर्भावस्था के शुरुआती तीन महीनों में उबकाई या उल्टी होने जैसा लगते रहने पर शर्करा जैसे सूखे खाद्य खाने चाहिए। सुबह नींद से उठकर एक बिस्कुट खा लेना चाहिए। नाश्ते में भुना हुआ चावल, चूड़ा एवं गुड़, जैम, जेली, मधु आदि से रोटी खा सकते हैं। एक-दो घंटे बाद चॉकलेट, लेमनचूस, बतासे, मुरकी, सादा पापड़ खाया जा सकता है। गर्भावस्था के प्रथम तीन महीनों में मछली, मांस, अंडे की महक लग सकती है और इन्हें खाने से उबकाई बढ़ सकती है। शाम को चाय-बिस्कुट, भुना हुआ चूड़ा, फुचके आदि खाए जा सकते हैं। बार-बार थोड़ी-थोड़ी त्रा में सूखा खाना, मीठा, नमकीन, जो इच्छा हो खाया जा सकता है। गजा, इमरती, लवंग-लता, रसगुल्ले, संदेश आदि मिठाइयाँ तथा शर्करा खाद्य भी खाए जा सकते हैं। साथ ही उबला आलू, आलूदम, तली हुई चीज, फुचके, झालमूड़ी, भुना चूड़ा, निमकी (पपड़ी), कचौड़ी, पराँठा आदि नमकीन शर्करा खाद्य भी गर्भावस्था के प्रथम तीन महीनों में जब-जब उल्टी जैसा लगे या उबकाई आए तो घुमा-फिराकर खा सकते हैं।

**गर्भावस्था में सामान्य आहार का रोजनामचा**

| | | |
|---|---|---|
| सुबह | : | चाय और बिस्कुट |
| नाश्ता | : | चाय, दो पीस मक्खन या रोटी, एक उबला अंडा या आमलेट और फल |
| 10-11 बजे | : | एक कप दूध |
| दोपहर का खाना | : | चपाती—तीन या एक कटोरी चावल, दाल, सब्जी, मछली—50 से 70 ग्राम और दही |
| शाम को | : | दूध या चाय, छेना और फल |
| रात में | : | दोपहर की ही तरह। सिर्फ मछली की बजाए सप्ताह में दो-तीन दिन मांस, दही के बदले दूध या फल। |

## *कम नमक वाले खाद्य की आवश्यकता और खाद्य सूची*

ब्लडप्रेशर, किडनी की रुग्णता या प्री-एक्लांप्सिया की बीमारी में कम नमक वाला भोजन खाना चाहिए। नमक ही शरीर में पानीयुक्त पदार्थ बनाए रखता है। सभी स्त्रियों का गर्भावस्था में 15 से 20 पौंड वजन बढ़ता है। निम्नलिखित सूची में गर्भावस्था में वजन बढ़ाने के विभिन्न तत्त्वों का सम्मिलित हिसाब दिया जा रहा है—

| | |
|---|---|
| गर्भस्थ बच्चा | 7 पौंड |
| गर्भस्थ फूल | 1 पौंड |
| गर्भस्थ पानी की थैली का पानी | 1 पौंड |

| | |
|---|---|
| शारीरिक चर्बी, गुद्दा, मांस की वृद्धि | 4 पौंड |
| शरीर में खून और संरक्षित पानी में वृद्धि | 3/4 पौंड |
| कुल | 16/17 पौंड |

लेकिन बहुतेरी बीमारियों में, जैसे—प्रि-एक्लांप्सिया, हृदयरोग, किडनी में इन्फेक्शन (नेफ्राइटिस), खून की कमी, एपिडेमिक ड्राप्सी आदि में शरीर के कोष के चारों तरफ ज्यादा पानी जमा हो जाता है। परिणामतः गर्भवती स्त्री के हाथ-पैर फूल जाते हैं। सामान्यतः माँ का वजन सप्ताह में दो पौंड या महीने में चार पौंड से ज्यादा नहीं बढ़ना चाहिए। जो स्त्रियाँ गर्भावस्था में पहले ही मोटी या ज्यादा दुबली हैं, या जिनके वजन में गर्भावस्था में अतिरिक्त रूप से वृद्धि होती है, उनके शरीर की स्थूलता और जल धारण की क्षमता अस्वाभाविक मानी जाती है। गर्भावस्था के द्वितीय चरण में (बीच के तीन महीने) जिनके वजन में बहुत वृद्धि होती है, उनके पैर फूलने और ब्लडप्रेशर बढ़ जाने की आशंका अधिक रहती है। सामान्यतः लवणयुक्त पदार्थ ही अतिरिक्त मात्रा में शरीर में पानी जमाकर रखते हैं। इसीलिए ऐसे मामलों में लवणयुक्त खाद्य से परहेज रखना ही अच्छा होता है।

बहुतेरे खाद्य में लवणयुक्त पदार्थ अधिक रहता है, जैसे—कचौड़ी, समोसा, दालमोठ, तले हुए पदार्थ, पकौड़ा आदि, हैमबर्गर बेकन, डिब्बाबंद मछली, अचार, सॉस, कोको, चॉकलेट, बिस्कुट, कार्नफ्लेक्स, भुना हुआ चावल, खस्ता, नमकीन बिस्कुट, सोडा आदि चीजें हाथ-पाँव फूलने वाली महिलाओं को न खाना ही उचित है।

नमकहीन खाने की सूची में दूध की मात्रा अधिक रहनी चाहिए। इसके अलावा कम नमक, पकी हुई मछली या मांस, बिना नमक की रोटी, सब्जी, फल आदि खाद्य सामग्री में लवण कम रहता है।

### *उचित मात्रा में लवण वाली खाद्य सूची*

**नाश्ता :** दूध—एक कप, अंडा—एक, बिना नमक के केला, मौसम्मी, खीरा या अमरूद, बिना नमक वाली रोटी या पावरोटी—एक स्लाइस।

**दोपहर का भोजन :** चावल या चपाती, दाल, सब्जी, मछली (कम नमक देकर पकाई हुई) और दही।

**रात का भोजन :** दोपहर की तरह। सिर्फ मछली के बदले सप्ताह में दो दिन मांस।

गर्भावस्था के साथ डायबिटीज की बीमारी रहने पर शर्करा और मक्खन आदि खाद्य के बारे में सतर्क रहना चाहिए। कभी-कभी पहली बार डायबिटीज गर्भावस्था में ही जाँच के दौरान पकड़ में आता है। ऐसी गर्भवती स्त्रियों के खाने में चीनी, चावल आदि की मात्रा कम न करने पर गर्भावस्था में जटिल समस्या उत्पन्न हो सकती है। यहाँ तक कि भ्रूण-शिशु की मृत्यु भी हो सकती है। डायबिटीज के रोगी की खाद्य सूची निम्नलिखित है—

## स्थूलदेही और डायबिटीज रोगग्रस्त माताओं का आहार

**नाश्ता :** एक कप बिना चीनी की चाय, एक पीस पावरोटी थोड़ा मक्खन लगाकर, साथ में फल (खीरा या कम मीठे फल)।

**दस बजे :** मक्खन निकाला हुआ एक कप दूध।

**दोपहर का भोजन :** दो रोटी या एक कप चावल-सब्जी--परवल, झींगा, साग, सूँटी, भिंडी आदि (आलू, गाजर, कुम्हड़ा, मूली छोड़कर) दाल—मूँग या मसूर, मछली—50 ग्राम (बिना चर्बी वाली) विशेषकर छोटी मछली जैसे—सिंघी, माँगुर, लेटा (चेंग) या रोहू का छोटा बच्चा। घर में जमाया हुआ दही।

**शाम को :** बिना चीनी की चाय, छेना और खीरा, सेब, नारंगी या मौसम्मी, कचालू आदि फल।

**रात का भोजन :** दोपहर की तरह।

आहार के अलावा इंसुलिन लेने की जरूरत है या नहीं, यह डॉक्टर से पूछ लेना चाहिए।

## डायबिटीज में क्या-क्या नहीं खाना चाहिए

चीनी, जैम, मधु, चॉकलेट, सॉस, आइसक्रीम, कोको, हॉर्लिक्स, केक, पेस्ट्री, पैटिस, पुडिंग, बिस्कुट आदि से परहेज करना चाहिए।

खाद्य समूहों के कई तरह के परीक्षण से पता चलता है कि उचित मात्रा में लेकिन पौष्टिक भोजन ही गर्भावस्था में अधिक जरूरी है। अतिरिक्त मात्रा में खाने या घी-मक्खन अधिक खाने से फायदे की अपेक्षा नुकसान अधिक होता है। उच्च-मध्यम वर्ग में सामान्य तौर पर अच्छा आहार मिलता है, लेकिन साधारण परिवारों में सभी माताओं को आहार के साथ आयरन, विटामिन 'बी' और उचित प्रोटीन लेना चाहिए। रोज आयरन फेरस सल्फेट के रूप में 200 मि. ग्राम तीन बार और विटामिन टेबलेट के रूप में 50 मि. ग्राम विटामिन 'सी', एक या दो मि. ग्राम फेलिक एसिड, थियामिन दो मि. ग्राम, रिवोफ्लेबिन 2 मि. ग्राम और 15 मि. ग्राम निकोटिनिक एसिड रहना चाहिए।

गर्भावस्था में कई परेशानियाँ सुसंगत आहार के अभाव या आधिक्य के कारण हो सकती हैं। यह याद रखना चाहिए कि उचित खाद्य के अभाव में जिस तरह गंभीर रक्तशून्यता या अपौष्टिकता से माँ को खतरा हो सकता है, उसी तरह अत्यधिक तेलयुक्त और लवणयुक्त भारी आहार लेने से रक्तचाप या एक्लांप्सिया जैसी भयानक बीमारी का भी वह शिकार हो सकती है। अतः परिवार के सभी लोगों को गर्भावस्था के समय ऊपर बताए गए खान-पान की सामान्य जानकारी होनी चाहिए। इससे गर्भावस्था की कई समस्याओं से बचा जा सकता है।

6

# गर्भावस्था में होने वाली सामान्य तकलीफें

दुःख को अनदेखा करने की आशा
नहीं है इस जीवन में
दुःख सहने की शक्ति
मिले मन में।
—रवीन्द्रनाथ

गर्भावस्था में कोई बड़ी समस्या आने पर वह आसानी से सबकी नजर में आ जाती है। तब तुरंत डॉक्टर बुलाया जाता है या कई बार अस्पताल में भर्ती भी किया जाता है। लेकिन छोटी-मोटी शारीरिक तकलीफें भावी माँ के शरीर और मन पर कितनी तरह के हानिकारक प्रभाव डालती हैं, इसकी कोई जानकारी नहीं रखता। कई बार लड़कियाँ मारे शर्म के उन बातों का किसी से जिक्र ही नहीं करतीं, या उनके कहने पर भी सास, ननद, गोतियाँ उन पर ध्यान नहीं देतीं। इन छोटी-मोटी असुविधाओं का ठीक समय पर इलाज न होने से गर्भवती का मिजाज चिड़चिड़ा हो जाता है, पौष्टिकता में कमी भी आती है। बच्चे को जन्म देने जैसी स्वाभाविक प्राकृतिक घटना के विषय में भी बेवजह उसके मन में डर पैदा हो जाता है। प्रसव का दिन जितना करीब आता जाता है, उसका डर उतना ही बढ़ता जाता है और अंततः जिन समस्याओं को शुरू में ही आसानी से समाप्त कर दिया जा सकता था वे बढ़कर प्रसव की राह में रोड़ा बन जाती हैं। अनुभव के आधार पर पाते हैं कि रोगी या उसके रिश्तेदार यदि थोड़ी सहानुभूति के साथ दिमाग लगाकर इन असुविधाओं पर गौर करें तो इन्हें दूर करना कोई कठिन काम नहीं होगा।

## *उबकाई आना या अरुचि*

बहुत-सी लड़कियों को गर्भावस्था की शुरुआत में सुबह नींद टूटने के बाद उबकाई आती है या मुँह राल से भर जाता है। किसी-किसी को थोड़ी-बहुत उल्टी भी होती है। उल्टी के बाद कुछ देर तक गले में जलन होती है और क्रमशः खाने के प्रति अरुचि होने लगती है। इन कारणों के चलते कुछ न खाने से शरीर तथा मन क्रमशः अवसादग्रस्त होता जाता है और कुछ दिनों तक ऐसा बने रहने से अवसाद उत्तरोत्तर बढ़ता रहता

है। इसके बाद 'अति वमन' होता है जो एक बड़ी समस्या है।

उबकाई बंद करने के लिए दृढ़ता और सहानुभूति दोनों की ही आवश्यकता है। गर्भवती स्त्री के लिए मन की शक्ति को बनाए रखना या उसे वापस लाना, बच्चे को जन्म देने के प्रति उसके दायित्व और दोनों के बीच के संबंध को समझाकर बताना बहुत जरूरी है। पहले के अध्याय में गर्भावस्था के लिए पौष्टिक आहार की आवश्यकता और नियमों के बारे में विस्तृत चर्चा की गई है, उचित आहार ग्रहण करने के लिए उचित व्यवस्था करना तथा उसका सही ढंग से पालन किया जा रहा है या नहीं, इस पर विशेष ध्यान दिया जाना चाहिए। उबकाई आने या भूख न लगने वाली अरुचि के समय सूखा श्वेत सारयुक्त खाद्य बार-बार थोड़ी-थोड़ी मात्रा में खाने से लीवर या दूसरे अंग ठीक से काम करेंगे। इससे उपवास के कारण होने वाली शारीरिक क्षति से राहत मिल सकेगी और शारीरिक शक्ति बनी रह सकेगी। सुबह नींद से उठते ही एक बिस्कुट खाना चाहिए। इसके बाद भूना हुआ चावल, चूड़ा, जैम या मधु के साथ टोस्ट खाया जा सकता है। साथ में मिठाई या फल भी। दोपहर में चावल या उबली दाल-आलू, आलू की भुजिया, करेला-आलू, कच्चा केला, कच्चे पपीते की सब्जी, उबला हुआ कच्च पपीता या दूसरी सब्जी, मछली का रसा। शाम को बिस्कुट, खाजा, जलेबी आदि खा सकते हैं। जो महिलाएँ बाहर काम करती हैं वे साथ में चॉकलेट या बिस्कुट खा सकती हैं।

याद रखिए कि बहुत हड़बड़ाकर गटागट पानी या दूध नहीं पीना चाहिए, इससे उल्टी हो सकती है। ऐसी स्थिति में दूध, अंडा, मांस, मछली और तेलयुक्त खाना न खाने से कोई हानि नहीं होती। डॉक्टर से सलाह लिये बिना कोई दवा, विशेषकर नींद की दवा देना उचित नहीं है।

## *छाती में जलन और बदहजमी*

गर्भावस्था के विकास के साथ-साथ पेट या आमाशय और आँतों पर स्वाभाविक रूप के थोड़ा दबाव पड़ता है। परिणामस्वरूप भोजन के आमाशय से उतरने में देर लगती है। पेट के दबाव से आमाशय का अम्ल रस कई बार गले की नली में आ जाता है और उसी से छाती में जलन होती है। बहुत अधिक मात्रा में मसालेदार तला हुआ या तेल-घी युक्त खाना खाने से आँतों का पाचक रस ठीक से उसे हजम नहीं कर पाता। ऊपर से यदि कोष्ठकाठिन्य की बीमारी हो तो स्वाभाविक रूप से और असुविधा उत्पन्न होगी तथा बदहजमी होने की आशंका रहेगी। इसलिए ऐसी स्थिति में खाने के समय को नियमित रखना चाहिए और भोजन हलका, सहज सुपाच्य तथा पौष्टिक होना चाहिए। रात का खाना आठ बजे के अंदर खा लेना चाहिए। ज्यादा अम्ल या छाती की जलन और बदहजमी को दूर करने के लिए एसिड नाशक या एनजाइम जैसी कोई दवा डॉक्टर की सलाह के बिना नहीं लेनी चाहिए।

## कोष्ठकाठिन्य

अधिकतर गर्भवती महिलाओं को कोष्ठबद्धता कमोबेश परेशान करती ही है। यह बात समझना मुश्किल नहीं कि गर्भावस्था शिशु और बच्चेदानी के दबाव से बड़ी आँत के काम में थोड़ी बाधा आती है। इसके अलावा यह भी सही है कि अनुपयुक्त खाना खाने से कोष्ठबद्धता और भी बढ़ सकती है। ग्लैंड में क्रमशः परिवर्तन के कारण तथा कुछ विटामिनों के अभाव में आँतों को सक्रिय रखनेवाली पेशियाँ और भी कमजोर हो सकती हैं।

कोष्ठ को साफ रखने का मुख्य उपाय है खाने के साथ अतिरिक्त मात्रा में पानी पीना और ताजा फल खाना। केला, आम, अमरूद, खजूर, पपीता, सेब आदि से कोष्ठ (पेट) साफ रहता है। दूध-भात, केला या चपाती और दूध कोष्ठ को साफ करने वाला तथा बहुत पौष्टिक आहार है। दवा में ईसबगोल की भूसी या 'मिल्क ऑफ मैगनेशिया' का इस्तेमाल किया जा सकता है। नियमित रूप से घर का कामकाज करने और चलने-फिरने से खाना हजम होने में और कोष्ठ साफ रखने में सहायता मिलती है।

## पेट या कमर का दर्द

गर्भावस्था में शारीरिक आकृति में क्रमशः परिवर्तन होता जाता है। पेट और कमर के पास रीढ़ की हड्डी सामने की तरफ टेढ़ी या चित हो जाती है। इसके अलावा एंडोक्रिन या अंतःक्षरा ग्लैंड निकलकर हारमोन समूहों, कमर की हड्डियों के जोड़ों को नरम और रसयुक्त कर देता है। कभी-कभी विटामिन 'डी' और कैल्सियम के अभाव में भी हड्डियाँ नरम हो जाती हैं और इससे कमर में दर्द हो सकता है। ऐसी स्थिति में बड़ी आँत पर फूली हुई बच्चेदानी के दबाव तथा कोष्ठकाठिन्य के कारण मल के जमते रहने से कमर का दर्द और भी बढ़ जाता है।

गर्भावस्था के आहार में कैल्सियम और विटामिन 'डी' (जैसे साग, छोटी मछली, दूध, अंडा, मक्खन) उचित मात्रा में रहना चाहिए। कमर में गरम तेल मालिश करने से दर्द थोड़ा कम होता है, लेकिन गरम सेंक न देना ही ठीक रहता है। पेट के ऊपर मालिश भी नहीं करनी चाहिए।

वैसे पेट दर्द कई कारणों से हो सकता है। इसलिए डॉक्टर को दिखाकर दर्द का कारण जानकर उचित सलाह ले लेनी चाहिए। बेवजह या अपनी मर्जी से कोष्ठ साफ करने वाली तेज दवा लेने से खतरे की आशंका रहती है।

## छाती में घबराहट और साँस की तकलीफ

ज्यादा परिश्रम, बार-बार सीढ़ियाँ चढ़ने-उतरने या रसोई का ज्यादा काम करने से भी किसी-किसी गर्भवती स्त्री को साँस की तकलीफ हो सकती है। ऐसे मामले में रोगी और

उसके रिश्तेदार भले ही डर जाएँ, लेकिन अधिकतर मामलों में हृदय या फेफड़े में कोई भयानक बीमारी नहीं होती। नाड़ी की गति 100 के बीच रहती है तथा साँस लेने की क्रिया स्वाभाविक रूप से चलती रहती है।

गर्भावस्था में रक्तरस या रक्तकणिका में वृद्धि होती है और अधिक रक्त संचालन के लिए हृदय का काम बढ़ जाता है। पेट के दबाव से फेफड़े के श्वसन कार्य में भी थोड़ी असुविधा होती है। इसीलिए ऐसी स्थिति में गर्भवती स्त्री को आराम पहुँचाना ही मुख्य कर्तव्य हो जाता है। आमतौर पर ऊँचे तकिए के सहारे सुला देने से ही इस तकलीफ से राहत मिल जाती है।

वैसे यह याद रखना चाहिए कि कभी-कभी कठिन हृदयरोग अनजाने में प्रकट हो सकता है। इस तरह का हृदयरोग अधिकांश समय र्‍यूमैटिक ज्वर के लक्षण के साथ और कुछ मामलों में जन्मजात होता है जो गर्भवती हालत में हृदय और साँस की तकलीफ होने पर पकड़ में आता है। इन मामलों में अस्पताल में हृदयरोग विशेषज्ञ और धात्री विद्या-विशारदों की जाँच के अनुरूप उचित कदम उठाना चाहिए।

बहुतेरी गर्भवती महिलाओं के शरीर में खुजली होते देखा जाता है। अधिकतर मामलों में कोई निर्दिष्ट चर्मरोग नहीं होता। फिर किसी-किसी को पूरे शरीर में, विशेषकर पेट और पीठ पर काली-काली फुंसियों के रूप में चर्मरोग का लक्षण दिखाई देता है। खुजली के चलते नींद में कमी आना स्वाभाविक है और इससे शरीर अवसादग्रस्त हो जाता है।

किसी-किसी के अनुसार गर्भस्थ बच्चे के शरीर से निकले दूषित पदार्थ के माँ के शरीर में प्रवेश करने के कारण एक तरह की एलर्जी होती है जो इस रोग की वजह है। कई बार खुजली भी इसी कारण होती है। कोष्ठकाठिन्य रहने पर लीवर और गालब्लडर ठीक से काम नहीं करते और इससे भी खुजली हो सकती है।

इस तरह के लक्षण दिखाई देने पर मांस, चर्बी, चिंगड़ी मछली आदि न खाना ही उचित होगा। नहाने के समय एक बाल्टी पानी में दो चम्मच 'सोडा बाइकार्ब' मिलाकर उस पानी से नहाने से खुजली काफी हद तक ठीक हो जाती है। साबुन के बदले यदि बेसन का इस्तेमाल किया जाए तो उससे भी फायदा पहुँचता है। चिकित्सक की सलाह से एलर्जी रोधी दवा, कोष्ठ साफ रखने के लिए 'फ्रूट साल्ट' और लीवर के कामकाज में फायदा पहुँचाने वाली कुछ दवा खाने पर इन मामलों में कई बार अच्छा परिणाम मिलता है। स्नान के बाद शरीर में 'कैलामाइन' लोशन लगाने से भी लाभ होता है।

## *मसूढ़ों का फूलना और रक्त-क्षयकारी रोग*

गर्भावस्था में बहुतेरी महिलाओं के मसूढ़े नरम हो जाते हैं, फूल जाते हैं और उनसे सहज ही खून रिसने लगता है। गर्भावस्था में आम परिवर्तन के अलावा विटामिन 'सी' और 'डी' के अभाव में इस बीमारी की उत्पत्ति हो सकती है। मांस, मछली और मिठाई आदि

खाने पर दाँतों के छेद में इनके फँसे रहने से सड़कर एसिड या बीजाणु का जन्म होता है। इससे दंत क्षय जैसे रोग की शुरुआत हो सकती है।

नियमित रूप से दोनों वक्त दाँतों की ब्रश से सफाई करनी चाहिए। दाँत साफ करते समय उँगली से मसूढ़ों को अच्छी तरह मलना चाहिए। नारंगी, नारियल-पानी और मौसम्मी, ताजा साग आदि में पर्याप्त मात्रा में विटामिन 'सी' रहती है। आवश्यकता पड़ने पर विटामिन 'सी' टेबलेट खानी चाहिए।

किसी-किसी गर्भवती को बहुत अधिक मात्रा में राल आता है। इस लक्षण की सही वजह का पता न लगने पर भी एंटीसेप्टिक लोशन से कुल्ला करने पर तथा कैल्सियम खाने या इंजेक्शन लेने से यह ठीक हो जाता है।

## *पाइल्स या पैरों की नसों का फूलना*

पाइल्स वह रोग है जिसमें पाखाने के रास्ते खून आता है। मलद्वार से मांस का एक अंश बाहर की ओर निकल आता है।

पहले ही बताया जा चुका है कि गर्भ में स्थित बच्चा जैसे-जैसे बड़ा होता जाता है उससे आँतों, विशेषकर बड़ी आँत, मल-नली और मूत्राशय पर दबाव पड़ता है। मल-नली की शिराओं-उपशिराओं पर क्रमशः दबाव पड़ने से नसें फूल जाती हैं। खून जम जाने के कारण बहुत दर्द होता है, बीच-बीच में खून भी गिरता है। किसी-किसी की मल-नली के बदले पैरों की नसें फूल जाती हैं।

ऐसी स्थिति में उचित आराम की जरूरत होती है, हलका खाना और कोष्ठ साफ रखना निहायत जरूरी होता है। कई बार पैरों की नसें खड़ा होने पर केंचुए की तरह दिखती हैं और इससे रोगिणी डर जाती है। सोते समय पैरों को ऊँचे तकिए पर रखकर सोने से यह सूजन काफी कम हो जाती है। खून का प्रवाह सामान्य बनाने के लिए किसी से पैरों की मालिश कराने पर आराम मिलता है। अपने अनुभव से हमने पाया है कि प्रसव के बाद बच्चेदानी का दबाव कम हो जाने से इस तरह के लक्षण अपने आप दूर हो जाते हैं। हालाँकि सभी मामलों में इतनी आजादी से इसके ठीक होने की संभावना नहीं भी हो सकती है।

## *बेवजह डर-चिंता और ठीक से नींद न आना*

बच्चे का जन्म और उसके कारण होने वाले शारीरिक परिवर्तन के बारे में सही जानकारी न रहने से अधिकांश समय बेवजह डर-चिंता बनी रहती है और ठीक से नींद नहीं आती। इस कारण महिलाओं को तरह-तरह की शारीरिक और मानसिक परेशानियों का सामना करना पड़ता है। विवाह के बाद यदि मानसिक बदलाव नहीं आया या ससुराल में अच्छी तरह घुलने-मिलने के पहले ही यदि जल्दी कोई स्त्री गर्भवती हो जाती है तो इस तरह का बेवजह डर और असामान्यता मन को प्रभावित कर सकती है। छोटी-छोटी

बातों पर गुस्सा, दुःख या रुलाई से रोगिणी टूट जाती है। ऐसी स्थिति में सहानुभूतिपूर्ण आश्वस्ति, स्नेहपूर्ण व्यवहार और पिता के घर के परिचित परिवेश का महत्त्व असीमित होता है। मानसिक उद्विग्नता दूर करने के लिए आजकल पश्चिमी देशों में जो दवाएँ (ट्रेंकुलाइजर) प्रचलित हैं, जहाँ तक हो सके उनसे बचकर रहना चाहिए। दवा के बदले गर्भवती के मन के कोने में छिपी अनकही आशा-निराशा, डर-भय और अपरिवर्तित अनुभूतियों का पता लगाकर उन द्वंद्वों को दूर करना निहायत जरूरी होता है। ऐसे मामले में पति और ससुराल के लोगों की बड़ी जिम्मेदारी होती है। खाना, आराम और नियमित स्नान करने तथा मानसिक स्वच्छंदता एवं प्रफुल्लता बनाए रखने से अपने आप स्वाभाविक नींद आती है, बेवजह डर भी धीरे-धीरे दूर हो जाता है।

गर्भावस्था कोई रोग नहीं है, स्त्री-जीवन और विवाहित जीवन में पूर्णता प्राप्त करना एक स्वाभाविक घटना मात्र है। गर्भावस्था के दौरान छोटी-छोटी असुविधाएँ बीमारी नहीं होतीं, एक स्वाभाविक प्रक्रिया मात्र है। इस स्वाभाविकता को बनाए रखने के लिए अभिभावकों द्वारा जिस तरह भावी माँ की देखभाल करना जरूरी है, उसी तरह गर्भवती का भी अपना दायित्व है कि वह गर्भधारण के बारे में उचित जानकारी हासिल करे और उसी के अनुसार खुद के मन और शरीर को तैयार करे।

# 7

# गर्भावस्था में गंभीर पीड़ा

दुःख-शिखा का दीप जलाकर
ढूँढ़ो अपना मन।
हो सकता है वहाँ अचानक मिल जाए
चिर संचित धन।
—रवीन्द्रनाथ

हमने अपने अनुभव में पाया है कि गर्भवती हालत में कोई-कोई महिला अचानक ऐसी कठिन अस्वस्थता का शिकार हो जाती है कि उसकी आकस्मिकता से नाते-रिश्तेदार बुरी तरह से घबरा जाते हैं। डॉक्टर के लिए भी ऐसी अद्‌भुत स्थिति में उसका इलाज करना बहुत कठिन हो जाता है। कभी-कभी तो बेहद खतरनाक स्थिति उत्पन्न हो जाती है। अतः दर्द की शुरुआत में ही यदि अभिभावकों को उनके दायित्व और कर्तव्य की जानकारी रहे तो चिकित्सक के लिए इलाज करना बहुत सहज हो जाता है।

गर्भावस्था में आमतौर पर तीन तरह के भयानक दर्द होते हैं—

1. जिस दर्द के साथ गर्भावस्था का कोई संबंध नहीं।
2. गर्भावस्था में विभिन्न तरह की जटिलताएँ।
3. परोक्ष रूप से गर्भावस्था के साथ जुड़ी कुछ बीमारियाँ—जैसे एक्लंप्सिया, प्रि-एक्लंप्सिया आदि।

## *गर्भावस्था में बुखार*

गर्भावस्था में कई कारणों से बुखार आ सकता है। मेनेनजाइटिस निमोनिया, टॉयफाइड आदि बड़ी बीमारियों के कारण यदि बुखार हुआ और वह यदि ज्यादा दिनों तक चला तो वैसी स्थिति में गर्भपात की आशंका रहती है।

किसी-किसी संक्रामक रोग के कारण जैसे, हाम या चेचक के कारण होने वाला बुखार यदि गर्भावस्था के प्रथम दो-तीन महीनों के दौरान हुआ तो गर्भ का बच्चा विकलांग हो सकता है। चेचक से होने वाले बुखार में इसकी आशंका अधिक रहती है। एपेंडिसाइटिस या पेशाब की बीमारी (पायलाइटिस) में भी बुखार आ सकता है। ऐसी

स्थिति में रोगी को जल्दी से अस्पताल में भर्ती कराके ऑपरेशन कराना चाहिए वरना एपेंडिक्स के फट जाने से भयानक नतीजे की आशंका रहती है।

गर्भावस्था में बिकोलाई इन्फेक्शन संबंधी पेशाब की बीमारी का होना भी विरल नहीं। इस बीमारी में कमर और पेट के निचले हिस्से में दर्द के साथ बार-बार पेशाब होता है और पेशाब करते समय जलन एवं दर्द होता है। पेशाब की जाँच कराने से ही यह रोग पकड़ में आ जाता है।

इन बीमारियों के अलावा कभी-कभी गर्भपात के साथ प्रत्यक्ष रूप से जुड़े कारणों से भी बुखार हो सकता है। इस तरह का बुखार आमतौर पर पूर्ण गर्भपात या अवैज्ञानिक ढंग से अवैध गर्भनाश की कोशिश के साथ जुड़े टिटनेस, गैस-गैंगरीन आदि भयानक इन्फेक्शन के कारण भी हो सकता है। ऐसी स्थिति में देर न करते हुए रोगिणी को जल्दी से अस्पताल ले जाना ही उचित है।

## *गर्भावस्था में रक्तस्राव*

गर्भावस्था में कई कारणों से रक्तस्राव हो जाता है। और ऐसा कुछ होने पर परिवार के लोगों को रोगिणी के लिए एम्बुलेंस या टैक्सी, ब्लड बैंक से खून का इंतजाम करने, दवा आदि विभिन्न तरह की जरूरतों के लिए तैयार रहना चाहिए। अतः किस रोग को कितनी अहमियत देनी चाहिए—इसकी जानकारी होना बहुत आवश्यक है।

बच्चे के जन्म के बाद भ्रूण के साथ जुड़ा हुआ 'फूल' बाहर निकल आता है, हम सभी इस बात को जानते हैं। लेकिन किसी कारणवश यदि गर्भधारण की प्रथम अवस्था में ही वह 'फूल' बच्चेदानी से अलग हो जाए तो गर्भपात की आशंका रहती है। इस लक्षण की जानकारी सिर्फ रक्तस्राव के जरिए ही हो सकती है, पेट में किसी तरह का दर्द नहीं होता। इस स्थिति को 'संभाव्य गर्भपात' या थ्रेटेंड एबॉर्शन कहा जाता है। इस तरह के लक्षण दिखाई देने पर रोगिणी के लिए पूरा आराम निहायत जरूरी है। स्कूल-कॉलेज, नौकरी, ट्राम-बसों में आवागमन, रसोईघर का कामकाज या फिर जमीन पर बैठकर सब्ज़ी आदि काटना भी पूरी तरह से बंद रखना चाहिए। उचित समय पर जरूरी इलाज करने से 30 प्रतिशत गर्भपात रोका जा सकता है।

इलाज के बावजूद यदि रक्तस्राव होता रहे या 'अवश्यंभावी गर्भपात' का संकेत दिखाई दे तो उस स्थिति में अस्पताल ले जाकर बच्चेदानी साफ करा देने के अलावा और कोई चारा नहीं रह जाता। ऐसा न करने से अत्यधिक खून बह जाने पर रोगिणी अत्यंत कमजोर हो जाती है और कमजोरी की हालत में ऑपरेशन करना कठिन होता है। अतः ज्यादा खून बह जाने से पहले जल्दी से उसे अस्पताल में दाखिल कराके इलाज शुरू करा देना ही अच्छा होता है।

## बच्चेदानी के बाहर गर्भधारण

कभी-कभी बच्चेदानी में नहीं बल्कि उसके बाहर फैलोपियन ट्यूब में भ्रूण की उत्पत्ति होते देखी जाती है। ऐसे मामले में दो-तीन महीने तक माहवारी बंद रहने के बाद अचानक एक दिन पेट के निचले हिस्से में बहुत तेज दर्द शुरू हो जाता है। रोगिणी चक्कर खाकर गिर जाती है। क्रमशः बढ़ते हुए भ्रूण के लिए जगह न होने के कारण फैलोपियन ट्यूब पेट के अंदर फट जाता है और उसी से खून बहता है। परिणामस्वरूप दर्द होता है। कभी-कभी एक ही साथ बच्चेदानी से भी खून आता है। ऐसी स्थिति में तुरंत ऑपरेशन करके खून का बहना बंद न करने पर रोगिणी की जान को भी खतरा हो सकता है। ऐसे मामलों में रक्तस्राव से पेट के निचले हिस्से में दर्द और दूसरी तरह के शारीरिक कष्ट अधिक होते हैं।

किसी-किसी मामले में भ्रूण के साथ जुड़ी 'फूल' की रक्त-नलियाँ ठीक से संगठित नहीं होतीं और वे अंगूर के दानों जैसी आकृति धारण करती हैं। उसे 'मोल' (चित्र 7/1)

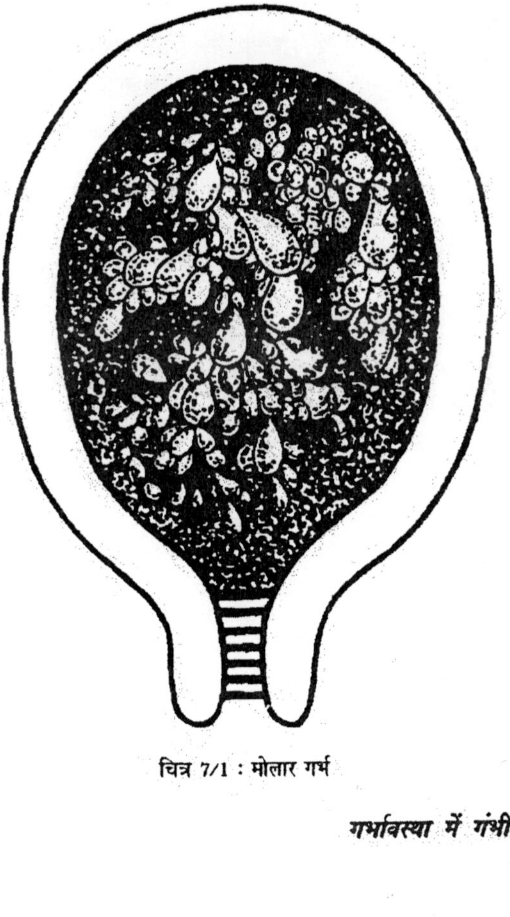

चित्र 7/1 : मोलार गर्भ

कहा जाता है। ऐसी स्थिति में ऑक्सीजन के अभाव और मोल के दबाव से भ्रूण की मृत्यु हो सकती है। क्रमशः पूरी बच्चेदानी उस मोल और खून से भर जाती है और बच्चेदानी की आकृति सामान्य गर्भावस्था से बहुत बड़ी दिखाई देती है। ऐसी स्थिति में कमजोरी, खून की कमी और खून का दबाव (हाई ब्लडप्रेशर) बहुत अधिक हो सकता है। गर्भावस्था में 'मोल' हो जाने पर भ्रूण का स्पंदन या स्थान निर्धारित करना बहुत कठिन हो जाता है। अचानक रक्तस्राव के लक्षण से ही आमतौर पर यह अस्वाभाविकता सबकी नजर में आती है। वैसे रक्तस्राव से पहले भी अस्वाभाविक रूप से बढ़े हुए गर्भ को देखकर डॉक्टर 'मोल' के होने का अंदाजा लगा सकते हैं। फिर लेबोरेटरी की जाँच के जरिए इस बारे में निश्चिंत हो सकते हैं। ऐसे मामलों में रोगिणी को जल्दी से अस्पताल ले जाकर 'मोल' और खून को साफ करा देना चाहिए वरना रक्तस्राव और कमजोरी से मृत्यु भी हो सकती है।

इस तरह तत्काल जान बचा लेने के बाद भी कुछ समय तक काफी जिम्मेदारी रह जाती है। उसके कारणों की जड़ से समाप्ति न होने तक मोल से रक्तस्राव इन्फेक्शन और कैंसर जैसा गंभीर रोग होने की आशंका रहती है। इसीलिए 'मोल गर्भ' के बाद से महीने में एक बार लगातार छह महीने तक डॉक्टर को अवश्य दिखाना चाहिए।

कभी-कभी 'फूल' पीछे की ओर न होकर भ्रूण के सामने बच्चेदानी के निचले हिस्से में रहता है। ऐसी स्थिति में भ्रूण की वृद्धि के साथ-साथ बच्चेदानी के निचले हिस्से पर दबाव पड़ता है। फूल पर भी दबाव आता और रक्तस्राव शुरू हो जाता है। किसी भी वक्त यह रक्तस्राव हो सकता है। कभी-कभी अचानक नींद खुल जाने पर रोगिणी रक्तस्राव होते देखती है। ऐसे मामलों में पेट में कोई दर्द नहीं होता।

ऐसी हालत में याद रखना चाहिए कि गर्भावस्था में इस तरह का दर्द या दर्दविहीन आकस्मिक रक्तस्राव के समय दाई या धाय से आंतरिक जाँच कराना हानिकारक होता है। बेवजह इस तर्कहीन जाँच से खून का बहना और अधिक बढ़ जाता है और इससे इन्फेक्शन की भी आशंका रहती है। अतः क्षण-भर भी समय नष्ट न करके रोगिणी को जल्दी से अस्पताल ले जाना ही पहला कर्तव्य होता है। इसका इलाज अस्पताल में ही संभव है। रक्तदान और अन्य इलाज के बावजूद भी इस रोग में भ्रूण-मृत्यु बहुत अधिक होती है। गर्भवती स्त्री के लिए भी यह स्थिति काफी खतरनाक होती है।

गर्भावस्था में आकस्मिक रक्तस्राव न हो, इसके लिए गर्भाधान की सूचना से ही नियमित रूप से खून की वृद्धि और खून की कमी पर नजर रखनी चाहिए।

## *गर्भावस्था में टकसिमिया*

यह रोग आमतौर पर गर्भावस्था के अंतिम दिनों में होता है। खून के दबाव में वृद्धि, पेशाब में एलबुमिन और पैरों में सूजन के साथ इस रोग की शुरुआत होती है। शुरू में इसका इलाज न होने से अचानक एक दिन पाएँगे कि मिरगी के रोगी की तरह दाँतों

और हाथ-पाँव में खिंचाव शुरू हो जाएगा। बार-बार खिंचाव या ऐंठन होते रहने से रोगिणी धीरे-धीरे अचेत हो जाती है। इसके परणिामस्वरूप गर्भ में भ्रूण की अकाल मृत्यु का होना भी असंभव नहीं है। इस स्थिति को एक्लंप्सिया कहा जाता है।

एक्लंप्सिया होने से रोकने का सबसे अच्छा उपाय है गर्भावस्था के अनुमान के बाद से ही रक्तचाप (ब्लडप्रेशर) आदि की जाँच कराना और आवश्यकता पड़ने पर इलाज करवाना। इसके अलावा घर पर निम्नलिखित नियमों का पालन करना चाहिए—

**1. आराम और नींद :** रक्तचाप की वृद्धि होते ही आराम में बढ़त करनी चाहिए। दोपहर को दो घंटा पूरी तरह से आराम और रात में पर्याप्त नींद का होना बहुत जरूरी है। जरूरत पड़ने पर रात में नींद की दवा लेनी होगी।

**2. आहार :** तला हुआ पदार्थ, नमकीन पदार्थ, कच्चा नमक बिलकुल न खाएँ। खून का दबाव अधिक रहने पर दूध-भात, फल आदि खाकर पेट भरना होगा। साथ में अलग से विटामिन 'बी' खाना अच्छा होता है। मछली और दूध खाया जा सकता है, लेकिन गर्भावस्था में अंडा या मांस ज्यादा नहीं खाना चाहिए।

**3. कोष्ठ साफ रखना :** खून का दबाव अधिक रहने पर तो आवश्यक है ही, ऐसा न होने पर भी गर्भावस्था में नियमित कोष्ठ साफ रखना बहुत जरूरी है। सप्ताह में एक या दो बार मिल्क-आफ-मैगनेशिया या फ्रूट साल्ट खाकर कोष्ठ साफ रखा जा सकता है।

**4. पेशाब साफ रखना :** हाथ-पाँव की सूजन कम करने के लिए लवणयुक्त खाद्य पदार्थ कम खाने तथा थोड़ा अधिक मात्रा में पानी पीने से फायदा पहुँचता है। इससे भी यदि सूजन कम नहीं हुई तो डॉक्टर की सलाह से दवा खानी पड़ेगी। साथ ही आराम भी करना चाहिए।

**5.** रक्तचाप कम करने के लिए आजकल कई तरह की दवाएँ ली जाती हैं। इससे पैरों की सूजन कम हो जाती है। ये सारी दवाएँ डॉक्टर की सलाह से ही लेनी चाहिए।

इन सामान्य नियमों का पालन करने के बावजूद यदि रक्तचाप कम नहीं हुआ तो वैसी स्थिति में अस्पातल में भर्ती होकर डॉक्टरों की देखरेख में रहना ही बेहतर होगा। वहाँ आवश्यकता पड़ने पर सिजेरियन ऑपरेशन का इंतजाम किया जा सकता है। प्रि-एक्लंप्सिया या एक्लंप्सिया में माताओं की मृत्यु बहुत होती है, इसलिए इस तरह की रोगिणी को जितनी जल्दी हो सके अस्पताल में भर्ती कराना चाहिए। इसमें किसी तरह का विलंब नहीं करना चाहिए।

## *एनीमिया*

खून की कमी या एनीमिया गर्भावस्था की एक और आम लेकिन भयानक बीमारी है। शारीरिक गठन और वृद्धि के लिए भ्रूण माँ के शरीर से आयरन और प्रोटीन ग्रहण करता

है। इसीलिए जो माँ पहले से ही एनीमिया का शिकार है, गर्भावस्था में उसकी एनीमिया और अधिक बढ़ जाती है और सही वक्त पर इलाज न होने से प्रसव के बाद खून की कमी के कारण कमजोरी और साथ ही अन्य प्रतिकूलताओं से जीवन तक संकट में पड़ जाता है। हमारे देश में एनीमिया से आक्रांत स्त्रियों की संख्या बहुत अधिक है। इसलिए परिवार के लोगों को गर्भावस्था के शुरू से ही इस पर ध्यान रखना चाहिए और नियमित रूप से पौष्टिक आहार और आवश्यक आयरन आदि खिलाने का इंतजाम करना चाहिए।

गर्भावस्था में उपरोक्त जिन भयानक पीड़ाओं का उल्लेख किया गया है, इससे स्पष्ट रूप से पता चलता है कि गर्भावस्था में नियमित रूप से डॉक्टरी जाँच और विशेष स्थितियों में अस्पताल में भर्ती कराना कितना आवश्यक है। प्रारंभ में थोड़ा ध्यान देने से बड़े और आकस्मिक संकटों से बचा जा सकता है इसमें कोई दो राय नहीं है।

# 8

# गर्भावस्था में आनुषंगिक बीमारी

पहले अध्याय में गर्भावस्था के सामान्य क्लेश और अन्य होने वाली तकलीफों के बारे में चर्चा की गई। कई आनुषंगिक बीमारियाँ गर्भावस्था में प्रत्यक्ष और परोक्ष रूप से कई तरह के संकट पैदा कर सकती हैं और गर्भावस्था की गति और प्रकृति में परिवर्तन ला सकती हैं। गर्भावस्था में निम्नलिखित रोगों के प्रभाव और परिणाम के विषय में कुछ व्यावहारिक जानकारी रखनी चाहिए–

1. हृदयरोग
2. मधुमेह या डायबिटीज
3. जॉन्डिस या कमला रोग
4. खून की कमी या एनीमिया
5. पेट में दर्द
6. वायरस संबंधी रोग, जैसे–हाम और पानीवाला चेचक।

## *गर्भावस्था में हृदयरोग*

गर्भावस्था में हृदययंत्र की कार्यक्षमता पर थोड़ा अस्वाभाविक दबाव पड़ता है, क्योंकि माँ के शरीर में कुछ अतिरिक्त पानी जमा हो जाता है और खून में पानी का हिस्सा करीब डेढ़ गुना बढ़ जाता है। इस रूपांतरण के कारण रक्त संचालन की प्रक्रिया में भी पर्याप्त परिवर्तन आता है और इसी कारण हृदय की गति और रक्त निष्कासन की शक्ति भी बढ़ जाती है।

स्कूली लड़कियों की नियमित स्वास्थ्य की जाँच कराने पर कई बार पाया जाता है कि करीब दो प्रतिशत लड़कियाँ विभिन्न तरह के हृदयरोग की शिकार हैं। उनके 'हार्ट' में एक अस्वाभाविक आवाज सुनाई पड़ती है जिसे 'मरमर' कहा जाता है। ये सभी तरह के हृदयरोग आमतौर पर पुराने र्‌यूमैटिक ज्वर के दुष्परिणाम हैं। इस रोग में शरीर की हर गाँठ में दर्द होता है और हृदय की मासंपेशियाँ, वाल्व आदि प्रभावित होकर हृदय के वाल्व को खराब कर देते हैं। किसी-किसी के 'हार्ट' में जन्मजात त्रुटि होने के कारण 'मरमर' सुनाई पड़ता है। ऐसी लड़कियाँ सामान्य शारीरिक परिश्रम से ही थक जाती हैं।

डॉक्टरी जाँच न कराने पर अधिकतर इस तरह के वात रोग के कारण होनेवाली बच्चे के हार्ट की बीमारी की खबर माता-पिता को भी नहीं होती। दिखने में यदि सुंदर हुई तो इन लड़कियों का विवाह भी जल्दी हो जाता है। गर्भावस्था में जब रोगी महिला साँस की तकलीफ के लिए डॉक्टर के पास जाती है तभी यह रोग पकड़ में आता है। साँस की तकलीफ के कारण माँ की स्वाभाविक कार्यक्षमता कम हो जाती है। शुरुआत में थोड़ा परिश्रम के बाद साँस की तकलीफ होती है, बाद में सामान्य कामकाज से ही। विशेषकर सीढ़ियाँ चढ़ने, तेज चलने या घर के भारी कामकाज करने में तकलीफ होती है। हृदययंत्र के ज्यादा क्षतिग्रस्त हो जाने पर आराम में रहते हुए या लेटे रहने पर भी साँस की तकलीफ होती है। गर्भावस्था में खून की मात्रा बढ़ने के साथ-साथ हार्टफेल होने की भी आशंका रहती है तथा फेफड़े में 'कंजेस्शन' होता है। इसके साथ खाँसी, रात में साँस की तकलीफ और ब्रंकाइटिस से भी आक्रांत होकर रोगिणी तकलीफ झेलती है। कई बार सोने से तकलीफ अधिक होती है, इसलिए रोगिणी बैठे-बैठे ही रात बिता देती है। र्यूमैटिक रोग द्वारा हृदययंत्र की नियमित संकुचन क्षमता की प्रक्रिया को ठप कर दिए जाने से हृदय की गति अनियमित ढंग से चलती रहती है। इसे 'फिब्रिलेशन' कहा जाता है। यह रोग बहुत खतरनाक होता है। जीवाणु संक्रमित होने पर हार्ट के वाल्व और भीतर की झिल्ली में प्रदाह के साथ 'बैक्टेरियल एंडोकार्डाइटिस' नामक एक और भयानक रोग का जन्म हो सकता है। किसी-किसी के हार्ट के भीतर खून जमा होकर वह छिटककर मस्तिष्क में जा सकता है और वह पक्षाघात (लकवा) का शिकार बना सकता है। हृदयरोग के कारण हार्ट में 'मरमर' रहने पर कोई लड़की हमेशा गर्भधारण में अक्षम ही रहेगी, ऐसी बात नहीं है। गर्भावस्था में अच्छे विशेषज्ञ को दिखाकर हृदयरोग की प्रकृति और उसके प्रभाव का विश्लेषण करा लेना चाहिए। आवश्यकता पड़ने पर अस्पताल में पूर्ण विश्राम करते हुए रोग को समझकर उपयुक्त व्यवस्था लेने पर गर्भावस्था की विभिन्न असुविधाओं से बचा जा सकता है।

आमतौर पर पर्याप्त आराम के साथ-साथ डिजिट्यलिस से हृदय की तेज गति को कम किया जा सकता है। इसके साथ 'लैसिक्स' जैसी दवा की सहायता से अतिरिक्त मात्रा में पेशाब कराके शरीर में जमा अतिरिक्त पानी कम किया जा सकता है। इससे हृदययंत्र को आराम मिलता है और रोगी की तकलीफ कम हो जाती है। साथ ही सर्दी-खाँसी रहने पर जीवाणुनाशक पेनिसिलिन और खून की कमी को दूर करने के लिए आयरन, विटामिन आदि लेना चाहिए। साँस की तकलीफ ज्यादा होने पर ऑक्सीजन भी देना पड़ता है। यह सारी व्यवस्था अस्पताल में भर्ती किए बिना नहीं की जा सकती। जिन हालतों में रोगी को अस्पताल में भर्ती करना चाहिए, वे निम्नलिखित हैं—

1. पहले एक बार सही ढंग से रोग का पता लगाने और इलाज कैसे किया जाए, यह सुनिश्चित करने के लिए।
2. गर्भावस्था में किसी तरह की खाँसी, खून की कमी, मुँह-हाथ की सूजन और हार्टफेल होने के लक्षण दिखाई देने पर रोगिणी को अस्पताल में भर्ती कराके

इलाज कराना चाहिए।

3. 28 से 32 सप्ताह तक खून में पानी की मात्रा बढ़ने पर, ऐसी परिस्थितियों में अस्पताल में भर्ती कराके पानी कम करने वाली दवा की सहायता से हृदययंत्र पर से दबाव कम रखना चाहिए।
4. प्रसव-व्यवस्था के सही इंतजाम के लिए प्रसव के 15 दिन पूर्व से ही अस्पताल में भर्ती करा देना चाहिए।

आमतौर पर गर्भावस्था के चार महीने के बाद खून की मात्रा बढ़ने लगती है और उस समय हृदययंत्र की क्रिया को सहज करने के लिए आराम करना बहुत जरूरी है। इस स्थिति में घर बदलना, हैंडपंप से पानी भरना या भारी चीजें उठाना या हिलाना नहीं चाहिए। हृदयरोगग्रस्त गर्भवती महिलाओं को अतिरिक्त आराम बहुत जरूरी है और उन्हें नियमित रूप से कम-से-कम छह घंटे अवश्य सोना चाहिए।

हृदयरोगियों के लिए अस्पताल में प्रसव होना ही उचित है। प्रसव के समय सिर का हिस्सा थोड़ा ऊँचा करके रखना चाहिए और पर्याप्त नींद के साथ ही दर्द निवारक इंजेक्शन, जैसे—पैथोड़िन आदि देकर रोगिणी के दर्द को कम करने की कोशिश करनी चाहिए। प्रसव जितनी आसानी से हो, उतना ही अच्छा होता है। सामान्यतया इस रोग में ऑक्सीजन की कमी होती है। इसीलिए पूर्णमाह के कुछ पूर्व ही दर्द उठता है और बच्चा छोटा होने के कारण आसानी से प्रसव होता है। किसी-किसी मामले में माँ की तकलीफ को कम करने के लिए 'फरसेप्स' से प्रसव के द्वितीय चरण के समय को कम किया जाता है।

हृदयरोग में सिजेरियन ऑपरेशन बहुत खतरनाक होता है। यदि जरूरत पड़े तो अच्छे एनेस्थेटिस्ट की सहायता से उचित एनेस्थेसिया और पर्याप्त इंतजाम वाले अस्पताल में ऑपरेशन कराना चाहिए।

बच्चे के जन्म के बाद रोगिणी का अच्छी तरह इलाज कराना बहुत जरूरी होता है ताकि प्रसव के एक महीने तक योनिद्वार या बच्चेदानी जीवाणुओं से संक्रमित न हो। उचित देख-रेख और व्यायाम से बहुतेरे खतरनाक लक्षणों को रोका जा सकता है। इस समय हार्ट के वेजिटेशन और जमे हुए खून के छिटककर ब्रेन में घुसने से लकवा जैसे रोग के होने की आशंका रहती है। जीवाणुओं से आक्रांत होने पर बैक्टेरियल एंडोकार्डाइटिस भी इस समय माँ पर आक्रमण कर सकता है।

कई बार हृदयरोग के खतरनाक दुष्परिणाम से बचने के लिए भ्रूण को नष्ट भी कर देना पड़ता है। कई बच्चों की माँ को, विशेषकर निम्न आय वाले परिवार में जल्दी-जल्दी गर्भवती होने पर, विपत्ति के मुँह में न धकेलकर उसके यथोचित निदान की व्यवस्था करनी चाहिए। जिन स्त्रियों को पहले की गर्भावस्था में गंभीर हार्टफेलियोर के लक्षण दिखाई दे चुके हों, उनके पुनः ग्र्भवती होने पर भ्रूण नष्ट कर देना ही उचित होता है। हार्ट की बीमारी में, जिनका एम्बलिस्म का पूर्व इतिहास है या जिनका फिब्रिलेशन या अचानक हार्ट के बेहद तेजी से चलने का इतिहास है, उनके लिए और

बच्चे का न होना ही बेहतर होगा। लेकिन भ्रूण नष्ट करने के बारे में शुरुआत के दो महीने के अंदर ही निर्णय ले लेना चाहिए। क्योंकि इस समय एनेस्थेसिया के बगैर 'साक्शन' विधि से भ्रूण को नष्ट करना संभव होता है। दो महीने बीत जाने पर भ्रूण नष्ट करना भी खतरा पैदा कर सकता है।

हार्ट का वाल्व खराब हो जाने पर हृदयपिंड के वाल्व को बड़ा करने या बदलने के लिए आजकल ऑपरेशन की कई पद्धतियाँ विकसित हो चुकी हैं। यह ऑपरेशन सामान्यता बच्चा होने के कुछेक महीने बाद ही कराना चाहिए। वैसे कुछ मामलों में गर्भावस्था के तीन माह के भीतर भी यह ऑपरेशन संभव हो चुका है। लेकिन विशेष शल्य चिकित्सक के परामर्श और गायनोकोलॉजिस्ट, हृदयरोग चिकित्सक, सर्जन, एनेस्थेटिस्ट आदि सभी की मदद से उचित परिवेश में ही हृदयरोग की चिकित्सा अभी संभव है।

उपरोक्त विवरण से सभी को यह तो समझ में आ ही जाना चाहिए कि र्‍यूमैटिक ज्वर यदि पहले कभी हुआ हो तो लड़की के हार्ट की स्थिति की विवाह से पूर्व और गर्भावस्था में अच्छी तरह जाँच करा लेना जरूरी है। यदि हृदययंत्र जख्मी हो गया हो तब भी उचित देखरेख और आराम के जरिए इस रोग में बच्चे को जन्म देना संभव होता है। आजकल बच्चे के जन्म के बाद उचित समय में ऑपरेशन कराके वाल्व की कई तरह की अस्वस्था दूर की जा सकती है।

## *गर्भावस्था में मधुमेह या डायबिटीज*

डायबिटीज या मधुमेह की बीमारी में आदमी के अग्नाशय या पैंक्रियाज ग्रंथि से पर्याप्त मात्रा में इनसुलिन का निकलना कम हो जाता है। इससे शरीर में शर्करा जैसे पदार्थ का मेटाबॉलिज्म ठीक नहीं रहता और खून में ग्लूकोज बढ़ जाता है, जो पेशाब के साथ निकलता है और बार-बार पेशाब लगती है। इसीलिए इस बीमारी को बहुमूत्र रोग भी कहा जाता है। गर्भावस्था में डायबिटीज रहने पर भ्रूणस्थ बच्चे के लिए खतरा पैदा होता है और नवजात शिशु की मृत्यु की आशंका रहती है। गर्भावस्था में शरीर की अंतःनिस्सरणकारी ग्रंथियों में व्यापक परिवर्तन होता है और इससे शर्करा जैसे खाद्य के मेटाबॉलिज्म पर दबाव पड़ता है। गर्भावस्था में डायबिटीज निम्नलिखित रूपों में प्रकट हो सकता है—

**डायबिटीज का पूर्वाभास :** ऐसी स्थिति में रोगिणी की ब्लड शुगर स्वाभाविक रहती है, लेकिन बार-बार मृत बच्चा या बहुत बड़ा बच्चा पैदा होता है। इन माताओं का डायबिटीज गर्भावस्था में पकड़ में नहीं आता। लेकिन 5-10 वर्षों बाद इनमें डायबिटीज के लक्षण नजर आते हैं। बच्चों का वजन अधिक होने के कारण कई बार इनको प्रसव के समय गंभीर स्थिति का सामना करते हुए पाया गया है।

## *केमिकल डायबिटीज*

इस रोग में उपवास के बाद से खून की शुगर ठीक रहती है, लेकिन अधिक शर्करा वाले खाद्य के ग्रहण करने पर या गर्भधारण के अंतिम दिनों में शुगर बढ़ जाती है। 'कर्टिशन' जैसी दवा लेने पर भी इनकी शुगर बढ़ जाती है।

## *यर्थात डायबिटीज*

इस रोग में उपवास के बाद और खाने के बाद खून में शुगर अधिक रहती है और रोगियों में डायबिटीज के अन्य लक्षण मौजूद रहते हैं। ऐसे डायबिटीज में पाँच वर्षों से अधिक के समयचक्र की गर्भावस्था में बच्चे की हानि की आशंका रहती है। दस वर्षों या उससे अधिक समय के डायबिटीज में बच्चे के लिए विशेष तौर पर संकट की आशंका रहती है। क्रमशः रोगिणी को किडनी, हार्ट और आँखों की विभिन्न समस्याएँ नजर आती हैं और उनके लिए गर्भावस्था या प्रसव के समय गंभीर खतरे की आशंका रहती है।

गर्भावस्था में डायबिटीज रोग से गर्भस्थ शिशु के लिए कई कारणों से खतरे की आशंका रहती है। डायबिटीज में माँ की ब्लड शुगर अधिक बढ़ जाने से या इलाज के कारण अत्यंत कम हो जाने से बच्चे को हानि पहुँच सकती है। गर्भावस्था में रक्तचाप के बढ़ने पर बच्चा खतरे में पड़ सकता है। इसके अलावा डायबिटीज में कई बार विकलांग बच्चों का जन्म होता है। कई बार इस रोग की वजह से अज्ञात कारणवश तीन-चार सप्ताह में भ्रूण-शिशु की मृत्यु हो जाती है। इस तरह की आकस्मिक मृत्यु का कारण अब तक पता नहीं चल पाया है। सामान्यतया साढ़े आठ महीने के बाद से इस तरह के आकस्मिक खतरे की आशंका बढ़ जाती है।

## *गर्भावस्था में डायबिटीज के लक्षण और निर्धारण की पद्धति*

गर्भावस्था में माँ के पेशाब की जाँच करके शुगर जैसा पदार्थ मिलने पर, यह क्यों मिला ? इसे अच्छी तरह जान लेना चाहिए। ऐसी स्थिति में खून की ग्लूकोज की जाँच करना बहुत जरूरी है। 50 या 100 ग्राम ग्लूकोज खिलाकर आधे-आधे घंटे के दौरान पाँच बार खून या पेशाब के ग्लूकोज की जाँच को 'ग्लूकोज टॉलरेंस टेस्ट' कहा जाता है। आमतौर पर ग्लूकोज टॉलरेंस जाँच में खून में निम्नलिखित मात्रा से कम मात्रा में ग्लूकोज रहना चाहिए–

| **समय** | **खून में शुगर** | |
|---|---|---|
| उपवास के बाद | 100 मिलीलीटर | 100 मिलीग्राम |
| खाना खाने के एक घंटा बाद | 100 मिलीलीटर | 160 मिलीग्राम |
| खाना खाने के दो घंटे बाद | 100 मिलीलीटर | 120 मिलीग्राम |

गर्भावस्था में पेशाब में ग्लूकोज जैसे पदार्थ के रहने पर खून में शुगर के अलावा निम्नलिखित तथ्यों की जानकारी करनी चाहिए और इस तरह का इतिहास पाए जाने पर पूरी शुगर टॉलरेंस जाँच करा लेना ठीक रहता है–

1. रोगी के माता या पिता को डायबिटीज है या नहीं ?
2. पहले रोगिणी का बहुत मोटा-तगड़ा 8-9 पौंड का बच्चा हुआ था या नहीं, या मृत संतान का जन्म हुआ था या नहीं ?
3. रोगिणी के रक्तचाप में अत्यधिक वृद्धि या शरीर में अत्यधिक चर्बी वृद्धि हुई है या नहीं ?
4. पिछली गर्भावस्था में बच्चेदानी में बच्चे की आवरण थैली में अतिरिक्त पानी हुआ था या नहीं ? या बच्चे के प्रसव में कोई गंभीर समस्या आई थी या नहीं ?

डायबिटीज का रोग गर्भावस्था में पकड़े जाने पर सही डॉक्टर और विशेषज्ञों की देखरेख में रहने से मृत संतान के प्रसव होने की आशंका से बचा जा सकता है। साथ ही अभिभावकों और रोगिणी का सहयोग भी निहायत जरूरी होता है। इस रोग के विषय में कुछ बातों की जानकारी रखना सबके लिए आवश्यक है।

1. प्रत्येक रोगी के डायबिटीज का स्वभाव और ग्लूकोज मेटाबॉलिज्म अलग-अलग तार में बँधा रहता है। इसीलिए उचित आहार और आराम की सहायता से खून में ग्लूकोज की मात्रा को स्वाभाविक यानी नियंत्रित रखना ही होगा। खाने में सामान्यतया 200 ग्राम कार्बोहाइड्रेट, 70 ग्राम प्रोटीन और 25 ग्राम मक्खन आदि से 1300 कैलोरी की पूर्ति होती है।
2. आहार और इनसुलिन की मात्रा निर्धारित करके ठीक से इलाज कराने के लिए सही वक्त पर अस्पताल में भर्ती कराना चाहिए। आहार और इनसुलिन की मात्रा सही ढंग से निर्धारित करना बहुत जरूरी है, जिससे खून में शुगर जाने के दो घंटे बाद भी वह प्रति सैकड़ा 145 मिलीग्राम के नीचे रहे।
3. इस रोग के कारण सिजेरियन ऑपरेशन की आवश्यकता पड़ सकती है, इसलिए 32 या 34 सप्ताह में फिर अस्पताल में भर्ती कराके देखना होगा कि खून में शुगर 140 मिलीग्राम से कम रह रहा है या नहीं।
4. माँ के पेट में खतरे में पड़ने से पहले ही कृत्रिम उपाय से दर्द उत्पन्न कराके या सिजेरियन ऑपरेशन से गर्भ के बच्चे का प्रसव कराना जरूरी होता है।
5. गर्भ की पूर्ण अवधि से पहले प्रसव कराने की स्थिति में नवजात शिशु अपरिपक्व हो सकता है। ऐसे बच्चे के खतरे दूर करने के लिए शिशु विशेषज्ञ की सहायता से व्यापक तैयारी करके जन्मकालीनं उपसर्ग का प्रतिरोध करते हुए शिशु के प्राण की रक्षा का प्रयास करना होगा।

विश्राम, उचित आहार, इनसुलिन के इस्तेमाल से और प्रसवकालीन देखरेख तथा नवजात शिशु की देखभाल सही ढंग से होने पर ही इस रोग की चिकित्सा सफल हो सकती है और बच्चे को मौत से बचाया जा सकता है।

## गर्भावस्था में जॉन्डिस या पीलिया रोग

आदमी के शरीर में हृदयपिंड की नियमित संकुचन क्रिया द्वारा नसों और धमनियों में रक्त संचालित होता है। खून के तरल भाग को प्लाज्मा कहा जाता है और घना हिस्सा रक्तकण, श्वेतकण और प्लैटेलेट से बनता है। हीमोग्लोबिन का रंग लाल होता है, इसलिए रक्तकण में हीमोग्लोबिन रहने के कारण खून का रंग भी लाल होता है। जिस तरह 'छेना' और चीनी के मिश्रण से 'संदेश' मिठाई बनती है, 'हीमोग्लोबिन' भी उसी तरह 'हिम' नामक लौह यौगिक और 'ग्लोबिन' नामक प्रोटीन के समन्वय से बनता है। मनुष्य के खून में प्रवाहित होने वाले रक्तकण प्रति तीन महीने के अंतराल में टूटते हैं तथा ध्वंस हो जाते हैं और इसके साथ ही अस्थि-गुद्दे से नए रक्तकण बनते रहते हैं। सामान्यतया प्लीहा में रक्तकणों का नाश होता है और उसमें से निकला 'हीमोग्लोबिन' टूटकर 'बिलिरूबिन' नामक पीले रंग के एक पदार्थ में बदल जाता है। खून में से यह अपरिशोधित बिलिरूबिन लीवर के कोष के अंदर से प्रवाहित होते हुए परिवर्तित बिलिरूबिन के रूप में पित्तकोष और पित्तनली से आँतों में आ जाता है और 'बाइल पिग्मेंट' के रूप में मल के साथ बाहर निकल जाता है। (चित्र 8/1)

इसीलिए मनुष्य का मल (पाखाना) पीले रंग का होता है। बाकी 'बिलिरूबिन' पुनः खून में वापस लौट जाता है और उसका कुछ हिस्सा पेशाब के साथ 'यूरोबिलिन' के रूप में बाहर निकल जाता है। बचा हुआ हिस्सा शरीर के विभिन्न कार्यों में व्यवहृत हो जाता है। यदि रक्तकण अतिरिक्त मात्रा में टूटने लगें या लीवर की बीमारी से उसके कोष के भीतर पित्त प्रवाह में कमी आए या पित्तनली में पत्थर जम जाए और आसानी से 'बाइल' बाहर न जा पाए तो बिलिरूबिन नामक पीले रंग का पदार्थ खून में जमा हो जाता है और आँख, जीभ, मुँह, त्वचा और म्यूकस मेम्ब्रेन पीला रंग धारण करते हैं। इसे ही आम भाषा में जॉन्डिस या पीलिया रोग कहते हैं। जॉन्डिस या पीलिया लीवर, पित्तथैली या नली के विभिन्न रोगों के कारण खून में बिलिरूबिन के जम जाने की बाह्य अभिव्यक्ति है।

गर्भावस्था में विभिन्न कारणों से जॉन्डिस हो सकता है। ये कारण निम्नलिखित हैं—

**(क) पित्ताशय या लीवर की बीमारी :** संक्रामक हेपाटाइटिस : इस रोग में वायरस संबंधी प्रदाह से पित्ताशय के कोष फैलकर अपनी कार्यक्षमता खो देते हैं और पित्ताशय में बिलिरूबिन के साफ होने की प्रक्रिया में बाधा आती है। परिणामस्वरूप अपरिशोधित बिलिरूबिन शरीर और खून में जम जाता है। इसके अलावा बाइल निस्सरण में बाधा आती है और परिशोधित बिलिरूबिन खून में जम जाता है।

**(ख) गर्भावस्था में लीवर की बीमारी :** 1. गर्भावस्था में पित्ताशय के कोषों में प्रतिबंधकता के लिए 'बाइल' के निकलने में अवरोध। 2. पित्तनली में पथरी होना।

**(ग) गर्भावस्था संबंधी रोग :** 1. एक्लंप्सिया या गंभीर टकसिमिया रोग, 2. अत्यधिक उल्टी या दूषित दवा संबंधी पित्ताशय की बीमारी।

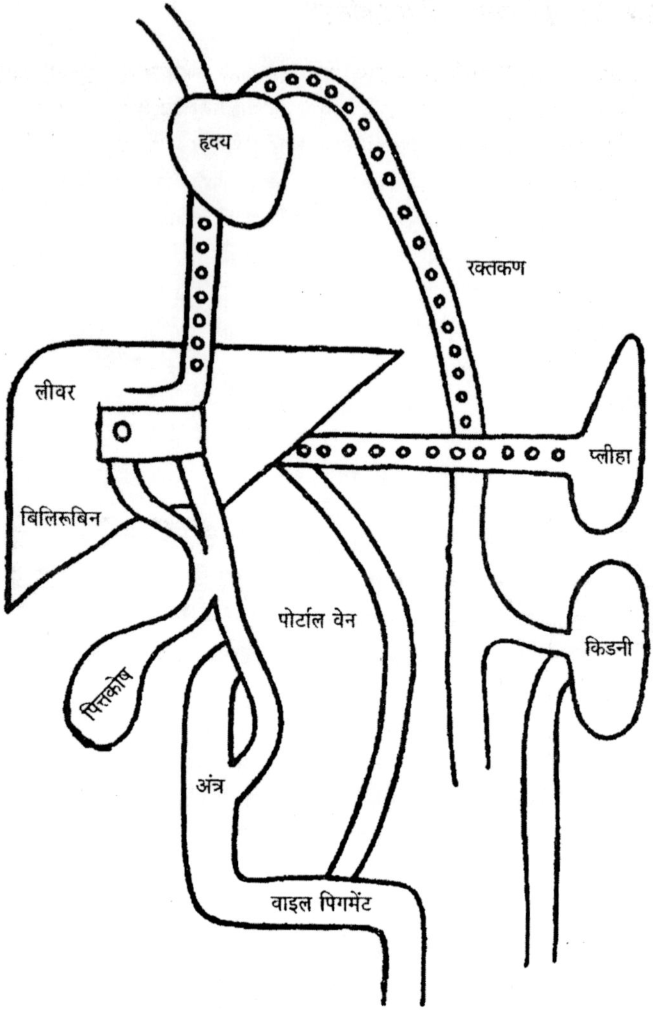


चित्र 8/1 : रक्तकण के ध्वंस होकर निःसृत हीमोग्लोबिन लीवर में बिलिरूबिन में परिवर्तित होने का चित्र

**(घ) खून का दूषण :** अस्वाभाविक दशा में हीमोग्लोबिन रहने पर 'थैलोसेमिया' या 'कुलीका एनीमिया' रोग में रक्तकण आसानी से टूट जाते हैं और अतिरिक्त मात्रा में बिलिरूबिन के खून में जमने से जॉन्डिस की शुरुआत होती है। खून के संचालन की स्थिति से भी जॉन्डिस हो सकता है।

## *संक्रामक या इन्फेक्टिव हेपाटाइटिस*

आजकल वायरस संबंधी जॉन्डिस भारत, पाकिस्तान और नेपाल में बहुतेरी माताओं की जिंदगी में गंभीर खतरा उत्पन्न कर रहा है। पहले यह जॉन्डिस महामारी की तरह कभी-कभी देश के विभिन्न हिस्सों में दिखाई देता था, लेकिन अब तो घर-घर में जॉन्डिस होने की खबर मिलती है। गर्भावस्था में जॉन्डिस बहुत गंभीर रूप धारण कर लेता है। किस तरह से अलग-अलग वायरस जॉन्डिस उत्पन्न करते हैं, इसकी चर्चा की जा रही है।

वायरस बैसिल्स या कक्कास से भी छोटे जीवाणु होते हैं। ये इतने छोटे होते हैं कि सामान्य अनुवीक्षण यंत्र से इन्हें देखा नहीं जा सकता। अस्वस्थ व्यक्ति के मल में यह वायरस रहता है। एक तरह का संक्रामक जॉन्डिस वायरस पेयजल अथवा अपरिशोधित मिश्रित तेल या वायरस द्वारा प्रदूषित खाद्य के जरिए दूसरे मनुष्य के शरीर में संक्रमित होता है।

दूसरी तरह का वायरस दूषित इंजेक्शन की सूई के जरिए एक व्यक्ति के शरीर से दूसरे व्यक्ति के शरीर में संक्रमित होता है। इसे 'सिरम हेपाटाइटिस' कहा जाता है। रक्त संचालन से ही वायरस संबंधी यह जॉन्डिस हो सकता है।

## *गर्भावस्था में जॉन्डिस खतरनाक क्यों है*

गर्भावस्था में पित्ताशय का काम बहुत बढ़ जाता है। माँ के आहार से उचित प्रोटीन, कार्बोहाइड्रेट और फैट तैयार करने के अलावा भ्रूण-शिशु और फूल के निकलने वाले दूषित पदार्थ और अंतःनिःसृत हारमोन समूह को परिशोधित और परिवर्तित करने का काम भी लीवर या पित्ताशय द्वारा ही पूरा होता रहता है। माँ के खून की कमी और उचित प्रोटीन के अभाव में पित्ताशय के कोष सही ढंग से काम नहीं कर सकते।

इस समय वायरस संबंधी हेपाटाइटिस उचित आहार के अभाव में कमजोर लीवर के काम में बाधा उत्पन्न करती है। पित्ताशय के कोष में प्रदाह होने के कारण पित्ताशय नष्ट हो जा सकता है और निम्नलिखित गंभीर बीमारियाँ उत्पन्न हो सकती हैं—

1. जॉन्डिस का प्रकोप बढ़कर खून में अस्वाभाविक मात्रा में बिलिरूबिन जम जाता है। बाद में पित्ताशय के कोष की विशेष क्षति होने से माँ की मानसिक चेतना चली जाती है और रोग का प्रकोप बढ़ने पर बेहोशी के बाद 'कोमा' हो सकता है। पित्ताशय की विकृति के कारण होने वाली इस तरह के 'कोमा' या अचेतनता को 'कोलिमिया' कहा जाता है। इसमें अधिकांश मामले में माँ की जान चली जाती है।

2. पित्ताशय के कोष में खून के जमने के लिए निहायत जरूरी 'प्रथ्रमबिन' नामक रासायनिक पदार्थ का उत्पन्न होना रुक जाता है या कम हो जाता है। इससे खून नहीं जमता और बच्चे के जन्म के बाद स्त्री को अतिरिक्त रक्त-क्षरण का सामना करना पड़ता है। इससे कई बार रोगिणी की जान चली जाती है। विगत कई वर्षों से पूरे भारत में प्रसूति-मृत्यु का 25वाँ भाग इसी संक्रामक हेपाटाइटिस का दुष्परिणाम रहा है।

इस तरह की महामारी को रोकने के लिए वायरस मुक्त पेयजल, तेल, खाद्य उपलब्ध कराने की कोशिश की जानी चाहिए। मनुष्य के दैनंदिन इस्तेमाल से उत्पन्न गंदगी और मल को फेंकने की प्रणाली में भी आमूल परिवर्तन करना चाहिए। हर गर्भवती स्त्री को उचित मात्रा में आयरन और प्रोटीन मुफ्त दिया जाना चाहिए। गर्भवती स्त्रियों को, विशेषकर बस्ती एवं झोंपड़पट्टी के निवासियों को जॉन्डिस का प्रतिरोधक टीका (गामा ग्लोब्यूनिऩ) लगाने की व्यवस्था करनी चाहिए।

## *चिकित्सा पद्धति*

अधिकतर लोगों की धारणा है कि जॉन्डिस में कुछ पीलापन आने के अलावा और कोई हानि नहीं होती। लेकिन यह धारणा बिलकुल गलत है। जॉन्डिस का शिकार होने पर कोई कामकाज नहीं करना चाहिए। प्रथम अवस्था में ही विश्राम और चर्बीविहीन श्वेत सार युक्त आहार ग्रहण करना चाहिए और कोष्ठ (पेट) साफ रखना चाहिए। घी, तेल, मक्खन, दूध छोड़ देना होगा। उबला आलू, रोटी, जैम, जेली, बिस्कुट आदि खाया जा सकता है। मक्खन निकाला हुआ दूध या छेना प्रोटीन के रूप में खाया जा सकता है। दवाओं में विशेष लाभदायक कोई भी दवा नहीं है। लीवर की कार्यक्षमता बढ़ाने वाली आयुर्वेदिक दवाएँ ही कुछ फायदा पहुँचाती हैं। न्यूमाइसिन, कर्टिशन आदि दवाओं का फायदा अभी तक परिस्थिति अनुरूप ही है। ऐसी परिस्थिति में बच्चा गिराना या भ्रूण नष्ट करना खतरनाक होता है।

इसी रोग के विषय में इतना लिखने का कारण यह है कि सभी को जानना चाहिए कि गर्भावस्था में जॉन्डिस सचमुच एक आनुषंगिक बीमारी है। पर्याप्त सतर्कता न बरतने पर इससे मृत्यु भी हो सकती है। भारत, नेपाल और बँगलादेश में यह रोग घर-घर में हो रहा है। सभी की कोशिश से उचित स्वास्थ्य विधि अपनाकर चलने से इस रोग को रोकना संभव है।

## *खून की कमी या एनीमिया*

गर्भावस्था की आनुषंगिक बीमारियों में खून की कमी का जिक्र बार-बार आता है, क्योंकि हमारे देश में आहार के अभाव में गर्भवती माँ को यह समस्या विभिन्न तरह से विपत्ति के गर्त में धकेल देती है। किसी भी व्यक्ति का स्वास्थ्य उसकी लंबाई, वजन और उसके शरीर में हीमोग्लोबिन की मात्रा से जाँचा जाता है। स्वस्थ व्यक्ति के खून में प्रति 100 मिलीलीटर 15 ग्राम हीमोग्लोबिन और प्रति क्यूबिक मिलीलीटर 50 लाख रक्तकण रहते हैं। आम व्यक्ति के खून में जब रक्तकण प्रति क्यूबिक मिलीलीटर 38 लाख से कम और हीमोग्लोबिन प्रति 100 मिलीलीटर 10 ग्राम से कम रहता है तब उसे रक्तल्पता कहा जाता है। पहले ही बताया जा चुका है कि गर्भावस्था के चार महीनों से आठ महीनों की अवधि में खून का तरल पदार्थ लगभग 25 प्रतिशत से अधिक हो जाता है। खून

की यह अतिरिक्त मात्रा की वृद्धि साढ़े आठ महीने तक क्रमशः घटती रहती है। संतुलित आहार वाले अध्याय में बताया गया है कि स्वाभाविक स्वास्थ्य वाले मनुष्य के आहार में प्रतिदिन 1.3 मिलीग्राम लौह यौगिक पदार्थ रहना चाहिए। रोज मल-मूत्र और त्वचा के स्खलन के अलावा महिलाओं के मामले में ऋतुस्राव से लगभग 12 से 15 मिलीग्राम आयरन खर्च होता है। गर्भावस्था में कितनी मात्रा में लौह पदार्थ की आवश्यकता होती है, आइए इसे देखा जाए–

| | | |
|---|---|---|
| भ्रूण संतान | – | 400 मि. ग्राम |
| भ्रूण फूल | – | 100 मि. ग्राम |
| अपना हीमोग्लोबिन | – | 300 मि. ग्राम |
| कुल | – | 800 मि. ग्राम |

दस महीने तक माहवारी न होने से गर्भावस्था में माँ का अपना हीमोग्लोबिन 100 मि. ग्राम जमा होता है। इसलिए बाकी 700 मि. ग्राम उचित आहार और लौह यौगिक पदार्थों के माध्यम से संचित न किए जाने पर शरीर में हीमोग्लोबिन का घट जाना एक स्वाभाविक घटना है।

कई कारणों से शरीर में खून की कमी होती है। गर्भावस्था में आमतौर पर निम्नलिखित कारणों से खून की कमी की शुरुआत होती है–

1. लौहयुक्त आहार का अभाव।
2. रक्तपौष्टिक रासायनिक पदार्थ के अभाव में।
3. रक्तदोष और रक्तकणों की ध्वंसकारी अस्वस्था।
4. निम्नलिखित बीमारियों और स्थितियों में–
   (क) कृमि (केंचुआ) रोग,
   (ख) किडनी का प्रदाह,
   (ग) टी.बी. की बीमारी,
   (घ) मलेरिया, काला ज्वर,
   (ड) गर्भावस्था में रक्तक्षरण,
   (च) ल्यूकीमिया, हजकिन आदि रोग,
   (छ) अपौष्टिकता के कारण खून की कमी।
5. रक्त निर्माण में विघ्न डालने वाली अस्वस्थता।
6. अस्वाभाविक हीमोग्लोबिन संबंधी खून की कमी।

हमारे देश में इन रोगों में से खाद्याभाव, अपौष्टिकता, लौह संबंधी पदार्थ का अभाव और कृमि (केंचुआ), टी.बी., मलेरिया आदि का प्रकोप ही रक्तशून्यता का मुख्य कारण है। खाद्य के अभाव में शरीर में प्रोटीन का अभाव होता है। दूध, मछली, मांस, कलेजी, दाल, फल, सब्जी आदि में प्रोटीन होता है। गर्भस्थ भ्रूण की वृद्धि के लिए जितना संभव होता है, शिशु प्रोटीन को खींच लेता है। ऊपर से लौहयुक्त खाद्य का अभाव खून बनने

के लिए आवश्यक जमा-खर्च का हिसाब बिगाड़कर एक असंतुलन की अवस्था उत्पन्न कर देता है।

खून की कमी होने पर माँ की कमजोरी और अवसादग्रस्तता बढ़ जाती है और बड़ी आसानी से साँस की तकलीफ, छाती में घबराहट और भूख की कमी जैसी बीमारी की सृष्टि होती है, माँ का चेहरा और आँखें फीकी पड़ जाती हैं। बहुत अधिक खून की कमी होने पर हाथ-पाँव फूल जाते हैं। नींद कम हो जाती है और हाजमा तक गड़बड़ हो सकता है। साथ ही यदि कृमि या किसी तरह का प्रदाह रहा तो शरीर और भी कमजोर हो जाता है।

स्वस्थ व्यक्ति के शरीर में प्रति 100 मिलीलीटर खून के साथ 15 ग्राम हीमोग्लोबिन रहता है। गर्भावस्था में खून में पानी की मात्रा बढ़ने से हीमोग्लोबिन कम हो जाता है। फिर भी कम-से-कम 10 ग्राम तो अवश्य ही रहना चाहिए। 8 ग्राम से कम हिमोग्लोबिन खून में रहने से गर्भावस्था में तरह-तरह के रोग उत्पन्न होते हैं, और एक साथ कई खतरों का सामना करना पड़ सकता है। खून की कमी से शारीरिक कमजोरी, बदहजमी, भूख का न लगना, ठीक से नींद न आना आदि लक्षणों के साथ छाती का धड़कना, साँस की तकलीफ और इसके साथ ही हाथ-पाँव फूल सकते हैं। खून की अत्यधिक कमी के कारण आठ महीने पर या प्रसव होने के बाद हार्टफेल होने का संकेत मिलता है और इससे कई बार माँ की मृत्यु भी हो सकती है।

इन्हीं कारणों से माताओं को गर्भावस्था में पौष्टिक खाद्य के साथ-साथ लौह यौगिक पदार्थ खिलाना बहुत जरूरी होता है। फेरस सल्फेट 200 मिलीग्राम दो या तीन बार भोजन के बाद खिलाने से खून बनने में सहायता पहुँचती है। आयरन के साथ-साथ उचित मात्रा में प्रोटीन मिश्रित खाद्य भी खाना चाहिए। बाजार में फेरस सल्फेट के अलावा फेरस यूमरेट, सक्सिनेट और ग्लुकोनेट आदि और भी लौहयुक्त (आयरन) टेबलेट मिलते हैं। ऐसा सोचना है कि इससे बदहजमी कम होती है। पर जो लोग बिलकुल आयरन हजम नहीं कर सकते उनकी नसों में आयरन संचारित करना पड़ता है। दूसरी तरह के आयरन डेस्ट्रॉन कॉम्प्लेक्स द्वारा पेशियों में भी इंजेक्शन दिया जाता है। खून की गंभीर कमी होने से कई बार खून भी देना पड़ता है। हार्ट पर से दबाव कम करने के लिए खून में से जलीय हिस्से को निकालकर आजकल सिर्फ जमे हुए सेल को संचारित किया जाने लगा है। खून देते समय शरीर में जल निष्कासक इंजेक्शन देकर खून के जलीय हिस्से को कम कर देने पर भी खून दिए जाने के खतरे को टाला जा सकता है।

लौह संबंधी पदार्थों के अलावा जो खाद्य खून बनाने में सहायता करते हैं, वे हैं फेलिक एसिड और विटामिन 'बी-12'। इसीलिए खून की कमी होने पर आयरन के साथ 2 से 5 मिली ग्राम तक फेलिक एसिड और 500 मि. ग्राम विटामिन 'बी-12' देना पड़ता है। फेलिक एसिड इंजेक्शन और टेबलेट दोनो रूपों में मिलता है।

कई बार भयानक एनीमिया का शिकार होकर गर्भावस्था के अंतिम तीन महीने में रोगिणी अस्तपाल में भर्ती होती है या डॉक्टरी जाँच कराने आती है। उस समय उसका

हीमोग्लोबिन 5 ग्राम से भी कम रहता है। यह स्थिति बहुत समस्याग्रस्त होती है। तुरंत उसे अस्पताल में भर्ती करवाकर लौहयुक्त दवा खून में संचारित करके या घनीभूत खून का संचारण कराके और जल निष्कासन दवा द्वारा उसका हार्टफेल होने को रोककर बहुत सावधानी से प्रसव करवाना पड़ता है। प्रसव के समय उसे कोई दूसरी असुविधा का सामना न करना पड़े या किसी अन्य लक्षणों का शिकार न हो जाए, इसके प्रति बहुत सचेत रहना चाहिए। प्रसव के बाद आसानी से फूल के गिर जाने पर 4-5 घंटे तक रोगी की खूब जतन के साथ थोड़े-थोड़े समय के अंतराल में डॉक्टरी जाँच करनी चाहिए। इस समय भी हार्टफेल होने की आशंका होती है। तब भी खून में पानी के हिस्से को कम करने के लिए दवा-इंजेक्शन देकर हार्ट के दबाव को कम रखना चाहिए। प्रसव के तुरंत बाद जीवाणुओं के आक्रमण से माँ की रक्षा के लिए भी उचित व्यवस्था अपनाना बहुत जरूरी है।

इस चर्चा से पता चलता है कि गर्भावस्था में खून की कमी एक गंभीर रोग है। खून की कमी को दूर करने के लिए सभी तरह के प्रयास करने चाहिए। हमारे जैसे गरीब देश में गर्भावस्था में प्रत्येक माँ के शरीर में हीमोग्लोबिन सुनिश्चित कराना चाहिए और बिना मूल्य मिलने वाली आयरन मिश्रित दवा तथा सस्ते प्रोटीन खाद्य, जैसे सोयाबीन, चना या मक्के का सत्तू आदि खिलाना चाहिए। इससे बहुत-सी माताओं की जिंदगी बचाई जा सकती है।

## *गर्भावस्था में पेट दर्द*

गर्भावस्था के अंतिम महीनों में बच्चेदानी के ट्यूमर में सड़न के कारण दर्द हो सकता है। इसके अलावा फूल में चोट लगने पर, या विभिन्न अस्वस्थताओं के कारण फूल के टूटने से आकस्मिक रक्तस्राव होने पर और बच्चेदानी में खून भर जाने से तुरंत पेट में भयानक दर्द शुरू हो जाता है।

पहले सिजेरियन ऑपरेशन होने पर बच्चेदानी के संकोचन से बच्चेदानी फट भी सकती है। इसमें दर्द के साथ रक्तस्राव भी होता है और खून गिरने के कारण मृत्यु भी हो सकती है।

## *गर्भावस्था में अन्य कारणों से पेट में दर्द होना*

**कोष्ठकाठिन्य :** गर्भावस्था में बहुत आसानी से कोष्ठकाठिन्य होता है। ऊपर से यदि बहुत अधिक मात्रा में या भारी भोजन (देर से हजम होने वाला) किया जाए तो पेट फूलता है और दर्द भी होता है। आयरन खाने के कारण भी पेट में दर्द हो सकता है। इसीलिए आयरन हमेशा भोजन के बाद ही खाना चाहिए।

**पेट खराब (दस्त) :** आँव या पेट की गड़बड़ी कई कारणों से हो सकती है। एमिबायोसिस जियाडियासिस या केंचुए आदि के आक्रमण से विभिन्न तरह का पेट का

दर्द हो सकता है, परिणामस्वरूप कलिक की उत्पत्ति हो सकती है।

**एपेंडिसाइटिस :** गर्भावस्था में एपेंडिसाइटिस एक भयानक समस्या है। तीन महीने बाद बच्चेदानी के बड़ी होने के साथ-साथ एपेंडिस ऊपर की तरफ उठ जाता है और किसी कारणवश यदि एपेंडिस फट जाता है तो पीव जमकर प्रदाह की सृष्टि हो सकती है।

इसके अलावा इनटेसटिनल अबस्ट्रक्शन, स्ट्रानगुलेटेड हार्निया आदि सर्जिकल लक्षण भी गर्भावस्था में प्रकट हो सकते हैं।

इन सबके आधार पर हम पाते हैं कि यद्यपि गर्भावस्था में पेट दर्द का होना एक साधारण समस्या है, फिर भी यह गंभीर समस्या का रूप भी धारण कर सकती है। इसलिए डॉक्टर को दर्द के बारे में विस्तृत विवरण देने पर इसके महत्त्व और लघुता को समझते हुए इलाज करने में सुविधा होती है।

वायरस जीवाणु से भी छोटा (20 से 300 नैनोमीटर नाप का) एक तरह का जीव कोष है जिसके आक्रमण से मनुष्य या जीव-जंतुओं में बीमारी उत्पन्न होती है। वायरस आमतौर पर झाड़ियों की तरह शरीर के कोषों में रहता है और बढ़ता है। वायरस सिर्फ डी.एन.ए. या आर.एन.ए. जैसे किसी एक तरह के न्यूक्लिक एसिड से बनता है और इसके चारों तरफ प्रोटीन का आवरण रहता है। इसीलिए आमतौर पर वायरस को डी.एन.ए और आर.एन.ए. वायरस नामक दो रूपों में विभाजित किया जाता है। वायरस से निम्नलिखित बीमारियाँ हो सकती हैं—

1. पानी वाला चेचक, 2. हारपिस, 3. चेचक, 4. हाम, 5. इन्फ्लुएन्जा, 6. चमड़ी में पैपिलोमा जैसी बीमारी।

वायरस संबंधी बीमारी गर्भावस्था में माताओं को किस तरह हानि पहुँचा सकती है, इसके बारे में कुछ जानकारी दी जा रही है। पानीवाला चेचक या चिकन पॉक्स—यह भी एक वायरस जनित बीमारी है। आमतौर पर पानीवाला चेचक सर्दी, हलका बुखार बदन में दर्द आदि से शुरू होता है। क्रमशः फुंसी की तरह पानी भरा हुआ दाना सारे शरीर में निकलता है। गर्भावस्था में अकसर पानीवाला चेचक होते देखा जाता है। कई बार इसका वायरस फूल से होकर भ्रूण के अंदर स्थित बच्चे के खून में चला जाता है। इस तरह से आक्रांत होने पर दस दिनों के अंदर नवजात शिशु को भी पानीवाला चेचक हो सकता है। इस रोग में जनमे बच्चों में शारीरिक अपंगता दिखाई पड़ सकती है। वैसे गर्भावस्था की शुरुआत में जब भ्रूण का संचार होता है और शारीरिक क्रम-विकास और विवर्तन होता है, उस समय बुरी तरह पानी का चेचक होने पर गर्भपात या शिशु में जन्मजात त्रुटि होने का डर रहता है।

**हाम या मिजल्स :** विदेशों में महिषा हाम या जर्मन मिजल्स नामक इस तरह का एक हाम होता है, जिससे बच्चे की आँखों या हृद्पिंड में जन्मजात त्रुटि होने की आशंका रहती है। हमारे देश में सामान्य हाम में बहुत अधिक बुखार होने के बाद गर्भपात या अविकसित शिशु का जन्म होते देखा जाता है। जन्मजात त्रुटि सामान्य से कुछ अधिक

भी हो सकती है। इस रोग के वायरस के बच्चे के शरीर में प्रवेश कर जाने पर कभी-कभी नवजात शिशु हाम रोग से आक्रांत होकर ही जन्म लेता है। या फिर जन्म ग्रहण के दस दिनों के अंदर हाम से आक्रांत हो सकता है।

यदि किसी गर्भवती स्त्री के घर में किसी को हाम होता है और यदि बचपन में उसे हाम न हुआ हो तो उसे 750 मि. ग्राम 'ह्यूमैन इम्यूनो ग्लोब्यूडिन' नामक सिरम से तैयार दवा देने पर गर्भावस्था में रोग का प्रतिरोध या रोग का प्रकोप कम किया जा सकता है।

**चेचक :** गर्भावस्था में चेचक एक गंभीर बीमारी है। गर्भावस्था के प्रथम चरण में चेचक से आक्रांत होने पर गर्भपात होने की आशंका बहुत अधिक रहती है। इस रोग के वायरस के फूल से होते हुए भ्रूण में चले जाने पर नष्ट हुए भ्रूण में वायरस का चिह्न दिखाई देता है आखिरी चरण में चेचक होने और शिशु के बच जाने पर बच्चा चेचक का दाग या चिह्न लेकर पैदा हो सकता है। आजकल भले ही चेचक का प्रकोप कम हो गया है लेकिन तब भी गाँव या बस्ती इलाकों में इस भयानक रोग का प्रकोप अचानक ही होते देखा जाता है।

## *वायरस रोग प्रतिरोधक टीका*

गर्भावस्था के प्रथम चरण में माँ को चेचक का टीका नहीं लगाना चाहिए। एक से तीन महीने के दौरान टीका लगाने पर गर्भपात, भ्रूण-शिशु की मृत्यु या विकार की आशंका रहती है। इसीलिए पहले टीका लिये जाने पर गर्भावस्था में टीका न लगाना ही अच्छा है। बच्चे के जन्म के एक या दो महीने बाद बच्चा और माँ को एक साथ टीका लगाया जा सकता है।

## *नवजात शिशु को टीका*

सामान्यतया नवजात शिशु को प्रथम दो महीने में टीका लगाया जाता है। किसी-किसी मामले में जन्म के तुरंत बाद भी टीका लगाया जाता है। चेचक रोग आमतौर पर इस रोग के वायरस और वेखिला वायरस से होता है। गाँव के लोगों का सोचना है कि सिंघी, माँगुर आदि मछलियाँ चेचक रोग के जीवाणु फैलाती हैं। पर ऐसा सोचना सही नहीं है।

हमारे देश में मोटे तौर पर चेचक को रोकना और निर्मूल करना संभव हो पाया है। इसीलिए बहुतेरे शिशु-विशेषज्ञ सोच रहे हैं कि वर्तमान समय में चेचक प्रतिरोधी टीका कितना जरूरी है। लेकिन जब तक दुनिया के सभी देशों से चेचक का खात्मा नहीं होता, तब तक चेचक का टीका लेना ही चाहिए।

आशा है, इस अध्याय में चर्चा किए गए विषयों को पढ़कर रोगिणी और उसके अभिभावक चर्चित रोग-समूह के बारे में सहज व्यावहारिक ज्ञान हासिल करेंगे और उचित समय पर इसे रोकने के लिए कदम उठाएँगे।

# 9

# असफल मातृत्व

जो फूल खिलने से पहले ही झर गया धरती पर
जो नदी मरुपथ पर खो चुकी अपनी धारा।...
—रवीन्द्रनाथ

गर्भधारण हुआ, लेकिन जन्म लेने से पहले ही या जन्म के थोड़े समय बाद ही शिशु की अकाल मृत्यु हो गई, यह घटना भले ही अस्वाभाविक हो लेकिन विरल नहीं है। जो महिलाएँ बहुत सारे बच्चों की जननी हैं उनके जीवन में ऐसी घटनाएँ सुख-दुःख के ज्वार-भाटे के साथ गुम हो जाती हैं। लेकिन बार-बार जिनको इस तरह की दुर्घटना का शिकार होना पड़ा हो, उनके उस असफल मातृत्व को किसी भी भाषा में व्यक्त करना संभव नहीं।

अस्वीकार करने से कोई फायदा नहीं कि जीव-विज्ञान और चिकित्साशास्त्र में आज भी मनुष्य का ज्ञान सीमित है। कई बार यथासाध्य चिकित्सा करके भी प्रकृति की मनमानी विषमता को कोई किनारा नहीं मिलता। पर यह भी सही है कि इसके बावजूद हताश न होकर अनुभवी चिकित्सक की सलाह लेनी चाहिए। अतीत में जिन रोगों का इलाज करना भगवान के लिए भी असाध्य था, विज्ञान के वरदान से उनकी न सिर्फ सुचिकित्सा संभव हुई है, बल्कि वे रोग भविष्य में कभी न हों, ऐसी प्रतिरोधक व्यवस्था भी चिकित्सकों द्वारा करवाई जाती है। विशेषकर अपने देश के संदर्भ में एक बात अवश्य याद रखनी चाहिए कि अब तक हमलोग जितनी जानकारी और क्षमता हासिल कर सके हैं, विभिन्न सामाजिक कारणों से अधिकतर माताओं तक इसकी खबर ही नहीं पहुँची है। प्रतिषेध और चिकित्सा की तरह कई बार असफल मातृत्व को रोकना भी वर्तमान समय में संभव हुआ है। इसी की चर्चा इस अध्याय का विषय है।

भारतवर्ष अब तक एक बहुत गरीब देश है, यद्यपि हमें स्वतंत्रता हासिल किए बहुत वर्ष बीत गए। हमारे राष्ट्रीय जीवन में भोजन और वस्त्र तथा निवास के बाद ही शिक्षा और स्वास्थ्य का स्थान है। किसी भी जाति की सामाजिक प्रगति का एक विशेष मानदंड है—शिशु मृत्यु की दर। पाश्चात्य देशों में शिशु मृत्यु की दर 20 से 30 प्रति हजार है जबकि हमारे ग्रामीण इलाकों में यह प्रति हजार 150 है। शहर के अच्छे अस्पतालों में बहुत प्रयास करके इस दर को हजार में 40 तक करना संभव हो पाया है। लेकिन

व्यापक ग्रामीण इलाकों में आज भी वैसे अस्पतालों की संख्या बहुत कम है। यानी पूरे देश का हिसाब लगाने पर मातृ-मंगल की समस्या अभी तक एक कठिन समस्या है।

इस देश में जिस शिशु मृत्यु दर का उल्लेख किया गया है उसमें काफी मात्रा में शिशु-मृत्यु माँ के पेट में प्रसव से पूर्व ही होती है। कुछ मृत्यु प्रसव कराते समय, और कभी-कभी स्वाभाविक प्रसव के बावजूद जन्म के एक सप्ताह के भीतर नवजात शिशु की मृत्यु हो जाती है। इन तीनों तरह के विपर्यय का संभाव्य कारण और उससे बचने के विषय में की गई चर्चा ही इस अध्याय की विषयवस्तु है।

मातृ गर्भ में भ्रूण-मृत्यु के कुछ कारणों का यहाँ उल्लेख किया गया है—

1. **गर्भावस्था में रक्त चाप बढ़ने, शरीर फूलने और पेशाब में एलबुमिन का आधिक्य :** गर्भावस्था में खून का दबाव बढ़ने पर 'फूल' के अंदर खून के संचालन में बाधा आती है और भ्रूण में पौष्टिकता तथा ऑक्सीजन आदि का अभाव होता है। सिर्फ खून के दबाव में वृद्धि होने पर भी ऐसा हो सकता है और उसके परिणामस्वरूप बच्चेदानी में भ्रूण की आकस्मिक मृत्यु हो सकती है।

2. **बहुमूत्र :** अभी बहुमूत्र रोग के विभिन्न तरह के इलाज के बावजूद कभी खून के अत्यधिक दबाव से, तो कभी मधुमेह या कभी विकलांगता के कारण बहुमूत्र रोगग्रस्त माँ के शरीर में भ्रूण के रक्त संचार में बाधा आती है। इसके अलावा कुछ मामलों में गर्भावस्था के नौ माह के भीतर कतिपय अचिंतनीय कारणों से भी भ्रूण की मृत्यु होती है।

3. **आकस्मिक रक्तस्राव :** खून का दबाव या खून की कमी (एनीमिया) के कारण बच्चेदानी से 'फूल' अलग हो जाता है और रक्तस्राव होता रहता है। आकस्मिक आघात से भी इस की दुर्घटना घट सकती है। फूल का एक तिहाई हिस्सा अलग हो जाने पर भ्रूण क. ..गहानि होती है।

4. **'आर-एच' संबंधी विषमता :** दुनिया के तमाम मनुष्यों को खून के चरित्र के हिसाब से 'ए', 'बी', 'ओ' और 'ए-बी' इन चार भागों में बाँटा जाता है। एक शरीर से दूसरे शरीर में खून देते समय (या ब्लड ट्रांसफ्यूजन में) खून का यह विभाजन करने की आवश्यकता पड़ती है। 'ए' ग्रुप के व्यक्ति को खून देने के लिए दूसरे एक 'ए' ग्रुप के व्यक्ति का ही खून देना होगा।

ऊपर लिखित खून के चार वर्गों के अलावा चरित्र और गुणों के आधार पर और भी कई छोटे-छोटे ग्रुप हैं। 'आर-एच' इसी तरह का एक जन्मजात खून-चरित्र है। हमारे देश में पाँच प्रतिशत लोगों में आर-एच निगेटिव—अर्थात् उनके खून में आर-एच प्रवृत्ति नहीं है। जिन मामलों में पति का आर-एच पॉजिटिव और स्त्री का निगेटिव है, वैसे पति-पत्नी के बच्चे अधिकतर पिता के खून के चरित्र के अनुसार आर-एच पॉजिटिव ही होते हैं। अर्थात् माँ और माँ के पेट में स्थित भ्रूण के खून का प्रकार अलग होता है। ऐसी स्थिति में माँ के शरीर में शिशु के रक्त-चरित्र के विरुद्ध एक तरह के रासायनिक पदार्थ का उद्‌भव होता है और वही भ्रूण में रक्तदोष और उत्पत्ति कराता

है। संख्या में अतिरिक्त न होने पर भी यह एक भयंकर विषमता है जिसके परिणामस्वरूप भ्रूण की मृत्यु हो सकती है। या फिर जन्म के बाद जॉन्डिस या पीलिया रोग से आक्रांत होकर भी कई बार बच्चे की मृत्यु हो जाती है।

**5. विलंबित गर्भावस्था :** प्रसव का समय पार हो जाने पर हमारे देश में कहा जाता है 'बारहमासी संतान' यानी बारहवें महीने का बच्चा। आमतौर पर अंतिम माहवारी के प्रथम दिन से नौ महीने सात दिन बाद बच्चा जन्म लेता है। लेकिन कई बार इस हिसाब में काफी त्रुटि रहती है। सामान्यतया संभाव्य प्रसव की तारीख के सात या दस दिन पहले या बाद में प्रसव होता है। किसी कारणवश 10-15 दिन बीत जाने पर भ्रूण के आहार और ऑक्सीजन के संचार में बाधा पड़ती है और दिन बीत जाने के बाद फूल का स्वाभाविक कार्य क्रमशः बिगड़ता है। अधिम उम्र में गर्भवती होने पर और खून का दबाव अधिक रहने पर इस तरह की समस्या उत्पन्न हो सकती है।

**6. सिफिलिस :** पहले सभी तरह की भ्रूण-मृत्यु या गर्भपात में इस रोग को ही दोषी ठहराया जाता था और पति-पत्नी के खून की जाँच करके सिफिलिस का प्रमाण न मिलने पर डॉक्टर परेशान हो जाते थे। जहाँ तक पता चलता है बंगालियों में सिफिलिस से आक्रांत रोगियों की संख्या 2 से 5 प्रतिशत ही है, फिर भी बार-बार 'मृत बच्चे' के रोग के विषय में निःसंदेह हो लेना अच्छा है।

पहले ही कहा गया है कि किसी-किसी मामले में प्रसवकालीन दुर्घटना में शिशु जीवन विपन्न हो जाता है। पहले ग्रामीण इलाकों में स्वस्थ मातृमंगल की व्यवस्था का अभाव था इसीलिए प्रसूता और शिशु-मृत्यु एक स्वाभाविक घटना थी। सामान्य तौर पर निम्नलिखित कारणों से इस तरह की दुर्घटना होती है—

1. दीर्घसूत्री प्रसव-वेदना कभी-कभी बच्चेदानी के अंदर के तरल पदार्थ का पूरा अंश निकल जाने पर बच्चेदानी के अंदर का हिस्सा पूरी तरह सूख जाता है। ऐसी हालत में बच्चेदानी के संकोचन, फूल के जोर से दबाव देने के कारण भ्रूण-शरीर में खून में संचालन, ऑक्सीजन के संचालन आदि में अड़चन आती है।

2. नाभि रज्जु किसी कारण से सिर के नीचे उतर आने पर उससे सिर पर दबाव पड़ने से भी इसी तरह की स्थिति उत्पन्न होती है।

3. किसी-किसी अस्वाभाविक स्थिति में भ्रूण-शरीर का निम्न भाग—पैर, नितंब और पूरा शरीर पहले निकलता और अंत में सिर निकलता है। ऐसी स्थिति में सिर के निकलते समय बच्चे को साँस लेने में असुविधा होती है और जल्दी से प्रसव कराने में सिर में चोट लगती है।

4. प्रसव के समय कोई दवा या इंजेक्शन देने पर इससे भी बच्चे के श्वास-प्रश्वास में असुविधा हो सकती है। प्रसव-वेदना कम करने के लिए मर्फिया या दूसरी दर्द निवारक नशीली दवा का अधिक इस्तेमाल करने से बच्चे की जीवन-हानि की आशंका रहती है।

**5. फरसेप्स की चोट :** प्रसव को सहज करने के लिए कई बार फरसेप्स की सहायता लेनी पड़ती है। प्रसव काल में बच्चे का सिर योनिद्वार पर पहुँचकर उसे

प्रसारित न करने तक या बच्चेदानी का मुँह पूरी तरह से प्रसारित न होने से पहले ही फरसेप्स का प्रयोग करके जल्दीबाजी में प्रसव कराने की कोशिश में बच्चे के सिर पर दबाव पड़ सकता है। इससे मस्तिष्क की धमनी के फटने और खून बहने के कारण अकाल मृत्यु हो सकती है।

**6. प्रसव के समय दबाव से दम घुट जाने पर :** जन्म लेने से पहले ही बच्चा साँस लेने की कोशिश करता है और तब खून या बच्चेदानी के अंदर का द्रव पदार्थ श्वास नली में घुस सकता है। और इस तरह दम घुटने से मृत्यु हो सकती है।

## *नवजात शिशु की अकाल मृत्यु*

जन्म लेने के सात दिन या एक माह के बीच जितने बच्चों की अकाल मृत्यु होती है, शुरुआत के बारह वर्षों की उम्र तक में उतनी मृत्यु नहीं होती। अधिकांश समय में इस दुर्घटना का कारण अविकसित शरीर ही होता है। आमतौर पर नवजात शिशु का वजन 5 पौंड 8 औंस से कम होने पर उस शिशु को अविकसित कहा जाता है।

समूची अपूर्णता के अलावा फेफड़े और श्वास यंत्र की अपूर्णता, न्यूमोनिया, फेफड़ों के अंदर रक्तस्राव और प्रसव के समय मस्तिष्क में चोट आदि के कारण भी बच्चे की मृत्यु हो सकती है। अविकसित और अस्वस्थ बच्चे कई तरह के रोग-जीवाणु के आक्रमण से सहज ही आक्रांत होकर बीमार हो जाते हैं। फेफड़ों और पेट का प्रदाह हमारे देश में जीवाणु आक्रमण संबंधी बीमारी के मुख्य उदाहरण हैं। जीवाणुओं का आक्रमण सिर्फ फेफड़ों या आँतों तक ही सीमित नहीं रहता बल्कि चर्मरोग तक हो जाता है और नवजात शिशु का जीवन संशय में डाल देता है। नाभि मूल में से प्रदाह बढ़कर शिशु के लीवर में प्रदाह पैदा कर और खून को दूषित करके खतरा उत्पन्न कर सकता है। नाभि रज्जु के प्रदाह से टिटनेस होने से भी बहुतेरे बच्चों की मृत्यु होती है।

मृत बच्चे और नवजात शिशु की मृत्यु के अलावा बार-बार गर्भपात या खूब अपरिपक्व प्रसव भी विफल मातृत्व का एक कारण है। खून का दबाव, खून का दोष, सिफिलिस आदि गंभीर अस्वस्थता के अलावा बच्चेदानी के रोग से भी गर्भपात होता है। बच्चेदानी में ट्यूमर रहने पर, पीछे की ओर बच्चेदानी के स्थिर ढंग से झुके रहने पर या बच्चेदानी के रूप और आकृति में त्रुटि रहने पर बार-बार गर्भनाश हो सकता है। सन् 1953 में सर्वप्रथम हमारे देश में डॉ. सिरोधकर नामक एक महाराष्ट्रीय डॉक्टर ने यह पाया कि जन्मजात या चोट के कारण बच्चेदानी प्रसारित हो जाने पर 4-5 महीने में पानी टूटकर गर्भनाश हो सकता है। इसके प्रतिरोध के रूप में चौथे महीने में बच्चेदानी का मुँह सील कर संकुचित करने के ऑपरेशन का भी उन्होंने आविष्कार किया। इस ऑपरेशन से दुनिया-भर में बहुतेरी माताओं का दुःख दूर हुआ और उनके होंठों की मुसकान लौटी। इस ऑपरेशन का नाम है 'सिरोधकर ऑपरेशन'।

*निवारण*

उपरोक्त चर्चा से पता चलता है कि माँ अपने रिश्तेदारों व डॉक्टरों के साथ घनिष्ठ सहयोगिता के बिना निष्फल मातृत्व के इन बहुमुखी कारणों का निर्णय या निवारण यानी उन्हें दूर नहीं कर सकती। दाई या नर्सों को चाहिए कि महिलाओं को मातृमंगल और प्रसूति के बारे में विस्तृत जानकारी दें। तभी प्रत्येक माँ इस विषय में सचेत होगी और निराशा से न टूटकर वैज्ञानिक चिकित्सा का सहारा लेगी। स्कूल या कॉलेज शिक्षा के पाठ्यक्रम में 'मातृमंगल' (माँ का कल्याण) पढ़ाए जाने का समय आ गया है।

जिन देशों में शिशु-मृत्यु की दर कम हो गई है, पता लगाने पर पाएँगे कि वहाँ गर्भावस्था की सूचना से ही प्रसूति-सदन में डॉक्टर को दिखाने का रिवाज बहुत पहले से है। बहुत-से देशों में गर्भावस्था के छह माह पूरा होने से पहले ही डॉक्टर के पास या अस्पताल में नाम लिखाने की प्रथा है। वहाँ खून और पेशाब की जाँच, ब्लडप्रेशर, वजन, पेलविस की नाप आदि सारी चीजों की जाँच के बाद खाना, विश्राम और आवश्यक दवाएँ दी जाती हैं और प्रत्येक महीने नियमित चेकअप के लिए बुलाया जाता है। हमारे देश में शहरों के अस्पतालों में इसका इंतजाम भले ही अब हो गया है, लेकिन वृहद् ग्रामीण इलाकों में आज भी इस तरह के इंतजाम का अभाव है। बहुतेरे परिवारों में, यहाँ तक कि शिक्षित परिवारों में भी इन मामलों में शर्मनाक अनभिज्ञता और कुसंस्कार के कारण जितनी भी व्यवस्था है, उसका फायदा नहीं उठाया जाता।

गर्भावस्था में खून का दबाव यानी रक्तचाप की बीमारी इतनी धीरे-धीरे होती है कि उसके स्पष्ट लक्षणों की आकस्मिता से रोगी और उसके रिश्तेदार तथा डॉक्टर भी हैरान हो जाते हैं। इसलिए गर्भ की सूचना होने के प्रारंभ से ही स्त्री के सभी संबंधी, विशेषकर ससुरालवालों को सतर्क होना चाहिए।

खून के दबाव संबंधी रोग का मुख्य निवारण है आराम करना और नमक या नमकीन भोजन से परहेज रखना। इन मामलों में स्त्रियाँ विस्तृत जानकारी न देकर सिनेमा जाने, परिवार में श्रमसाध्य काम करने, शादी-उत्सव वाले घरों में खाना खाने आदि अनियमितता को बड़े मामूली ढंग से लेती हैं। गर्भवती स्त्री के शरीर में रक्तचाप वृद्धि के सामान्य लक्षण पहले तो नजर ही नहीं आते, और यदि आते भी हैं तो उन्हें महत्त्व नहीं दिया जाता। बाद में जब पैरों का फूलना, बहुत अधिक खून का दबाव, शरीर में खिंचाव-सा होना, 'फूल' से रक्तस्राव आदि लक्षण गंभीर रूप धारण करके सामने आते हैं, तब तक कई बार इसे रोकना संभव ही नहीं हो पाता।

'आर-एच' संकट से छुटकारा पाने के लिए प्रारंभ में ही खून की जाँच करवाना बहुत जरूरी है। नवजात शिशु को जॉन्डिस से बचाने का उपाय है शिशु के शरीर में निगेटिव 'आर-एच' रक्त विनिमय। पहले से ही इस खून का इंतजाम करके रखना चाहिए। आजकल पहले बच्चे के जन्म के बाद 'आर-एच' संबंधी रोग को रोकने के लिए निवारक गामा ग्लोब्यूलिन टीके की व्यवस्था की गई है। आगे इस विषय में चर्चा की जाएगी।

बहुमूत्र रोग में आहार में परहेज के अलावा इन्सुलिन आदि दवाओं का इंतजाम करना होगा। उचित आराम और नमक का परहेज भी जरूरी है। इस मामले में भी रोगी को इतनी देर में अस्पताल लाया जाता है कि आवश्यक कदम उठाने से पहले ही शिशु की मृत्यु हो जाती है।

प्रसव का दिन निकल जाने के बाद भी बहुत-सी माताएँ सचेत नहीं होतीं। फूल का काम आहिस्ता-आहिस्ता बंद हो जाने के बाद जब भ्रूण हिलना-डुलना बंद कर देता है तब जाकर उन्हें होश आता है। लेकिन तब सिजेरियन करने के बावजूद बहुत देर हो जाती है। अधिक उम्र की गर्भवती स्त्रियों को तथा जिनका भ्रूणस्थ शिशु पर्याप्त रूप से विकसित नहीं है, उनको इस मामले में सतर्क रहना चाहिए।

प्रसव वेदना 18 घंटे से अधिक पार कर जाने पर माँ को तुरंत अस्पताल में लाकर विशेषज्ञों से सलाह लेनी चाहिए। 24 घंटे के बाद माँ की तकलीफ जितनी बढ़ती है भ्रूण की मौत भी उतनी ही नजदीक आती जाती है। फरसेप्स की सहायता से दबाव डालकर प्रसव करवाने के खतरे का जिक्र पहले ही किया जा चुका है। स्थिति को नियंत्रण में लाने के लिए सिजेरियन ऑपरेशन भी करना पड़ सकता है। वैसे देर से सिजेरियन ऑपरेशन करने में भी खतरा है।

नवजात शिशु की मृत्यु को रोकने का उचित रास्ता है देखरेख और सेवा। लेकिन यह बात याद रखनी चाहिए कि बच्चे की सेवा और देखरेख सिर्फ हृदय की ममता या कई संतानों की जननी होने के मनगढ़ंत अनुभव के आधार पर ही निर्भर नहीं है। शिशु की सेवा या देखरेख एक विज्ञान है। अविकसित या रुग्ण नवजात शिशु की चिकित्सा के लिए विशेषज्ञ की सलाह अवश्य लेनी चाहिए। गर्भावस्था में माँ के आहार और आराम का उचित इंतजाम रहने पर अविकसित शरीर वाले बच्चे का जन्म न होना ही स्वाभाविक है। छोटे बच्चे को रोग-जीवाणु से मुक्त रखने के लिए उसके आहार और बर्तनों को साफ रखना होगा, पर्याप्त पानी पिलाना होगा, मच्छर, मक्खी के आक्रमण से रक्षा करनी होगी। इसके अलावा नहलाते समय उसे ठंड न लगे, यह ध्यान रखना होगा, खिलाते समय सिर और गर्दन (श्वासनली) को थोड़ा ऊपर उठाकर रखना चाहिए।

बार-बार गर्भपात होते रहने से खून की जाँच कराने के साथ-साथ बच्चेदानी की भी जाँच करानी चाहिए। आजकल एक्स-रे की सहायता से बच्चेदानी की जाँच करके आकृति संबंधी गड़बड़ी और बच्चेदानी के मुँह की स्थिति की जाँच की जा रही है।

# 10

# अधिक उम्र में गर्भधारण

विलंब से उगे तुम कृष्ण पक्ष के शशि,
रजनीगंधा फिर भी निहार रही बासी।

आर्थिक और राजनैतिक परिवर्तन के साथ-साथ वर्तमान युग में संयुक्त परिवार, विवाह-बच्चे आदि के मामले में सामाजिक मान्यताओं और रीति-नीति में भी आमूलचूल परिवर्तन हुआ है। आजकल आमतौर पर लड़कों को कम-से-कम 35 वर्ष की उम्र से पहले आर्थिक स्वावलंबन की अनश्चियता के कारण विवाह का मौका नहीं मिलता। इसी तरह लड़कियों की 25 से 30 वर्ष की उम्र से पहले शिक्षा समाप्त ही नहीं होती और कई बार विवाह का इंतजाम नहीं हो पाता। इस सब कारणों से बहुतेरे पति-पत्नियों को अनिच्छा के बावजूद अधिक उम्र में बच्चा पैदा करने का खतरा उठाना पड़ता है। जिनको एक-दो बच्चे हैं उनको भी कई बार परिवार नियोजन की जानकारी न रहने के कारण असावधानी के परिणामस्वरूप अधिक उम्र में आकस्मिक रूप से उनकी गोद भर जाती है।

इसके अलावा कुछ दंपतियों में बच्चा पैदा करने के बारे में स्पष्ट जानकारी न रहने के कारण वे अनियंत्रित रूप से बहुत से बच्चे को जन्म दे देते हैं। बहुत-से बच्चों की माँ होने पर भी इनको अधिक उम्र में गर्भधारण करते हुए देखा जाता है। इसीलिए सामान्यतया निम्नलिखित तीन मामलों में अधिक उम्र में गर्भधारण संभव होता है–

1. कुछ मामले में 30 वर्ष के बाद पहले बच्चे का संयोग।
2. दूसरी तरफ एक या दो बच्चों के जन्म के दस से बीस वर्ष बाद पुनः गर्भधारण करते देखा जाता है।
3. किसी-किसी मामले में अधिक उम्र में बच्चों की माँ को पुनः गर्भवती होते देखा जाता है। इन बहुगर्भवतियों को सामान्यतया 5-8 से भी अधिक बच्चे होते हैं, फिर भी 35 से 40 वर्ष की उम्र में पुनः संतान-संयोग होता है।

स्वाभाविक रूप से इन गर्भवतियों तथा इनके घरवालों के मन में सवाल उठता है–

* इतनी अधिक उम्र में प्रसव के समय खतरे की कोई आशंका है या नहीं ?
* कैसे-कैसे खतरों का सामना करना पड़ सकता है ?
* इसके प्रतिरोध के क्या उपाय हैं ?

इस अध्याय में उपरोक्त तीनों स्थितियों में अधिक उम्र में संतान-संयोग की असुविधाओं और उनके प्रतिरोध के बारे में बताया गया है।

सभी जानते हैं कि उम्र बढ़ने के साथ-साथ मनुष्य के शरीर में रोग का प्रभाव बढ़ता है और धीरे-धीरे शारीरिक क्षमता का ह्रास होता है। कुछ-कुछ रोग, जैसे—ब्लडप्रेशर, डायबिटीज, हृदय की अस्वस्थता, र्‍यूमैटिक ज्वर, वात की बीमारी आदि उम्र के साथ-साथ बढ़ती रहती है।

विवाह के दस-बारह वर्षों बाद जिनको संतान-संयोग होता है, कई बार उनमें संतान प्राप्त करने और गर्भधारण करने की क्षमता कम रहती है। काफी दिनों तक गर्भधारण न करने के कारण इनकी बच्चेदानी की मांसपेशियों में ट्यूमर होने की सूचना हो सकती है। इसके अलावा नाना कारणों से अधिक उम्र में बच्चेदानी का मुँह, योनिद्वार और उसकी मांसपेशियाँ स्वाभाविक कोमलता को खो देती हैं। परिणामस्वरूप कोमलता के नष्ट हो जाने की संभावना रहती है। दूसरी तरफ जिनको बहुत-से बच्चे होते हैं उनको बार-बार बच्चा होने से बच्चेदानी, नितंब की हड्डियाँ और हड्डियों के जोड़ तथा योनिद्वार की मांसपेशियाँ शिथिल हो जाती हैं। इन दोनों मामलों में प्रसव के समय कई तरह से अस्वाभाविक स्थिति उत्पन्न हो सकती है।

अधिक उम्र में कम समय के अंतराल पर गर्भवती होने के कारण शरीर की क्षतिपूर्ति के अभाव में खून की कमी, गर्भण्न्न, गर्भावस्था में आकस्मिक रक्तस्राव आदि लक्षण दिखाई देते हैं। बच्चेदानी की मांसप।शयों की शिथिलता के कारण गर्भस्थ शिशु की स्वाभाविक अवस्थिति में व्यतिरेक एवं गड़बड़ी का होना भी असंभव नहीं है। कैल्सियम और विटामिन 'डी' के अभाव में 'अस्थि कोमलता' हो सकती है और श्रोणि गह्वर की नाप और परिधि में संकोचन होकर प्रसवकालीन संकट की उत्पत्ति हो सकती है।

पहले के कोई रोग, जैसे—हार्ट की बीमारी, खून का दबाव यानी रक्तचाप, पैर फूलना आदि ज्यादा हो सकता है।

अधिक उम्र में प्रसवकालीन गड़बड़ी, जैसे—बच्चों की मृत्युदर, फरसेप्स, सिजेरियन ऑपरेशन, प्रसव के बाद रक्तक्षरण आदि बढ़ जाता है।

उपरोक्त वर्णन से बहुत-से लोग अवश्य सोच रहे होंगे कि अधिक उम्र में बच्चा पैदा करने के बहुत-से खतरे हैं। यह बात आंशिक रूप से सच भी है। लेकिन सभी मामलों में गंभीर समस्या का सामना नहीं करना पड़ता और उचित समय पर सतर्क रहने से इसका निवारण किया जा सकता है या उपाय निकाला जा सकता है। इसके प्रतिकार का दायित्व रिश्तेदार, डॉक्टर, नर्स और दाई सबको मिलकर उठाना चाहिए। बेवजह डर जिस तरह से माँ के आत्मविश्वास में बाधा उत्पन्न करता है, उसी तरह अधिक उम्र या बहुसंतान वाली माता की लापरवाही के कारण नतीजा भयानक हो सकता है।

पहले ही समझना होगा कि अधिक उम्र में गर्भधारण करने में, चाहे वह पहली बार हो या कई बच्चों की माँ हो, प्रसव का इंतजाम अस्पताल, नर्सिंग होम, या प्रसूतिगृह

में विशेषज्ञ डॉक्टरों की देखरेख में होना चाहिए। क्योंकि वहाँ ऑपरेशन, बेहोश करने, ऑक्सीजन देने, सेलाइन देने, खून देने और नवजात शिशु के उचित इलाज का इंतजाम रहता है।

गर्भावस्था के प्रथम तीन महीने में ही इस तरह की गर्भवती महिला को डॉक्टर से दिखाकर उसकी सलाह के अनुसार चलना चाहिए। विभिन्न तरह के रोगों का गर्भावस्था के प्रथम चरण में निर्णय न होने पर उनका उचित इलाज करना संभव नहीं हो पाता। उचित जाँच के द्वारा दवा की व्यवस्था करके चिकित्सकों को चाहिए कि बाद की जाँच की तारीख बता दें।

शुरुआत में हर महीने और आठ माह बाद हर पंद्रह दिन के अंतराल में और अंतिम दिनों में प्रत्येक सप्ताह में डॉक्टरी जाँच करवानी चाहिए। आराम, स्नान, कोष्ठ साफ रखने और आहार नियमों को मानकर चलने से पैरों का फूलना, खून की कमी, रक्तचाप और हृदयरोग जैसी विभिन्न बीमारियों से बचा जा सकता है। वजन के बारे में भी सचेत होना बहुत जरूरी है।

आठ महीने बाद डॉक्टर गर्भ के शिशु की स्थिति, उसके सिर की नाप, हृदय की धड़कन आदि के बारे में पता लगाने की कोशिश करते हैं। उस समय थोड़े-थोड़े दिनों में जाँच के द्वारा भ्रूण की सुरक्षा के विषय में निश्चित होना चहिए।

खाने के मामले में अधिक उम्र की गर्भवतियों को ज्यादा सतर्क रहना चाहिए। उचित मात्रा में दूध, मछली, मांस, कलेजी आदि खाना चाहिए। अधिक मात्रा में नमक या बासी भात आदि खाने से परहेज करना चाहिए। खून की कमी न हो, इस ओर अधिक ध्यान देना चाहिए। आयरन टेबलेट, विटामिन, मौसम्मी फल और सब्जी अधिक मात्रा में खाने चाहिए।

अधिक उम्र की गर्भवतियों का स्वास्थ्य यदि पूरी तरह से ठीक न रहे तो पूर्ण माह की संभाव्य प्रसव-तिथि से एक सप्ताह पूर्व ही उन्हें अस्पताल में भर्ती हो जाना चाहिए। बहुत-सी गर्भवतियों के लिए यह नियम विशेष रूप से प्रयोज्य होता है। अस्पताल में पूर्ण आराम से रहने पर शरीर को फायदा पहुँचता है और आकस्मिक रोग के लक्षण नजर आने पर उचित इलाज करना संभव होता है।

तूफान के समय तेज बिजली के कड़कने पर भी हमेशा वज्रपात से सभी आक्रांत नहीं होते, लेकिन तब भी तूफान के समय लोग अपने बचाव के लिए सुरक्षित स्थानों पर चले जाते हैं। इसी तरह अधिम उम्र में गर्भधारण करने पर उपरोक्त बीमारियों के विषय में सचेत रहना चाहिए और उचित सतर्कता का अनुसरण करना चाहिए। बेवजह डर या उदासीनता दोनों में से कोई भी खतरे को टालने में सहायता नहीं करते।

# 11

# जुड़वाँ बच्चे

खिले हैं मानो
एक ही डाली पर दो फूल समान।

एलेक्जेंडर-डुमर जैसे जुड़वाँ लोगों के बारे में या डायन-क्वींटुप्लेट की कहानी बहुतों ने पढ़ी या सुनी होगी। क्रिकेट के क्षेत्र में बेडसर भाइयों, नृत्य मंच की रागिनी—पद्मिनी या इंग्लैंड के ट्रेड यूनियन नेताओं काजिन ब्रदर्स की बातें लोगों में एक उत्सुकता जगाती हैं।

बहुत-से मामलों में जुड़वाँ बच्चों के होने की खबर काफी आकस्मिकता से बताई जाती है। इसलिए जुड़वाँ बच्चों के बारे में कई तरह की धारणाएँ प्रचलित हैं। बहुतों की धारणा है कि जुड़वाँ बच्चे एक संपूर्ण प्राण के आधे-आधे हिस्से हैं, इसलिए साधारण बच्चों की अपेक्षा वे अविकसित और अस्वाभाविक होते हैं। किसी-किसी का सोचना है कि जुड़वाँ बच्चों से वंश नहीं चलता। इन काल्पनिक बातों की सत्यता आज भी प्रमाणित नहीं हुई है।

जुड़वाँ लोगों के अस्वाभाविक मानसिक और शारीरिक मेल के विषय में बहुत-सी अद्‌भुत कहानियाँ या किंवदंतियाँ प्रचलित हैं। दूर रहने के बावजूद हृदय का मेल, अस्वस्थता या विवाह-संयोग एक ही साथ होने की कहानियाँ हम अकसर सुना करते हैं। दरअसल जन्म के समय से ही एक साथ रहने, एक जैसे कपड़े पहनने और अभिभावकों से एक ही तरह की शिक्षा और अनुशासन पाने के परिणामस्वरूप बड़े होने तक जुड़वाँ बच्चे एक-दूसरे के साथ प्राणों से प्रिय दोस्त से बढ़कर आत्मिक बंधन में बँधे रहते हैं। आचार-व्यवहार और मानसिक बनावट में समानता का मूल कारण यही है। वैसे कुछ वैज्ञानिक कारण भी हैं। इस अध्याय में चर्चा का विषय यही है।

## *जुड़वाँ कितने तरह के होते हैं और क्यों होते हैं ?*

स्त्री शरीर का डिम्बाणु कब किस तरह शुक्राणु से मिलकर उर्वरता प्राप्त करता है और किस तरह मानव शरीर में उसके विवर्तन के लक्षण प्रकट होते हैं—पिछले कई अध्यायों में इसकी चर्चा की जा चुकी है। हम जानते हैं कि सामान्यतया एक ऋतुचक्र में एक

ही डिम्बाणु निकलता है। लेकिन कभी-कभी एक ही समय में दो डिम्बाणु भी उर्वरता प्राप्त कर सकते हैं। उससे ही जुड़वाँ बच्चों का जन्म होता है। फिर एक डिम्बाणु के विभाजित होने से भी जुड़वाँ बच्चे पैदा होना असंभव नहीं है।

**1. अलग तरह के जुड़वाँ :** सामान्यतया दो उर्वर डिम्बाणु में से जुड़वें की उत्पत्ति होती है। इसकी आकृति अलग-अलग होती है। शरीर का रंग, आँखें और बालों का रंग भी अलग होता है। लेकिन दोनों का खून अलग रंग का नहीं भी हो सकता है। ये दोनों अलग भ्रूण झिल्ली में रहते हैं और अलग फूल से पौष्टिकता का इनमें संचार होता है। सामान्यतया इन जुड़वाँ बच्चों में एक लड़का और एक लड़की होती है। जो दंपति खुद जुड़वाँ होते हैं, उनको इस तरह के जुड़वाँ बच्चे होने की ज्यादा संभावना होती है।

**2. अभिन्न जुड़वाँ :** इस तरह के जुड़वाँ बच्चों की उत्पत्ति एक ही डिम्बाणु से होती है। यह डिम्बाणु स्वाभाविक उर्वरता पाने के बाद दो समान हिस्सों में बँटकर दो प्राण, भ्रूण और दो मानव शरीर की रचना करता है। यह एक भ्रूण झिल्ली में दो हिस्सों में रहता है।

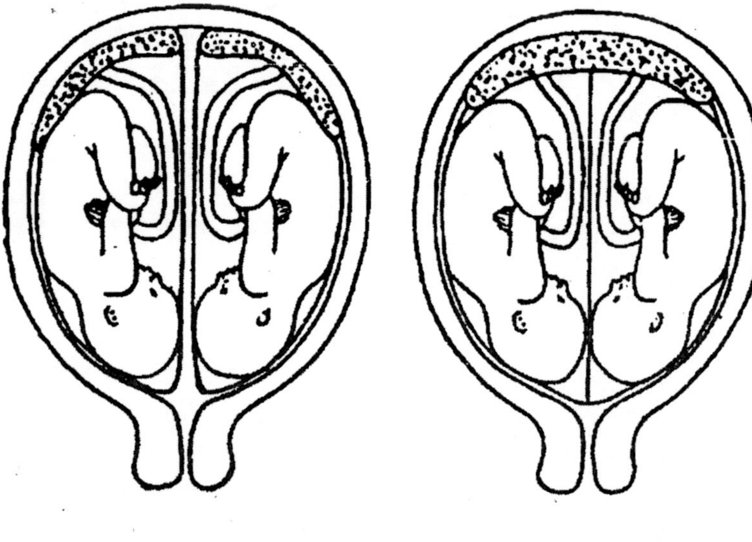

(क) : दो फूलयुक्त (ख) : एक फूलयुक्त

चित्र 11/1 : जुड़वाओं के प्रकार

दोनों भ्रूण एक 'फूल' से ही ऑक्सीजन और अन्य पौष्टिकता ग्रहण करते हैं। बावजूद

इसके कई बार एक भ्रूण की तुलना में दूसरा अधिक बड़ा हो जा सकता है। इस तरह के जुड़वाँ बच्चे देखने में एक ही जैसे होते हैं और दोनों ही लड़के या दोनों ही लड़कियाँ हो सकती हैं। कई बार इनके शरीर का गठन, मुखमंडल, बाल या आँखों का रंग तक एक ही तरह का होता है। खून का ग्रुप भी एक ही होता है। एक ही त्वचा काटकर यदि दूसरे की त्वचा में लगाई जाए तो वह उसकी त्वचा जैसी ही लगती है। लेकिन अँगूठे की छाप दोनों की अलग होती है। कभी-कभी डिम्बाणु के असंपूर्ण ढंग से विभक्त होने पर संयुक्त शरीर वाला जुड़वाँ यानी 'सायामिज ट्विन' पैदा होता है।

हमारे देश में अस्सी बच्चों में एक या सौ में एक बच्चा जुड़वाँ होता है। क्यों ये जुड़वाँ बच्चे होते हैं, इसका कारण न जानने के बावजूद निम्नलिखित कारणों के प्रभाव को अस्वीकार नहीं किया जा सकता।

**1. पीढ़ियों से प्राप्त और जाति संबंधी विशेषता :** जो दंपति खुद जुड़वाँ बच्चे रहे हों या जिनके परिवार में अलग तरह के (भिन्न धर्मी) जुड़वाँ बच्चे हैं उनको जुड़वाँ बच्चे होने की संभावना अधिक रहती है। भिन्न जाति में अलग-अलग और अभिन्न तरह के जुड़वाँ बच्चों की संख्या में तारतम्य है।

**2. अधिक उम्र में संतान संयोग :** अधिक उम्र में किसी महिला के गर्भवती होने पर डिम्बाणु की प्राणशक्ति की दुर्बलता के कारण या उसकी पारस्परिक अवस्था प्रतिकूल रहने के कारण उर्वर डिम्बाणु दो या उससे अधिक हिस्सों में विभक्त होता है, ऐसा कुछ लोगों का मानना है। अभिन्न धर्मी जुड़वाँ बच्चों को अस्वाभाविक समझा जाता है।

**3. बहुत सारे बच्चों की प्राप्ति :** बहुत सारे बच्चे होने से भी इस तरह की अस्वाभाविक स्थिति उत्पन्न हो सकती है।

## *जुड़वाँ के अस्तित्व की कैसे पहचान की जाती है ?*

सामान्यतया छह महीने की गर्भावस्था के पूर्व जुड़वाँ के विषय में कोई अंदाज नहीं हो पाता। गर्भवती के पेट का आकार रिश्तेदारों की दृष्टि भले ही आकर्षित करे पर वह अनुमान कई बार गलत भी होता है। विशेषज्ञ जब जाँच करके दो भ्रूणों के हाथ और पैर होना अनुभव करते हैं तभी सही अंदाज होता है। यह अंदाज तब और ज्यादा पुख्ता होता है जब इसके साथ दो सिर या अलग गति में संचालित दो हृदय धड़कनों का अनुभव होता है। तब एक्स-रे की सहायता से दो या अधिक बच्चों के अस्तित्व के बारे में निश्चित रूप से निर्णय किया जाता है।

## *जुड़वाँ बच्चे होने की संभावना का माँ के शरीर पर क्या प्रभाव पड़ता है ?*

इस बात का बहुत आसानी से अनुमान लगाया जाता है कि जुड़वाँ बच्चे होने की संभावना से माँ के मानसिक और शारीरिक स्थिति पर बहुत प्रभाव पड़ता है। गर्भावस्था में सामान्य कठिनाइयाँ बढ़ जाती हैं। छाती में जलन, भूख में कमी, कोष्ठकाठिन्य, बेचैनी,

कमर में दर्द और पैरों के फूलने आदि के लक्षण बढ़ सकते हैं। दोनों बच्चों की पौष्टिकता का संग्रह करने में माँ के शरीर में खून की कमी और पानी जमने जैसी प्रतिक्रियाएँ परिलक्षित होती हैं। बच्चेदानी बहुत अधिक फैल जाती है, इसलिए समय से पूर्व प्रसव होने की संभावना रहती है। परिणामस्वरूप अधिकांश मामलों में अविकसित और छोटे आकार के बच्चे जन्म लेते हैं तथा उनकी मृत्युदर भी अधिक होती है। माँ के गर्भ में दोनों बच्चे लंबाई की स्थिति में रहते हैं। कभी-कभी एक के सिर की तरफ दूसरे के पाँव रहते हैं। दूसरी स्थिति में रहने वाले बच्चों के प्रसव में तकलीफ होती है।

इन कारणों से गर्भावस्था में माँ की देखरेख पर पर्याप्त ध्यान देना चाहिए। इसमें आराम सबसे अधिक जरूरी है। रात में आठ घंटे की नींद और दोपहर में दो-चार घंटे का आराम बहुत जरूरी होता है। खाना पकाना, सब्जी काटना, घर पोंछना, भारी चीजें उठाना या पैरों पर वजन डालकर ऊँचा होकर बैठना उचित नहीं है। साढ़े सात महीने से साढ़े आठ महीने के बीच असमय प्रसव हो जाने का खतरा रहता है, इसलिए इस समय अस्पताल में विशेषज्ञों की देखरेख में पूरे आराम से रहना चाहिए। घी या चर्बी कम और शर्करा मध्यम मात्रा में खाना चाहिए। खाने के साथ अलग से कच्चा नमक, नमकीन चीजें, चनाचूर, अचार, नमकीन, पकौड़े आदि से परहेज रखना ही अच्छा होता है। खून की कमी के मद्देनजर नियमित रूप से आयरन टेबलेट और उचित आहार, पथ्य या दवा लेनी चाहिए।

जुड़वाँ बच्चे होने से पूर्व मन में उचित ताकत बनाए रखने के लिए माँ का फर्ज बनता है कि वह अपने आपको किसी भी परिस्थिति का सामना करने के लिए तैयार रखे। इन मामलों में बच्चों के जीने की संभावना कम रहती है, इसलिए माँ को बच्चों के कपड़े आदि पहले से तैयार करने पर कम ध्यान देना चाहिए। अभिभावकों को भी इस परिस्थिति में माँ की सहायता के लिए तत्पर रहना चाहिए, जिससे अचानक जरूरत पड़ने पर वे उसे सहायता पहुँचा सकें।

प्रसव के समय स्वाभाविक ढंग से ही दर्द होता है लेकिन भ्रूण झिल्ली फटकर अचानक जलस्राव शुरू हो सकता है। बच्चा छोटा रहता है इसलिए अधिकांश समय प्रसव स्वाभाविक और सरल ढंग से ही होता है। कभी-कभी पहले बच्चे के जन्म के बाद दूसरे का जन्म होने में समय लग सकता है। दूसरे बच्चे की जान की कीमत पहले से अधिक होती है। इसलिए ऐसी स्थिति में विशेषज्ञ की सहायता की आवश्यकता होती है। अस्पताल में विशेषज्ञ विभिन्न पहलुओं की जाँच के बाद दवा का प्रयोग करके तथा दूसरी पद्धति का इस्तेमाल करके प्रसव में सहायता कर सकते हैं। कभी-कभी माँ को बेहोश करने की भी आवश्यकता पड़ती है। इसलिए जुड़वाँ बच्चों का प्रसव अस्पताल में ही होना ठीक रहता है। बच्चे पैदा होने के बाद दो 'फूल' रहने के कारण रक्तस्राव की आशंका रहती है इसलिए उचित तैयारी रहनी चाहिए।

आमतौर पर जुड़वाँ बच्चे कमजोर होते हैं इसलिए उनकी विशेष देखभाल की आवश्यकता पड़ती है। जाड़े के दिनों में बच्चों को गर्म रखना, पर्याप्त मात्रा में पानी पिलाना और पौष्टिकता आदि के मामले में सचेष्ट रहना पड़ता है। नौकरानी, आया या अन्य लोगों पर इनका दायित्व न देकर दायित्वशील अभिभावकों को चाहिए कि माँ की सहायता करें।

हमारे देश में जुड़वाँ बच्चों के जन्म के बाद मृत्युदर 15 से 30 है। प्रथम एक महीने में यह संख्या सौ में 40-50 तक रहती है। इससे पता चलता है कि जुड़वाँ बच्चों की देखभाल कितनी महत्त्वपूर्ण है।

प्रसव के बाद माँ के लिए आराम निहायत जरूरी है। इतनी तकलीफ के बाद जब वे बच्चे बड़े होते हैं और स्वस्थ और स्वाभाविक रूप से युवा हो जाते हैं, तब कहीं माँ के इतने दैहिक और मानसिक कष्टों का अवसान होता है।

# 12

# दर्दरहित स्वाभाविक प्रसव प्रणाली

गर्भावस्था का लंबा सफर तय करने के बाद एक दिन वह आकांक्षित घड़ी आती है। थोड़ी खुशी और थोड़ी चिंता मिश्रित एक नई अनुभूति और चेतना के साथ प्रत्येक माँ को इस दिन का इंतजार रहता है। सामान्यतया डॉक्टर अंतिम स्वाभाविक माहवारी के प्रथम दिन की तारीख में नौ महीने सात दिन जोड़कर आनुमानिक ढंग से बच्चा होने का दिन निर्धारित कर देते हैं। कई बार यह आनुमानिक हिसाब 10-15 दिन आगे-पीछे भी हो सकता है। इसीलिए एक-दो दिन बीत जाने पर घबड़ाना नहीं चाहिए बल्कि जो करना है उसके बारे में ठंडे दिमाग से सोचना चाहिए। सामान आदि ठीक से रखना पति के दफ्तर का फोन नंबर, अस्पताल जाने के लिए गाड़ी की व्यवस्था आदि छोटी-मोटी बातों के विषय में अपने मन को स्थिर रखना चाहिए, अस्पताल के डॉक्टर या नर्स से बातचीत करके भर्ती होने के साधारण नियमों को जान लेना चाहिए। पहली बार गर्भवती हुई स्त्री को प्रसव के प्रारंभिक चरण से बच्चा होने तक पर्याप्त समय मिलता है, शरीर में किसी तरह की बेचैनी या बच्चेदानी में संकुचन आदि अनुभव करने पर अच्छी तरह से पता करना चाहिए कि सारे लक्षण प्रसव की सूचना दे रहे हैं या नहीं। प्रसव की आरंभिक स्थिति को जानने-समझने के कुछ उपाय हैं। अब उनके बारे में बताएँगे। उन्हें अच्छी तरह से समझ लेने पर दूसरी तरह के पेटदर्द और प्रसव के दर्द में फर्क मालूम हो जाएगा।

### *प्रसव का प्रथम चरण*

प्रसव का समय नजदीक आते जाने पर शरीर में थोड़ी थकान अनुभव कर सकती हैं; हाजमे में गड़बड़ी, भूख का न लगना, बार-बार पेशाब लगना और पेट का निचला हिस्सा भारी होता जाता है। इसके साथ ही निम्नलिखित कुछ और लक्षणों की ओर भी ध्यान रखना चाहिए—

**बच्चेदानी का संकुचन :** प्रसव का प्रथम आभास है बच्चेदानी में संकुचन की अनुभूति। सामान्यतया सुन्न हो जाने जैसी एक अनुभूति कमर से होती हुई पेट के निचले हिस्से से होकर जाँघों और पैरों में फैल जाती है। इस सुन्न स्थिति के बढ़ने से

माँ खुद समझ जाती है कि बच्चेदानी संकुचित हो रही है। इसके साथ थोड़ा दर्द होता है इसीलिए बच्चेदानी के संकुचन को दर्द उठना कहा जाता है। इस तरह से प्रत्येक 15 मिनट बाद नियमित रूप से सुन्न होने का आभास होता है और 10-15 सेकेंड बाद ही बच्चेदानी की पेशियाँ पुनः शिथिल हो जाती हैं। कुछ देर तक इस तरह के संकुचन के बाद क्रमशः बच्चेदानी का मुँह नरम और थोड़ा प्रसारित हो जाता है। इस समय बच्चेदानी के मुँह से सफेद और लाल रंग का श्लेष्मास्राव निकलता है और वह योनिपथ को नरम करने में सहायता करता है। एक के बाद एक बच्चेदानी का संकुचन और श्लेष्मास्राव शुरू होने पर समझ लेना चाहिए कि अब सचमुच प्रसव का समय आ गया है।

इस वक्त माँ के मन में तरह-तरह के सवालों की भीड़ लग जाती है—

1. कितनी जल्दी बच्चा होगा ?
2. अस्पताल में कैसे या कब जाऊँगी ? टैक्सी में ही तो कहीं बच्चा नहीं हो जाएगा ?
3. मुझे लड़का होगा या लड़की ?
4. मुझे कुछ होगा तो नहीं ?

इन सारे सवालों के दबाव में आकर मन को विचलित न करके शांत रखना चाहिए। माहवारी या नित्य क्रिया को लेकर जिस तरह से कोई माथापच्ची नहीं करते उसी तरह इस समय भी मन को अकारण डर से विचलित नहीं होने देना चाहिए। पहले सामान आदि ठीक से रख लेना चाहिए, बाद में पति या घर के अन्य सदस्यों को अपनी स्थिति बताते हुए आने-जाने का इंतजाम करने के लिए कहना चाहिए। अस्पताल जाने से पहले भरपेट मछली-भात या भारी खाना नहीं खाना चाहिए, बल्कि कुछ न खाना ही ठीक रहता है। गाड़ी, एंबुलेंस या टैक्सी बुलाने व आने में हड़बड़ी न करके सब कुछ ठीक से सहेजकर परिवार के लोगों के साथ शांत मन से सुंदर-स्वस्थ बच्चा गोद में पाने की कामना करते हुए गाड़ी में जाना चाहिए। इससे डर भी कम होता है।

अस्पताल पहुँचकर बेवजह हल्ला न करके डॉक्टर के जाँच के कमरे में इंतजार करना पड़ता है। पहले मिडवाइफ के जरिए एनिमा से कोष्ठ साफ कर दिया जाता है और तब डॉक्टर प्रसव की स्थिति, शिशु के हृदय का स्पंदन और स्वाभाविक रूप से प्रसव होने की संभावना आदि के बारे में सोचते हैं। इस समय यदि बच्चेदानी में संकुचन और दर्द होता है तो भयभीत न होकर पेट भर-भरकर लंबी-लंबी साँस लेनी चाहिए, इससे दर्द कुछ कम होता है और बच्चेदानी का मुँह प्रसारित होने में सहायता मिलती है। प्रसवकालीन व्यायाम के बारे में आगे जिक्र किया जाएगा।

कुछ देर दर्द होने के बाद बच्चे की आवरण थैली फटकर जलीय पदार्थ स्राव के रूप में निकलता है, इसे सहज भाषा में पानी का फूटना कहते हैं। भ्रूणस्थ बच्चा एक पानी भरी थैली में रहने के कारण आसानी से हिल-डुल सकता है। इस आवरण के टूट जाने पर योनिद्वार को और भी नरम और पिच्छल (चिकना) होने में सहायता मिलती

है और बच्चेदानी का संकुचन क्रमशः बढ़ जाता है। इस समय डॉक्टर जाँच करते हैं और दर्द से अधिक तकलीफ होने पर नींद लाने और शरीर को शिथिल करनेवाले इंजेक्शन का प्रयोग करते हैं।

शरीर के अंदर कैसे-कैसे परिवर्तन हो रहे हैं, इसे जान लेने पर अनावश्यक डर या चिंता नहीं होती और असहनीय भी नहीं लगता। इस समय एक के बाद एक निम्नलिखित क्रियाएँ होती जाती हैं। पहले तो बच्चे के सिर के दबाव से बच्चेदानी का मुँह पतला होता जाता है और फिर बहुत जल्द ही पूरा संप्रसरित हो जाता है और योनिद्वार पर दबाव पड़ता है।

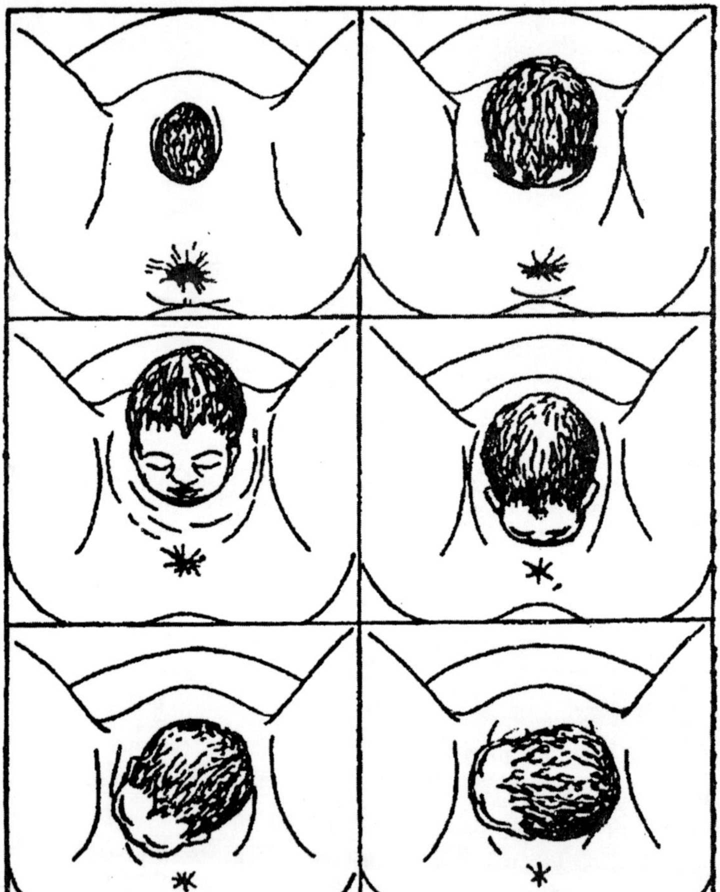

चित्र 12/1 : योनिमुँह के प्रसारित होने के बाद से बच्चा जन्म लेने तक का दृश्य

योनिद्वार के प्रसारण के समय उसके चारों तरफ के स्नायुतंत्रों में तथा ब्लाडर और ऐक्टम पर दबाव अनुभव होता है। बच्चे का सिर क्रमशः नीचे की तरफ निकलता जाता है। (चित्र 12/1) इस समय बच्चेदानी का संकुचन बढ़ जाता है और प्रत्येक दर्द के साथ काँखने जैसा भाव आता है। बहुतेरी स्त्रियाँ पड़ोसियों या अर्धशिक्षित रिश्तेदारों से सुनी होंगी कि ऐसे समय में प्राण निकलने जैसी तकलीफ होती है। इस तरह की बातों के बारे में न सोचकर अपने कर्तव्य के प्रति ध्यान देना चाहिए। डर से प्रत्येक मनुष्य का शरीर और मन जड़ हो जाता है और उससे बच्चेदानी का मुँह भी संकुचित हो जाता है, बच्चेदानी की संकुचन क्षमता कम हो जाती है और प्रसव देर से होता है।

जिस समय बच्चेदानी का मुँह प्रसारित होता है, उस समय लंबी-लंबी साँस छोड़कर शरीर को ढीला रखना चाहिए। इससे योनिपथ और बच्चेदानी के मुँह का पेशी समूह शिथिल रहता है और प्रसव में सहायता करता है।

## *प्रसव का दूसरा चरण*

बच्चेदानी के पूरी तरह प्रसारित होने के बाद से बच्चा होने के समय तक को प्रसव का दूसरा चरण कहा जाता है।

इस समय बच्चेदानी के संकुचन से बच्चे का सिर क्रमशः योनिद्वार से नीचे की तरफ उतर आता है और दबाव पैदा करता है। इस दबाव के साथ काँखने का भाव आता है, इस समय लंबी साँस लेकर बीस सेकेंड तक साँस को रोककर मुँह बंद करके नीचे की तरफ बाह्यद्वार की ओर दबाव डालना चाहिए। सामने डॉक्टर या मिडवाइफ के समझा देने पर मन में साहस बना रहता है और आसानी से पता चलता है कि बच्चा होने में अब ज्यादा देर नहीं है। जबकि डर से जड़ हो जाने पर या शरीर को ढीला छोड़ देने पर प्रसव होने में और देर लगती है। बच्चे के आगमन की आशा और नए आनंद से मन को प्रफुल्लित करके बच्चेदानी के संकुचन के साथ नीचे की तरफ दबाव देते ही बच्चे का सिर योनिमुख को प्रसारित करता रहता है। पूर्ण संप्रसारण के बाद जब बच्चा जन्म लेता है तब शरीर को पुनः शिथिल छोड़ देना चाहिए। इस समय कभी-कभी बेहोश करके या थोड़ा सुन्न करके योनिद्वार को चीरकर थोड़ा बड़ा कर देना पड़ता है। चंद मिनटों में ही नवजात शिशु के रोने की आवाज से माँ की चेतना लौट आती है। शिशु के आगमन की सूचना पाते ही माँ की आँखें खुशी के आँसुओं से भर जाती हैं। इसके बाद बच्चे की नाभिरज्जु (नाड़ी) को काटकर मिडवाइफ संतान को अलग ले जाती है। इस समय माँ का लड़का या लड़की चाहने का संशय दूर होता है। यह बात याद रखनी चाहिए कि माँ की गोद में स्वस्थ बच्चा, चाहे वह लड़का हो या लड़की, समान स्नेह का दावा रखता है।

बच्चा होने से लेकर फूल और उससे संबंधित श्लेष्मा झिल्ली आदि निकालने तक के इस समय को प्रसव का तृतीय चरण कहा जाता है। बहुत-से लोग तो जानते ही

होंगे कि फूल और नाभिरज्जु की सहायता से बच्चा ऑक्सीजन और अन्य खाद्य द्रव्यों को ग्रहण करता है और बड़ा होता है।

फूल आकार में एक चपटी थाली जैसी मांसल वस्तु है। इसकी परिधि 8 इंच और यह 2½ इंच मोटी होती है। इससे संलग्न भ्रूण झिल्ली समूह बच्चेदानी के अंदर की तरफ चिपका रहता है और एक जलपूर्ण आवरण की सृष्टि करता है। बच्चा इसी आवरण के भीतर रहता है। बच्चा होने के दस-पंद्रह मिनट बाद फूल और उसके साथ का झिल्ली समूह बच्चेदानी से निकल आता है। उस समय माँ को निचले पेट में थोड़ी दर्द की अनुभूति होती है और रक्तस्राव भी होता है। फूल के निकल जाने पर डॉक्टर या मिडवाइफ अच्छी तरह से देख लेती है कि फूल पूरी तरह से निकल गया है या नहीं।

इसके बाद डॉक्टर योनिद्वार के थोड़े-बहुत कटे-फटे हुए हिस्से की जाँच करते हैं और बेहोशी या सुन्न करने की दवा का प्रयोग करके सिलाई कर देते हैं।

अब मिडवाइफ माँ को साफ-सुथरा करके पैड और बाइंडर पहनाकर बिस्तर पर सुला देती है। अच्छा लगने पर इस वक्त थोड़ा गरम दूध या चाय थकान कम करने में सहायता करती है। आधे घंटे से एक घंटे तक प्रसवगृह में आराम के बाद माँ को लाकर बिस्तर पर सुला दिया जाता है।

इस वक्त आनंद और अवसाद से मन भर आता है और शरीर हलका लगता है। सोने की इच्छा होती है। सोकर उठने के बाद पति और बच्चे के साथ कुछ समय बिताने और दोनों के मिलकर नए प्राण की सृष्टि के आनंद का उपभोग करने का अवसर मिलता है। शरीर के थोड़ा अवसाद ग्रस्त होने के बावजूद जीवन में इस तरह के आनंद का उपभोग आदमी बहुत कम ही बार कर पाता है।

लेकिन कम पढ़ी-लिखी स्त्रियाँ इस आनंद को डर, चिंता और आतंक के रूप में देखती हैं। यह डर अज्ञानता से ही उत्पन्न होता है। स्वाभाविक दर्दहीन प्रसव के लिए प्रसव के विषय में सही मानसिक स्वीकृति और शारीरिक अभ्यास जरूरी है। तभी जिस तरह गर्भावस्था को लोग स्वाभाविक रूप से लेते हैं, प्रसव प्रणाली को भी ठीक उसी सहजता से ले पाएँगे।

## *स्वाभाविक प्रसव और दर्द से राहत मिलने के उपाय*

प्रसव के समय किस तरह दर्द, डर या चिंता को कम किया जा सकता है, इसको लेकर पूरी दुनिया में परीक्षण-निरीक्षण चल रहा है। रूस, फ्रांस, इंग्लैंड और चीन में प्रसव के समय दर्द रोकने के लिए प्रत्येक सरकारी अस्पताल में मानसिक और शारीरिक तैयारी की विशेष व्यवस्था की गई है। हमारे देश में आदिवासी और नेपाली स्त्रियाँ प्रसव के बाद खुद ही नाभिरज्जु (नाड़ी) काटकर पुनः अपने कार्यस्थल पर लौट जाती हैं। यहाँ तक कि नवजात शिशु को पीठ पर बाँधकर ले जाने की घटना भी हमने सुनी है। बच्चे के जन्म को वे फूल खिलने या फल होने जैसी स्वाभाविक घटना मानते हैं।

कई बार शिक्षित समाज में यौन ज्ञान या प्रसव-प्रणाली के विषय में जानकारी के प्रति उदासीनता देखने को मिलती है। पूरी घटना को शर्म या भय की पृष्ठभूमि में ग्रहण करने के परिणामस्वरूप गर्भावस्था के अंतिम चरण तक आतंक की छाया आहिस्ता-आहिस्ता मन को घेर लेती है। प्रसव के समय बच्चेदानी के संकुचन को दर्द उठने की संज्ञा देने के कारण प्रसव का संकेत मिलते ही असहनीय दर्द की प्रतीक्षा में मन मानो जड़ीभूत हुआ रहता है। कई बार सहेलियों से सुनती है कि मैं मारे दर्द के बेहोश हो गई थी या हार्ट फेल होने लायक दर्द भोगा है, आदि-आदि। इससे पहली बार गर्भवती हुई स्त्री के मन में एक विभीषिका-सा डर डेरा डाल लेता है। यह समझना चाहिए कि यद्यपि वेदना की अनुभूति बाहर के आघात से होती है, लेकिन इसका केंद्रबिंदु है मन। मन को बेवजह लज्जा और डर से बचाकर गर्भवती स्त्री के आत्मविश्वास को वापस लाने के लिए रिश्तेदारों, डॉक्टर, पति, महिला समाजसेवी और शिक्षिकाओं का कुछ-न-कुछ दायित्व अवश्य है।

स्वाभाविक रूप से बच्चा पैदा होने में थोड़ा-सा दर्द सभी को होता है। लेकिन उससे अनावश्यक रूप से डरने या पीड़ित होने का कोई कारण नहीं होता। यदि किसी कारणवश प्रसव का प्रथम चरण विलंबित होता है और बच्चेदानी की संकुचन शक्ति पर असर पड़ता है तो उपवास और अनिद्रा से माँ का शरीर अवसादग्रस्त हो सकता है। उसके साथ-साथ डर रहने पर सिम्पेथिटिक नर्वसमूह उत्तेजित होता है। डर, आतंक और दर्द का एहसास मानो एक-दूसरे को बढ़ाने में सहायता करते हैं। इससे शरीर और बच्चेदानी की पेशियाँ कमजोर हो जाती हैं और बच्चेदानी का मुँह संकुचित और शिथिल हो जाता है तथा दुश्चिंता और ग्लानि से शारीरिक अवसाद आता है। बच्चेदानी के सही ढंग से काम करने में बाधा उत्पन्न होती है। अज्ञानता और गलत धारणा से ही इस तरह की दुश्चिंता का बीज जन्म लेता है।

## *बेवजह डर कम करने के क्या उपाय हैं ?*

यह तो बहुतेरे लोग जानते ही हैं कि बहुत बड़े साहसी भी कई बार किसी कारण विशेष से डर जाते हैं, लेकिन वे आत्मविश्वास के जरिए उस पर विजय प्राप्त करते हैं और बाहर अपने डर को प्रकट नहीं करते, बल्कि बेवजह उत्पन्न डर के कारण को जानने की कोशिश करते हैं। प्रसवकालीन डर को मन से दूर करने के लिए सही इंतजाम की आवश्यकता है। सही अभ्यास के द्वारा चिंता और भय या सोच से मन को पूरी तरह मुक्त करना चाहिए। माँ होने की खुशी हासिल करने में प्रसव का हिस्सा मात्र है और वेदनाहीन प्रसव के लिए मन एवं शरीर को शांत रखने की सीख प्राप्त करनी चाहिए। दुश्चिंता पर विजय प्राप्त करने पर दर्द की अनुभूति कभी भी अस्वाभाविक या असहनीय नहीं लगती। गर्भावस्था के विषय में पर्याप्त ज्ञान रहने और डॉक्टर या मिडवाइफ से प्रसव प्रणाली के विषय में कुछ जानकारी लेकर बच्चा होने की शुरुआत से अंत तक

शरीर और मन को उसके साथ सामंजस्य रखकर सहज ढंग से संचालन किया जा सकता है और सहेलियों की बढ़ा-चढ़ाकर कही गई बातों का सही जवाब भी मिल सकता है। इसके अलावा अचानक अस्पताल में नजर आने वाले कठोर नियम-कानूनों, इंजेक्शन, दवा या आधुनिक उपकरणों, प्रसूतिगृह आदि को देखकर डरने के बजाए शांत भाव से संपूर्ण घटना एवं परिवेश को ग्रहण करना चाहिए।

स्वस्थ शरीर और मानसिक धैर्य ही स्वाभाविक प्रसव के लिए सर्वाधिक जरूरी है। गर्भावस्था में स्वास्थ्य-रक्षा के सामान्य नियमों और परिवर्तनों को मातृमंगल प्रतिष्ठानों द्वारा सिखाया जाना चाहिए। इस शिक्षा को ग्रहण करने के प्रति प्रत्येक लड़की में एकनिष्ठता और कोशिश रहनी चाहिए। स्वस्थ यौनशिक्षा के अभाव में बहुत-से लोग इसकी अवहेलना करते हैं। स्कूल या कॉलेज की शिक्षिकाएँ, अभिभावकगण भी गर्भावस्था या प्रसव प्रणाली के विषय में किसी बात को जानने को अशालीन समझते हैं। इसीलिए शिक्षित होकर भी बहुत-सी महिलाएँ आज भी सृष्टि के गूढ़ तत्त्व को अंधकार में रखना ही श्रेयस्कर समझती हैं। इसी कारण से शिक्षित समाज में इतना डर, इतनी दुश्चिंता और इतना आतंक है। आज महिला डॉक्टरों, फिजियोथैरेपिस्टों को चाहिए कि उचित स्वाभाविक गर्भावस्था और प्रसव प्रणाली के विषय में गर्भवती महिलाओं को सही दिशा देने की व्यवस्था करें। कही-सुनी बातें या काल्पनिक कहावतों के प्रभाव से उन्हें मुक्त करके स्वाभाविक स्वस्थ मानसिकता के विकास में सही शिक्षा सहायता करती है। बहुत-सी विवाहित महिलाएँ ही ऐसा कहती हैं कि मुझे वह सब अच्छा नहीं लगता, मैं पति के साथ दोस्त की तरह रहना चाहती थी। गर्भवती का जीवन या गर्भधारण मुझे लज्जाजनक बात लगती है। इस तरह की अपरिणत महिलाओं के डर को दूर करना बहुत कठिन होता है।

प्रसव प्रणाली के विषय में मानसिक और शारीरिक तैयारी के लिए मातृमंगल समिति या संस्था में निम्नलिखित कार्य-नियमावली बनानी चाहिए—

1. विवाहित लड़कियों को अपने शरीर और जननेंद्रिय के गठन और काम के बारे में सामान्य जानकारी देना और सही यौन शिक्षा की व्यवस्था।
2. गर्भावस्था में प्रसव के दौरान वेदनानुभूति, पीड़ा होने की भावना का उपशमन और स्वाभाविक संतान-प्राप्ति के लिए मानसिक तैयारी की व्यवस्था।
3. शारीरिक और मानसिक चंचलता तथा सुन्न होने (जड़ता) की स्थिति को दूर करने के लिए गर्भावस्था में व्यायाम और प्राणायाम की प्रणाली के विषय में विस्तृत चर्चा और अभ्यास।
4. प्रसव प्रणाली के बारे में स्वस्थ और स्वच्छ विचार (धारणा) की शिक्षा।
5. सहानुभूतिपूर्ण और दायित्वपूर्ण काम, डॉक्टर या मिडवाइफ के निर्देश, जानकारी और भरोसे से गर्भवती महिला का उन पर विश्वास और निर्भरता बने, इसका उपाय करना।
6. भगवान पर भरोसा—समझना चाहिए कि गर्भकालीन कुछ स्थितियाँ, जैसे—विकलांग

शिशु का जन्म आदि प्राकृतिक नियमों पर किसी का कोई नियंत्रण नहीं रहता।

## *प्रसवकालीन मानसिक स्थिति की तैयारी*

रूस में वेलविक्स और निकोलाइए ने वेदनाहीन प्रसव और दर्द निवारण के उपाय के बारे में विभिन्न तरह के शोध करने के बाद कहा है कि मौखिक आश्वासन, आदेश, और उचित निर्देश की सहायता से दर्द की अनुभूति को कम किया जा सकता है। फ्रांस के लैमाज और वेल्याय ने दर्दविहीन स्वाभाविक प्रसव के बारे में और भी विस्तृत ढंग से जाँच की है। वेदनानुभूति का केंद्रबिंदु है मन और उसकी अनुभूति। इंग्लैंड के ग्रैंटली डिक्रीड ने शिक्षित समाज में प्रसव के समय डर, आतंक, सिटपिटाहट और दर्द का विश्लेषण किया है। उनके अनुसार मानसिक उच्छ्वास, अज्ञानता और अशिक्षा आदि से भय की सृष्टि होती है। डॉक्टर या नर्सों की अर्थहीन निर्दयता और रूखापन, अस्पताल के असहयोगी नियमों में बाधा, उपकरणों की झनझनाहट और आसपास की

चित्र 12/2 (क) : गर्भावस्था में सही ढंग से खड़े होने की भंगिमा

परिस्थिति गर्भवती के मन को डरा देती है।

प्रसवकालीन तैयारी में मन के धैर्य और एकाग्रता के अभ्यास का मूल्य शारीरिक व्यायाम की तुलना में कम नहीं है। सहज ढंग से खुलकर शारीरिक गठन, गर्भावस्था का परिवर्तन और प्रसव प्रणाली को समझा देने पर बच्चेदानी के संकुचन के समय स्नायविक उत्तेजना को कम करके मन को शांत रखने में बहुत कठिनाई नहीं होती। तैरने या साइकिल सिखाने की तरह अधिकांश लड़कियों को प्रसवकालीन दायित्व के विषय में जानकारी देकर मानसिक तैयारी के जरिए शारीरिक जड़ताबोध को रोकने की शिक्षा देनी चाहिए। मानसिक अज्ञानता दूर करने के लिए जिस तरह से पढ़ाया-लिखाया जाता है, उसी तरह प्रसव एक असह्य वेदनापूर्ण अध्याय नहीं है, यह सही शिक्षा और प्रेरणा के माध्यम से समझाना संभव है। प्रसव में सहायता उचित व्यायाम और प्राणायाम की शिक्षा देने और नियमावली सिखाने के बाद सिनेमा के पर्दे पर प्रसव की प्रक्रिया दिखाने पर डर दूर होकर बच्चा प्राप्त करने की सुखानुभूति प्राप्त करने की मानसिक तैयारी की जा सकती है। रूस, ग्रेट ब्रिटेन और चीन में सभी मातृमंगल प्रतिष्ठानों में इस तरह की मानसिक तैयारी की ट्रेनिंग की व्यवस्था है। हमारे देश में भी महिला फिजियोथैरेपिस्ट या डॉक्टरों की सहायता से दर्द को दूर करने की मानसिक तैयारी के लिए शिक्षा की व्यवस्था करना संभव है।

लेकिन यह भी हमेशा सच नहीं होता कि इस तरह की मानसिक तैयारी से हमेशा स्वाभाविक और वेदनाहीन प्रसव ही होगा। जिनकी ऊँचाई कम, पेट का निचला हिस्सा दुबला तथा श्रोणी का छेद छोटा और उसकी तुलना में बच्चा बड़ा या सिर की पोजीशन ठीक नहीं है, उनके प्रसव में विलंब होता है और हमेशा दर्द को कम करना संभव नहीं हो पाता। फिर भी मानसिक सांत्वना के लिए अंत तक गर्भवती की सहायता करनी चाहिए। दर्द को कम करने की दवा, सेलाइन, इंजेक्शन या बेहोश करने के लिए एनेस्थेसिया लेने से वे नहीं डरतीं।

जिनका मामला बहुत गड़बड़ी वाला होता है, उन्हें उचित ट्रेनिंग देने पर फरसेप्स या सिजेरियन की बात सुनकर भी वे शांत भाव से उसे ग्रहण कर पाएँगी। यह मानसिक सांत्वना और शांति सिर्फ डॉक्टर पर भरोसा रखने से नहीं आती, दर्द की अनुभूति को कम करने के लिए शुरू से मानसिक तैयारी, अभ्यास और एकनिष्ठता रहने से ही प्रसव प्रक्रिया की पीड़ा के प्रति गर्भवती का डर कम हो पाता है।

## *गर्भावस्था में प्रसव को सहज करने के व्यायाम और प्राणायाम की विधियाँ*

गर्भावस्था में साँस लेने संबंधी व्यायाम के द्वारा स्नायविक उत्तेजना कम की जा सकती है और मन को शांत रखा जा सकता है। प्रसव के प्रथम चरण में जब बच्चेदानी धीरे-धीरे खुलती है तब श्वास की सहायता से पेट, पेट का निचला हिस्सा और जाँघों की पेशियों को शिथिल करना संभव होता है, पेट की पेशी और डायाफ्राम के सही

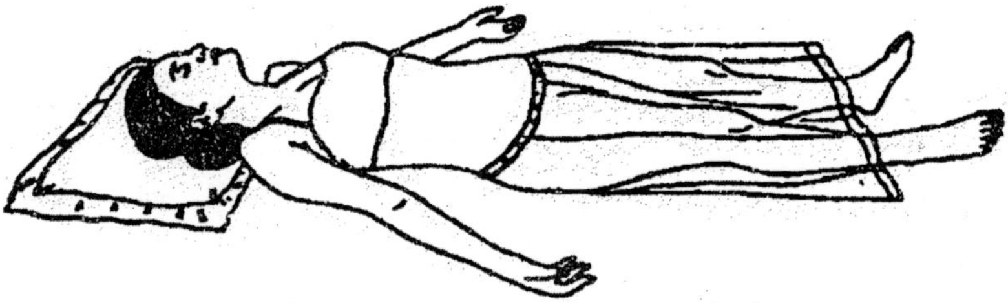

चित्र 12/2 (ख) : चित लेटकर शरीर को शिथिल करके साँस लेने का चित्र

प्रसारण और संकुचन से बच्चेदानी की पेशियों का काम बिना रोक-टोक पूरा करने में सहायता मिलती है। साँस लेते समय पेट और छाती के बीच का डायाफ्राम और वक्ष के नीचे की पेशियों के संकुचन से छाती के पंजर के ऊपर-नीचे, सामने-पीछे और आसपास का हिस्सा बढ़ जाता है और इसके साथ-साथ पेट फूल जाता है। डायाफ्राम के नीचे उतरने पर बच्चेदानी का ऊपरी हिस्सा स्थिर हो जाता है।

गर्भावस्था में साँस का व्यायाम खड़े होकर, थोड़ा पीछे की ओर झुककर, आराम-कुर्सी पर बैठकर या चित लेटकर किया जाता है। (चित्र 12/2 क और 2 ख)। अभ्यास के समय चित लेटकर दोनों हाथ बगल में और हथेलियाँ नीचे की तरफ रखें, अब शरीर को पूरा ढीला रखकर दोनों कंधों को जमीन में सटाकर कमर, जाँघ और पैरों की पिंडलियों को अलग करें, इसके बाद नाक से साँस खींचकर पेट फुलाकर डायाफ्राम को हिलाकर धीरे-धीरे साँस लें और थोड़ी देर बाद मुँह से धीरे-धीरे साँस छोड़ें। फिर डायाफ्राम और वक्ष पंजर की पेशियाँ संकुचित करके वक्ष से पूरी हवा निकाल दें।

प्रसव के प्रथम चरण में जब बच्चेदानी का संकुचन शुरू होता है और शरीर सुन्न हो जाता है, तब उसे रोकने के लिए इस तरह की लंबी साँस-प्रक्रिया बहुत फायदेमंद होती है। शरीर को ढीला करने में सक्षम होने पर प्रसव के प्रथम चरण में बच्चेदानी का मुँह खुल जाता है और बच्चे का सिर बच्चेदानी के दबाव से वस्तिगह्वर में घुसने में सहायता मिलती है। जब बहुत जल्दी-जल्दी बच्चेदानी का संकुचन होता रहता है और सुन्न होने की प्रक्रिया बढ़ती जाती है, तब श्वास की प्रक्रिया से इस सुन्नता और दर्द की अनुभूति को कम करना संभव होता है। इस तरह का साँस का व्यायाम गर्भावस्था में दिन में दो बार, पंद्रह-पंद्रह बार करने पर सही वक्त पर असुविधा नहीं होती। सोकर, बैठकर, खड़े होकर ढीला कुर्ता पहनकर यह अभ्यास करना चाहिए। साँस छोड़ते समय पेट की पेशियाँ और डायाफ्राम बच्चेदानी के सामने, बगल में और ऊपर के संस्पर्श में आते हैं और उसके कार्य में सहायता करते हैं। गर्भावस्था में एक तरफ होकर बगल वाले तकिए के सहारे लेटकर इस तरह से साँस लेने का व्यायाम किया जा सकता है।

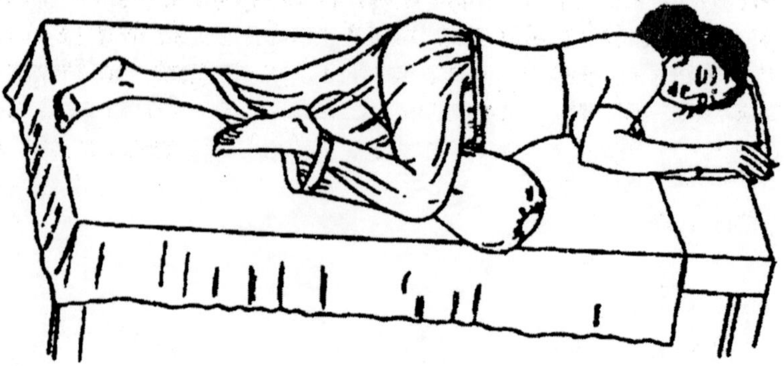

चित्र 12/3 : करवट से लेटे हुए शरीर शिथिल करके साँस लेने की विधि

चित्र 12/4 : प्रसव के समय बिस्तर के किनारे आकर पैर ऊपर उठाकर, मुँह बंद करके दबाव डालने का दृश्य

क्रमशः जब बच्चेदानी की शिथिलता वेदना-बोध में परिणत होती है, तब शारीरिक परिवर्तन के साथ सामंजस्य रखकर शरीर की गति को इस तरह से परिवर्तित किया जा सकता है कि जिससे अनावश्यक शिथिलता और आतंक दूर हो सके। प्रसव के द्वितीय चरण में जब बच्चेदानी का मुँह पूरी तरह खुल जाता है, तब बच्चे का सिर योनिद्वार के नीचे के हिस्से को फैलाता है। उस वक्त उसके चारों तरफ नर्व, लिगमेंट, पेशियों

और खून की नलियों पर दबाव पड़ने से कुछ दर्द की अनुभूति होती ही। क्रमशः बच्चे का सिर योनिद्वार को प्रसारित करके धीरे-धीरे बाहर निकलता है। (चित्र 12/4) पहले बच्चे के सिर का पिछला हिस्सा और ललाट, फिर मुँह और ठुड्डी बाहर निकलते हैं। उसके बाद उसका शरीर थोड़ा घूम जाता है और कंधा तथा बाँहों का ऊपरी हिस्सा निकलता है। उसके बाद क्रमशः छाती, पेट और पाँव निकल आते हैं। प्रसव के बाद लड़का है या लड़की, समझने के बाद माँ उसे स्पर्श करके देख सकती है। बेहोश करके फरसेप्स करने पर इस तरह के स्वाभाविक प्रसव में माँ को हिस्सा नहीं लेना पड़ता और बच्चे को जन्म देने के आनंद की उपलब्धि न करने पर उसके मन का डर ज्यों-का-त्यों रह जाता है।

दूसरे चरण में व्यायाम और अभ्यास करना चाहिए। चित होकर लेट जाइए, फिर पाकस्थली के ऊपरी हिस्से को दोनों हाथों से पकड़ें। इसके बाद गर्दन को टेढ़ी झुकाकर छाती पर रखिए। इसके लिए बहुत दबाव देने की जरूरत नहीं। अब आपको महसूस होगा कि छाती पर ठुड्डी रखने से पेट की पेशियों और डायाफ्राम से बच्चेदानी पर दबाव उत्पन्न होता है और बच्चे का सिर नीचे की तरफ उतर आता है। दम बंद करके श्वास लेने का अभ्यास करते समय पहले लंबी साँस लेकर आँखें खोलकर नीचे की ओर दबाव डालने की कोशिश करें।

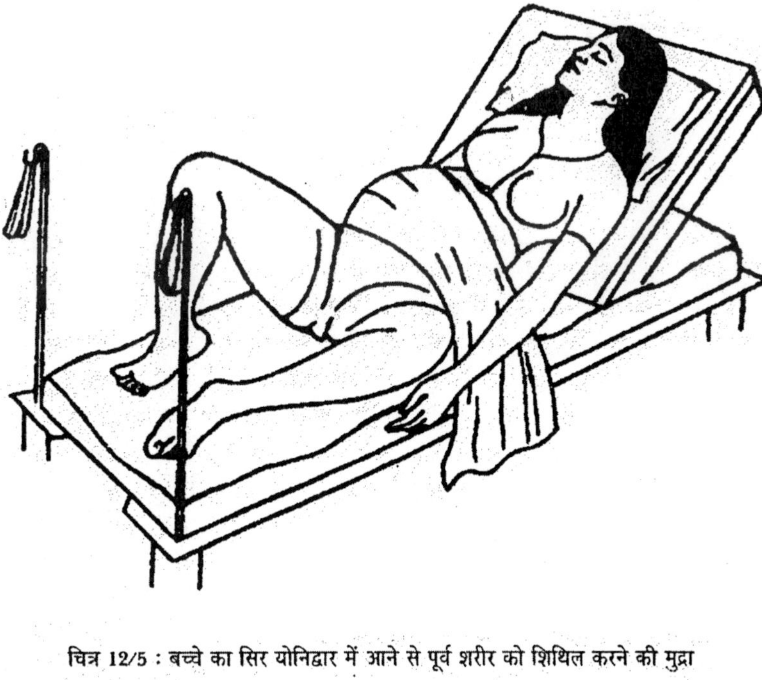

चित्र 12/5 : बच्चे का सिर योनिद्वार में आने से पूर्व शरीर को शिथिल करने की मुद्रा

पेट पर पैरों को मोड़कर एक छड़ पकड़कर कुहनी को बिस्तर से ऊपर रखकर तथा कमर को बिस्तर से सटाकर नीचे की ओर दबाव देने का अभ्यास करना चाहिए। दिन में दो बार के हिसाब से सप्ताह में दो-तीन बार इस व्यायाम का अभ्यास करने पर बच्चे का सिर योनिद्वार के नीचे आने पर काँखने में असुविधा नहीं होती। इस तरह का दबाव बच्चेदानी के संकुचन से मेल रखकर करना चाहिए। दूसरे समय में लंबी साँस की सहायता से शरीर को ढीला करके, मुँह खोलकर लंबी साँस लेनी चाहिए। उस समय पैर ढीला करके बगल में पसार देने पर सुविधा होती है। (चित्र 12/5) बच्चा होने के बाद माँ के पेट के ऊपर एक जीवाणुमुक्त कपड़ा बिछाकर बच्चे को सुला दिया जाता है, तब माँ बच्चे को अनुभव कर सकती और कृतित्व की खुशी में उसकी छाती भर जाती है। इसके बाद डॉक्टर द्वारा नाभिरज्जु काट देने पर बच्चे को साफ करने के लिए ले जाया जाता है।

दर्द कम करने के स्वाभाविक उपाय के अलावा भी आजकल अलग-अलग दवा और एनेस्थेसिया की सहायता से दर्दविहीन प्रसव की कोशिश चल रही है। प्रसव के प्रथम चरण में कंपोज, पेथिडिन, एपिडोसिन आदि के द्वारा दर्द और बच्चेदानी के मुँह का अत्यधिक संकुचन कम किया जा सकता है। लेकिन इसमें बहुत उपकरण और उचित पारदर्शी नर्स एवं डॉक्टर की जरूरत होती है। इसके अलावा दर्द की अनुभूति बिलकुल न होने पर फरसेप्स लगाने की आवश्यकता बढ़ जाती है। इस जटिल आधुनिक पद्धति के व्यवहार के साथ माँ और भ्रूणस्थ बच्चे की हालत, ब्लडप्रेशर, हार्ट साउंड आदि पर नजर रखनी चाहिए। उचित इंतजाम किए बिना इस पद्धति के इस्तेमाल में सुविधा और असुविधा दोनों हैं। इस विषय में अब तक परीक्षण-निरीक्षण चल रहा है।

## *स्वाभाविक प्रसव में पति की भूमिका*

हमारे देश में डॉक्टर, अभिभावक या माता-पिता अधिकांश समय बेटी या पुत्रवधू की गर्भावस्था एवं प्रसवकाल में उसके पति को पूरे मामले से दूर रखने की कोशिश करते हैं, और उसकी ओर से किसी भी तरह की जिज्ञासा को मजाक या निंदा समझते हैं। कुछ हद तक लोक निंदा के डर से पति भी इस विषय के प्रति उदासीन रहता है और समझता है कि उसके बच्चे को धारण करने का दायित्व सिर्फ पत्नी का ही है। बच्चे का भावी पिता पत्नी को माँ या फूआ के भरोसे रखकर क्लब या सिनेमाघरों का चक्कर लगाता रहता है। जबकि पक्षियों में हम देखते हैं कि अंडे से बच्चा निकलते समय नर और मादा दोनों बच्चे को खिलाने और देखभाल करने का दायित्व उठाते हैं।

आज समाज-व्यवस्था में भारी परिवर्तन आया है। इसलिए लज्जा, भय को छोड़कर शिक्षित पिताओं को चाहिए कि इस विषय में सोचें, पत्नी के बच्चा धारण करते समय असुविधा, अचकचाहट, गंभीर पीड़ा-बोध के मद्देनजर प्रसवकालीन मानसिक एवं शारीरिक तैयारी में उन्हें भी पत्नी की सहायता करनी होगी।

प्रसव के समय पत्नी के पास जाकर उसे भरोसा देना भी पति का कर्तव्य है। यह समझना चाहिए कि पत्नी की मानसिक शांति में पति के प्यार और स्नेह का अवदान कम नहीं है।

इस निबंध से समझना चाहिए कि बच्चा प्राप्त करना एक स्वाभाविक घटना है और स्वस्थ मानव जीवन की एक अपूर्व परिणति भी। इसमें लज्जा, भय, आतंक का स्थान बहुत कम है। सही जानकारी और अभ्यास के जरिए पीड़ारहित स्वाभाविक प्रसव असंभव या अचिंतनीय नहीं है। उसके लिए चाहिए सिर्फ उचित शिक्षा व्यवस्था और माताओं का आग्रह।

**प्रसवकालीन दर्द के साथ साँस लेने की पद्धति और उसके रेखाचित्र**

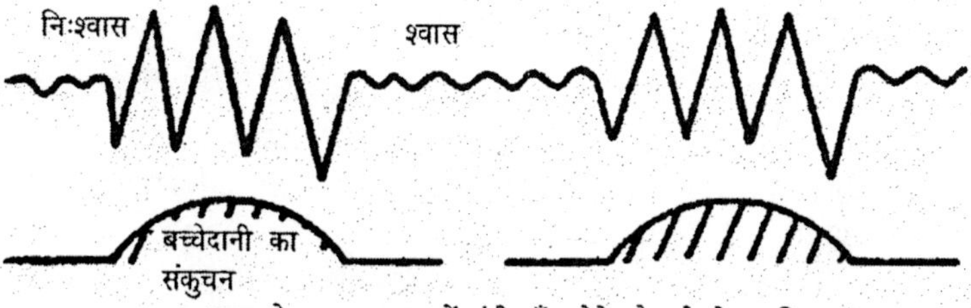


प्रसव के प्रथम अध्याय में लंबी साँस लेने और छोड़ने का नियम

12/6 (क) : प्रसव के प्रथम चरण में लंबी साँस लेने-छोड़ने का चित्र

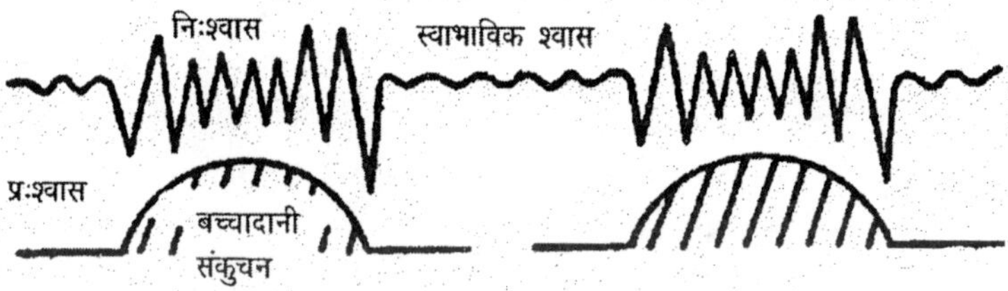


प्रसव के प्रथम अध्याय के बीच का चरण

12/6 (ख) : प्रसव के प्रथम अध्याय के बीच के चरण में श्वास-प्रश्वास

(प्रसवकालीन दर्द के साथ साँस लेने की पद्धति और उसका रेखाचित्र)

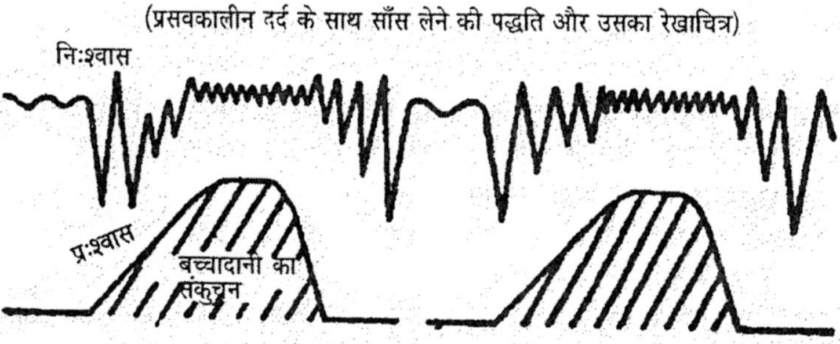


12/6 (ग) : प्रसव के प्रथम से द्वितीय चरण के विवर्तन के समय लगातार जल्दी-जल्दी श्वास-प्रश्वास का चित्र

12/6 (घ) : बच्चा निकलते समय साँस रोककर काँखने के लिए साँस रोककर दबाव डालने का चित्र

## *प्रसव के समय पति का कर्तव्य*

विवाह बंधन से पति-पत्नी में एक अटूट संबंध स्थापित होता है, उसी की पूर्ण परिणति बच्चा प्राप्त करने से विकसित होती है। इसीलिए पत्नी की प्रसव वेदना के समय पति की उपस्थिति का बहुत महत्त्व है। हमारे देश में यह प्रथा चली आ रही है कि पहला बच्चा मायके में होता है, इसलिए बहुत-से पति अपने दायित्व के प्रति पर्याप्त सचेत नहीं रहते। समझना चाहिए कि संयुक्त प्रेम और मिलन की पूर्ण परिणति के समय पति की उपस्थिति, उसका चेहरा, उसकी आवाज और स्पर्श पर्याप्त साहस तथा भरोसा पैदा करता है। सिर्फ वास्तविक सहायता से ही काम नहीं चलता। मन का आवेग, सहानुभूति और प्यार रोगी की मानसिक शांति की प्राप्ति में बहुत सहायता करता है। गर्भधारण करने से लेकर भ्रूण के विकास के अंतिम चरण तक पति का साहचर्य बहुत जरूरी है। बच्चा उन दोनों का है और दोनों का अंश है, इसका एहसास परिवार के अभिभावक के रूप में पति की भूमिका और अनुभव के जरिए समृद्ध होता है।

आजकल क्रमशः पिता की भूमिका पर महत्त्व दिया जा रहा है। देखना चाहिए कि पिता की भूमिका का सही ढंग से पालन करने के लिए उसे क्या-क्या करना होगा।

1. यदि संभव हो तो प्रसव के प्रथम चरण में पत्नी को मानसिक संयम की सलाह दें, धैर्य बँधाएँ और शारीरिक शिथिलता के विषय में सचेत कर दें। उत्तेजना यदि नींद या आराम के बीच में आए तो उसके पास रहकर उसका साथ दें।

2. पत्नी और डॉक्टर-नर्स आदि के बीच संपर्क सूत्र का काम करें, गर्भवती के लिए क्या-क्या आरामदेह या कष्टदायक है या जिस दवा से एलर्जी होती है आदि के विषय में डॉक्टरों को पहले से बता दें। इससे वे उचित सावधानी बरत सकेंगे और समय पर सहायता और परामर्श दे पाएँगे।

3. पत्नी को जब दर्द हो, तब उसे साहस दिलाएँ और जिन-जिन ग्रहण योग्य व्यायामों का उसने अभ्यास किया है, उन्हें करने में सहायता करें। बच्चेदानी के संकुचन और उसमें स्थिरता के समय का निर्धारण करें और विभिन्न तरह की श्वास ग्रहण पद्धतियों की उसे याद दिलाएँ तथा संकुचन के समय और उसके बाद किस तरह से साँस लेना चाहिए, यह समझा दें।

4. पत्नी के मन में दबी हुई पश्चात्ताप की भावना और बेवजह कुंठा के लक्षण यानी भौंहें सिकोड़ना, जोर से मुट्ठी भींचना तथा विचित्र ढंग से देह ऐंठना आदि से बचाकर, शरीर को ढीला रखने के व्यायाम पर ध्यान दिलाकर पश्चात्ताप और दर्द की अनुभूति को दूर करें।

5. यदि पीठ के नीचे की ओर दर्द हो तो संकुचन के समय हाथ से जोर या मुलायम ढंग से दबाव डालकर मालिश कर दीजिए। जाँघों में भी हलका मालिश कर देने पर दर्द का एहसास कुछ कम होता है।

6. मुँह सूख जाने पर थोड़ा-सा पानी दें। नींबू के स्वाद वाला लेमनचूस भी फायदा पहुँचाता है। हाथ और पैरों के तलवे भी बीच-बीच में पोंछ देने से आराम मिलता है।

7. अधिक देर तक पत्नी के पास रहने के बाद अपना मनोबल बनाए रखने और संशय दूर करने के लिए अस्पताल या नर्सिंग होम की कैंटीन में जाकर चाय पी आएँ। प्रसवागार के संस्पर्श से थोड़ी देर तक दूर रहने पर आपके मन की दुश्चिंता कम होगी।

8. गर्भवती को साहस दिलाकर सबकुछ ठीक-ठाक ढंग से हो जाएगा, यह कहते हुए भरोसा दें। बीच-बीच में डॉक्टर या नर्स से प्रसव की अग्रगति और गर्भवती के बारे में जानकारी ले लें। प्रथम से द्वितीय चरण में आने के समय लगेगा कि पत्नी से अब नहीं सहा जा रहा है। तब नर्स या डॉक्टर से बातचीत करके इंतजार करें।

9. जब गर्भवती को प्रसवागार प्रसूतिगृह में स्थानांतरित किया जा रहा है, तब उसे साहस और भरोसा दें। यदि प्रसवकालीन लक्षण की उत्पत्ति हुई और सिजेरियन या फरसेप्स के लिए डॉक्टर कहे तो ठंडे दिमाग से प्रतीक्षा करें।

10. बच्चा होने के बाद कमरे में लाने पर पत्नी के साथ बात करके बच्चे के विषय में बताकर उसे आश्वस्त करें। डॉक्टर या नर्स से पूछकर आपके करने लायक कुछ है या नहीं, यह जान लेने के बाद घर जाएँ। दोनों मिलकर डॉक्टर और उनके सहयोगियों को धन्यवाद दे सकते हैं।

इससे पता चलता है कि डॉक्टर और गर्भवती के बीच संपर्क के अलावा पत्नी का मनोबल बनाए रखने में पति की जिम्मेदारी बहुत अधिक है। आजकल विदेशों के कुछ अस्पतालों में प्रसव पीड़ा के समय बच्चे के पिता की उपस्थिति को लेकर अनेक नियमों में परिवर्तन किया गया है। लेकिन प्रसवकालीन दृश्य सबको अच्छा नहीं लगता इसलिए प्रसवागार में न घुसना ही अच्छा है। प्रसवकाल में यदि आपकी उपस्थिति संभव हुई तो सिरहाने के पास खड़े होकर उसके सिर और कंधों को पकड़कर नीचे की तरफ दबाव डालने के लिए प्रेरित करें। जब डॉक्टर दबाव डालने को मना करे, तब उसे जल्दी-जल्दी साँस लेने की बात याद दिला दें।

बच्चा होने के बाद संयुक्त कोशिश के परिणामस्वरूप हासिल आनंद में स्त्री का साथ देने पर उसका मन आनंद, आश्वस्ति और आवेग से भर उठता है मानो दोनों जीवन एक सेतु के बंधन से एकाकार हो गए। नई सृष्टि भगवान का एक अनुपम आशीर्वाद है। हर घर में जीवन के किसी-न-किसी क्षण मृत्यु आकर आघात पहुँचा सकती है, फिर भगवान की इच्छा से भी नया प्राण आकर सब दुःख-दर्द दूर कर देता है।

## प्रसवकाल में पति-पत्नी का कर्तव्य और अभिभावकों के जानने योग्य बातें

| जैसा होता है | खुद क्या करेंगी | बच्चेदानी संकुचन के समय श्वास-प्रक्रिया के नियम | अभिभावक, डॉक्टर और खुद के कर्तव्य |
|---|---|---|---|
| कई बार बच्चे के जन्म के दो-चार महीने पहले से बच्चेदानी का संकुचन अनुभव किया जाता है। रह-रहकर दर्द का एहसास होता है, कभी-कभी सफेद स्राव भी बढ़ जाता है। बच्चे के हिलने-डुलने की अनुभूति पहले से थोड़ी कम हो सकती है। प्रसवकाल में विभिन्न तरह के विचार मन को आलोड़ित करते हैं और उससे नींद ठीक से पूरी नहीं होती। | पारिवारिक कामकाज कम कर दीजिए और अस्पताल में जाने की पूरी तैयारी करके रखिए। सूटकेश में कपड़े-लत्ते आदि रख लें। अस्पताल या नर्सिंग होम का फोन नंबर भी पास ही रखें। दूसरे कर्तव्य : पति के दफ्तर का फोन नंबर और पता भी लिखकर रखें। इस समय सभी काम ठीक से करने पर मनोबल अटूट रहेगा। शरीर को शिथिल करनेवाले व्यायाम का अभ्यास करें। | प्राणायाम जैसी श्वास-प्रक्रिया का अभ्यास करें। पैर फैलाकर सोकर शरीर को शिथिल करने का अभ्यास करें। बच्चा होनेवाला व्यायाम करते समय पत्नी को पति उत्साहित कर सकता है। | पति-पत्नी मिलकर किताब पढ़कर स्वाभाविक बच्चा होने की प्रणाली के विषय में जानकारी लें। सभी कर्तव्यों के बारे में मोटे तौर पर प्लान बनाकर रखें। |

## प्रसव की प्रक्रिया शुरू होने पर क्या करना चाहिए

| जैसा होता है | खुद क्या करेंगी | बच्चेदानी संकुचन के समय श्वास-प्रक्रिया के नियम | अभिभावक, डॉक्टर और खुद के कर्तव्य |
|---|---|---|---|
| प्रसव का दर्द उठने पर बच्चेदानी के संकुचन को ठीक से अनुभव किया जाता है और संकुचन दर्द वाला होता जाता है। दर्द बच्चेदानी के ऊपरी हिस्से से होकर नीचे की तरफ जाता है और क्रमशः जाँघों और पैरों की तरफ उतरता है। प्रसव का संकेत हुआ जान लेने पर माँ या पति को इसकी जानकारी देनी चाहिए। उत्तेजना और आशंका को दबाकर मन को स्थिर करने की कोशिश करनी चाहिए | प्रसव की सूचना के लक्षणों को मिलाकर देखना चाहिए। बच्चेदानी का संकुचन थोड़ा-थोड़ा रुककर होता है। अंतराल का समय और संकुचन के समय का निर्णय करने की कोशिश करें। अभिभावकों से कहकर डॉक्टर और अस्पताल या नर्सिंग होम के साथ संपर्क करके खुद को तैयार कर लें। | बच्चेदानी के संकुचन के समय शरीर को शिथिल करके साँस लें। इस समय सोने से भी काम नहीं चलता है। बैठकर या चलते-फिरते हुए दर्द होते समय साँस लेकर मन और शरीर को संयत रखें और संकुचन का समय निर्देशित करने में नर्स या पति सहायता कर सकते हैं। | खबर मिलने के बाद पति या अन्य अभिभावक अस्पताल जाने का इंतजाम करेंगे। बहुत ज्यादा भागदौड़ या उत्तेजनापूर्ण परिस्थिति न बनाएँ। गर्भवती को प्रसन्न रखें और डॉक्टर से संपर्क बनाए रखें। भोर के प्रथम प्रहर में यदि दर्द शुरू हुआ तो थोड़ा समय लेकर नित्य क्रिया समाप्त करके नहा-धोकर अस्पताल जाने के लिए तैयार होइए। शाम को दर्द शुरू होने पर रात तक जल्दी से अस्पताल चले जाएँ। रात के बारह या एक बजने का इंतजार न करें। जाने से पहले खाना न खाएँ। |

## प्रसव के बिलकुल आरंभिक चरण में

| जैसा होता है | खुद क्या करेंगी | साँस लेने और छोड़ने के नियम | दूसरे करने योग्य काम |
|---|---|---|---|
| संकुचन के प्रभाव से बच्चेदानी का मुँह पतला होता जाता है और फिर प्रसारित होना शुरू करता है। धीरे-धीरे संकुचन का समय बढ़ता रहता है और रुकने का अंतराल कम होता जाता है। संकुचन के परिणामस्वरूप बच्चेदानी का मुँह और भी खुलता जाता है और तब लाल और लाल-सफेद मिश्रित स्राव बढ़ सकता है। इतना जल्दी-जल्दी होने वाला संकुचन आपका ध्यान आकर्षित करेगा। लेकिन ऐसे वक्त में घबराए बिना शरीर को ढीला रखने की कोशिश करें। | संकुचन की प्रक्रिया और प्रसव के प्रथम चरण का संकेत मिलने पर शरीर को शिथिल करके साँस लें। संकुचन के साथ सामंजस्य रखकर लंबी साँस लें और विराम के समय सोकर या बैठकर ध्यान कहीं और ले जाकर विश्राम करें। इस समय अभिभावकों द्वारा अस्पताल ले जाने की तैयारी करने पर आहिस्ते-आहिस्ते उनके साथ जाकर गाड़ी में बैठें। गाड़ी के अंदर संकुचन का एहसास होने पर जहाँ तक संभव हो शरीर को शिथिल करके साँस लेने की कोशिश करें। | धीरे-धीरे लंबी साँस लेने और छोड़ने की प्रक्रिया : पेट और बच्चेदानी की पेशियों में खिंचाव का अनुभव होते ही इस तरह की साँस मन का संयम बढ़ाती है और दर्द को कम करती है। (चित्र 12/6 ख) | अभिभावकों के साथ छोटी-मोटी बातों पर चर्चा करते हुए ध्यान कहीं और लगाए रखें। मन अस्थिर होता हो, ऐसी चर्चा से ऐसे वक्त में दूर रहें। माँ या मौसी आदि दर्द के समय पीठ के निचले हिस्से में या पेट के निचले हिस्से में धीरे-धीरे मालिश कर सकती हैं। फिर कहा जा रहा है कि अस्पताल जाने से पहले अधिक मत खिलाइएगा। चाय या पानी के अलावा भारी कुछ भी नहीं खिलाना चाहिए। |

## प्रसव के प्रथम चरण की अंतिम स्थिति में क्या होता है

| जैसा होता है | खुद क्या करेंगी | बच्चेदानी का संकुचन और श्वास-प्रक्रिया की पद्धति | अन्य करने लायक बातें |
|---|---|---|---|
| बच्चेदानी का संकुचन क्रमशः जल्दी-जल्दी होने लगेगा और अधिक समय तक ठहरेगा, विराम का समय कम होता जाएगा। निर्विघ्न रूप से प्रसव के समापन के बारे में सोचें, संशय और संदेहमुक्त मन के साथ आगे बढ़ें। | जिस तरह से भी रहने पर आराम मिलता है वैसे सोकर शरीर को शिथिल करके साँस लें। टेढ़ी होकर बगल वाला तकिया लेकर लेटने की स्थिति में शरीर को शिथिल रखने की कोशिश करें। चीखने-चिल्लाने, हाथ-पाँव पटकने या मुट्ठी भींचने, होंठ काटने आदि से बचें। | सिर-गर्दन को शिथिल करके जल्दी-जल्दी छोटी-छोटी साँस लें। (चित्र 12/6 ख) | पति, अभिभावक, नर्स या डॉक्टर को चाहिए कि श्वास लेने की पद्धति के विषय में समझा दें। मुँह में थोड़ा-सा पानी देकर गले को गीला कर दें। गीले रूमाल या छोटे तौलिया से होंठ, मुँह, आँखों को गीला कर दें। हथेली और पैरों के तलवे पोंछ देने से भी आराम मिलता है। |

## प्रथम से द्वितीय चरण में जाने की स्थिति

| | | | |
|---|---|---|---|
| क्रमशः अधिक समय तक स्थायी होने वाले संकुचन का संकेत मिलता है। यह संकुचन बच्चे-दानी के मुँह के पूर्ण प्रसारण में सहायता करता है। क्रमशः संकुचन घना और एकत्रित होता जाता है और नीचे की ओर दबाव के समय मलद्वार में दबाव की अनुभूति होने पर काँखने की इच्छा होती है। इसके साथ थोड़ी उबकाई और पसीना आ सकता है। इसके बाद ही संकुचन **की प्रक्रिया में परिवर्तन** होता **रहता है।** | श्वास नियंत्रण पर ध्यान दें। काँखने की इच्छा होने पर बीच-बीच में लंबी साँस लें। साँस रोककर कभी मत काँखिए। परिवर्तित ढंग की जल्दी-जल्दी छोटी-छोटी साँस लें तथा शरीर और मन को संयमित और स्थिति के साथ तालमेल रखकर शिथिल रखें। | पहले की तरह मुँह फाड़कर जल्दी से छोटी-छोटी साँस लें और छोड़ें। इस समय तकिए की सहायता से सिर को ऊँचा कर लें। (चित्र 12/6 ग) | परिवर्तित अनुभूति और स्वाभाविकता और स्थायित्व के विषय में नर्सों से आश्वासन। यह समय एक स्थिति के परिवर्तन का संकेत है, यह याद दिला देना चाहिए। उत्तेजना, आशंका और संशय की संभाव्य अभिव्यक्तियों को सहने के लिए सांत्वना देने पर गर्भवती का मनोबल बढ़ता है। ऐसी स्थिति में गर्भवती को अकेले नहीं छोड़ना चाहिए |

## प्रसव के द्वितीय चरण की अनुभूति और कर्तव्य

| | | | |
|---|---|---|---|
| इस समय संकुचन की धारा बदल जाती है। नीचे की ओर दबाव क्रमशः प्रबल होता जाता है। अंतर्वर्ती समय में बच्चेदानी शिथिल रहती है। क्रमशः दबाव प्रबल होता जाता है और बच्चे का सिर योनिपथ के नीचे की ओर उतरता रहता है। तब योनिद्वार प्रसारित होता है। फिर पुनः-पुनः दबाव आता जाता है और योनिपथ में बच्चे का सिर दिखाई पड़ता है। | अब काँखने वाले दर्द का संकेत मिलता है। जाँघों को पेट पर लाकर घुटनों को मोड़कर मलद्वार की ओर पाखाना करने की तरह दबाव डालिए। इसी बीच संकुचन के अंतराल के समय पूर्ण विश्राम लें और लंबी साँस लेकर शरीर को शिथिल रखें। इस समय प्रसविनी को 'ऑपरेशन रूम' से प्रसव कक्ष में रूपांतरित करते हैं। प्रसव टेबुल पर सुला देने के बाद संकुचन के निर्देश की तरह दबाव डालें और बीच-बीच में विश्राम ले लें। काँखने के लिए कहने पर पैर उठा कर नीचे की ओर दबाव डालें। | साँस रोककर नीचे की ओर पाखाना करने की तरह दबाव डालें। इस समय पेट की पेशियों की सहायता लेनी पड़ती है और बच्चे का सिर निकालने के लिए दबाव डालना पड़ता है। (चित्र 12/6 घ) | डॉक्टर या नर्स इस वक्त काँखने का निर्देश देते हैं। संकुचन के अंतराल में विश्राम लेने के लिए उत्साहित करते हैं और 'सबकुछ ठीक-ठाक हो रहा है' कहकर आश्वस्त करते हैं। नियंत्रित दबाव और साँस की सहायता से बच्चे का सिर नीचे की ओर उतर आने पर क्रमशः वह योनिद्वार में दिखाई देता है। डॉक्टर जब धीरे-धीरे सिर निकालते हैं तब दबाव डालना बंद करके 'माँ'-'माँ' कहकर पुकारने पर शरीर शिथिल हो जाता है। इसके बाद बच्चे का सिर और कंधा निकलने के बाद धीरे-धीरे बच्चे के जन्म लेने पर आराम का एहसास होता है। |

<table>
<tr><th colspan="4">प्रसव के तृतीय चरण में क्या होता है</th></tr>
<tr>
<td>प्रसव के बाद बच्चे को देखते ही माँ का मन खुशी से भर जाता है मानो आनंदाश्रु में सारी क्लांति और दर्द धुल जाता है। लेकिन इसके बाद फूल के निकलने तक धैर्य के साथ रहना पड़ता है, क्योंकि इस समय रह-रहकर बच्चेदानी का संकुचन होता है, थोड़ा-थोड़ा रक्तस्राव होता है और दर्द का एहसास होते हुए धीरे-धीरे फूल और उससे जुड़ा झिल्ली समूह निकल आता है।</td>
<td>बच्चे को देखकर, वह लड़का है या लड़की, पता कर लें। नए प्राण सृष्टि की खुशी को मन को संयमित रखकर अनुभव करें।<br>फूल निकलने से पूर्व अवधि तक निर्देश को मानकर चलें। बाद में सिलाई करते समय भी नर्स के साथ सहयोग बनाए रखें।</td>
<td>बच्चेदानी और पेट बहुत नाजुक होते हैं, लेकिन डॉक्टर और नर्स देख लेते हैं कि कोई अस्वाभाविक रक्तस्राव हो रहा है या नहीं या कि बच्चेदानी ठीक से संकुचित और कड़ी है या नहीं।</td>
<td>प्रसव के बाद नर्स द्वारा अच्छी तरह साफ-सुथरा करके सुला देने के बाद मन और शरीर को संयमित करके विश्राम करने की कोशिश करनी चाहिए। इस समय थोड़ा हॉर्लिक्स, गरम दूध या चाय पीने से क्लांति और अवसाद दूर हो जाता है।</td>
</tr>
</table>

# 13
# प्रसवकालीन विलंब और बीमारियाँ

प्रतिकूल भाग्य आता
हिंसक भयानक रूप में
तभी तक वह अनर्थकारी
जब तक करूँ उससे भय...
—रवीन्द्रनाथ

प्रसव में विलंब होने पर घर के उम्रदराज लोग अपनी सामान्य बुद्धि से शंकित होते हैं। डॉक्टरों को भी चिंता न होती हो, ऐसी बात नहीं, लेकिन धैर्यपूर्वक सही कारणों का पता लगाकर सही कदम उठाने पर खतरा टल सकता है। करीब पंद्रह वर्ष पहले 48 घंटे बीत जाने पर यह समझा जाता था कि प्रसव में विलंब हो रहा है। अनुभव के आधार पर पाया गया कि लगातार काफी समय तक प्रतीक्षा करने पर माँ और बच्चा दोनों ही अवसादग्रस्त हो जाते हैं। उतनी देर तक दर्द सहने के बाद बच्चे का क्लेश शुरू होता है और तब फरसेप्स या सिजेरियन करने पर भी दोनों में बीमारी और खतरा नजर आता है। इसलिए आजकल 14-18 घंटा पार होते ही यह समझ लिया जाता है कि प्रसव में विलंब हो रहा है। समय के अतिक्रमण के अलावा प्रसव की अग्रगति की मात्रा को निम्नलिखित परिवर्तन के जरिए आँका जाता है--

1. बच्चेदानी के मुँह का प्रसारण कितना हो रहा है।
2. पेट के निचले हिस्से (वस्तिगुहा) में कितनी देर में बच्चे का सिर पहुँच रहा है।

## *किन-किन कारणों से प्रसव में विलंब होता है ?*

सामान्यतया बच्चेदानी की पेशी का संकुचन कमजोर होने या बच्चे के सिर की स्थिति सही नहीं होने पर प्रसव की अग्रगति में बाधा आती है। योनिपथ की परिधि या वस्तिगह्वर की हड्डी के नाप में प्रसारण न होने पर भी बच्चे के निकलने में विलंब हो सकता है।

प्रसव के समय बच्चेदानी की पेशियों की क्षमता कमजोर पड़ने पर भ्रूण के बच्चे

को नीचे की ओर वे ठेल नहीं सकतीं। कमजोर, निष्फल और अनियमित संकुचन से बच्चेदानी की पेशियाँ निष्क्रिय हो जाती हैं और गर्भाशय के मुँह के संप्रसारित होने में देर लगती है। बच्चेदानी की पेशियों के निष्फल संकुचन के कारण बच्चे का मस्तिष्क वस्तिगह्वर में सही ढंग से नहीं रहता और सहज ढंग से नीचे की तरफ बढ़ नहीं सकता। बच्चेदानी की शिथिलता के कारण प्रसव में विलंब होता है और अधिक देर होने पर जच्चा और बच्चा दोनों को कई रोगों का शिकार होते देखा जाता है।

### *अनियमित और अत्यधिक संकुचन*

कभी-कभी बच्चेदानी की पेशियाँ अनियमित रूप से बहुत अधिक संकुचित हो जाती हैं और उनमें कोमलता की कमी अग्रगति में बाधा उत्पन्न करती है। अधिक मात्रा में संकुचन के परिणामस्वरूप दर्द की अनुभूति भी अधिक होती है और बच्चेदानी का मुँह अवरुद्ध रहता है। ऐसी स्थिति में इतना दर्द होता है कि लगता है कमर फट रही है। इससे माँ के मन में ड़र बैठ जाता है, मानसिक अवसाद और अस्थिरता बढ़ सकती है और दर्द सहने की क्षमता कम होती जाती है। अधिक उम्र में बच्चा होने पर प्रसव से पूर्व पानी के टूटने पर या बच्चे के सिर का स्थान सही नहीं होने पर, इस तरह की अनियमित या अतिरिक्त संकुचन की स्थिति आती है। इससे आसानी से समझ में आता है कि बच्चेदानी की पेशियों के संकुचन और शिथिलता की अस्वाभाविकता के परिणामस्वरूप प्रसव का प्रथम चरण मंथर या विलंबित हो सकता है।

### *बच्चे के मस्तक की अस्वाभाविक स्थिति*

अधिकांश मामलों में गर्भाशय में रहने वाले भ्रूणस्थ बच्चे का मस्तक नीचे की तरफ बच्चेदानी के मुँह के ठीक ऊपर होता है। बच्चे के हाथ, पाँव, सिर इस तरह से कुंडली की तरह रहते हैं कि पूर्ण गर्भावस्था में भी बच्चा बहुत कम जगह में रह सकता है।

कभी-कभी बच्चे के पैर या नितंब नीचे की ओर रहते हैं। सामान्य भाषा में (बँगला में) इसे पादुको कहा जाता है। (चित्र 13/1) किसी-किसी मामले में भ्रूणस्थ बच्चा सपाट भी रहता है। (चित्र 13/2) इस स्थिति में स्वाभाविक प्रसव नहीं होता। पहले से डॉक्टर को न दिखाने के कारण हमारे देश में गाँव में रहने वाली माताओं को बच्चे की इस स्थिति के बारे में जानकारी नहीं रहती। ऐसी घटनाओं में प्रसव के समय विलंब होता है और अंततः अत्यधिक संकुचन के कारण बच्चेदानी की पेशियाँ फट भी सकती हैं और गर्भवती की प्राणहानि की आशंका भी रहती है।

### *मस्तक की अवस्थिति*

शिशु के मस्तक का अलग-अलग हिस्सा आमतौर पर तीन तरह से वस्तिगह्वर में प्रवेश

कर सकता है—

1. तालू, 2. ललाट, 3. मुखमंडल

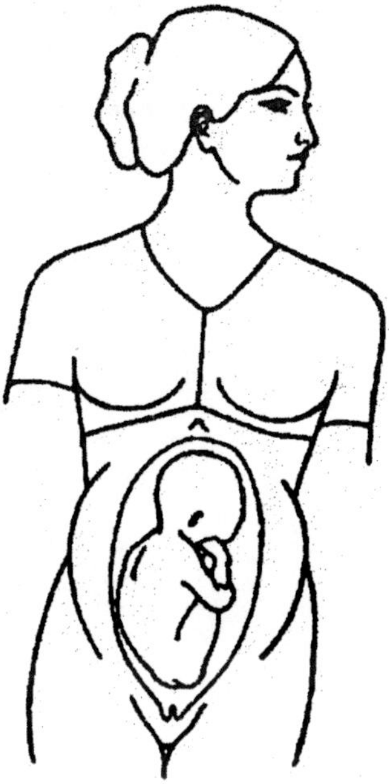

चित्र 13/1 : अस्वाभाविक रूप में पाँव या नितंब नीचे होने की स्थिति

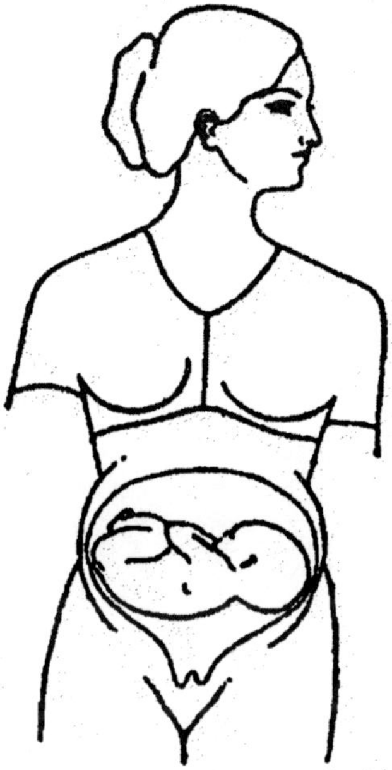

चित्र 13/2 : अस्वाभाविक सपाट स्थिति

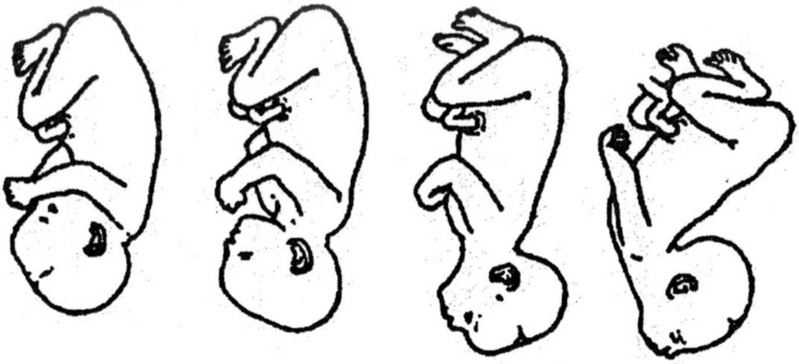

1. तालू 2. ललाट 3. मुखमंडल

चित्र 13/3 : भ्रूणस्थ शिशु के मस्तक की अलग-अलग स्थिति

शिशु के तालू को डॉक्टरी भाषा में ऑक्सिपुट कहा जाता है। स्वाभाविक स्थिति में तालू का पिछला हिस्सा माँ के वस्तिगह्वर (मूत्राशय) के सामने की तरफ रहता है। (चित्र 13/3 और 13/4) इस स्थिति में बच्चे की पीठ माँ के पेट के सामने की तरफ रहती है। दर्द शुरू होने पर तालू का पीछे का हिस्सा नीचे की तरफ उतरता है और सिर की चौड़ाई छोटी होकर वस्तिगह्वर (मूत्राशय) में आसानी से नीचे उतर आती है। नीचे आने पर सामने की तरफ घूमकर बच्चे का सिर पेशाबद्वार में पहुँच जाता है और बाद में स्वाभाविक रूप से योनिमुख से बाहर निकल आता है।

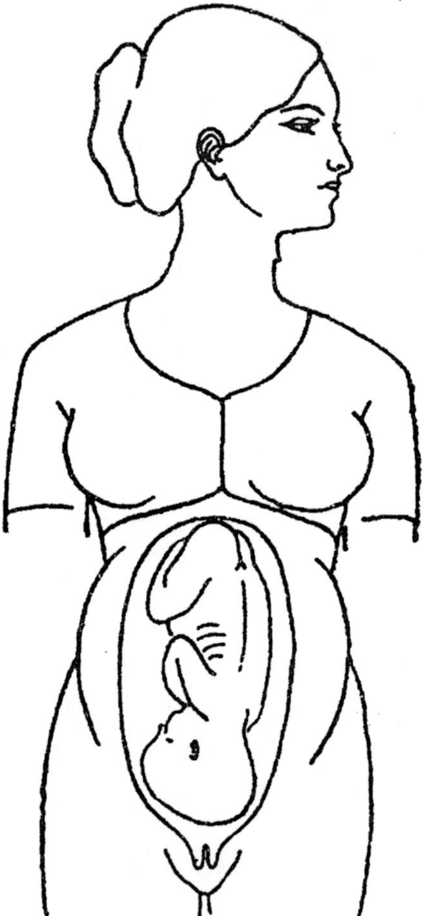

चित्र 13/4 : स्वाभाविक सम्मुख तालू की स्थिति

किसी कारणवश यदि तालू का पिछला हिस्सा पीछे की तरफ घूम जाता है तो सिर के बड़े आकार और मोटाई के वस्तिगह्वर (मूत्राशय) में प्रवेश करने में देर लगती है। इस स्थिति में बच्चे की पीठ माँ के पेट के पीछे की तरफ रहती है।

प्रसव वेदना शुरू होने पर और मूत्राशय की हड्डी का नाप सही होने पर तालू का पिछला हिस्सा नीचे आकर करीब 7 प्रतिशत मामलों में क्रम से घूमकर पुनः सामने की तरफ आ जाता है और सहज ढंग से प्रसव होता है। कभी-कभी तालू सामने की तरफ न घूमकर अपरिवर्तित स्थिति में रह जाती है या पीछे की तरफ घूम जाता है और

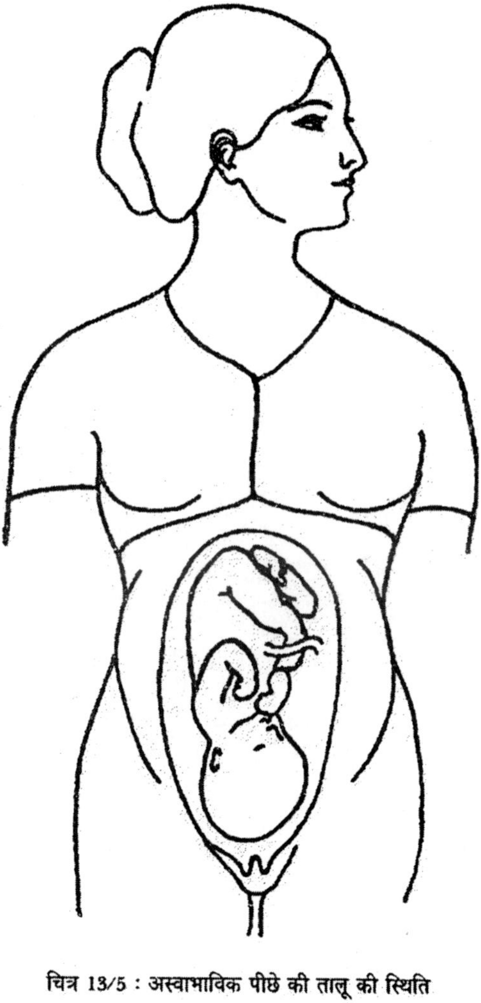

चित्र 13/5 : अस्वाभाविक पीछे की तालू की स्थिति

सिर की बड़ी आकृति नीचे मूत्राशय की हड्डी में अटक जाती है। ऐसी स्थिति में कुछ मामलों में बच्चेदानी का मुँह पूरी तरह से प्रसारित होने पर हाथ से तालू को सामने की तरफ घुमाकर फरसेप्स डिलिवरी करनी पड़ती है। इसे 'पश्चात् तालू अवस्थिति' (पीछे की ओर तालू की स्थिति) कहा जाता है।

## *तालू अंग के अलावा अन्य अवस्थितियाँ*

पहले सिर का ललाट या मुखमंडल मूत्राशय में प्रवेश करने पर गंभीर बाधा उपस्थित होती है। बच्चे का पिछला हिस्सा आधा या नितंब पहले आने पर भी बच्चे को बहुत खतरा हो सकता है (चित्र 13/6)। इससे बच्चे के जन्म लेने में असुविधा होती है। इस तरह से बच्चे के प्रसव के समय उसका नितंब, कंधा या सिर के अटक जाने पर प्रसव में बाधा आती है और बच्चे के सिर पर दबाव पड़ सकता है। ज्यादा विलंब होने पर या इस स्थिति में जोर-जबरदस्ती करके प्रसव करवाने पर शिशु के मस्तिष्क से रक्तक्षरण होकर उसकी साँस प्रक्रिया रुक सकती है।

## *योनिद्वार और वस्तिप्रदेश (मूत्राशय) का अप्रसारण*

योनिद्वार या मूत्राशय की हड्डी के अप्रसार के कारण बच्चे के सिर की अग्रगति में बाधा उत्पन्न हो सकती है। जो स्त्रियाँ लंबाई में 4 फुट 10 इंच से कम हों, पूर्ण माह में जिनके बच्चे का सिर वस्तिगह्वर में प्रवेश नहीं करता, या जिनको कमर की बीमारी के कारण लँगड़ा-लँगड़ाकर चलना पड़ता है, उनको पूर्णमाह में अच्छी तरह से हड्डी की नाप-जोख करा लेनी चाहिए। आंतरिक जाँच के जरिए बच्चे के सिर की स्थिति, बच्चेदानी के मुँह की कोमलता और हड्डी की नाप ठीक से देख लेनी चाहिए। पूर्ण माह में माँ को बैठाकर यदि वस्तिगह्वर में भ्रूण-शिशु के मस्तक को घुसा दिया जाए तो पता चलता है कि बच्चे का मस्तक और वस्ति की हड्डियों में कोई असामंजस्य नहीं है और दर्द उठने के बाद सिर के प्रवेश कर जाने की संभावना है।

वस्तिगह्वर में हड्डी के आकार में कई भिन्नताएँ हैं। अस्वस्था या अस्वस्थ परिवेश में और पौष्टिक आहार के अभाव में स्त्रियों की हड्डियों की नाप अस्वाभाविक या छोटी हो जाती है। ऐसी स्थिति में कई बार सिजेरियन ऑपरेशन की जरूरत होती है। काफी देर तक प्रसव वेदना न होने पर बहुत-से बच्चों का सिर और माँ के वस्तिगह्वर की असामंजस्यता का निर्धारण नहीं किया जा सकता।

पहले ही कहा जा चुका है कि प्रसव के तीन चरण होते हैं। पहला चरण दर्द उठने के बाद से बच्चेदानी के मुँह के पूर्ण प्रसारित होने तक का है। पूर्ण प्रसारण से प्रसव होने में एक से दो घंटे का समय लगता है। इसके बाद फूल और उससे जुड़े झिल्ली-समूह के निकलने में पंद्रह मिनट से आधा घंटे का समय लगता है। सामान्यतः प्रथम चरण में 18 से 20 घंटे से अधिक समय हो जाने पर उसे विलंबित समझा जा

सकता है। ऐसी स्थिति में माँ के मन का दुःख कम करने के लिए उचित भरोसे के जरिए साहस का संचार करना चाहिए। 4-5 घंटा प्रसव-वेदना रहने के बाद मुँह से खाना खिलाना कम कर देना चाहिए और अधिक समय तक दर्द रहने पर ताकत बनाए रखने के लिए पाँच प्रतिशत ग्लूकोज मिश्रित 540 मि. लीटर पानी नसों में संचारित करने लग जाना चाहिए। इसके बाद माँ की हालत, बच्चे के हृदय का स्पंदन और दूसरे क्लेश

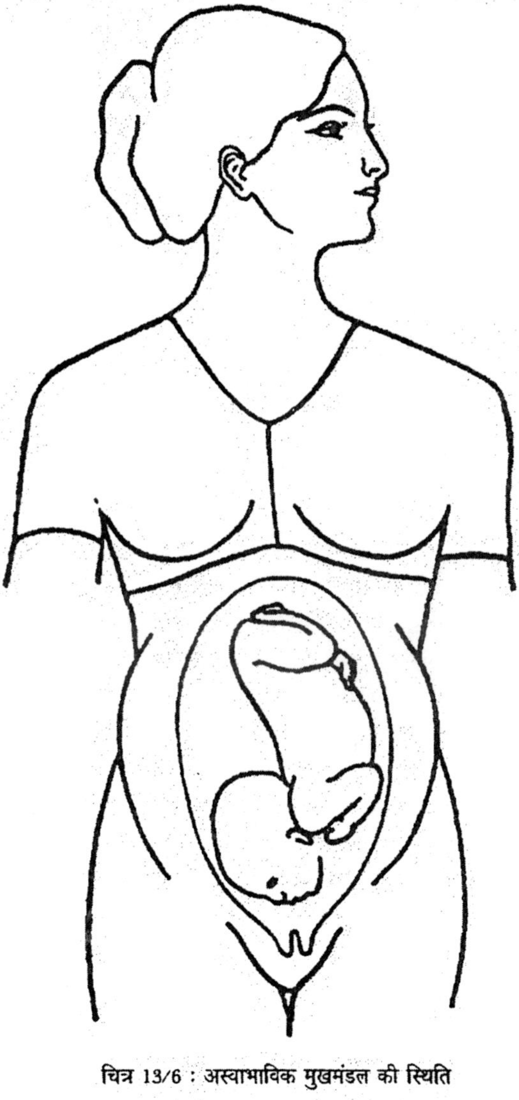

चित्र 13/6 : अस्वाभाविक मुखमंडल की स्थिति

के संकेत के लिए प्रति घंटा जच्चे और बच्चे की अच्छी तरह जाँच करनी चाहिए। यदि बच्चेदानी का मुँह अच्छी तरह प्रसारित हो जाता है और बच्चे के सिर की अग्रगति बनी रहे तो और इंतजार करने के बाद सिर नीचे आने पर फरसेप्स का इस्तेमाल किया जा सकता है। (चित्र 13/7, 13/8 ) दर्द बढ़ाने के लिए या दर्द की अनुभूति कम करने

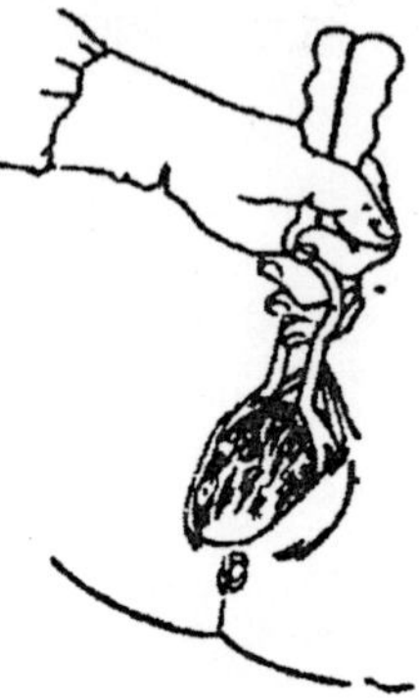

चित्र 13/7

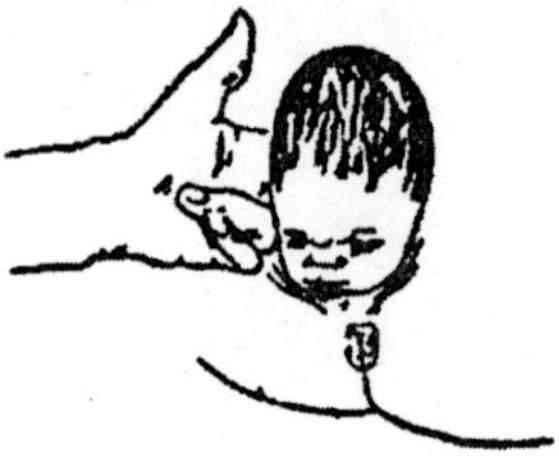

चित्र 13/8

फरसेप्स ऑपरेशन का दृश्य

के लिए आजकल कई तरह की दवाएँ निकली हैं। पैथेडिन, स्पैरिन आदि दर्द की मात्रा को कम करती हैं। पिट्यूटरी ग्लैंड से निःसृत रस से प्राप्त पिटोसिन या सिंटोसिनिन दो यूनिट 540 मि. लीटर ग्लूकोज ड्रिप का इस्तेमाल करके शिथिल बच्चेदानी की पेशियों को पुनः संकुचित किया जा सकता है। दवा के इस्तेमाल से भी प्रसव की अग्रगति में सहायता मिलती है और प्रसव स्वाभाविक हो पाता है।

प्रसव के दूसरे चरण में आकर भी कई बार विलंब हो सकता है। ऐसी स्थिति में बच्चेदानी का मुँह पूरी तरह प्रसारित होने के बाद भी सिर नीचे नहीं आता। पहली बार गर्भवती होनेवाली स्त्री का द्वितीय चरण सामान्यतः दो घंटे में समाप्त हो जाता है। इससे अधिक समय बीत जाने पर समझना होगा कि बच्चेदानी के संकुचन की क्षमता का ह्रास हुआ है या बच्चे के सिर की स्थिति सही नहीं है या माँ के योनिद्वार या प्रसवद्वार की हड्डी की नाप छोटी है।

आमतौर पर इन मामलों में फरसेप्स या वेंटुस का प्रयोग करके प्रसव कराया जाता है। (चित्र 13/7) योनिद्वार की पेशी और चमड़े के अप्रसारण को कम करने के लिए पेरिनियम को काटकर बड़ा कर लिया जाता है, इस विधि को एपिसियेटमी कहा जाता है।

प्रसव के तीसरे चरण में विलंब के साथ अतिरिक्त मात्रा में रक्तस्राव हो सकता है, क्योंकि फूल और उससे संलग्न झिल्ली न निकलने पर बच्चेदानी पूरी तरह से संकुचित नहीं हो सकती।

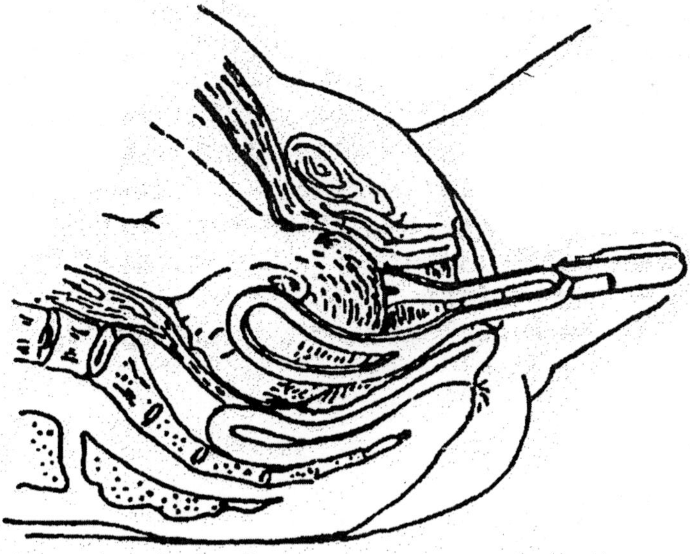

चित्र 13/9 : बच्चे के सिर के पास फरसेप्स का स्थान

आजकल बच्चे के जन्म के समय एरगोमेट्रिन नामक दवा प्रसूता की नसों में या मांसपेशियों में इंजेक्शन की सहायता से दी जाती है। इससे तीन से लेकर दस मिनट के अंदर फूल स्वाभाविक रूप से बाहर निकल आता है। आमतौर पर तीस मिनट से एक घंटा के बीच तृतीय चरण की समाप्ति हो जानी चाहिए। एक घंटा से अधिक समय निकल जाने पर भी यदि फूल बाहर नहीं निकले तो गंभीर खतरा हो सकता है। लगातार खून बहने से माँ कमजोर हो जाती है। अतिरिक्त रक्तस्राव फूल के गिरने से पहले या बाद में भी हो सकता है। फूल के अटक जाने पर या फूल का छोटा-सा अंश बच्चेदानी में रह जाने पर रक्तस्राव को बंद करने के लिए माँ को बेहोश करके हाथ घुसाकर फूल या उसके बचे हुए हिस्से को निकालना पड़ता है। इस स्थिति में अतिरिक्त मात्रा में रक्तस्राव पर माँ को मानसिक आघात लग सकता है और तब उचित परिवेश में ग्लूकोज, सेलाइन, खून देने की व्यवस्था नहीं रहने पर हालत में गिरावट आ सकती है तथा जान जाने की भी आशंका रहती है। कभी-कभी बच्चे का आकार बड़ा होने पर भी फरसेप्स करने से प्रसवद्वार या बच्चेदानी का मुँह जख्मी हो सकता है और इससे रक्तस्राव हो सकता है। अधीर होकर फूल के रज्जु को पकड़कर खींचतान करने से बच्चेदानी उलटकर बाहर आ सकती है। यह समस्या बहुत गंभीर है। कभी-कभी शॉक या मानसिक आघात से हार्टफेल होकर या खून के फेफड़े की धमनी में छिटक जाने पर माँ के खून का संचार रुक जाने से उसकी आकस्मिक मृत्यु भी हो सकती है। हमारे

गाँवों में आज भी बहुतेरी स्त्रियाँ प्रसव के बाद इन गंभीर मामलों से मृत्यु की गोद में समा जाती हैं।

इससे हम पाते हैं कि प्रसव के बाद कम-से-कम दो-तीन घंटों तक प्रसूता के प्रति नर्स, डॉक्टर या अन्य सहयोगियों को ध्यान रखना चाहिए। विलंबित प्रसव के सभी चरणों में माँ की सेवा और देखरेख के प्रति कोई त्रुटि नहीं होने देनी चाहिए, यह एक बहुत ही महत्त्वपूर्ण और गंभीर उत्तरदायित्व है। गर्भवती को परिवारवालों द्वारा डॉक्टर को न दिखाने पर उसके खून की कमी और हार्ट की समस्या के बारे में डॉक्टर अनभिज्ञ रहेंगे। ऊपर से यदि विलंबित प्रसव का भी कष्ट सहना पड़े तो वह आघात उसके लिए असहनीय हो सकता है। किसी स्त्री के प्रसव के सभी चरणों में उचित सहायता करना सबका फर्ज बनता है। यह एक संयुक्त प्रयास है। सिर्फ अच्छे ऑपरेशन से ही विपदा को टाला नहीं जा सकता।

# 14

# भ्रूणस्थ शिशु के कष्ट

भ्रूणस्थ शिशु ऑक्सीजन के द्वारा जिंदा रहता है। यह ऑक्सीजन माँ के खून में फूल से होकर शिशु की धमनी में आती है और बच्चे के मस्तिष्क तथा हृदय को सक्रिय रखती है। कई कारणों से ऑक्सीजन के संचार में बाधा आ सकती है। यह बाधा आकस्मिक या धीरे-धीरे आ सकती है। फूल के स्वाभाविक कार्य में बाधा आने पर बच्चे की बुद्धि में ह्रास हो सकता है।

माँ को गर्भावस्था के दौरान विभिन्न तरह के रोग होने पर ऑक्सीजन का संचार कम हो जाता है। गर्भावस्था में ब्लडप्रेशर संबंधी रोग, आकस्मिक रक्तस्राव, किडनी की बीमारी, डायबिटीज, आर. एच. की विषमता, पूर्ण माह के बाद समय निकल जाना आदि कई कारणों से बच्चे को कष्ट पहुँच सकता है।

सामान्यतया आकस्मिक कष्ट प्रसव के समय में ही होता है। देर से प्रसव, बच्चे के जन्म से पहले ही रक्तस्राव, नाभिरज्जु या फूल पर दबाव या जबरदस्ती फरसेप्स या 'पादुको' की स्थिति में प्रसव के परिणामस्वरूप बच्चा ऑक्सीजन की कमी से मुक्त होगा। गले में कार्ड लपेटा रहने पर या माँ को नींद या दर्द को कम करने वाला इंजेक्शन या बेहोशी की दवा देने पर भी बच्चे को हानि हो सकती है।

गर्भस्थ शिशु का कष्ट सामान्यतया निम्नलिखित जाँच के द्वारा जाना जा सकता है—

1. गर्भस्थ शिशु के हृदय का स्पंदन 110 से कम या 160 से अधिक।
2. बच्चे का अतिरिक्त हिलना-डुलना।
3. भ्रूणस्थ पानी की हरी विवर्णता।

1. आमतौर पर गर्भस्थ हृदयस्पंदन 120 से 160 तक हो सकता है। बच्चेदानी के संकुचन के समय हार्टबिट कुछ कम होता है, लेकिन बच्चेदानी के प्रसारण के साथ-साथ वह स्वाभाविक हो जाता है। ऑक्सीजन का अभाव होने पर बच्चे का हृदय काफी देर तक कम या अधिक गति में चलता रहता है और नियमित गति से नहीं धड़कता। काफी देर तक हृदय की गति का ह्रास होने पर बच्चे को हानि पहुँचने की आशंका रहती है।

2. गर्भस्थ शिशु का अस्वाभाविक रूप से हिलना-डुलना बच्चे के श्वासरोध का लक्षण है।

3. भ्रूणस्थ शिशु के चारों तरफ पानी की भरी हुई थैली होती है। यह पानी नल के पानी की तरह साफ होता है। सांस की तकलीफ के कारण बच्चे का मल निकलकर पानी में पड़ने पर वह पानी हरे रंग का हो जाता है। ऑक्सीजन के संचार में कमी रहने पर वह पानी हलका हरे रंग का होता है। अस्वाभाविक साँस की तकलीफ होने पर बच्चा मल त्याग देता है और तब भ्रूणस्थ पानी का रंग मटर के दाने की तरह गाढ़े हरे रंग का हो जाता है। यह स्थिति बहुत ही खतरे का संकेत है।

आजकल मशीन की सहायता से बच्चे की हार्टबिट का पता लगाया जाता है। यहाँ तक कि प्रसवकाल में बच्चे के सिर में से खून लेकर उसका ऑक्सीजन नापा जाता है।

भ्रूणस्थ शिशु को ऑक्सीजन के अभाव में आकस्मिक कष्ट या गंभीर खतरे की आशंका रहने पर कई बार सिजेरियन ऑपरेशन करना पड़ता है।

जो डर या संशय की पृष्ठभूमि में संपूर्ण शिशु जन्म की प्रक्रिया को अस्वाभाविक रूप से देखती हैं, उन स्त्रियों को ही प्रसव के समय जटिलता का सामना करना पड़ता है। प्रसव की पद्धति के साथ शरीर और मन का सामंजस्य रखकर सहज ढंग से बच्चे के जन्म को ग्रहण न कर पाने के परिणामस्वरूप बहुत-सी लड़कियाँ प्रसवकाल में सक्रिय सहायता नहीं करतीं। दूसरे मामले में प्रसव में देर होने पर क्रमशः पेशी के संचालन में दिक्कत हो सकती है और पानी तथा भोजन के अभाव में माँ का शरीर कमजोर पड़ सकता है। प्रसव के शुरू के आठ-दस घंटे बाद तक मुँह से अधिक भोजन नहीं कराया जाता। इस समय शरीर की ऊर्जा को बनाए रखने के लिए पाँच प्रतिशत ग्लूकोज नसों के भीतर से खून में संचारित करना चाहिए। हमारे देश में गर्मी के मौसम में पसीना बहुत आता है और उससे भी शरीर में नमक और पानी की कमी हो जाती है तब ग्लूकोज के साथ सेलाइन देना पड़ता है।

पहले ही कहा गया है कि अधिक उम्र में बच्चा होने पर, खून का दबाव अधिक रहने पर या बच्चा छोटा रहने पर प्रसव के द्वितीय अध्याय में दो घंटे से अधिक विलंब करना उचित नहीं होता। ऐसी स्थिति में दो घंटे से पहले ही फरसेप्स डिलिवरी करनी पड़ती है (चित्र 13/7 और 13/8)।

## *फरसेप्स डिलिवरी*

किसने सर्वप्रथम फरसेप्स डिलिवरी की थी, इसकी सही जानकारी नहीं है। डॉ. केदारनाथ दास ने काफी शोध करके हमारे देश में चरक और सुश्रुत काल में प्रयोग में लाई गई सँड़सी को अपने म्यूजियम में रखा है। विदेश में चेंबरलेन नामक एक व्यक्ति 1595 ई. में फरसेप्स का इस्तेमाल करते थे। लेकिन कई कारणों से उन्होंने इस उपकरण के प्रयोग को गुप्त रखा था। सन् 1930 के बाद से इस तरह के ढेर सारे फरसेप्स का आविष्कार हुआ। हमारे देश में सर केदारनाथ द्वारा बनाई गई फरसेप्स का काफी प्रचलन

है और उसी को अधिक प्रयोग में लाया जाता है। कई बार रोगी या उसके रिश्तेदार प्रसव में थोड़ी देर होने पर कहते हैं कि डॉक्टर बाबू, दया करके फरसेप्स करके प्रसव करवा दीजिए। सभी को जानना चाहिए कि बच्चेदानी का मुँह पूरी तरह से प्रसारित न होने पर या बच्चे के सिर का तालू पर्याप्त मात्रा में नीचे और सामने की तरफ न घूमे होने रहने पर फरसेप्स का प्रयोग किया जाए तो जच्चा और बच्चा दोनों को गंभीर हानि हो सकती है, उनके जख्मी होने की आशंका भी रहती है। इसीलिए इस तरह अकारण डॉक्टर से जल्दबाजी का आग्रह नहीं करना चाहिए।

## *सिजेरियन ऑपरेशन*

गर्भावस्था के अंतिम तीन महीनों में पेट का निचला हिस्सा काटकर बच्चे को निकालने की पद्धति को सिजेरियन ऑपरेशन कहा जाता है। जूलियस सीजर के समय क़ानूनी रूप से इस ऑपरेशन का प्रचलन हुआ। इसीलिए इसका नाम सिजेरियन ऑपरेशन रखा गया। पिछले 2 वर्षों से सिजेरियन ऑपरेशन का बहुत विकास हुआ है। ऑपरेशन पद्धति के उत्कर्ष के साथ प्रसवकालीन विभिन्न समस्याएँ दूर करने का उपाय भी किया जाता है। माँ और बच्चे की प्राण-रक्षा के लिए ही इस ऑपरेशन का प्रचलन ज्यादा हुआ है, वैसे यह बात भी याद रखनी चाहिए कि इस ऑपरेशन के भी बहुत-से खतरे हैं और हमेशा सिजेरियन के जरिए भी बच्चे के प्राण की रक्षा नहीं की जा सकती।

आमतौर पर दो तरह का सिजेरियन किया जाता है। प्रसव का दर्द शुरू होने के पहले प्लान करके किए जाने वाले सिजेरियन ऑपरेशन को इलेक्टिव सिजेरियन कहा जाता है। बच्चा जन्म लेने के दो सप्ताह पहले से लेकर होने के दिन के दौरान किसी भी दिन यह ऑपरेशन किया जाता है। दूसरी स्थिति में प्रसव के समय गंभीर समस्या या बाधा उत्पन्न होने पर या बच्चे के कष्ट होने पर सिजेरियन कर दिया जाता है।

पहले ही कहा गया है कि मूत्राशय/वस्तिगह्वर की हड्डी की नाप में अप्रसारण, बच्चेदानी की पेशी के निष्फल होने और बच्चे के सिर की अस्वाभाविक स्थिति होने पर इस ऑपरेशन की जरूरत पड़ती है।

खून का दबाव अधिक होने पर आसन्न एकलंप्सिया के निवारण के लिए कई बार ऑपरेशन करना पड़ता है। गंभीर टकसिमिया रोग में माँ के खून का दबाव बढ़ता है, पैर फूल जाते हैं और पेशाब में काफी एलबुमिन पाया जाता है।

प्लेसेन्टा प्रिभिया रोग में फूल बच्चे के नीचे रहता है और इस रोग में आकस्मिक होने वाले रक्तस्राव से कभी-कभी माँ और बच्चे की जान बचाने के लिए सिजेरियन करना पड़ता है।

बच्चे की अस्वाभाविक स्थिति और उस स्थिति में प्रसव में बाधा उत्पन्न होने पर ऑपरेशन के अलावा और कोई चारा ही नहीं रह जाता। बच्चे का पिछला हिस्सा नीचे रहने पर, बच्चा सपाट रहने पर, सिर का तालू पीछे की ओर अटक जाने पर और

ललाट तथा मुखमंडल पहले आकर अवरुद्ध होने पर भी सिजेरियन ऑपरेशन की जरूरत पड़ती है। बच्चे का नाभिरज्जु अकस्मात् निकल आने पर तुरंत सिजेरियन करना पड़ता है, वरना बच्चे की मृत्यु हो जाती है। दिन पार हो जाने पर या छोटा बच्चा होने पर बच्चे को बचाने के लिए ऑपरेशन करना पड़ता है। माँ की कुछ-कुछ गंभीर बीमारियाँ, जैसे—डायबिटीज, ब्लडप्रेशर, नेफ्राइटिस या गंभीर आर.एच. का वैषम्य जैसे रोगों से बच्चे को बचाने के लिए कई बार सिजेयिन ऑपरेशन करना पड़ता है। एक बार सिजेरियन होने पर पचास प्रतिशत मामले में दूसरे बच्चे के लिए भी सिजेरियन ही करना पड़ता है। इसके अलावा बच्चेदानी का कैंसर, ट्यूमर या दूसरी गंभीर समस्या रहने पर भी ऑपरेशन के अलावा दूसरा चारा नहीं होता।

पहले बच्चेदानी का ऊपरी हिस्सा काटकर बच्चा निकाला जाता था। अब बच्चेदानी का निचला हिस्सा सपाट काटकर बच्चे को निकाला जाता है। इस ऑपरेशन से घाव जल्दी सूखता है और एक ही बच्चेदानी का तीन बार या चार बार ऑपरेशन करके बच्चा पैदा किया जा सकता है।

## *ऑपरेशन के बाद की समस्याएँ*

ऑपरेशन के बाद रक्तरक्षण, शॉक, कीटाणु संक्रमण के कारण पेट का फूलना, पेरिटोनाइटिस, इन्टेसटिनल अवस्ट्रक्शन आदि गंभीर समस्याएँ हो सकती हैं। सिलाई या जुड़ने या हर्निया आदि बाद में भी हो सकती है। दूसरे सप्ताह में भयानक रक्तस्राव एक गंभीर समस्या है। ऑपरेशन के बाद फुसफुस की नस में जमा हुआ खून छिटककर कभी-कभी आकस्मिक मृत्यु भी देखी जाती है। इसीलिए बात-बात में 'मेरा सिजेरियन कर दीजिए और दर्द सहा नहीं जाता, मर जाऊँगी', आदि बातों पर ध्यान देकर विशेषज्ञ को धैर्य खोना नहीं चाहिए, दूसरी तरफ स्वाभाविक डिलिवरी होने के लिए बेवजह जिद करना भी ठीक नहीं। परिस्थिति को देखते हुए सबकुछ सोच-समझकर जच्चा और बच्चा, दोनों की भलाई के लिए जो होना चाहिए, वही करने देना चाहिए। डरकर धैर्य खोकर खतरे को टाला नहीं जा सकता। जीवन की अन्य समस्याओं के समाधान की तरह इस मामले में भी स्थिर दिमाग से एकाग्रचित्त होकर माँ और बच्चे की भलाई के लिए ऑपरेशन का इंतजाम करना चाहिए। इन मामलों में डॉक्टर और अभिभावकों के बीच पूर्ण सहयोग की भावना रहनी चाहिए।

## *गर्भावस्था में रक्त संचालन की आवश्यकता और उपाय*

मनुष्य के शरीर की धमनी की नसों, उपनसों और हृत्पिंड के भीतर संचारित लाल रंग के जलीय पदार्थ को सामान्य भाषा में रक्त कहा जाता है। सामान्यतः एक व्यक्ति के शरीर की चर्बी, मज्जा, मांस आदि के भीतर 2/3 हिस्सा जलीय उपादान से गठित होता है। 60 किलो के वजन के एक व्यक्ति के शरीर में 33 लीटर जलीय हिस्सा होता है।

उसमें से 24 लीटर कोष में रहता है और 9 लीटर कोष के बाहर। इस 9 लीटर में 3 लीटर खून के रूप में धमनी और नसों में प्रवाहित होता है। खून के जलीय हिस्से को प्लाज्मा कहा जाता है।

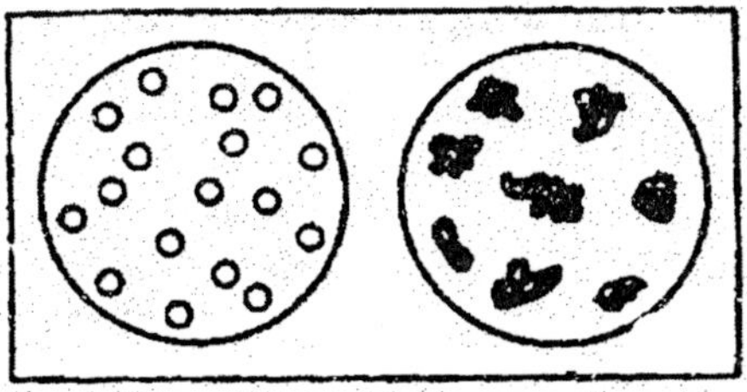

(क) (ख)

चित्र 14/1 (क) : 'ए' ग्रुप के रक्तकण और 'ए' प्लाज्मा के मिश्रण के बाद रक्तकण स्वाभाविक है। (ख) 'बी' ग्रुप का रक्तकण और 'ए' प्लाज्मा के मिश्रण के बाद रक्तकण जम गया है।

इसका रंग काफी हद तक घी के रंग का होता है। (चित्र 14/1) इसमें लाल रक्तकण, श्वेतकण और प्लेटलेट रहता है। लाल रक्तकण में हीमोग्लोबिन नामक एक प्रोटीन है। हीमोग्लोबिन लौह और प्रोटीन के समन्वय से बना है, इसीलिए खून का रंग लाल है। साधारण स्वस्थ व्यक्ति के खून में प्रति 100 मिली लीटर में 15 ग्राम हिमोग्लोबिन रहता है। लाल रक्तकण की मात्रा प्रति क्यूबिक मिली लीटर में करीब 50 लाख, श्वेतकण की मात्रा प्रति क्यूबिक मिली लीटर में 6000 से 10,000 है। इसमें 60 हिस्सा न्यूट्रोफिल, 20 हिस्सा लिफोसाइट, एक से तीन हिस्सा इयोसिनोफिल और 4 से 8 हिस्सा मनोसाइट या बेसोफिल श्वेत कणिकाएँ हैं। श्वेतकण दूषित पदार्थ के विरुद्ध युद्ध करता है, लाल रक्तकण ऑक्सीजन को प्रसारित करता है और प्लेटलेट खून के जमने में सहायता करता है। प्लेटलेट की संख्या प्रति क्यूबिक मिली लीटर दो लाख है। धमनी से बाहर आते ही खून जम जाता है। हीमोग्लोबिन प्रति 100 लीटर खून में 10 ग्राम से कम होने पर और रक्तकण सैकड़ा 60 हिस्से से कम होने पर खून की कमी होती है, जिसे एनीमिया कहा जाता है।

काफी दिनों से चिकित्सक गंभीर रक्तक्षरण पर व्यक्ति का खून दूसरे व्यक्ति के शरीर में देने की कोशिश कर रहे हैं। लैंडस्टाइन नामक एक पैथोलॉजिस्ट ने निष्कर्ष निकाला कि मनुष्य के खून को कई ग्रुपों में विभाजित किया गया है। इन ग्रुपों का नामकरण इस तरह हुआ 'ओ', 'ए', 'बी' एवं 'ए-बी'। इसके अलावा आर, एच, एम, एन, एस, केल, डाफिर आदि ग्रुपों की खोज बाद में हुई।

प्रत्येक रक्तकण के आवरण के शर्करा जैसे अंश में 'ए', 'बी', 'ए-बी' और 'ओ' ग्रुप का पदार्थ रहता है। जिसका रक्तकण 'ए' ग्रुप का है उसके प्लाज्मा में 'बी' ग्रुप

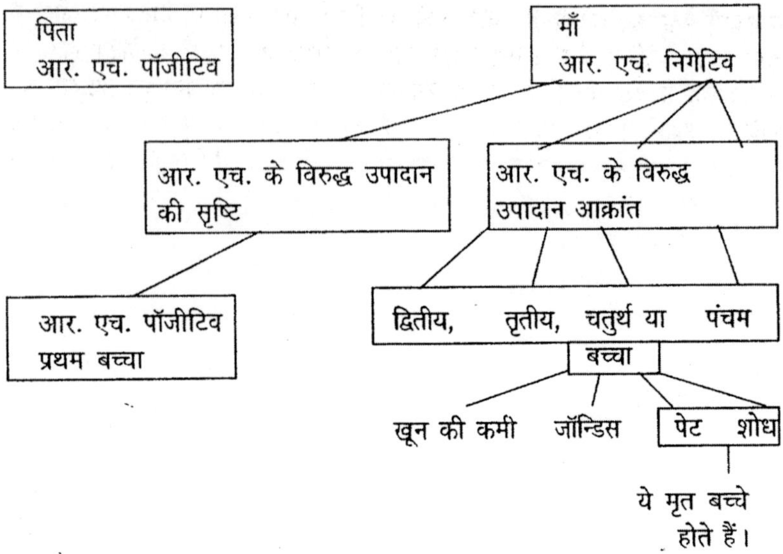


चित्र 14/2 : भ्रूणस्थ बच्चे पर पति और पत्नी के आर. एच. विषमता का प्रभाव

का प्रतिकूल पदार्थ रहता है। इसीलिए 'ए' ग्रुप के व्यक्ति के शरीर में 'बी' ग्रुप का खून संचारित करने पर रक्तकण समूह विपरीत पदार्थ द्वारा जम जाएगा, और बाद में टूटकर नष्ट हो जाएगा।

डॉक्टर खून देने से पहले हरेक व्यक्ति के खून और प्लाज्मा के साथ अलग-अलग प्लाज्मा और खून को मिला-मिलाकर उसके सही ग्रुप का निर्णय करते हैं। 'ओ' ग्रुप का खून सभी ग्रुप के व्यक्ति को दिया जा सकता है और 'ए-बी' ग्रुप का व्यक्ति सभी ग्रुप का खून ले सकता है। इसीलिए 'ओ' ग्रुप को सार्वजनिक दाता और 'ए-बी' ग्रुप के व्यक्ति को सार्वजनिक ग्रहीता कहा जाता है।

**आर. एच. ग्रुप :** पहले ही कहा गया है कि 'ए', 'बी', 'ए-बी' और 'ओ' ग्रुप के अलावा 'आर. एच. उपादान' खून का और एक ग्रुप है। रियास् बांदरे में सर्वप्रथम इस उपादान के पाए जाने के कारण इसका नाम आर. एच. रखा गया।

मनुष्य में जिनके रक्तकण में यह उपादान समूह पाया जाता है उन्हें आर. एच. पॉजिटिव कहा जाता है और जिनके रक्तकण में यह उपादान नहीं है उन्हें आर. एच. निगेटिव कहा जाता है। आर. एच. निगेटिव के व्यक्ति को बार-बार आर. एच. पॉजीटिव का खून देने पर उसकी मृत्यु हो सकती है। इसीलिए आजकल खून के ए, बी ग्रुप के अलावा आर. एच. के गुण-अवगुणों का भी निर्णय कर लेना चाहिए। आर. एच. उपादान सी.डी. और ई के नामक तीन उपादानों के समन्वय से बना है।

खून देने के अलावा गर्भावस्था में पति-पत्नी के आर. एच. की विषमता विभिन्न

समस्याएँ पैदा कर सकती है। यदि बच्चे का पिता आर. एच. पॉजीटिव हो और माँ आर. एच. निगेटिव और गर्भस्थ शिशु पिता की तरह आर. एच. पॉजीटिव हुआ तो सैकड़ा छह से दस मामलों में माँ के प्लाज्मा में आर. एच. के प्रतिकूल उपादान की सृष्टि हो सकती है। इन माताओं के बाद के बच्चे इस विपरीत उपादान द्वारा आक्रांत हो सकते हैं। परिणामस्वरूप भ्रूणस्थ शिशु को खून की कमी, गंभीर जॉन्डिस, या उदरी (पेट का बड़ा हो जाना) रोग हो सकता औ और बच्चा पेट के अंदर मर सकता है या जन्म के बाद जॉन्डिस से आक्रांत हो सकता है।

पश्चिम बंगाल के लोगों का खून प्रति सैकड़ा किस ग्रुप में कितना है, उसके आँकड़े नीचे दिए जा रहे हैं—

| खून का ग्रुप | सैकड़ा दर | आर. एच. निगेटिव % |
|---|---|---|
| ओ | 32.7 | |
| ए | 24.7 | 3.9 |
| बी | 32.1 | |
| ए-बी | 10.3 | |

यह आँकड़ा पाँच सौ व्यक्तियों के खून की रिपोर्ट से लिया गया है। हम पाते हैं कि पश्चिम बंगाल में प्रति सैकड़ा 3.9 व्यक्ति का खून आर. एच. नेगेटिव है। इसीलिए शादी के समय राशि, गोत्र या वर्ण न देखकर खून का आर. एच. ग्रुप देखना ज्यादा जरूरी है। हमारे देश में 'ओ' और 'बी' ग्रुप की प्रधानता है। पाश्चात्य दुनिया में 'ए' ग्रुप अधिक और अफ्रीका के भूमध्य सागरीय इलाके में 'ए-बी' ग्रुप अधिक पाया जाता है। चीन में आर. एच. निगेटिव का कोई व्यक्ति नहीं है। हर प्रसूति को गर्भावस्था में हीमोग्लोबिन, रक्तकण की मात्रा और आर. एच. तथा खून की ग्रुपिंग करके रखना चाहिए।

## *रक्त बैंक का अर्थ क्या है ?*

खून को किसी भी स्थान पर नहीं रखा जा सकता है। मनुष्य के शरीर से खून लेने के बाद उसे साफ वीजाणुमुक्त बोतल में खून जमने की प्रतिरोधक दवा को मिलाकर उचित तापमात्रा वाली ठंडी मशीन में रखा जाता है। कुछ देर बाद खून का कठोर उपादान समूह नीचे गिर जाता है और ऊपर घी रंग का प्लाज्मा दिखाई देता है।

दो सप्ताह से अधिक रहने पर और कठोर तापमात्रा में न रखने पर रक्तकण नष्ट हो जाते हैं और इस तरह का खून किसी व्यक्ति को दिए जाने पर खतरा होता है। उचित व्यवस्था न रहने पर खून संग्रह नहीं करना चाहिए। खून की जरूरत पड़ने पर सरकारी या प्राइवेट ब्लड बैंक में खून देने के कारण और विवरणयुक्त फॉर्म सहित आवेदन जमा करना पड़ता है। उसके साथ रोगी के खून का नमूना भी भेजना पड़ता है। ब्लड बैंक के विशेषज्ञ उस खून के ग्रुप का निर्णय करके उपयुक्त खून के साथ

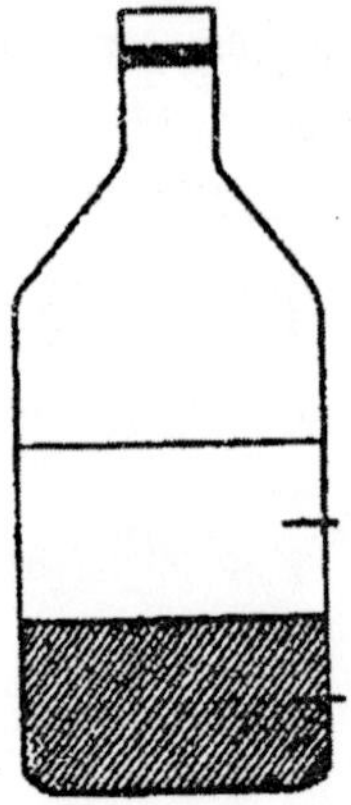


चित्र 14/3 : कुछ देर रखने के बाद खून का कठोर उपादान समूह नीचे गिर गया और ऊपर घी के रंग का प्लाज्मा दिखाई दे रहा

क्रास मैच करके सही ग्रुप का खून दे देते हैं। खून लाते समय वह ज्यादा न हिले या ज्यादा गरम वातावरण न हो इस विषय में सतर्क रहना चाहिए। यद्यपि 'ओ' ग्रुप का खून सबको दिया जा सकता है, फिर भी अलग-अलग ग्रुप को उसी के ग्रुप का खून देना सबसे निरापद होता है।

## *खून देने का खतरा क्या है ?*

चूँकि एक व्यक्ति का खून दूसरे व्यक्ति को दिया जा रहा है, खून के संचार के समय रोगी की हालत देखना जरूरी होता है। खून देने से पहले बहुत गरम नहीं करना चाहिए, फिर बहुत ठंड में रखने पर भी खून में राइगर या कँपकँपी हो सकती है। खून के उपादान में विषमता रहने पर आमवात, उल्टी, साँस की तकलीफ यहाँ तक कि कोलाप्स भी हो सकता है। गंभीर विषमता में राइगर और साँस की तकलीफ होने के बाद कमर और छाती में दर्द होता है। और उसके बाद जॉन्डिस या किडनी कार्य रुककर पेशाब बंद हो जाता है। इन सभी कारणों से खून देने में विशेषज्ञों का दायित्व बहुत अधिक है। एकदम सूक्ष्म रूप से बार-बार अच्छी तरह क्रॉस मैचिंग करके देख लेना बहुत जरूरी है।

## *किन-किन कारणों से प्रसूता को खून देना पड़ता है ?*

सामान्यतया गर्भावस्था या प्रसवकाल में अतिरिक्त रक्तक्षरण या खून के बह जाने पर प्रसूता को खून देना पड़ता है। गर्भपात, मोलार गर्भ, प्लासेंटा प्रिभिया या आकस्मिक फूल के टूटने से होने वाले रक्तस्राव से प्रसूता का शरीर कमजोर हो जाता है और

ब्लडप्रेशर भी कम हो जाता है, और शक् नामक गंभीर अवसाद की सृष्टि होती है। ऐसे वक्त में खून का संचालन बहुत जरूरी होता है।

ऑपरेशन से बच्चा होने पर या फरसेप्स की चोट से प्रसव द्वार या बच्चेदानी के मुँह में गहरा घाव हो सकता है और इससे रक्तरक्षण भी हो सकता है। इन सब मामलों में ग्लूकोज या सेलाइन के अलावा खून भी देने की जरूरत पड़ती है।

प्रसव के बाद फूल अटककर रक्तक्षरण या कोलाप्स हो जाने पर खून देने के अलावा और कोई चारा नहीं रह जाता।

गर्भावस्था में खून की कमी एक गंभीर बीमारी है। प्रति 100 मिलीग्राम खून में 10 ग्राम से कम हीमोग्लोबिन रहने पर यह चिंता का कारण होता है और 8 ग्राम से कम होने पर खतरे को इंगित करता है। इस तरह की गंभीर रक्त अल्पता में गर्भावस्था के अंतिम तीन महीने में बच्चा जन्म लेने के तुरंत बाद हार्टफेल की आशंका रहती है। गंभीर रक्त अल्पता में खून देने में भी बहुत सावधानी बरतनी पड़ती है। इसीलिए आजकल खून की बदली की पद्धति में खून देने का आविष्कार हुआ है।

हमारे देश में रक्त अल्पता से बहुत-सी गर्भवती स्त्रियों की मृत्यु होती है। यही कारण है कि हरेक गर्भवती को तीन-तीन महीने के अंतराल में खून की मात्रा और गुण की जाँच करवानी चाहिए। गर्भवती के आहार में साग-सब्जी, मछली, मांस, दूध और अन्य आयरन वाले पदार्थ रहने आवश्यक हैं। बच्चा जन्म देते समय माँ के शरीर के आयरन का प्रयोग होता है और लौह उत्पादन में कमी होती है। इसीलिए प्रत्येक माँ को लौह उत्पादनयुक्त दवा लेते रहना चाहिए। पहले जमाने में प्रसव के बाद होने वाली गंभीर रक्त अल्पता को सूतिका कहा जाता था। प्रत्येक शिक्षित व्यक्ति को हीमोग्लोबिन के विषय में सचेत रहना चाहिए।

## *फ्लाइंग स्क्वाड किसे कहा जाता है ?*

विदेश में घर पर या ग्रामीण इलाकों में अचानक रक्त संचालन की जरूरत पड़ने पर फ्लाइंग स्क्वाड नामक भ्रमणशील डॉक्टर, मिडवाइफ और एनेस्थटिस्टों के द्वारा गठित दल को आकस्मिक शक् या कोलाप्स से बचाने के लिए खबर दी जाती है। सभी अस्पतालों में इस तरह का दल होता है। इस दल में विशेषज्ञ, डॉक्टर, स्टाफ नर्स और शिक्षित नर्स रहती हैं। सूचना मिलते ही दस से बीस मिनट के अंदर ये लोग एम्बुलेंस में चले आते हैं और शक् का प्राथमिक उपचार शुरू कर देते हैं। जरूरत पड़ने पर रोगी के घर पर ही छोटा-सा ऑपरेशन करके रक्तक्षरण बंद कर देते हैं। या फिर रोगी को तुरंत अस्पताल में स्थानांतरित किया जाता है और खून बंद करने की उचित व्यवस्था की जाती है।

उपर्युक्त विवरण से पता चलता है कि प्रसूता को विभिन्न कारणों से आकस्मिक रूप में खून देने की जरूरत पड़ सकती है। प्रत्येक अभिभावक को इसीलिए प्रसूता के

हीमोग्लोबिन, खून के ग्रुप, ब्लड बैंक का पता आदि के विषय में जानकारी रखनी चाहिए ताकि उचित समय में आकस्मिक खतरे से बचा जा सके। हमारे देश में सरकार की ओर से प्रत्येक गर्भवती स्त्री को आयरनयुक्त दवाएँ और कम खर्च का प्रोटीनयुक्त खाद्य दिया जाना चाहिए। इससे बहुत-सी माताओं के जीवन की रक्षा संभव होगी। इसके साथ ही प्रत्येक जिले में ब्लड बैंक की स्थापना करनी चाहिए। स्टुडेंट हेल्थ होम की ओर से छात्रों की कोशिश बहुत ही महान और धन्यवाद के काबिल है। छात्रों के आगे आने पर उनके खून से बहुत-से लोगों के जीवन को बचा पाना संभव होगा।

# 15

# सूतक में प्रसूता की परिचर्या और व्यायाम

सामने चलोगे जितना
पूर्ण होगे नदी की तरह उतना,
दोनों किनारों से दोगे भरकर
सफलता का दान।

—रवीन्द्रनाथ

बच्चा होने के बाद से जितने समय में बच्चेदानी, योनिपथ तथा अन्य यौन ग्रंथियाँ और पेशियाँ पुनः अपनी स्वाभाविक स्थिति में लौटती हैं; आमतौर पर छह सप्ताह से दो महीने के अंदर यौनांग सभी विवर्तन के बाद पुनः पूर्वावस्था में लौट आता है। इस विषय में प्रसूता की शारीरिक अवस्था, उसकी सेवा, परिचर्या और व्यायाम के विषय में कुछ चर्चा यहाँ की गई है।

## *प्रसव के बाद शरीर की गति*

प्रसव के बाद कई महिलाओं के शरीर में थोड़ी कँपकँपी की स्थिति रहती है और शरीर अवसादग्रस्त अनुभव करता है। थोड़े दिनों के आराम के बाद शरीर का ताप कम हो जाता है और अवसाद की स्थिति दूर हो जाती है। फिर माँ का मन नवजात शिशु को देखकर एक अपूर्व आनंद से भर उठता है।

प्रसव के बाद बच्चेदानी संकुचित होकर एक मांस के ढेले की तरह हो जाती है, नाभि के नीचे इस गोलाकार वस्तु को प्रसूता खुद अनुभव कर सकती है। यह गोलाकार मांस का पिंड क्रमशः छोटा होता जाता है। फूल निकलने के बाद बच्चेदानी के अंदर की झिल्ली, रक्तकण समूह और श्लेष्मा स्राव के रूप में धीरे-धीरे निकलता रहता है। यह स्राव करीब तीन सप्ताह तक रहता है और क्रमशः पतला और हलके रंग का होता जाता है। इस स्राव को 'लोकिया' कहते हैं। सूतक के समय बच्चेदानी के साथ अन्य प्रजनन-अंग, योनिद्वार और योनिपथ क्रमशः संकुचित होकर स्वाभाविक रूप धारण करता है और पेट की पेशियों की शिथिल स्थिति भी कम होती जाती है। बच्चे के दूध नहीं पीने पर या सूतक अवस्था में बुखार होकर बच्चेदानी या योनिपथ में अंदर के

घाव या सड़न रहने पर लोकिया काफी दिनों तक चलता है और बच्चेदानी के सूखने में देर होती है।

शुरू-शुरू में सूतक के दिनों में पेशाब करने में तकलीफ होती है। बच्चे के सिर के दबाव से योनिपथ थोड़ा कुचल जाता है, और उसमें खून के काले निशान हो जाते हैं। इसके अलावा पेट की मांसपेशियाँ भी शिथिल रहती हैं, या फिर योनिद्वार की सिलाई के कारण कष्ट या घाव रहता है, उनमें से किसी-किसी का अपने-आप पेशाब बंद हो जाता है या पेशाब करने में असुविधा होती है।

प्रसव के बाद दो-तीन दिनों तक मातृस्तन से रस की तरह दूध जैसा पदार्थ निकलता रहता है। इस रस को 'कल्स्ट्राम' कहा जाता है। बच्चे के लिए मातृस्तन का यह रस बहुत फायदेमंद होता है। इस रस के पीने पर बच्चे का पेट साफ होता है। यह रस नवजात शिशु को कई तरह से संक्रामक रोगों से लड़ने की क्षमता प्रदान करता है। तीसरे दिन से मातृस्तन फूल जाता है और इस समय थोड़ा बुखार और दर्द-सा होता है। क्रमशः बच्चे द्वारा स्तनपान करने पर अच्छी तरह दूध निकलता है और स्तन नरम होता जाता है।

## *सूतक में प्रसूता की परिचर्या*

हमारे देश में पुराने सामाजिक नियम और अशिक्षा के कारण अधिकांश लोग कुछ गंदे वातावरण में सूतकगृह का इंतजाम करते हैं। सामान्य बुद्धि से यह समझना चाहिए कि प्रसव के बाद रोगी के आराम और विश्राम की व्यवस्था साफ-सुथरी हो। सामान्यतया निम्नलिखित तीन-चार तरह के इंतजाम पर ध्यान देना निहायत जरूरी है—

1. प्रसूता विश्राम और साधारण सेवा।
2. जीवाणुओं के आक्रमण को रोकने की सही व्यवस्था।
3. स्तन की परिचर्या और नवजात शिशु के दुग्धपान की सुव्यवस्था।
4. पेशी और प्रजनन अंगों को दृढ़ करने का व्यायाम।

## *प्रसूता की सेवा*

बच्चा जन्म लेने के बाद माँ को साफ करके साफ-सुथरे परिवेश में उसके विश्राम की व्यवस्था करनी चाहिए। पहले गर्म दूध या चाय पिलाने पर वह अवसाद को कम करने में सहायता करती है, छह-सात घंटे नींद और लेटे रहने के बाद प्रसूता को खाना खिलाने की कोशिश करनी चाहिए।

शुरू के दो दिन या अच्छी तरह से कोष्ठ साफ होने से पूर्व प्रसूति का खाना सहज पाच्य होना चाहिए। दूध, छेना, फल, कहुवा, सब्जी या हलका मछली का झोल, दही, भात—ये सारे खाने शुरुआत के दो दिनों में दिए जा सकते हैं। दो दिनों के बाद क्रमशः खाद्य या दूसरी तरह के मांसाहारी पदार्थ या दूध आदि की माँग को बढ़ाया जा सकता

है। इसके अलावा प्रसूता को बहुत अधिक मात्रा में पानी, साबू का घोल देना चाहिए। इसके साथ यदि रोज दो संदेश खिलाए जाएँ तो भी अच्छा ही होगा। इसके अलावा आयरन टॉनिक, विटामिन 'बी' और 'सी' भी खाने के साथ पूरक के रूप में देना चाहिए।

बुखार न रहने पर किसी तरह का सालफा दवा या एंटिबायटिक देने की जरूरत नहीं पड़ती। प्रसव के अंत में पेशाब करने में तकलीफ होने पर एलकलि मिक्स्चर दिया जा सकता है। पेशाब नहीं होने पर बेडपैन में कुनकुना पानी देने या मुँह से आवाज करने पर या पानी की आवाज से कई बार पेशाब हो जाता है। किसी-किसी को उठकर बैठने के दौरान या एनीमा के साथ ही पेशाब हो जाता है। 10-12 घंटे तक लगातार पेशाब न होने और दर्द होने पर कैथेटर की सहायता से पेशाब करवा देना पड़ता है।

सूतक में प्रसूता को काफी नींद की आवश्यकता पड़ती है, कई बड़ी-बड़ी बीमारियों की सूचना में नींद में बाधा या अभावजनित लक्षण दिखाई देते हैं। इसीलिए प्रसूता की नींद की ओर सबका ध्यान रखना निहायत ही जरूरी होता है। प्रसूता जब पहली बार बिस्तर छोड़कर उठती है तब निचले पेट को बाइंडर की सहायता से बाँधकर रखने पर आराम होता है। वैसे यह दृढ़ करने में ज्यादा सहायता नहीं करती। इसके लिए व्यायाम की उपयोगिता के बारे में आगे चर्चा की जाएगी।

शुरू-शुरू में बच्चेदानी के संकुचन और विवर्तन के कारण निचले पेट में आकस्मिक दर्द होने लगता है। बच्चे को दूध पिलाने के बाद ही यह दर्द बढ़ता है। दर्द असहनीय होने पर एसपिरिन या दूसरी तरह की दर्द निवारक दवा नहीं खानी चाहिए। स्राव के साफ होने के साथ-साथ यह दर्द कम होता जाता है।

## *कीटाणुओं के आक्रमण के प्रतिरोध की व्यवस्था*

सूतक में 'लोकिया' स्राव होता है इसीलिए सेंटिनरी पैड पहनना पड़ता है। गरीबी की स्थिति में पुराने कपड़े को अच्छी तरह से गरम पानी से धोकर पैड तैयार किया जा सकता है। पैड बदलने से पहले प्रजनन-अंग को अच्छी तरह से डेटॉल पानी से धोकर साफ कर लेना चाहिए। सिलाई रहने पर सूई से उस स्थान को धीरे-धीरे साफ करके कीटाणुमुक्त दवा या मरहम का प्रलेप लगाना चाहिए। शौच-क्रिया के समय सावधान रहना चाहिए ताकि गंदा हाथ या गंदा पानी योनिद्वार में न जाए। अस्पताल या नर्सिंग होम में यह काम नर्सें ही करती हैं। लेकिन घर में प्रसव होने पर घर की अन्य महिलाओं को ही उसकी देखरेख का जिम्मा लेना पड़ता है। रोगी को सतर्क कर देना चाहिए कि वह सिलाई या योनिद्वार में हाथ न दे। जरूरत पड़ने पर कीटाणु प्रतिरोधक दवा का भी सेवन करना अच्छा होता है।

## स्तन की परिचर्या (देखभाल)

सामान्यतया बच्चा जन्म लेने के शुरू के तीन दिन तक अच्छी तरह से दूध नहीं आता। आठ घंटे बाद बच्चे को पहली बार माँ की छाती में देना चाहिए। क्रमशः बच्चा जब स्तन मुँह में लेना सीख लेता है तब छह घंटे के अंतराल में और तीसरे दिन से तीन-तीन घंटे के अंतराल में स्वाभाविक नियम से स्तन का दूध पिलाना चाहिए। हर बार दूध देने से पहले स्तन की निपिल को अच्छी तरह से साफ करके ही बच्चे के मुँह में देना पड़ता है। बहुत अधिक भारी हो जाने पर सही नाप की सामने खुली वक्ष-बंधनी से स्तन के भार की रक्षा करनी चाहिए। नियमों को न मानने पर या बच्चे द्वारा अनजाने में मसूढ़े से अधिक दबाव देने पर स्तन के निपिल का निचला हिस्सा फट सकता है और उस जगह पर कीटाणु के प्रवेश करने पर स्तन में गंभीर फोड़ा निकल सकता है।

बच्चा जन्म लेने के तीन-चार दिन बाद से ही माँ के अवसादग्रस्त शरीर और शिथिल पेशियों के समूहों को सुगठित और सुदृढ़ करने की ओर सचेष्ट होना चाहिए। इसके लिए मालिश और व्यायाम से बहुत फायदा पहुँचता है।

उरू, पैर, पैरों के डिंब, जाँघ, नितंब, मूत्राशय और पेट के पेशी-समूह को नियमित व्यायाम के जरिए पुनर्जीवित किया जा सकता है।

सूतक में व्यायाम का उद्देश्य माँ के शरीर के शिथिल पेशी-समूह को सबल करना है। इसके अलावा व्यायाम की सहायता से शरीर में खून के संचालन को बढ़ाया जा सकता है। इससे नसों-उपनसों की स्वाभाविक क्रिया वापस लौट आती है। पैर, उरू या कमर की मांसपेशियों में मालिश और व्यायाम की सहायता से शिरा और धमनी की अनेक गंभीर बीमारियों को रोका जा सकता है। रोगी के शरीर की शक्ति और कमजोरी को ध्यान में रखकर व्यायाम की व्यवस्था करनी चाहिए। प्राथमिक व्यायाम लेटकर ही किया जा सकता है। सूतक के विविध व्यायाम की प्रणालियों को निम्नलिखित चार भागों में विभाजित किया जा सकता है—

1. प्रसव के बाद प्राथमिक व्यायाम (शुरुआत के सात दिनों में) :
   - (क) श्वास लेने और छोड़ने का व्यायाम।
   - (ख) पेट का व्यायाम।
2. पेट और कमर की पेशियों का व्यायाम (दस दिनों से लेकर एक माह तक) :
   - (क) प्रजनन अंग और प्रसवद्वार की पेशियों का व्यायाम।
   - (ख) बच्चेदानी के विवर्तन में सहायक व्यायाम।
3. कमर का व्यायाम (एक महीने से तीन महीने तक) :
   - (क) शारीरिक गठन को बनाए रखने, स्थूलता और शिथिलता को रोकने का व्यायाम।
   - (ख) मेद और वजन कम करने का व्यायाम। प्रसव के बाद प्राथमिक व्यायाम बिस्तर में लेटे-लेटे, शिशु जन्म देने के तीन-चार दिनों से ही किया जा सकता है। हमारे

योगशास्त्र में श्वास के व्यायाम की उपयोगिता के विषय में बहुत जोर देकर कहा गया है। यह व्यायाम शरीर और मन की स्थिति, दर्द को कम करने, संयम और नियम पालन करने में सहायता करता है।

1. (क) **श्वास लेने और छोड़ने का व्यायाम :** पहले चित लेटकर छाती के बगल होकर नीचे हाथ रखें, अब धीरे-धीरे छाती भरकर पेट फुलाकर साँस लें, फिर कुछ देर तक साँस रोककर डायाफ्राम संकुचित करके और पेट संकुचित करके साँस छोड़ें। इस तरह से दिन में दो बार 15-20 इस तरह से लंबी साँस लेने और छोड़ने का व्यायाम करना चाहिए।

(ख) इस तरह से साँस लेने और छोड़ने के साथ घुटना न मोड़कर एक-एक करके पाँव को बिस्तर से तीन से दस इंच ऊपर उठाने की कोशिश कीजिए। एक पाँव को अच्छी तरह से उठा पाने पर दोनों पाँवों को उठाने की कोशश करें।

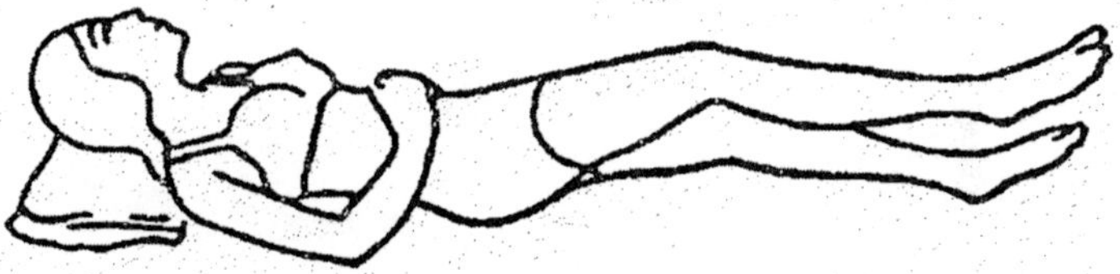

चित्र 15/1 : प्रसूत में साँस लेने और छोड़ने का व्यायाम

2. पेट और कमर की पेशियों के व्यायाम और प्रजनन अंग के पुनः आवर्तन में सहायक व्यायामों में प्रसूता की शारीरिक स्थिति को समझकर कम-से-कम सात से दस-पंद्रह दिनों के अंदर इसे शुरू करना चाहिए। बुखार रहने पर, फरसेप्स या सिजेरियन ऑपरेशन होने पर ये सारे व्यायाम एक महीने से पहले नहीं करने चाहिए।

(क) **पेट और कमर के व्यायाम :** पहले शुरुआत की तरह चित लेट जाएँ। छाती के नीचे बगल से हाथ को रखकर शरीर और सिर को उठाकर बिना सहायता के धीरे-धीरे उठकर बैठने की कोशिश करें। थोड़े दिनों के अभ्यास के बाद दोनों हाथों को सिर के पीछे रखकर सिर्फ पेट की पेशी की सहायता से उठकर बैठने की कोशिश करें। इस व्यायाम से पेट के निचले हिस्से की मांसपेशी सबल और दृढ़ होती है (चित्र 15/2) कारपेट या बिस्तर पर घुटना टेककर बैठकर हथेली को जमीन पर रखें। फिर पीठ टेढ़ी करके ऊपर की ओर उठाएँ और पेट की पेशी ऊपर की ओर संकुचित करें। यह व्यायाम कमर, पेट और पीठ की पेशी-समूह को सबल करने में सहायता करता है।

(ख) **प्रजनन अंग पुनरावर्तन में सहायक व्यायाम :** यह व्यायाम चित लेटकर करना चाहिए। लेटकर दोनों पाँवों को जमीन से सटाकर उन्हें मोड़कर खुद को ठेलकर रखें। फिर दोनों जाँघों और नितंब की पेशी को संकुचित करें और साथ में पेट की पेशी को भी संकुचित करने की कोशिश करें। जैसाकि चित्र 15/4 में दिखाया गया है।

इस तरह एक मिनट तक पेशियों को संकुचित रखने के बाद शरीर और पेशियों को ढीला छोड़ दें। इस तरह 10-15 बार इस व्यायाम को करें। इससे बच्चेदानी का नीचे की ओर खिसकना रुकता है। उसके बाद चित लेटकर मलद्वार और योनिद्वार की पेशी को संकुचित करने की कोशिश करें। सोचिए कि पेशी संकुचन के द्वारा मल त्यागने

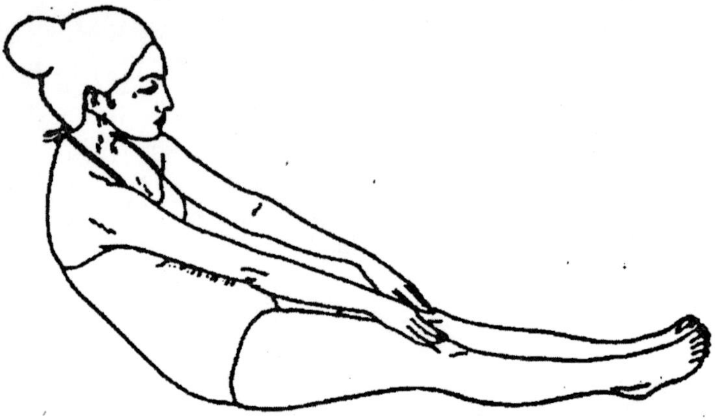

चित्र 15/2 : बगल में हाथ रखकर बिना सहारे के धीरे-धीरे उठकर बैठने की कोशिश

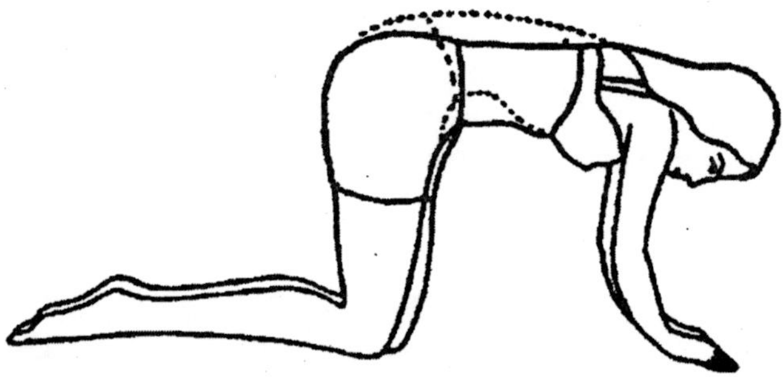

चित्र 15/3 : घुटना टेककर बैठकर हथेली को जमीन पर रखकर पेट की पेशी का संकुचन

की इच्छा को रोकना चाह रही हैं। इससे 'लिवेटर एनाइ' नामक वस्ति के अंदर की पेशी दृढ़ होती है। यह व्यायाम दिन में दस से पचास बार करना पड़ता है और यह दो-तीन महीने तक करना चाहिए।

(ग) बच्चेदानी के विवर्तन के लिए दिन में दो बार दस मिनट तक उलटकर सोना बहुत जरूरी होता है। इस तरह से सोकर खाट के नीचे की तरफ पैर से दबाव डालकर

शरीर को ढीला रखें। इसके बाद नितंब की पेशी को संकुचित करें और पैर के एड़ी के पास उसे लाएँ और मलद्वार की पेशी को संकुचित करें। (चित्र 15/5) अब धीरे-धीरे साँस लें और एड़ी को दूर हटाएँ तथा नितंब की पेशी को शिथिल करें। उसके बाद घुटने को सीधा रखकर एक पैर को धीरे-धीरे उठाएँ। ये सारे व्यायाग योनिपथ, वस्तिप्रदेश और नितंब की पेशी को सुगठित करने में सहायता करते हैं।

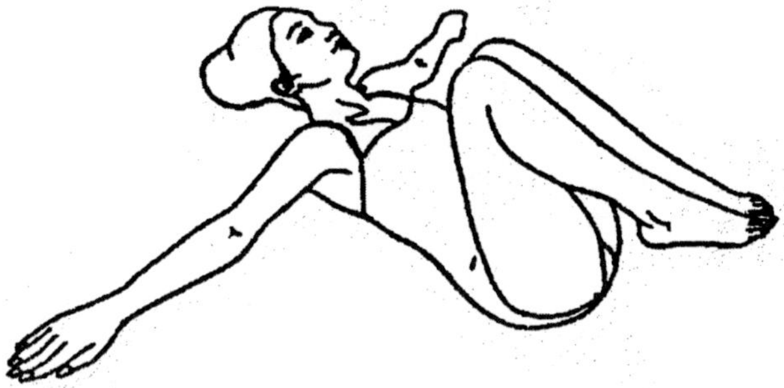

चित्र 15/4 : जाँघ और नितंब की पेशी को संकुचित करने का व्यायाम

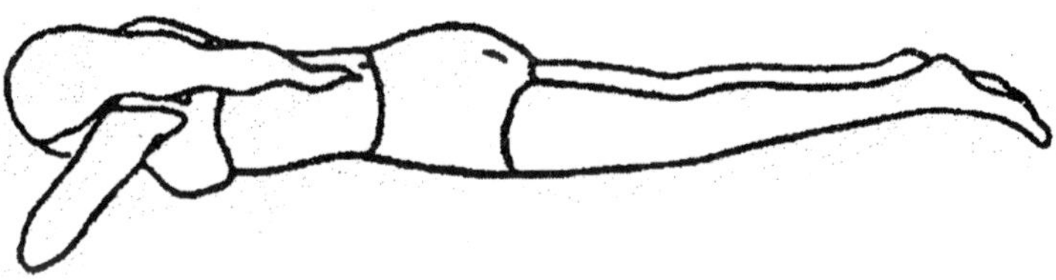

चित्र 15/5 : बच्चादानी के विवर्तन के लिए पलटने की भंगिमा

**3. मेद को कम करने का व्यायाम :** मेद (चर्बी) को कम करने और शरीर के आकार को पुनर्गठित करने का व्यायाम सूतक के अंत में यानी प्रसव के छह सप्ताह से दो महीने बाद शुरू करना चाहिए। इसके लिए निम्नलिखित व्यायाम फायदा पहुँचाता है। दस इंच की दूरी में दोनों पैरों को फैलाकर सीधा खड़ा हो जाइए। सिर के ऊपर हाथ रखकर घुटने के बीचोबीच टेढ़ा करके खड़ा हो जाएँ। उसके बाद नितंब को पीछे की ओर रखकर पेट की पेशी को संकुचित करें। अब धीरे-धीरे वस्तिप्रदेश को बाएँ से दाएँ दस से बीस बार हिलाइए (चित्र 15/6 और 15/7), इसके बाद घुटने को पूरी तरह मोड़कर एड़ी पर बैठें, दोनों हाथों को सामने कंधे तक उठाएँ और साँस छोड़ें। अंत में सीधे खड़े हो जाइए और हाथ उतारकर साँस खींचें, इस तरह से रोज दस से

बीस करें। (चित्र 15/8) दोनों हाथों को सिर के ऊपर उठाकर सीधे खड़े हो जाइए। सामने की तरफ कर लंबी-लंबी साँस लें। बाद में हाथ और शरीर ऊपर उठाएँ, फिर धीरे-धीरे सिर को पीछे की ओर कर और छाती को फुलाकर, पेट की पेशी को संकुचित करने की कोशिश करें। (15/9 और 15/10)

ये सारे व्यायाम शुरू में छह बार, फिर धीरे-धीरे दस तक बढ़ाएँ। इन व्यायामों से जाँघ और नितंब की पेशी काम करती है, हृत्पिंड की क्रिया को बढ़ाती है और शरीर की सभी रक्तनालियों को चलाने में सहायता करती है।

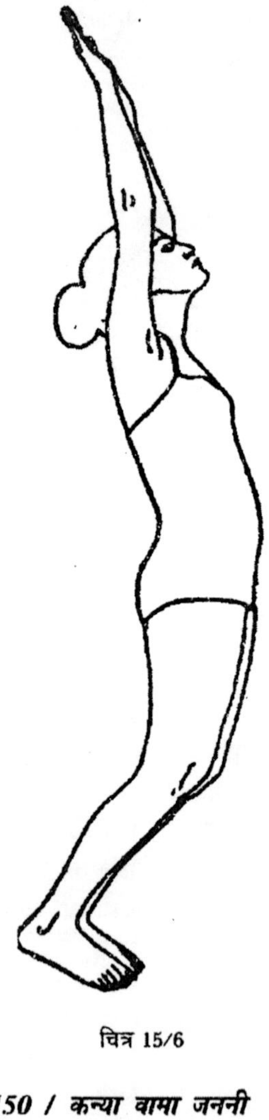

चित्र 15/6

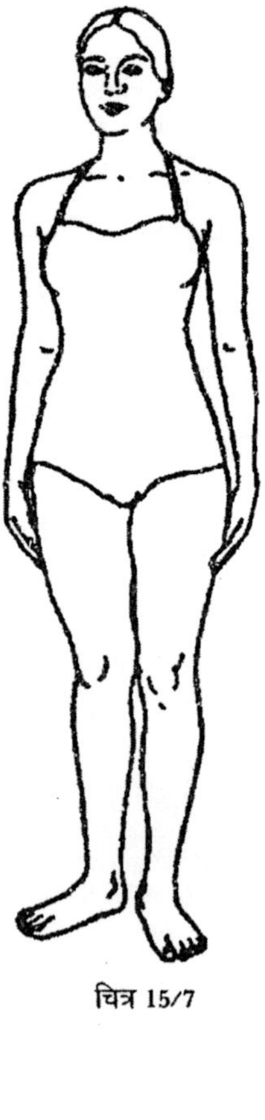

चित्र 15/7

चर्बी कम करने का व्यायाम

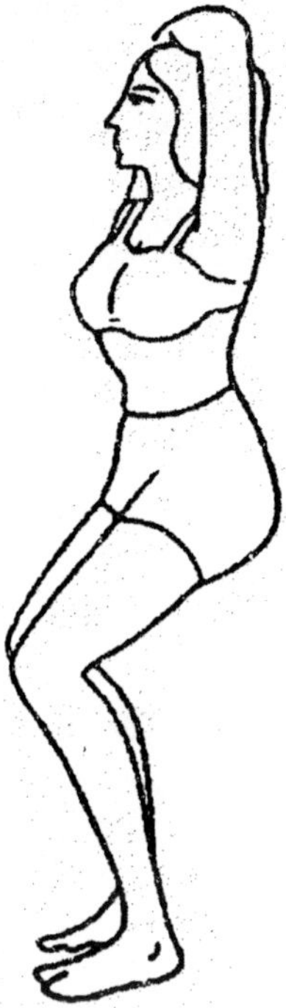

चित्र 15/8

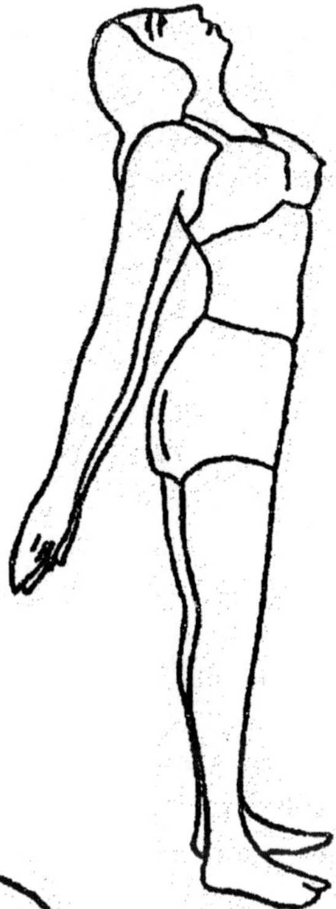

चित्र 15/9

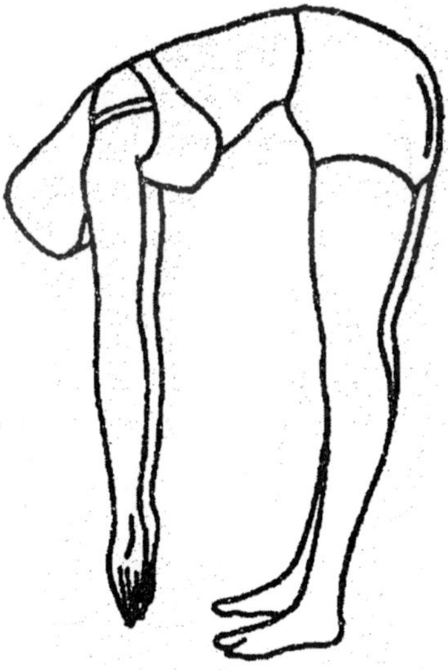

चित्र 15/10

चर्बी कम करने की विभिन्न भंगिमाएँ

## सूतक में मानसिक पुनर्विन्यास

बच्चा होने के बाद छोटी-मोटी असुविधाएँ होती हैं। रक्तस्राव होता है और अत्यधिक परिश्रम के कारण बहुत-सी माताओं को गंभीर शारीरिक और मानसिक अवसाद का शिकार होना पड़ता है। नियम का पालन करने पर कुछ दिन बाद इससे बाहर आया जा सकता है। नीचे के नियमों को ध्यान में रखने पर मन के अवसाद को दूर करने में सहायता मिलती है।

1. बहुत शीघ्र अपने आप सभी काम करने की कोशिश नहीं करनी चाहिए।

2. बच्चा, पति, परिवार सब पर थोड़ा-थोड़ा ध्यान देना चाहिए। घर के छोटे-मोटे कामकाज और पति का साथ भी बच्चों की सेवा की तरह ही जरूरी है। हमेशा बच्चे के बारे में सोचने पर परिवार के दूसरे कामकाज में खलल आती है और मन अवसादग्रस्त होता है।

3. व्यायाम के नियमों का पालन करके शरीर और मन को दृढ़ तथा पेशियों को सुडौल और सबल रखने की कोशिश करनी चाहिए।

4. जब तक 'लोकिया' स्राव रहता है, तब तक विश्राम का समय अलग से रहना चाहिए और विश्राम के समय सचेत रहना चाहिए।

5. सूतक के छह सप्ताह तक सहवास से अलग रहना ही उचित है।

6. सूतक के अंत में डॉक्टर से बच्चेदानी, योनिद्वार, मलद्वार और पेशाब की थैली के पुनरावर्तन की अवस्था को अच्छी तरह जँचवा लेना चाहिए और समस्या रहने पर समय से उचित इलाज करवाना चाहिए।

याद रखना चाहिए कि बच्चा होना सिर्फ जैविक मामला नहीं है, यह परिवार और समाज सृष्टि की एक धारा है। डॉक्टरों को भी प्रसूता के मन, शरीर और उसकी पारिवारिक शांति और सुख की ओर ध्यान रखकर व्यवस्था करनी चाहिए।

हम लोग जानते हैं कि मनुष्य का शरीर और मन प्राकृतिक नियम से ही चलता है। हेमंत के अंत में शीत के स्पर्श के साथ-साथ वृक्ष के सारे पत्ते झर जाते हैं और उसके सारे शीर्ण डंठल निकल आते हैं, पुनः बसंत के मधुर समागम से नए पत्र पल्लव से सज्जित हो जाते हैं, नए सिरे से फल और फूल देने के लिए। यह भी काफी हद तक वैसा ही है। माताओं को बच्चा जनने के बाद उचित आहार और व्यायाम के द्वारा आनेवाले दिनों के लिए अपने शरीर को पुनः सजीव करने की कोशिश करनी चाहिए।

# 16

# परिवार कल्याण योजना : प्रणाली और समीक्षा

बंधनों के भय से मुक्त होकर उठाया अपना माथा,
कोई और नहीं, जाना है हम ही हैं अपने परित्राता।
–रवीन्द्रनाथ

परिवार कल्याण योजना अभी के समय में हमारी राष्ट्रीय योजना का हिस्सा है। लोगों के जीवन में इसके महत्त्व की अनदेखी नहीं की जा सकती, फिर भी इस योजना के उपाय और तरीक़े को लेकर सवालों का अंत नहीं है। वे सारे प्रश्न कुछ आदर्शवादी और कुछ व्यावहारिक जरूरतों की पृष्ठभूमि में विचारणींय हैं। सभी मानते हैं कि मातृत्व का अधिकार स्त्री जीवन की एक अमूल्य निधि है। जो महिलाएँ बच्चों को जन्म देने के सुख से वंचित हैं, वे ही इस विधि के महत्त्व हो महसूस कर सकती हैं। लेकिन नए जीवन की सृष्टि के साथ-साथ सभी दंपतियों का गंभीर दायित्व बनता है। बच्चे का पालन करना, शरीर और मन के विकास के समय उसे स्वस्थ रखना, उचित आहार की व्यवस्था करना और शिक्षा का इंतजाम करना। इन सभी दायित्वों को राष्ट्र के साथ-साथ माता-पिता को भी पालन करना चाहिए। पशु-पक्षियों की तरह लगातार बच्चा जन्म देकर उसे प्रकृति और अन्य लोगों के भरोसे छोड़ देना जिम्मेदार मनुष्य के लिए संभव नहीं। मानव दंपति का कर्तव्य-बोध गहरा और बहुत अधिक विस्तृत होना चाहिए, अपने परिवार का पालन करने के लिए देश से हम जिस तरह की आशा रखते हैं, देश के हित में देश भी सभी दंपति से संतान धारण करने के विषय में दायित्वपूर्ण सहयोग का दावा कर सकते हैं। व्यक्तिगत स्वतंत्रता का खंडन न करके योजनापूर्ण ढंग से वंश बढ़ाना और उसे सही ढंग से पालन करने की रीति जिस तरह से राष्ट्रनीति का अंग है, उसी तरह यह प्रत्येक दंपति का सामाजिक दायित्व भी है। हमारे देश के सामने आज जो सबसे महत्त्वपूर्ण प्रश्न है वह है जनसंख्या की वृद्धि। जितनी तेजी से जनसंख्या बढ़ती जा रही है, खाद्य उत्पादन, उद्योग का विकास, शिक्षा और स्वास्थ्य रक्षा की व्यवस्था, गृह-निर्माण आदि उसके साथ समानता रखकर नहीं चल पा रहे हैं। दुर्भाग्य की बात यह है कि व्यापक अशिक्षा, पुराने संस्कार और अंधविश्वास वास्तविक स्थिति के

सम्मुखीन होने में बाधा डाल रहे हैं। अपने देश में मोटे तौर पर हम जिस वर्ग के लोगों को देखते हैं, वे कृषि आश्रित, कारखानों में काम करनेवाले मजदूर, शहर में रहनेवाले शिक्षित मध्यवर्ग और कतिपय धनी लोग हैं। यह बात माननी होगी कि गाँव के किसान, कारखाने के मजदूर, शहर और शहर के आसपास रहनेवाले मध्यम दर्जे के शिक्षित व्यक्ति और धनी समूह की स्थिति भिन्न है। फलस्वरूप उनकी समस्याओं का समाधान भी एक तरह से संभव नहीं। स्वतंत्रता प्राप्ति के बाद से आज तक हमारे देश की प्राकृतिक और मानविक शक्ति की पूरी तरह से खोज और उसका सदुपयोग नहीं हो पाया। इस बात को बहुत आसानी से समझा जा सकता है कि खाना, कपड़ा, आवास, शिक्षा और स्वास्थ्य की सुविधाएँ समान रूप से पाने के लिए परिवार कल्याण योजना की कार्यसूची को राष्ट्रीय और पारिवारिक जीवन में सही ढंग से प्रयोग में लाना अनिवार्य है। पति-पत्नी में से किसी एक के लंबी अस्वस्थता का शिकार होने पर स्वेच्छया आत्मनियंत्रण करना एक अति स्वाभाविक घटना है। उस समय कोई नीति का, धर्म का सवाल नहीं उठता। बच्चों के बड़े हो जाने पर माता-पिता स्वेच्छया ही जन्म नियंत्रण करते हैं। अर्थात् दंपति की जरूरत पर, स्वास्थ्य, सामाजिक और आर्थिक अव्यवस्था पर विचार करके होने वाला परिवार नियोजन धर्म के विरुद्ध काम नहीं होता, राष्ट्रीय संस्कृति और धर्म आस्था समय के अनुसार बदलती रहती है। कभी-कभी सचेत होकर उसे बदलना पड़ता है। जिद और अज्ञानता के कारण परंपरागत धारा का गुलाम बने रहना बुद्धिमानी का लक्षण नहीं। इससे दुर्गति के शिकार होने के अलावा और कोई फायदा नहीं होता। सामान्य ढंग से देखने पर राष्ट्रीय जीवन में परिवार कल्याण पद्धति और व्यवस्था को ग्रहण करने में आने वाली निम्नलिखित समस्याओं पर चर्चा की जा रही है--

1. उपरोक्त विभिन्न श्रेणी के व्यक्तियों की आवश्यकता और आसपास की स्थिति किस तरह से परिवार नियोजन की पद्धति और प्रसार को प्रभावित करेगी।

2. कौन-कौन-सी पद्धति कितना अधिक माँ के लिए फायदेमंद होगी और किस तरह से माँ की शारीरिक और मानसिक असुविधा एवं स्वास्थ्य की हानि हो सकती है।

3. अलग-अलग उपाय किस-किस संप्रदाय के लिए कितना अधिक प्रयोग में आ सकता है और विभिन्न व्यवस्था द्वारा कितना जनसंख्या नियंत्रण संभव है।

4. कानूनी गर्भपात परिवार नियोजन कार्यक्रम में कहाँ तक स्थान पा सकता है।

5. योजना को सफल रूप देने के कौन-से उपाय हैं ?

## *दंपति के आसपास की स्थिति और उसका प्रभाव*

जमींदारी प्रथा के खत्म हो जाने के बावजूद हमारे देश की कृषि पद्धति की पर्याप्त, उन्नति और सही समाधान आज भी नहीं हुआ है। खाद्य उत्पादन के लिए सहकारी आधार पर उन्नत तरह की खेती और उसके लिए कृषि सामग्री की व्यवस्था और उपकरणों की

सहायता जब तक कृषक के पास नहीं पहुँचाई जाएगी, तब तक इस समूह को परिवार नियोजन की ओर आकर्षित करना कठिन है। क्योंकि उसके जितने अधिक बच्चे होंगे उतने अधिक हल-बैल से उसे खेत जोतने में सहायता मिलेगी। इसके अलावा गाँव में अब तक प्रायः प्रणाली, गंदा फेंकने या पाखाना, स्वच्छ पानी या बिजली की सही व्यवस्था उपलब्ध नहीं है। इसीलिए लूप डायाफ्राम आदि महिलाओं के प्रयोग में लाई जाने वाली अंदर की व्यवस्थाओं की लोकप्रियता को बढ़ाना संभव नहीं होगा। माहवारी संबंधी स्वास्थ्य रक्षा के विषय में गाँव की अधिकांश लड़कियों को कोई जानकारी नहीं है। इसीलिए इन स्थितियों में कीटाणुओं से आक्रांत होकर प्रदाह हो सकती है। यह बात बहुत आसानी से समझ में आ जाती है कि ग्रामीणों के जीवन स्तर की उन्नति और उचित स्वास्थ्य रक्षा और देखभाल की जब तक सही व्यवस्था नहीं होगी तब तक महिलाओं के आंतरिक उपायों के बारे में ग्रामीणों को सजग करने में कई बाधाओं का सामना करना होगा।

अब औद्योगिक इलाकों की स्थिति को देखा जाए तो अधिकांश मामलों में कारखाने के मजदूर अलग-अलग प्रांतों के भूमिहीन कृषक और अल्पशिक्षित कस्बे के लोग ही होते हैं। हमारे देश में चाय, कोयला, गृह-निर्माण या ग्रामीण शिल्प और कारखानों में स्त्रियों को बहुत कम संख्या में नियुक्त किया जाता है। इसलिए स्त्रियों के लिए व्यवहार्य पद्धतियाँ अल्पसंख्यक श्रमिकों की ही सहायता कर सकती हैं। लूप लगाने या लाइगेशन करने के लिए सभी औद्योगिक संस्थाओं में परिवार कल्याण क्लीनिक और छोटे अस्पतालों की व्यवस्था करनी होगी। इतना इंतजाम करने के बावजूद जब कुछ रोगी ऑपरेशन और लूप संबंधी असुविधाओं का सामना करेंगे तो उनमें अविश्वास और असंतोष दिखाई दे सकता है। पुरुष श्रमिकों के लिए निर्वीजन (निर्वीयन) और स्त्रियों के लिए टेबलेट ही शायद इन मामलों में मददगार हो सकता है, और नियोजन व्यवस्था में सहायता पहुँचा सकता है, वैसे इन व्यवस्थाओं की सुविधा और असुविधा के बारे में आगे चर्चा करेंगे।

दूसरी तरफ शिक्षित और अल्पशिक्षित मध्यवर्गीय कस्बों में रहनेवालों में थोड़ा-बहुत पढ़ाई-लिखाई का प्रसार रहने के कारण यह समूह कई मामलों में बहुत सचेत है। लेकिन लूप, दवा, रबड़ की प्रतिशोधक सामग्री लाइगेशन भासेक्टिम के विषय में इस समूह को अच्छी तरह से जानकारी देना निहायत जरूरी है। कोई दंपति अपनी आर्थिक और पारिवारिक स्थिति आदि पर विचार किए बिना जबरदस्ती किसी उपाय को अपना ले तो उसका परिणाम अनुकूल नहीं भी हो सकता है और ऐसे व्यक्तियों का उत्साह कम हो जाने पर परिवार नियोजन लोगों में प्रतिकूल भावना की भी सृष्टि कर सकता है। शहर के ऐसे लोग परिवार नियोजन से ज्यादा भ्रूण नष्ट करने के प्रति आग्रही होते हैं।

बेल, पौधे, वृक्ष या कीट-पतंग और प्राणिजगत मात्र से ही सृष्टि की अपूर्व महिमा परिलक्षित होती है। एक तरफ प्राणिजगत में मृत्यु संहार मूर्ति को लेकर प्रकट होती है। दूसरी तरफ नए प्राणों का संचार करने, प्राणों के संतुलन की रक्षा करने में सहायता करती है। प्रकृति के अधिकांश मामलों में (वीजाणु या एमिबा के अलावा) अकेले पिता या माता के द्वारा वंश की रक्षा करना संभव नहीं होता। भगवान के नियमानुसार प्राणी शरीर और जीवन दो भागों में विभक्त होकर स्त्री और पुरुष के रूप में प्रस्फुटित हुआ है। मानव जीवन में भी इसका व्यतिरेक नहीं होता। स्त्री-पुरुष के विशेष कोषों के मिलन से एक नए उर्वर डिम्बाणु की सृष्टि होती है और उसमें से असंख्य कोटि विभाजन से सृष्टि होती है एक नए प्राण की। यह डिम्बाणु मातृदेह में प्रवेश करके प्राण सृष्टि करता है और उसमें से होती है एक पूर्ण मानव की सृष्टि। दोनों वंशों की शारीरिक धारा और उपज से सृष्टि होती है एक नए प्राण की। इस अपूर्व विकास के विषय में हर दंपति के लिए साधारण व्यावहारिक ज्ञान की जानकारी रखना बहुत जरूरी है। स्त्री-पुरुष की शारीरिक विषमता और आकृति संबंधी विभेद प्रकृति की ही सृष्टि है। अस्वच्छ और भ्रांतिपूर्ण सुनी-सुनाई बातों के आधार पर प्राप्त यौन ज्ञान से बहुत-से दंपति के जीवन में कई तरह की समस्याएँ दिखाई देती हैं। हमारे पूर्वजों ने वेदांत, उपनिषद, अर्थशास्त्र, न्यायशास्त्र और समाज विज्ञान की पोथियों के साथ-साथ कामशास्त्र और वैज्ञानिक तथ्यों के बारे में भी पोथियों की रचना की है। परिवार कल्याण के विभिन्न उपायों को समझाने की सुविधा के लिए स्त्री-पुरुष के शारीरिक अव्यय और जन्म संचार के तथ्यों के विषय में चर्चा कर रहा हूँ।

## *पुरुष जननेंद्रिय*

पुरुषों के जननेंद्रिय की सृष्टि इस तरह से हुई है कि उससे स्त्री शरीर में जन्म संचार हो सकता है। अंडकोष में शुक्राणु की सृष्टि होती है और उसके निःसृत हारमोन से यौवन के प्रारंभ में शरीर और मन में पौरुष लक्षणों का विकास होता है। पुरुष अंग इस तरह की पेशी द्वारा बना है जिससे वह दृढ़ और उत्तेजित अवस्था को प्राप्त कर सकता है, जिससे उससे स्त्री योनिपथ और बच्चेदानी के मुँह में वीर्य निःसृत करना संभव होता है।

**अंडकोष :** यह दोनों ग्रंथियाँ देखने में बिलकुल बेर की तरह, लंबाई में डेढ़ इंच और चौड़ाई में 1 (एक) इंच होता है। (चित्र 16/1) लिंग के पीछे स्क्रोटाम नामक थैली में दो प्रकोष्ठ झूले रहते हैं। शुक्रवाही नली, नसों-उपनसों और धमनी से लिपटी रज्जू की तरह दो नसों द्वारा अंडकोष जंघामूल से जुड़ा होता है। स्नायुतंत्र के साथ इसका विशेष संयोग रहने के कारण इस अंग में दर्द की अनुभूति और संवेदनशीलता अधिक रहती है। अंडकोष में छोटी-छोटी नलियाँ कोषग्रंथि में शुक्राणु की सृष्टि, वृद्धि और

परिणत स्थिति को प्राप्त करती हैं, आमतौर पर युवावस्था में शुक्राणु की सृष्टि होती और 60-70 वर्ष तक चलती है। प्रत्येक पंद्रह दिनों के अंतराल में शुक्राणु की सृष्टि होती है और शुक्राणु दो-तीन महीने तक जीवित रहता है। शुक्राणु अंडकोष की सूक्ष्म नली समन्वय में बनी रेटिटेसटिस से होकर एपिडिडाइमिस से होती हुई भासडेफेरेंस या शुक्रवाही नली में आकर गिरती है। शुक्रवाही नली अंडकोष के पीछे और बगल में उठकर जंघामूल से होते हुए पेट के भीतर से मूत्राशय के बगल से होकर प्रोस्टेट ग्लैंड के भीतर मूत्रनली में जाकर गिरती है।

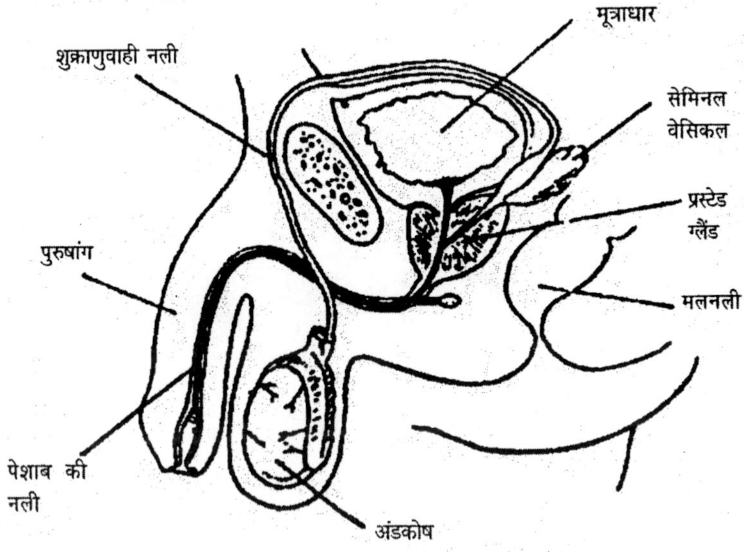


चित्र 16/1 : पुरुष यौनांग का चित्र

इस जगह में सेमिनल भेसिकल नामक दो ग्रंथियाँ हैं। प्रोस्टेट ग्लैंड का निःसृत रस शुक्राणु के प्राण की रक्षा करता है और वीर्य के तरल पदार्थ को उत्पन्न करता है। एक-एक शुक्राणु 1/25 मिलीमीटर लंबा तथा उसका एक सिर, गर्दन और पूँछ भी रहती है। सिर में कोष के नाभिस्थल में क्रोमोसोम नामक एक रासायनिक जैव पदार्थ रहता है, जिसके वंश चरित्र की विशेषता बाद के वंशजों में संचारित और प्रवाहित होती है, पूँछ की सहायता से शुक्राणु तैरकर आगे बढ़ सकता है। इसकी रफ्तार प्रति दस सेकेंड में एक मिलीमीटर है। एक बार के वीर्य स्खलन में 20 से 83 करोड़ शुक्राणु निकलते हैं और उसमें 2.5 से 5 मिलीलीटर तरल पदार्थ रहता है। निष्कांत होने के 10-15 मिनट में वीर्य का जेलीनुमा पदार्थ तरलीभूत होकर करीब 4-6 करोड़ शुक्राणु बच्चेदानी में प्रवेश करते हैं। पर सिर्फ 1000 शुक्राणु ही फैलोपियन ट्यूब में पहुँचते हैं। उसके बाद शुक्राणु

की क्षमता में परिवर्तन होकर भी 30 से 60 शुक्राणु डिम्बाणु को घेरते हैं और उनमें एक के भाग्य में जयमाला जुटती है। (चित्र 16/3) इस तरह के फैलोपियन ट्यूब में डिम्बाणु उर्वरता को प्राप्त करता है। शुक्राणु सृष्टि के परिवेश और तापमात्रा को बराबर बनाए रखने के लिए दोनों अंडकोष बाहर सेक्रोटाम में रखे रहते हैं। सेक्रोटाम नरम, सिकुड़ा हुआ चमड़े से बना थैलीनुमा होता है और चमड़े के नीचे क्रिमेस्टर नामक विशेष तरह की पेशी रहने के कारण सेक्रोटाम संकुचित हो सकता है। बहुत कसा हुआ लँगोटा या अंतर्वास पहनने पर शुक्राणु के बनने में बाधा उत्पन्न हो सकती है।

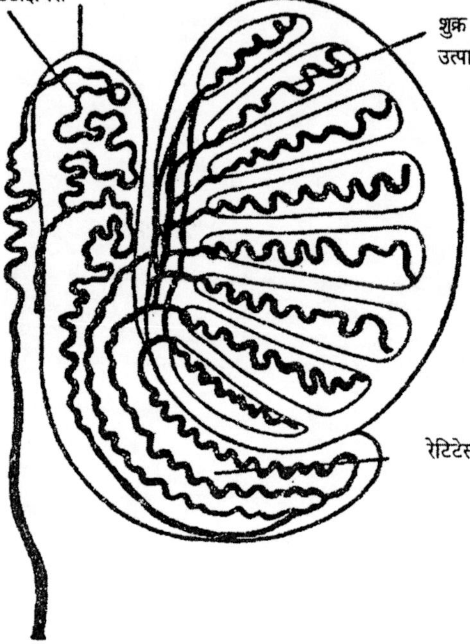


चित्र 16/2 : अंडकोष के अंदर की नली का चित्र

पुरुष लिंग इस तरह से बना है जिससे मूत्र और वीर्य दोनों ही उससे निकल सकते हैं। मूत्राशय से मूत्रनली प्रोस्टेड ग्लैंड के भीतर से लिंग से होते हुए बाहर निकलती है, मूत्रनली के चारों तरफ की पेशी का नाम बालबो कैभेरनोसास है। इसके दोनों तरफ इस्कियोकैभेरनोसास नामक दो पेशियाँ रहती हैं जो पीछे के पिउविसेस की हड्डी के साथ जुड़ी रहती हैं। ये तीनों पेशियाँ स्पॉन्ज की तरह हैं और खून के संचार में वृद्धि होने पर पेशी मजबूत होती है और लिंग उठ सकता है। एक तंतु द्वारा ये तीनों पेशियाँ बँधी रहती हैं और चारों तरफ एक नरम चमड़े से ढकी रहती हैं। लिंग के स्नायुतंत्र का योग

इतना अधिक है कि यह बहुत अधिक संवेदनशील रहता है। यह अग्रभाग भी एक विशेष चमड़े से ढका रहता है। कुछ संप्रदायों में बचपन में ही इस चमड़े को काट देने का रिवाज है। उत्तोलित स्थिति में लिंग की लंबाई 5-6 इंच और चौड़ाई डेढ़ इंच तक हो सकती है।

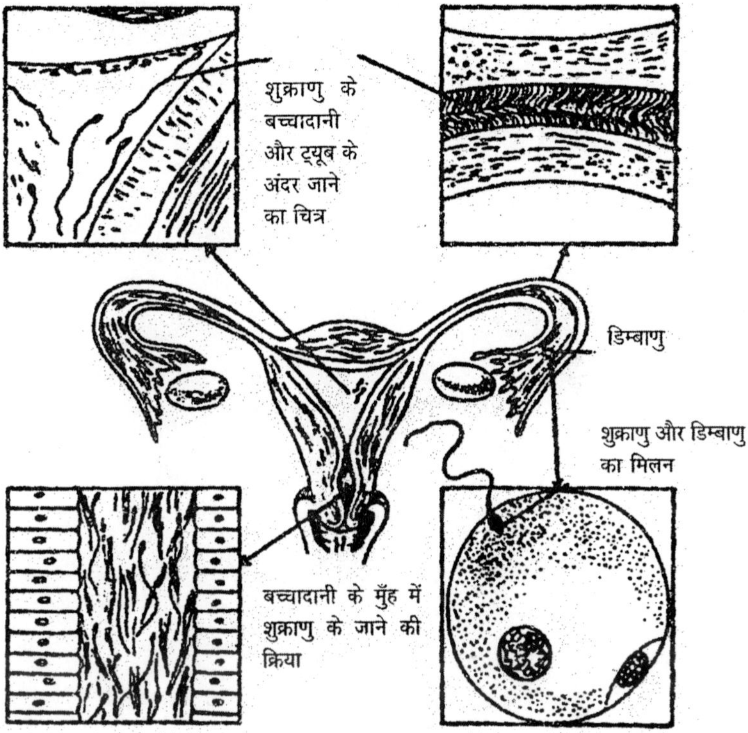


चित्र 16/3 : बच्चेदानी के मुँह से शुक्राणु का यात्रापथ और डिम्बाणु के साथ मिलन का दृश्य

स्त्री शरीर में यौवन के प्रारंभ में जो परिवर्तन होते हैं उनमें जातिगत, खाद्य और हारमोन का प्रभाव भी रहता है। मस्तिष्क में हारपोथेलेमस से निकलने वाले रासायनिक पदार्थ के प्रभाव से पिट्यूटरी से यौनवृद्धि का हरमोन निकलता है। इसके परिणामस्वरूप डिम्बाशय का विकास होता है, जिससे स्त्री शरीर में यौवन के लालित्य और सौंदर्य की सृष्टि होती है, मूत्राशय के अस्थि परिवर्तन से लेकर नितंब, जाँघ और निचले पेट में मेद (चर्बी) के संचार और स्तन के विकास तथा माहवारी की सूचना आदि सबकुछ इन दोनों हारमोनों द्वारा होता है।

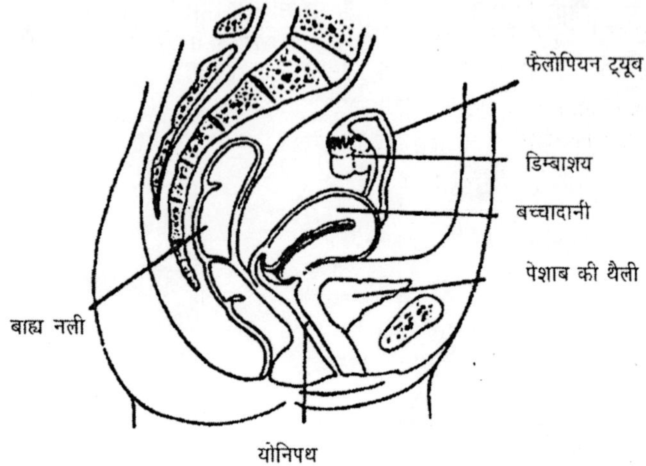


चित्र 16/4 : स्त्रियों के वस्तिगह्वर के अंदर के यौनांग का चित्र

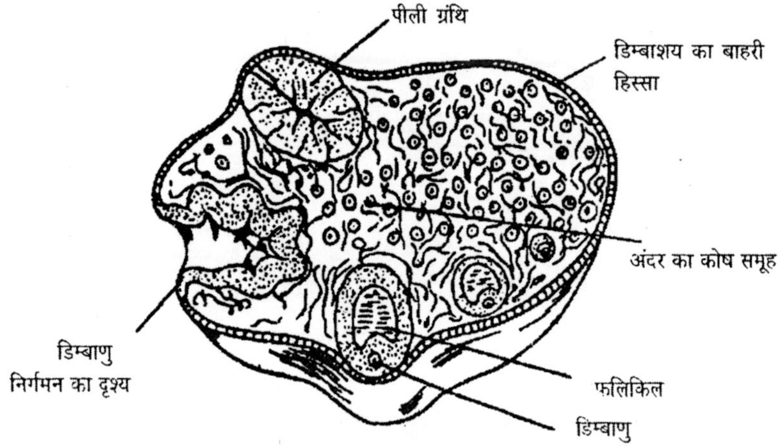


चित्र 16/5 : डिम्बाशय के अंदर का चित्र

वस्तिगह्वर में हड्डियों के समूह के साथ ऊपर की ओर रीढ़ की हड्डियों का संयोग रहता है और उसकी दोनों तरफ वस्ति (मूत्राशय) जुड़ा रहता है। सामने पिउविस, दोनों तरफ इलियाम, इस्कियाम और पीछे से क्राम द्वारा वस्ति के अस्थिगोलक (हड्डियों का घेरा) की सृष्टि होती है। इसमें पेशी और तंतुओं द्वारा ढके हुए गह्वर में बच्चादानी, फैलोपियन ट्यूब, डिम्बाशय और योनिपथ का ऊपरी हिस्सा रहता है, (चित्र 16/4) इन अंगों को आभ्यंतर यौनांग कहा जाता है। मूत्राशय और मूत्रनली इसके सामने रहती है

और मल-नली पीछे की ओर। नीचे दोनों तरफ तिरछी पेशी से बने डायाफ्राम द्वारा यह अंग सुरक्षित और सक्षम रहता है। इन पेशी-समूह और तंतुओं की चादर को चीरकर मूत्रनली, योनिपथ और मल-नली बाहर के साथ संयोग बनाए रखती है।

**डिम्बाशय**–दोनों डिम्बाशय देखने में सुपारी की तरह और निचले पेट में फैलोपियन ट्यूब के दोनों तरफ रहते हैं। डिम्बाशय लंबाई में करीब डेढ़ इंच और चौड़ाई में आधा इंच होता है, पिट्यूटरी ग्रंथि के यौन वृद्धिकारक हारमोन के प्रभाव से वयःसंधि के बाद से प्रत्येक महीने में डिम्बाणु निर्गमन के बाद फैलोपियन ट्यूब में जाकर गिरता है। डिम्बाणु की वृद्धि, नारी सुलभ परिवर्तन और बच्चेदानी का विकास इस्ट्रोजेन नामक विशेष हारमोन द्वारा स्वाभाविक रूप से होता है। डिम्बाणु निर्गमन के बाद प्रेजेस्टेरोन हारमोन निकलता है और इससे बच्चेदानी का झिल्लीकोष डिम्बाणु रोपण के लिए तैयार होता है। (चित्र 16/5) इस तरह प्रत्येक महीने में इस्ट्रोजेन और प्रेजेस्टेरोन हारमोन द्वारा ऋतुस्राव और डिम्बाणु निर्गमन होता है। अधिकांश स्त्रियों को 28 दिन बाद माहवारी होती है। माहवारी के 12 से 16 दिन पहले से डिम्बाणु निर्गमित होता है। स्त्री शरीर में डिम्बाणु 12 घंटे तक जीवित रहता है और स्त्री शरीर में शुक्राणु निःसृत होने के बाद 48 से 72 घंटे तक जीवित रहता है। इस समय दोनों कोषों का मिलन होकर उर्वर डिम्बाणु की सृष्टि होती है। आजकल इस्ट्रोजेन और प्रेजेस्टेरोन की मिश्रित गोली की सहायता से डिम्बाणु के निर्गमन को रोका जा सकता है।

फैलोपियन ट्यूब या डिम्बाणुवाही नली दोनों तरफ से आकर बच्चेदानी के ऊपर के कोने से जुड़ती है। यह नली 4 इंच लंबी और हलकी पेशियों से बनी होती है।

इसके भीतर एक विशेष तरह की झिल्ली से नली का रास्ता बना हुआ है, जिससे डिम्बाणु की गति क्रमशः बच्चेदानी की ओर हो सके। दोनों तरफ डिम्बाणु के बगल में इस नली का मुँह 4-5 पंखुड़ियों की तरह फैला रहता है ताकि डिम्बाणु निकलकर ट्यूब के भीतर जा सके। पैलोपियन ट्यूब में ही डिम्बाणु और शुक्राणु के मिलन से उर्वर डिम्बाणु की सृष्टि होती है। इस ट्यूब से होकर बच्चेदानी में पहुँचने में डिम्बाणु को करीब तीन-चार दिन लग जाते हैं। इस समय उर्वर डिम्बाणु का खाद्य और वृद्धि ट्यूब के अंदर की झिल्ली द्वारा प्रभावित होती है। इसीलिए ट्यूब को बाँध देने या काट देने पर गर्भाधान को बंद किया जा सकता है। कभी-कभार ट्यूब की झिल्ली में उर्वर डिम्बाणु घुसकर भ्रूणसंचार करता है और तब ट्यूब फटकर पेट में रक्तक्षरण करता है और गंभीर समस्या पैदा होती है।

**बच्चादानी या गर्भाशय**–यह देखने में चिपटा नाशपाती की तरह होता है और इसकी परिधि करीब तीन इंच लंबी, दो इंच चौड़ी और डेढ़ इंच मोटी होती है। पेशियों से बने इस अंग का भीतरी हिस्सा खोखला और इसकी गहराई तीन कोने के नाप की होती है और नीचे की ओर क्रमशः पतली होती हुई बच्चेदानी के मुँह से जुड़ती है। ऊपर कोने की ओर फैलोपियन ट्यूब और राउंड लिगामेंट लगा होता है। नीचे की ओर बच्चेदानी का मुँह योनिपथ के ऊपरी हिस्से में घुस जाता है। बच्चेदानी का मुँह करीब

एक इंच लंबा होता है। बच्चेदानी विशेष तरह की पेशी द्वारा बनी होती है जिसका संकुचन मनुष्य की इच्छा के अधीन नहीं होता है। यह पेशी माहवारी के समय संकुचित हो सकती है, पुनः गर्भावस्था में फैलती है। प्रसव के समय संकुचित होकर मातृगर्भ से बच्चेदानी का ऊपरी हिस्सा सामने की ओर रहता है, लेकिन विशेष-विशेष रोग में बच्चादानी पीछे की ओर झुक जाती है। और उसे 'रेट्रोभरशन' कहा जाता है। बच्चेदानी में झिल्लीकोष इस्ट्रोजेन और प्रेजेस्टेरोन हारमोन के प्रभाव से प्रति माह उर्वर डिम्बाणु को ग्रहण करने के लिए तैयार होता है, गर्भसंचार न करने पर इस कोष का क्षरण होता है और रक्त, श्लेष्मा और झिल्लीकोष मिलकर माहवारी के साथ निकलते हैं। बच्चेदानी में विभिन्न उपकरणों को घुसाकर डिम्बाणु की ग्रंथना को रोकने की कोशिश आजकल की जा रही है।

**योनिपथ**–योनिपथ गर्भाशय के मुँह से बाहर तक फैली हुई पेशी द्वारा गठित नली है। यह नली तीन-चार इंच लंबी और करीब दो इंच चौड़ी होती है। इसके चारों तरफ मांसपेशी और तंतु इलास्टिक की तरह फैलने वाला होता है, जिससे सहवास और शिशु के जन्म के समय इसके अवयय में परिवर्तन हो सकता है। योनिपथ के सामने ही मूत्राशय, मूत्रनली और पीछे पेरिनियम तथा मल-नली होती है। योनिपथ के मुँह में रिंग की तरह पर्दा रहता है जिसे हाइमेन कहा जाता है। विवाह के बाद सहवास के उपरांत यह पर्दा फैल जाता है या थोड़ा फट जाता है। योनिमुँह के ठीक सामने दो बार्थोलिन ग्रंथियाँ रहती हैं और उत्तेजना के समय इससे निःसृत रस द्वारा योनिमुँह पिच्छल और मुलायम होता है।

**योनिद्वार के अव्यय**–योनिमुँह के सामने पिउविस के ऊपर मेदपिंड (चर्बी का पिंड)

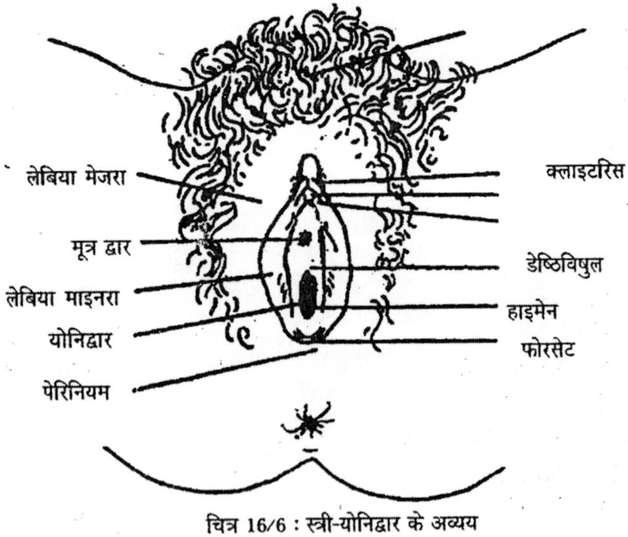


चित्र 16/6 : स्त्री-योनिद्वार के अव्यय

होता है, जिसे मनसभेनेरिस कहा जाता है। दो मोटे होंठ की तरह योनिद्वार के दोनों ओर घिरी मोटी चमड़ी को लेबिया मेजरा कहा जाता है। मनस और लेबिया मेजरा यौनकोष और स्वेदग्रंथि द्वारा ढका होता है। लेबिया मेजरा के अंदर दो पतले चमड़े के पर्दे की तरह मुड़ा रहता है। उसे लेबिया माइनरा कहा जाता है। सामने क्लाइटरिस से पेशाब के नलीमुँह और योनिपथ के दोनों तरफ दो पर्दे की तरह की झालरें हैं। क्लाइटरिस या भगांकुर, पुरुष-लिंग की तरह एक छोटा अंग है लेकिन उसमें कोई मूत्रनली नहीं रहती। यह अंग स्नायुतंत्र से इस तरह जुड़ा होता है कि इसकी त्वचा और अग्रभाग बहुत अधिक संवेदनशील होता है और सहवास के समय इस अंग में स्पर्श से यौन उत्तेजना की सृष्टि होती है। इसके पीछे ही मूत्रनली का मुँह और योनिद्वार है। उसके दोनों तरफ बार्थोलिन ग्लैंड नामक दो ग्लैंड रहते हैं। यौन उत्तेजना के समय इस ग्लैंड से निकलने वाला स्राव योनिमुँह को पिच्छल करने में सहायता करता है। योनिमुँह और मलद्वार के बीच विभाजनकारी अंश को पेरिनियम कहा जाता है।

**संतान निरोध पद्धति**–गर्भधारण न हो इसके लिए मुनष्य की कोशिश का अंत नहीं। डिम्बाशय से डिम्बाणु के निर्गमन को बंद करके ट्यूब को काटकर या बाँधकर डिम्बाणु की अग्रगति को रोककर, अंदर के उपकरण को पहनाकर बच्चेदानी में डिम्बाणु के ग्रंथन को रोककर एवं जेली, क्रीम और डायाफ्राम की सहायता से शुक्राणु की गति को विभिन्न तरह से रोका जा सकता है।

## *विभिन्न प्रणाली की सुविधा, असुविधा और प्रयोग विधि*

परिवार कल्याण और गर्भनिरोध के विभिन्न उपाय हैं। नीचे उसकी एक तालिका दी जा रही है। उसके साथ विभिन्न उपाय और उनके सही व्यवहार की पद्धति, परिणाम और असुविधाओं पर भी चर्चा कर रहा हूँ।

## *1. परिवार सीमित रखने की पद्धति*

**(क) पति के पालन करने के उपाय**

(1) कंडोम या रबड़ का कैप

(2) निर्गमन या पूर्ण संगम प्रतिरोध

**(ख) पत्नी के पालन करने के उपाय**

(1) सेवन करने वाली दवा

(2) लूप या बच्चेदानी के भीतर पहनने वाले उपकरण

(3) डायाफ्राम या जेली

(4) गर्भनिरोधक जेली या क्रीम

(5) अंदर व्यवहार्य फोम टेबलेट

**(ग) पति-पत्नी दोनों के पालन करने के उपाय**

(1) निरापद समय में संगम

### *2. स्थायी उपाय*

(क) पति का निवीर्यकरण या भैसेकटीम

(ख) पत्नी का बांध्यकरण या ट्यूबेकटभि या ट्यूवाल लाइगेशन या क्लीप लगाने का इंतजाम।

### *3. कानूनी गर्भपात*

इन सारे उपायों से सामान्य तौर पर अलग-अलग ढंग से गर्भनिरोध होता है। दवा के जरिए डिम्बाणु निर्गमन को बंद किया जा सकता है। रबड़ के कैप या डायाफ्राम के प्रयोग से पुरुष वीर्य बच्चेदानी के मुँह को स्पर्श न कर सके, इसका इंतजाम किया जाता है। बच्चादानी जठर में परिधेय उपकरण मातृजठर में डिम्बाणु के रोपण को रोकता है। फैलोपियन ट्यूब काट या बाँध देने पर डिम्बाशय से डिम्बाणु के ट्यूब के भीतर से उसके जाने के रास्ते को रोककर गर्भसंचार को रोका जाता है। उसी तरह पुरुष की वीर्यनली को काटकर शुक्राणु के निर्गमन को बंद करके गर्भधान को असंभव करने में सहायता मिलती है।

अधिकांश दंपति कुछ समय के लिए गर्भनिरोध के पक्षपाती हैं। कुछ दंपति स्थायी रूप से भी गर्भनिरोध के प्रति आग्रही हैं। जो लोग अस्थायी व्यवस्था के अवलंबन के प्रति सचेष्ट हैं, उनके मन में विभिन्न प्रणालियों के विषय में निम्नलिखित सवाल स्वाभाविक रूप से उठ सकते हैं–

- कौन-सी विशेष प्रणाली पूरी तरह से सफलता का आश्वासन दे सकती है ?
- इन सभी प्रणालियों के उपयोग में कोई असुविधा भी है ?
- सेवन करने वाली दवा या लूप के उपयोग से कौन-कौन-सी शारीरिक अस्वस्थता हो सकती है ? इन सारी पद्धतियों से क्या कैंसर भी हो सकता है ?
- लूप के उपयोग के समय गर्भधारण कर लेने पर क्या करना चाहिए ? क्या इससे बच्चे के विकलांग होने की आशंका भी होती है ?
- इन सारी पद्धतियों के विफल होने की संभावना कितनी होती है ?

### *विभिन्न प्रणालियों की विफलता की गणना*

आमतौर पर जन्मनिरोध की प्रत्येक प्रणाली में कुछ मामलों में असफलता की संभावना रहती है। असफलता की सैकड़ा दर कुछ इस प्रकार है–

| प्रणाली | सैकड़ा अफसलता की दर |
|---|---|
| सेवन करने वाली दवा | 0 प्रतिशत से 1.7 प्रतिशत |
| लूप | 2.5 प्रतिशत से 5.5 प्रतिशत |
| रबड़ का कैप | 14 प्रतिशत |
| निर्गमन | 17 प्रतिशत |
| निरापद समय में संगम | 38 प्रतिशत |

सामान्यतया असफलता की अपेक्षा सामयिक असुविधा और रोगों का लक्षण ही महिलाओं के आग्रह को कम कर देता है और इन प्रक्रियाओं के विषय में विपरीत मनोभाव की सृष्टि करता है। कोई भी स्त्री अपने और अपने होने वाले बच्चे की हानि की आशंका रहने पर इस प्रणाली को अपनाने के प्रति सही नजरिया नहीं रख सकती। इन विधियों को अपनाने के बावजूद यदि उस परिस्थिति में गर्भसंचार हो जाता है तो उसे निकालने की भी आजकल सुव्यवस्था संभव हो गई है।

सभी को यह जानने का आग्रह है कि सेवन करने वाली दवा किस तरह से जन्मनिरोध करती है। पहले ही कहा गया है कि ओवरी से इस्ट्रोजेन और प्रेजेस्टेरोन नामक दो हारमोन निकलते हैं, इन दोनों हारमोनों को एक साथ उचित मात्रा में प्रयोग में लाने पर डिम्बाणु-निर्गमन को रोकना संभव होता है। माहवारी के बीच के समय में स्वाभाविक डिम्बाणु निर्गमन में बाधा आने पर गर्भधान नहीं होता। प्रत्येक गोली में 50 माइक्रोग्राम इस्ट्रोजेन रहता है, क्योंकि इस्ट्रोजेन के अधिक रहने पर नसों-उपनसों में खून जमकर दुर्घटना हो सकती है। यह मिश्रित गोली प्रत्येक माहवारी के पाँचवें दिन से लेकर 20-21 दिनों तक खानी पड़ती है, माहवारी के 25वें दिन टेबलेट के खत्म होने पर उसके दो-चार दिन बाद से ही ऋतुस्राव शुरू हो जाता है।

## *गोली का रासायनिक उपादान*

जन्म-निरोधक गोली आमतौर पर इस्ट्रोजेन और प्रेजेस्टेरोन हारमोन के समन्वय से बनी

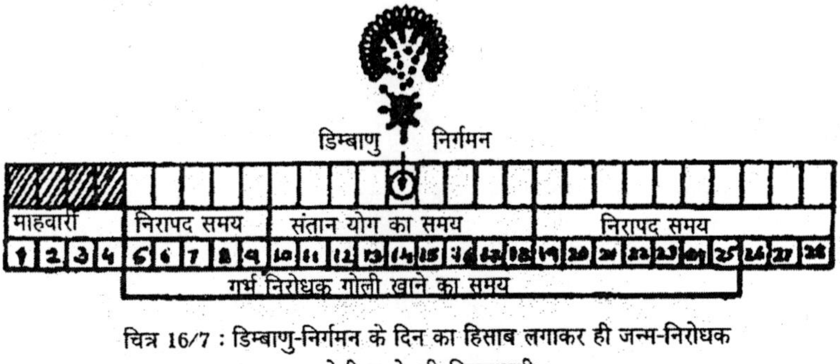


चित्र 16/7 : डिम्बाणु-निर्गमन के दिन का हिसाब लगाकर ही जन्म-निरोधक गोली खाने की नियमावली

होती है। आजकल अधिकांश मामलों में यह हारमोन समूह कृत्रिम रूप से विभिन्न रासायनिक उपादानों से बनता है। यद्यपि बाजार में कई नामों की गोलियाँ मिलती हैं, उसका प्रेजेस्टेरोन उपादान कम या अधिक शक्ति वाले पदार्थ द्वारा बना होता है। किसी गोली में प्रेजेस्टेरोन अधिक शक्ति वाली होती है तो किसी में कम, इसीलिए अलग-अलग गोली से स्त्रियों के शरीर और ऋतुस्राव पर अलग प्रभाव पड़ता है। नीचे कुछ गोलियों के हारमोन की मात्रा और रासायनिक उपादान का नाम दे रहा हूँ।

| गोलियों के नाम | इस्ट्रोजेन का नाम | मि. ग्राम | प्रेजेस्टेरोन का नाम | मि.ग्राम |
|---|---|---|---|---|
| एनोभ्लार | एथिनिल इस्ट्रॉडियल | 0.05 | नरएथिस्टेरोन | 4 |
| गाइनोभ्लार | — | — | — | 3 |
| मिनअभ्लार | — | — | — | 1 |
| नरलेस्ट्रिन | — | — | — | 1 |
| भलडिस | — | — | मेजेस्टेरल एनिटेट | 8 |
| डुयोलुटन | — | — | नरजेस्ट्रिल | 0.5 |
| नोरासाइक्लिन | — | — | लाइनेस्ट्रनल | 1 |
| अभूलेन | मेस्ट्रानल | — | एथिनडियल भाइ एसिटेट | 1 |
| लिन्डियल-1 | — | 0.05 | लाइनेस्ट्रेनल | 1 |
| उभ्राल | एथिनिल इस्ट्रॉडियल | 0.05 | नाजेस्ट्रिल | 0.08 |
| | | **मिनिपिल (छोटी गोली)** | | |
| उभ्राल-एल | एथिनिल इस्ट्राडियल | 0.03 | नरजेस्ट्रिल | 0.3 |
| लोएस्ट्रिन | — | — | नरएथिस्ट्रेरोन एसिटेट | 1.5 |
| माइक्रोगाइनन | — | — | नरजिस्ट्रिल | 0.03 |
| लोएस्ट्रिन 1/20 | — | 0.02 | नरएथिनट्रोन एसिटेट | 1 |

इस सूची से पता चल रहा है कि बाजार में विभिन्न नामों और तरह-तरह की गोलियाँ मिलती हैं। यधिप प्रत्येक गोली में डिम्बाणु को रोकने की क्षमता है, फिर भी ध्यान देते ही पाएँगे कि ये गोलियाँ अलग-अलग तरह और मात्रा के रासायनिक उपादानों के समन्वय से बनती हैं। इस तरह की अलग-अलग किस्म की गोलियाँ खाने से महिलाओं के शरीर पर प्रभाव और प्रतिक्रिया में भी तारतम्य हो सकता है। गोली का इस्ट्रोजेन और प्रेजेस्टेरोन शरीर को विभिन्न तरह से प्रभावित कर सकता है। इस्ट्रोजेन के कारण उबकाई आना, उल्टी आना, सिरदर्द, छाती का भारी हो जाना, वजन बढ़ना यहाँ तक कि रंग भी काला पड़ सकता है। या इस तरह के परिवर्तन के होने की आशंका रहती है। इस दवा की मात्रा के अधिक-कम होने पर या दवा भूल जाने पर माहवारी के अंतर्वर्ती समय में भी रक्तस्राव हो सकता है। इन सारी दवाओं का प्रेजेस्टेरोन हिस्सा विभिन्न तरह के रासायनिक उपादानों से बनता है। कोई माहवारी कम कर देता है तो किसी से वजन बढ़ने लगता है या फिर किसी से चेहरे में मुँहासे आदि निकलने लगते हैं। इसलिए महिलाओं को शारीरिक ढाँचा और अवयव के अनुसार अलग-अलग तरह

की और मात्रा की दवाओं का सेवन करना चाहिए। मोटी स्त्रियों को एक तरह की और दुबली स्त्रियों को अलग तरह की गोलियाँ देनी चाहिए। उसी तरह जिनको माहवारी अधिक होती है, उन्हें अलग तरह की और जिन स्त्रियों में मूँछ की रेखा हो या स्तन पुष्टि का अभाव या स्तनफीति हो, उन्हें अलग तरह की गोलियाँ देनी चाहिए। दूसरी तरफ हारमोन की मात्रा को कम करके सबकी अपेक्षा कम हारमोन का प्रयोग करके डिम्बाणु निर्गमन को रोकने का प्रयास चल रहा है। इससे नियमित माहवारी में बाधा उत्पन्न हो सकती है।

आजकल सहवास के बाद सुबह सेवन करने वाली गोली या काफी दिनों तक गर्भनिरोधक हारमोन इंजेक्शन को लेकर कई तरह की जाँच चल रही है। इससे सफलता का आभास भी मिला है, लेकिन अन्य असुविधाओं के कारण इसका अधिक प्रचलन अब तक नहीं हो पाया।

दस वर्ष पहले हम लोग जिस मात्रा में हारमोन का प्रयोग करके डिम्बाणु के निर्गमन को रोकते थे, उससे बहुत कम मात्रा में दवा का प्रयोग करके आजकल अच्छा परिणाम मिल रहा है। आजकल गोली पहले से अधिक निरापद है। आजकल गोली खाकर बहुत-सी महिलाएँ गर्भाधान को पूरी तरह से रोके रख सकती हैं। अधिक प्रेजेस्टेरोन मिश्रित गोली से कभी-कभी माहवारी बंद हो सकती है, और कम मात्रा की गोली से माहवारी के अंतर्वर्तीकाल में आकस्मिक रक्तस्राव शुरू हो सकता है। इसीलिए प्रत्येक स्त्री की शारीरिक गति को समझते हुए अलग-अलग तरह की गोली के सेवन का निर्देश देना चाहिए। जिनका स्तन छोटा है उन्हें जिस गोली से स्तन में स्फीति आती है वही गोली खाने के लिए देनी चाहिए; जिसको मुँहासे या शारीरिक केश अधिक हैं उन्हें अलग तरह की गोली देनी चाहिए। इस तरह से स्त्रियों की शारीरिक गति को समझते हुए गोली बदलकर उचित मात्रा का निर्धारण कर देनी चाहिए।

इन सारी मिश्रित हारमोन दवाइयों की सहायता से कृत्रिम उपाय द्वारा डिम्बाणु निर्गमन में बाधा उत्पन्न करके गर्भनिरोध करने के विषय में बहुत-से लोगों के मन में सवाल उठ सकता है कि वर्षों से चली आ रही स्त्री शरीर की एक स्वाभाविक क्रिया को इस तरह से अवदमित रखना क्या शरीर के लिए अच्छा होता है ? इसके साथ-साथ मन में और कई सवाल उठते हैं; जैसे—क्या इस दवा के सेवन करने पर जन्म-नियंत्रण वास्तव में संभव होता है ? इस दवा के प्रयोग से अन्य क्या-क्या असुविधाएँ हो सकती है ? काफी दिनों तक इस दवा का उपयोग करने पर कैंसर, डायबिटीज या लीवर की बीमारी होने की आशंका तो नहीं रहती ?

अनुभव से प्रमाणित हुआ है कि उपरोक्त हारमोन मिश्रित गोली के सेवन से गर्भनिरोध तो संभव होता ही है, यहाँ तक कि यह पद्धति लूप, कंडोम, क्रीम और जेली या आभ्यंतर व्यवहार्य रासायनिक टेबलेट से भी उत्कृष्ट है। लेकिन नियमित रूप से लंबे समय तक दवा का सेवन करने में गलती भी हो सकती है; अनियमित रूप से दवा खाने पर इसकी कार्यक्षमता में बाधा आती है और अचानक रक्तस्राव हो सकता है।

हमारे देश में अशिक्षित स्त्रियों को नियमित रूप से दवा पीने के नियमों का पालन करवाना बहुत कठिन है। इन गलतियों को सुधारने के लिए विभिन्न भेषज प्रतिष्ठानों की ओर से विभिन्न तरह के तरीकों को अपनाने के बावजूद असावधानी या अनियमितता होने की आशंका अस्वाभाविक नहीं। इसके अलावा किसी-किसी महिला को माहवारी की गड़बड़ी होने पर दवा के सेवन के नियमों का पालन करना कठिन हो जाता है।

इन सारे दबावों में कई तरह की असुविधाएँ भी हैं। उल्टी, स्तनस्फीति, आकस्मिक रक्तस्राव, वजन का बढ़ना, मुँहासे का होना या माहवारी का कम होना आदि असुविधाओं से भी बहुतों को परेशानी हो सकती है। सामान्यतया सैकड़ा में दस महिलाओं को भी इस तरह की परेशानी नहीं होती, वैसे छह महीने तक दवा का सेवन करने के पश्चात् डॉक्टर के साथ दवा की सुविधा-असुविधा के बारे में बात कर लेनी चाहिए।

इन साधारण असुविधाओं के अलावा कुछ लक्षणों में इन दवाओं का सेवन करना बाधा उत्पन्न कर सकता है। पैरों की नसों में खून जमकर सूजन आना एक गंभीर बीमारी है। इस जमे हुए खून के कण छिटककर फुसफुस या मस्तिष्क की नसों तक जाएँ तो दुर्घटना घट सकती है। पुरानी डायबिटीज का बढ़ना और लीवर की गड़बड़ी भी कुछ मामले में नहीं हो सकती, ऐसी बात नहीं। कैंसर के विषय में कहा जा सकता है कि प्रेजेस्टेरोन रहने पर इस्ट्रोजेन में कैंसर पैदा करने की क्षमता नहीं रहती, लेकिन बच्चेदानी में ट्यूमर रहने पर इस दवा के सेवन से ट्यूमर बढ़ सकता है। इन सारी संभाव्य असुविधाओं के रहने के बावजूद कोई स्त्री यदि नियमित रूप से दवा का सेवन करे तो गर्भनिरोध संभव हो सकता है। अर्थनडिन, भिनअवलर, नरनिल-1, लिण्डायल-1 आदि कम मात्रा की गोलियों से असुविधाएँ कम होती हैं। कुल मिलाकर जन्म नियंत्रण की ये पद्धतियाँ निम्नलिखित मामलों में लागू होती हैं–

(1) शहर में शिक्षित निवासी और जो महीने में पाँच रुपया खर्च कर सकते हैं।

(2) तुरंत विवाहित दंपति।

(3) किसी बड़ी बीमारी के बाद या ऑपरेशन के बाद जो दंपति एक से दो वर्ष तक अस्थायी रूप से बच्चा रोकना चाहते हैं।

(4) अन्य प्रणाली समूह, जो इसे पसंद नहीं करते हैं।

जिनको डायबिटीज, ब्लडप्रेशर, लीवर की बीमारी या पैरों में सूजन का रोग है, उनके लिए यह गोली न खाना ही उचित होगा। एक वर्ष तक इस्तेमाल करने के बाद 4-5 महीना छोड़कर डॉक्टर से खून और लीवर की जाँच करवानी चाहिए।

## *बच्चेदानी के भीतर गर्भनिरोधक उपकरण*

काफी समय पूर्व सन् 1928 में जर्मनी में भन ग्राफेनवर्ग ने बच्चेदानी में चाँदी की रिंग लगाकर गर्भनिरोध करने की कोशिश की थी। बच्चेदानी में दो मुहिया उइश बोन पेशारी पहनाकर भी वह कोशिश की गई थी। लेकिन इन प्रक्रियाओं के व्यवहार से बच्चेदानी

के अंदर के झिल्लीकोष में प्रदाह और विभिन्न तरह की असुविधाओं का सामना करना पड़ता था। इधर प्लास्टिक उद्योग में बढ़ोतरी के कारण उन्नत किस्म की पॉलिथिन रिंग के व्यवहार के विषय में वैज्ञानिकों द्वारा परीक्षण-निरीक्षण किया जा रहा है।

सन् 1959 में डॉ. मारगुइल एक पॉलिथिन की सहायता से एक छोटी प्लास्टिक की रिंग बच्चेदानी में घुसाकर परीक्षण कर रहे थे। 1962 में अमेरिका के डॉ. लिप्पि ने एक पॉलिथिन की लूप जैसे उपकरण का आविष्कार किया, जिसके नीचे बहुत पतली सूते की तरह दो पूँछें बच्चेदानी के मुँह से निकली रहती हैं। यह उपकरण जब तक बच्चेदानी के भीतर सही ढंग से रहता है तब तक गर्भाधान नहीं होता।

इस बात को मानना होगा कि पॉलिथिन का लूप किस तरह से गर्भनिरोध करता है, उसकी अब तक सही जानकारी नहीं मिल पाई है। यह समझा जा सकता है कि यह उपकरण बच्चेदानी की झिल्ली में या मांसपेशी में इस तरह का परिवर्तन करता है कि उर्वर डिम्बाणु बच्चेदानी में आने पर भी घर नहीं बसा पाता।

एक पतली पॉलिथिन की सीरिंज की सहायता से लूप को बच्चेदानी में घुसा दिया जाता है। इस प्रक्रिया से कोई दर्द नहीं होता, या बेहोश और सुन्न करने की भी जरूरत नहीं होती। लूप के निचले हिस्से में बाल की तरह नाइलॉन की दो सूतें बँधी होती हैं। गृहीता इन दोनों सूतों को उँगली से बीच-बीच में उसका अनुभव करने पर समझ पाएगी कि लूप यथास्थान पर है या अनजाने में कहीं खुलकर गिर गया है।

## *लूप पहनाने की पद्धति*

लूप पहनाने से पहले गृहीता के स्वास्थ्य की उचित जाँच और निरीक्षण करने के बाद उसे लूप लगाने के लिए चुनना चाहिए। उसके आसपास की सामाजिक स्थिति, उम्र, कितने बच्चे की माँ आदि की तरह जाँच लेनी चाहिए। जिनके बच्चे में ट्यूमर और बच्चेदानी कमजोर हो गई है, उनके लिए भी लूप का प्रयोग करना उचित नहीं होता। लूप के प्रयोग के बाद प्रतिमाह जाँच करवानी चाहिए कि लूप बच्चेदानी में नाप के मुताबिक है या नहीं और सही स्थिति में है या नहीं। बाद में प्रतिमाह नियमित जाँच करके छोटी-मोटी परेशानियों का उचित इलाज और अश्वासन देना चाहिए। जिनको लूप सूट नहीं कर रहा है उनकी अच्छी तरह से जाँच करके रंजन-रश्मि की सहायता से लूप के स्थान का निर्धारण करके उचित व्यवस्था करनी चाहिए, या जरूरत पड़ने पर लूप खोलकर दूसरी पद्धति की व्यवस्था करनी चाहिए। नीचे लूप से संबंधित विभिन्न तरह की असुविधाओं का जिक्र किया गया है।

1. **माहवारी संबंधी असुविधाएँ :**
   (क) लूप पहनाने के तुरंत बाद रक्तस्राव
   (ख) अत्यधिक रक्तस्राव

(ग) अनियमित स्राव

(घ) सहवास के बाद रक्तस्राव

2. दर्द :

(क) पेट के नीचे सुन्न होने वाला दर्द

(ख) कमर और पीठ में दर्द

(ग) माहवारी के समय दर्द

3. **लूप के स्थान परिवर्तन से होने वाली परेशानियाँ :**

(क) अनजाने ढंग से लूप निर्गमन

(ख) लूप से बच्चेदानी की मांसपेशी का छेद होना

(ग) लूप का पेट में घुस जाना

(घ) कीटाणु के आक्रमण से बच्चेदानी में प्रदाह

4. **सफेद स्राव और प्रदाह (जलन)।**

5. **लूप लगी स्थिति में गर्भावस्था और बीमारी :**

(क) लूप सहित गर्भावस्था

(ख) लूप सहित गर्भपात

(ग) लूप सहित ट्यूब में गर्भाधान और पेट में रक्तक्षरण

6. **लूप सहित उद्वेग और साधारण असुविधा :**

(क) माहवारी का उद्वेग और चिड़चिड़ा मिजाज

(ख) वजन में कमी आकर शरीर का कमजोर होना या खून की कमी

(ग) सहवास के प्रति उदासीनता।

इस सूची से आसानी से यह बात समझ में आ जाती है कि सही चुनाव न होने पर लूप लगाने के बाद विभिन्न तरह की परेशानियाँ उठानी पड़ सकती हैं। इसमें अत्यधिक और अनियमित रक्तस्राव और लूप निर्गमन, ये दोनों ही असुविधाएँ आम हैं। इसीलिए आजकल और भी नई किस्म के उपकरणों की योजना बनाई जा रही है जिससे अत्यधिक रक्तस्राव क्या निर्गमन न हो। लिप्पि के लूप के अलावा 'स्पाहरोल', 'बो', 'सॉफ्ट-टी कायेल', 'डालकन शील्ड' आदि कई नए उपकरणों को लेकर जाँच चल रही है। उनमें कॉपर-टी और मल्टी गार्ड ही सबसे अच्छे हैं और इनसे कम परेशानियाँ झेलनी पड़ती हैं।

इन सारे लक्षणों के बारे में पहले से जानकारी न देने पर बहुत-से लोग लूप के प्रयोग से भागेंगे और इस मामले में सबका आग्रह कम हो जाएगा। निम्नलिखित मामलों में लूप का प्रयोग न करना ही अच्छा होता है–

1. नवविवाहिता।

2. विवाह के बाद इच्छा रहने के बावजूद जिनको बच्चा नहीं हुआ।

3. जिनको अतिरिक्त या अनियमित ऋतुस्राव होता है।

4. जिनको बच्चेदानी में ट्यूमर, प्रदाह या दूसरी बीमारी है। या उसका ऑपरेशन

हुआ है।

सामान्यतया बच्चा होने के थोड़े दिन बाद ही लूप पहनाया जाता है। कुछ एक अस्पतालों में बच्चा होने के बाद या कानूनी तौर पर गर्भपात के बाद लूप पहनाया जा रहा है। इससे कोई खास असुविधा नहीं होती, लेकिन इससे लूप के बाहर आने या माहवारी अनियमित होने की आशंका अधिक होती है।

## *नई तरह का आंतरिक उपकरण*

सामान्यतया उपकरण के रूप में लिप्पि के लूप का ही अधिक प्रचलन है और इसका भी 26, 27, 28, 29 और 30 मिलीमीटर नाप के उपकरण का ही व्यवहार होता है,

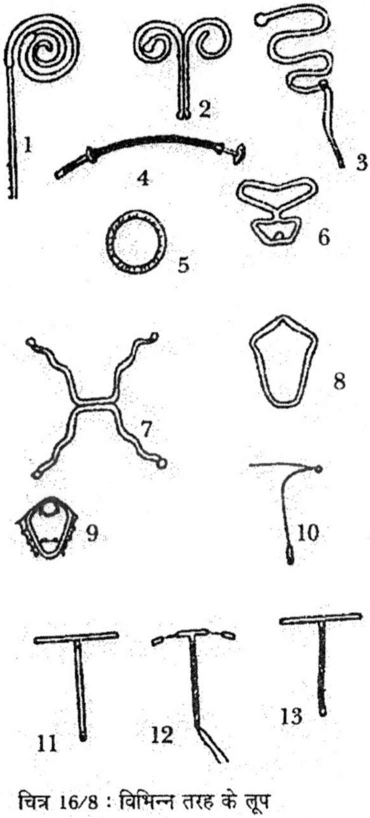


चित्र 16/8 : विभिन्न तरह के लूप

1. मारगुइली कयेल, 2. सॉफ्ट-टी कयेल, 3. लिप्पि का लूप, 4. लूप घुसाने का यंत्र, 5. ग्राफेनवार्ग रिंग, 6. विरनवार्ग बो, 7. मैजलिन स्प्रिंग, 8. पलिगन, 9. डाल्कन शील्ड, 10. कॉपर सेवेन, 11. टी उपकरण, 12. कॉपर टी उपकरण, 13. टी उपकरण।

क्योंकि स्त्री की बच्चेदानी की नाप या आकृति बराबर नहीं होती। नई तरह के कई आंतरिक उपकरणों का चित्र दिया गया है। इनमें 'टी' और 'ताँबा मिला हुआ टी' इन दो नए उपकरणों का आजकल प्रयोग हो रहा है। कुछ दिनों के बाद शायद और शोध होने के बाद कई और छोटे उपकरणों का अविष्कार होगा, जिससे अधिक रक्तस्राव या निर्गमन नहीं होगा। इस उपकरण में सबसे अधिक सुविधा यह है कि इसके लिए सहवास से पूर्व किसी तरह की तैयारी नहीं करनी पड़ती तथा पति के असहयोगी होने पर भी महिलाओं के लिए गर्भनिरोध करना संभव होता है। लूप का अधिक प्रयोग करने के लिए नियमित रूप से डॉक्टर से दिखाने और क्लीनिक की सुविधा रहनी चाहिए और इस विषय में होने वाले अनावश्यक डर को दूर करना चाहिए। हमारे देश में नया कुछ देखते ही सभी उसके प्रति ज्यादा उत्सुक हो जाते हैं। याद रखना चाहिए कि परिवार कल्याण में यद्यपि सरकार आग्रही है, लोगों को असुविधा होने पर या लोगों में किसी व्यवस्था के प्रति प्रतिकूल प्रतिक्रिया होने पर, उस पद्धति के विषय में उन पर अनावश्यक जोर डालना उचित नहीं है। हारमोन वाले लूप का भी प्रचलन हुआ है, लेकिन कॉपर टी और कॉपर वाले मल्टीलोव सरीखे आंतरिक उपकरणों का ही सबसे अधिक प्रचलन है और इससे परेशानी भी कम होती है। (चित्र 16/8)

## *सामान्य इस्तेमाल वाला उपकरण समूह*

**डायाफ्राम**–ये सारे उपकरण काफी हद तक स्त्रियों की पसंद कर निर्भर करते हैं। यह उपकरण पतले रबड़ या प्लास्टिक की बनी गोलाकार गुंबद की तरह दिखता है। उसके चारों तरफ स्प्रिंग का रिंग होता है, ताकि गुंबद की आकृति बनी रहे। इससे योनिनली के सामने का हिस्सा और बच्चेदानी के मुँह को ढककर पतले आवरणनुमा पर्दे की तरह बिठा दिया जाता है, जिससे वीर्य बच्चेदानी के मुँह तक पहुँच नहीं पाता। यदि कभी डायाफ्राम की नाप या लगाने में गलती हो तो शुक्राणु डायाफ्राम की बगल से प्रवेश कर जाते हैं। इसके लिए इसके साथ शुक्राणुनाशक जेली या क्रीम का व्यवहार करना चाहिए। जेली डायाफ्राम के दोनों तरफ लगाना चाहिए। सहवास के कुछेक घंटे पहले डायाफ्राम पहन लेने पर सुविधा होती है। इसके बाद 6 से 8 घंटे तक डायाफ्राम को खोलना नहीं चाहिए।

डायाफ्राम लगाने और चुनने के लिए डॉक्टर की सहायता लेनी चाहिए। उसके आयतन और स्थान का ठीक से निर्धारण करना चाहिए। डायाफ्राम के चारों तरफ बहुत पतला स्प्रिंग का जो रिंग होता है उसे कटोरी की तरह दबाकर बिलकुल चिपटा बनाया जा सकता है। इस तरह दबाकर धीरे-धीरे उसे योनिनली में डालकर बाद में उँगली या एप्लिकेट की सहायता से ऊपर की तरफ इस तरह ठेल देना पड़ता है कि पीछे का हिस्सा बच्चेदानी के मुँह को पूरी तरह से ढककर रखे। बच्चेदानी के मुँह को ढककर नाप के मुताबिक यह बैठ जाता है। (चित्र 16/9)

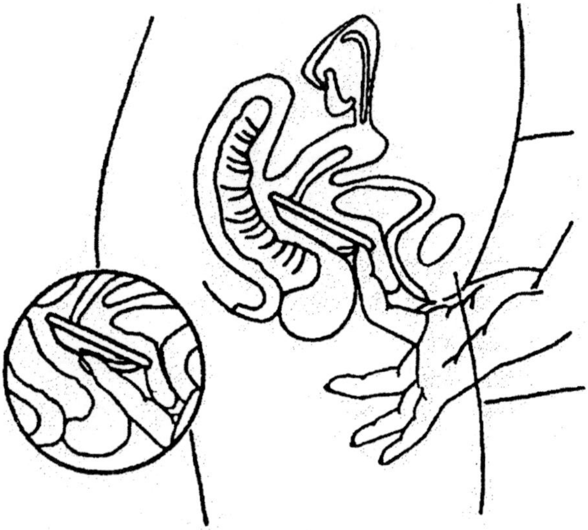

चित्र 16/9 : डायाफ्राम प्रयोग की पद्धति

पहले दिन डॉक्टर के पहना देने के बाद आगे के लिए खुद-ब-खुद पहनना आप सीख सकती हैं। खड़े होकर एक पैर को स्टूल पर उठा लेने से इसे पहनने में सुविधा होती है। बहुत बच्चे होने से जिनकी योनिनली की पेशियाँ शिथिल हो गई हैं, उनको इन उपकरणों के इस्तेमाल करने में असुविधा होती है। खोलने के लिए डायाफ्राम को अच्छी तरह से धोकर साफ करके सुखाकर पाउडर लगाकर रखना पड़ता है। अच्छी तरह से रखने पर एक-एक डायाफ्राम तीन-चार महीने तक चलता है।

इसके अलावा प्रतिरोधक कैप या विम्यूल मिलता है। यह काफी हद तक टोपी की तरह होता है और इस प्रक्रिया से सिर्फ बच्चेदानी के मुँह को अवरुद्ध करके पहनाया जाता है, योनिनली के सामने का मुँह ढकता नहीं है। इस तरह का कैप 65 से 100 मिलीमीटर तक की नाप का मिलता है। लेकिन सुविधा के लिए कैप से डायाफ्राम का ही प्रचलन ज्यादा है। जिनकी बच्चेदानी पीछे की ओर झुक गई है, या जिनकी योनि-नली बहुत अधिक फैल गई है उनके लिए यह उपकरण फायदेमंद नहीं होता।

## *लाइगेशन या ट्यूबेकटामी*

इस ऑपरेशन से फैलोपियन ट्यूब बाँधकर या काटकर गर्भनिरोध किया जाता है। आमतौर पर यह ऑपरेशन पेट में चीरा लगाकर या लैपरोस्कोप नामक यंत्र की सहायता से पेट के अंदर से किया जाता है। बच्चेदानी का कुछ अंश झुक जाने पर या योनिनली के फैल जाने पर यह ऑपरेशन योनिनली से भी किया जाता है।

पेट कटा ऑपरेशन अच्छी तरह होने पर कोई डर नहीं रहता। लेकिन कभी-कभार असुविधाएँ नहीं होती हों ऐसी बात नहीं। कुछ मामलों में अनचाही परेशानियों का भी सामना करना पड़ता है। नीचे उनकी सूची दी जा रही है :

| बीमारी या परेशानी | सैकड़ा दर |
|---|---|
| (1) ऑपरेशन से मृत्यु | 0.05% |
| (2) पेट के कटे हुए हिस्से में हार्निया | 1% |
| (3) पेट के अंदर गाँठ पड़ जाना (एटिसन) | 2.5% |
| (4) फैलोपियन ट्यूब अवरोध संबंधी पानी या पीब की उत्पत्ति और प्रदाह | 2.5% |
| (5) माहवारी का अनियमित स्राव और दर्द | 10% |
| (6) बाद में ट्यूमर या स्त्रीरोग की शुरुआत | 2% |
| (7) मानसिक विकार और डर | 5% |

अपरिपक्व मन से अनुरोध करने पर या पैसे के लोभ से कम उम्र की (20 से 25 वर्ष तक) लड़कियों का एक बच्चे के बाद ही यह ऑपरेशन करना उचित नहीं है। इतनी कम उम्र में बच्चा धारण करने की क्षमता में बाधा आने पर मानसिक पीड़ा, बच्चेदानी और ओवरी के कार्य में बाधा आती है, यहाँ तक कि ट्यूमर की भी उत्पत्ति हो सकती है। सामान्यतया 30 वर्ष से पहले दो या तीन बच्चे न होने पर लाइगेशन ऑपरेशन में कई तरह की परेशानियाँ पेश आती हैं। बार-बार सिजेरियन, हार्ट की बीमारी या अन्य गंभीर रोग होने पर दो बच्चों के बाद ही इस ऑपरेशन के लिए स्वीकृति देनी चाहिए।

आजकल योनिनली में कुल्डोस्कोप यंत्र की सहायता से या योनि के ऊपरी हिस्से में थोड़ा-सा चीरा लगाकर लाइगेशन संभव है। इसमें पेट नहीं चीरा जाता। इसलिए बहुत-से लोग इस प्रक्रिया को पसंद करते हैं। इस तरह से ऑपरेशन होने पर पति-पत्नी का सहवास करीब दो महीने तक बंद रहना चाहिए।

आजकल पेट के ऊपर से लेपरोस्कोप नामक यंत्र की सहायता से पेट के अंदर का अंग-प्रत्यंग देखना संभव हो गया है। (चित्र 16/10) इस लैपरोस्कोप के भीतर से क्लिप या रिंग लगाकर फैलोपियन ट्यूब को बंद किया जा सकता है। शुरू-शुरू में इलेक्ट्रोकटरी की सहायता से जलाकर ट्यूब बंद किया जाता था। आजकल क्लिप या रिंग का प्रयोग ही अधिकांश मामले में प्रचलित है। इस तरह के लाइगेशन से महिला एक ही दिन में घर वापस जा सकती है।

प्रसव के बाद या बच्चा गिराने के बाद ऑपरेशन कराने की अपेक्षा अंतर्वर्ती समय में ऑपरेशन कराने पर कम समस्या होती है। लेकिन सभी जगह पाते हैं कि गर्भावस्था के बाद या बच्चा गिराने के बाद ही महिलाएँ इस ऑपरेशन के लिए इच्छुक होती हैं।

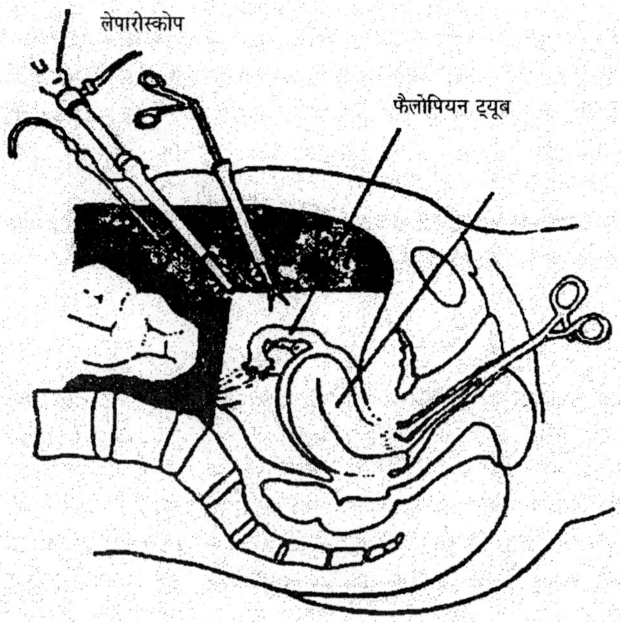


चित्र 16/10 : लेपरोस्कोप यंत्र की सहायता से लाइगेशन का दृश्य

सभी स्त्रियों को जानना चाहिए कि जब पेट में बच्चा नहीं है, तब प्रतिरोधक व्यवस्था को ग्रहण करने पर बहुत-सी समस्याओं से बचा जा सकता है।

## *पुरुष का निर्वीर्यन*

वैसेकटामी या पुरुष का निर्वीर्यन बतौर ऑपरेशन सामान्य होने के बावजूद उसके बारे में भी कई जानने योग्य बाते हैं। पहली बात तो यह है कि ऑपरेशन के बाद सात दिन पूरी तरह से डॉक्टर की निगरानी में रहना चाहिए। वैसेकटामी कैंप में सिलाई की जाँच और ड्रेसिंग का इंतजाम रहना चाहिए और कोई असुविधा होने पर तुरंत अस्पताल में भर्ती होने का इंतजाम भी रहना चाहिए। ऑपरेशन बहुत साधारण है। इससे कुछ असुविधा भी नहीं होती। इस बात के कहने के बाद भीतर में रक्तक्षरण या पीब के जम जाने पर लोगों के मन में कैंप के डॉक्टर या उसकी सदिच्छा के विषय में प्रश्न उठने लगता है। इसके अलावा शुक्रनली काटने के बाद दो-तीन महीने तक सहवास से दूर रहना चाहिए। आमतौर पर 35 वर्ष की उम्र होने पर तथा दो-तीन बच्चे रहने पर यह ऑपरेशन उचित है। अचानक इस ऑपरेशन के बाद शुक्रनली जुड़ जाने से किसी-किसी मामले में गर्भधारण होते हुए भी देखा गया है। इससे पारिवारिक शांति में

खलल पैदा होती है। इसीलिए ऑपरेशन के दो महीने बाद वीर्य की जाँच कराके देखना चाहिए कि शुक्रबीज है या नहीं, और तब स्वाभाविक सहवास शुरू करना चाहिए।

दूसरी तरफ जो पुरुष निर्वीर्यन करवा चुका है, उसे पुनः बच्चा पाने की इच्छा हो सकती है। संतान वियोग, स्त्री वियोग या तलाक के बाद पुनर्विवाह के मामले में शुक्रनली को पुनः जोड़ने की भी व्यवस्था है। साधारण प्लास्टिक सर्जरी में और माइक्रोसर्जरी पद्धति से और भी अच्छी तरह से शुक्रनली को जोड़कर पुरुष को दुबारा बच्चा पैदा करने की क्षमता को वापस लौटाया जा सकता है। लेकिन अंडकोष के भीतर शुक्राणु बनने में बाधा आ जाने पर सर्जरी से फ़ायदा नहीं होता।

## *कानूनी तौर पर गर्भपात*

डॉक्टर की सहायता से कानूनी गर्भपात को लेकर पूरी दुनिया में परीक्षण-निरीक्षण चल रहा है। पूर्वी यूरोप के विभिन्न देशों में बहुत दिनों से स्त्री-स्वतंत्रता के विकास के लिए इस मामले में महिलाओं के लिए निजी स्वतंत्रता की व्यवस्था है। जापान और दूसरे देशों में गर्भपात के द्वारा जनसंख्या का नियंत्रण करना संभव हुआ है। भारत में भी जनसंख्या नियंत्रण के लिए कानूनी तौर पर गर्भपात के विषय में सन् 1971 से सरकारी व्यवस्था हुई। सभी जानते हैं कि अनचाहे गर्भ को नष्ट करना कई शताब्दियों से पूरी दुनिया के मानव समाज में प्रचलित है। अविवाहित, कम उम्र की लड़कियों को या विधवा अवस्था में क्षणिक मानसिक दुर्बलता या भ्रांति के कारण गर्भसंचार हो सकता है। ऐसी स्थिति में स्त्रियों में सर्वप्रथम डर, लज्जा और गंभीर आशंका से मन अधीर हो उठता है। अधिकांश मामलों में पुरुष साथी पीछे हट जाता है। इतने दिनों तक समाज, कानून या परिवार के बड़े-बूढ़े इस दायित्व को नहीं लेना चाहते थे। तब असहाय स्त्रियाँ डर और लज्जा के कारण अर्द्धशिक्षित गर्भपात कराने वाले या अर्द्धशिक्षित डॉक्टरों या दाई के द्वारा जड़ी-बूटी, बालों का काँटा आदि या अन्य जहरीले रासायनिक पदार्थों की सहायता से गर्भपात कराती थीं। परिणामस्वरूप अपर्याप्त रक्तक्षरण या जीवाणुओं का आक्रमण या बच्चेदानी अथवा योनिमुख के गंभीर रूप से जख्मी होने से बहुतेरी स्त्रियों की जान चली जाती थी। कई फिर से गर्भधारण में ही अक्षम हो जातीं।

इसीलिए आज कानूनी तौर पर गर्भपात का उत्तरदायित्व उठाने के लिए सरकार आगे आई है। सन् 1971 में डॉक्टरों के मतानुसार गर्भपात का कानून संसद् में पारित हुआ और 1972 के अप्रैल से यह प्रक्रिया भारत में प्रचलित हुई। इस कानून में निम्नलिखित कारणों से गर्भपात स्वीकार्य हुआ—

**1. माँ के रोग को दूर करने के लिए :** (क) जब माँ की जान बचाने के लिए गर्भपात निहायत ही जरूरी होता है।

(ख) माँ के शारीरिक और मानसिक स्वास्थ्य को बनाए रखने के लिए जब गर्भपात अत्यावश्यक समझा जाता है।

**2. सामाजिक कारण :** (क) बलात्कार या व्यभिचार संबंधी गर्भसंचार के प्रतिकार के रूप में।

(ख) पति की मृत्यु, गंभीर पीड़ा या अवैध संतान या गरीबी की हालत में पुनः गर्भवती होने के कारण स्वास्थ्य रक्षा हेतु।

(ग) निवास स्थान, पारिवारिक और आसपास की परिस्थिति के कारण माँ के स्वास्थ्य पर प्रतिकूल प्रभाव पड़ने की आशंका रहने पर।

**3. परंपरागत गंभीर रोग के प्रभाव से बचने के लिए :** गंभीर मानसिक व्याधि की स्थिति में या जहाँ बच्चे के विकलांग होने की पर्याप्त आशंका रहती है।

**4. महिलाओं की निजी स्वतंत्रता :** साधारण परिवार नियोजन की अस्थायी व्यवस्था या उपकरण के प्रयोग के बाद भी जिन विवाहित स्त्रियों ने गर्भधारण किया है।

इस कानून के आधार पर बीस सप्ताह तक गर्भपात कराना कानूनी समझा जाता है। बारह सप्ताह तक किसी भी रजिस्टर्ड डॉक्टर की अनुमति से गर्भपात करना संभव होता है। लेकिन गर्भावस्था बारह से बीस सप्ताह की हो जाने पर दो डॉक्टरों की सलाह लेकर गर्भपात करवाना कानूनी समझा गया है। 19 वर्ष से कम उम्र की लड़कियों के मामले में अभिभावकों की अनुमति लिये बिना गर्भपात नहीं करवाया जा सकता।

इस तरह गर्भपात के कानूनी प्रयोग के प्रचलन के कारण अपरिपक्व शरीर और मन की बहुत-सी कम उम्र की लड़कियाँ प्राणहानि, गंभीर बीमारियों, आत्महत्या से बच पाएँगी। लेकिन वैज्ञानिक नियमानुसार गर्भपात कराने के लिए प्रशिक्षित डॉक्टरों और डॉक्टरी उपकरणों की पर्याप्त व्यवस्था आज भी अस्पतालों में नहीं है। गाँव के किसान, कारखाने के कर्मचारी और शहर के मध्यमवर्गीय लोगों के लिए कौन-कौन-से उपाय संभव हो सकते हैं, इसकी चर्चा की जा रही है।

समझना होगा कि अलग-अलग तरह की गर्भपात की व्यवस्था किन-किन स्थितियों में अपनाई जानी चाहिए और अलग-अलग स्थिति में क्या-क्या हानि और परेशानी हो सकती है, इस संबंध में कुछ सामान्य जानकारी सभी दंपतियों को रहनी चाहिए।

सिर्फ राजनीतिक कारणों से या भावना के वशीभूत होकर संख्या बढ़ाने के लिए ऑपरेशन कराने पर उसका प्रतिकूल प्रभाव अवश्यम्भावी है। यह मानना होगा कि सिर्फ सरकार की इच्छा ही पर्याप्त नहीं है, जनता का मत ही किसी व्यवस्था को स्वीकृत या अस्वीकृत करता है। किसी-किसी पद्धति में माँ को बेहोश किए बिना ही आउटडोर में गर्भपात कराना संभव होता है और कभी-कभी अस्पताल में भर्ती होकर गर्भपात कराना ही निरापद होता है। गर्भपात विभिन्न अवस्था में कितने महीने के गर्भ में निरापद होगा, उसकी चर्चा कर रहा हूँ—

*किन-किन उपायों से गर्भपात संभव है ?*

नीचे विभिन्न गर्भावस्थाओं में विभिन्न समय में गर्भपात की अलग-अलग व्यवस्था की सूची दी जा रही है।

1. माहवारी नियंत्रण
2. वैक्यूम सेक्शन
3. डायलेटेशन और कयूरेटाज
4. भ्रूण के चारों तरफ रिवानल इंजेक्शन
5. भ्रूण के पानी की थैली में हाइपरटानिक सेलाइन इंजेक्शन
6. प्रोस्टाग्लांडिन दवा की सहायता से गर्भपात।

**ऋतु नियंत्रण :** यह पद्धति बहुत आधुनिक और अभिनव है। माहवारी बंद होने के चौदह दिनों तक इस पद्धति से गर्भमोचन या ऋतु नियंत्रण संभव है। इस पद्धति में चार या छह मिलीमीटर चौड़ी पतली प्लास्टिक पाइप बच्चेदानी में घुसाकर पचास सी सी सीरिंज द्वारा बाहर निकाल दिया जाता है। इसके लिए रोगी को बेहोश नहीं करना पड़ता और तीन से पाँच-सात मिनट में ऑपरेशन करना संभव होता है। लेकिन याद रखना होगा कि यद्यपि बहुत कम होता है, फिर भी किसी-किसी मामले में रोगी का सिर चक्कर दे सकता है और वह बेहोश भी हो सकता है। रक्तस्राव भी अधिक हो सकता है। बच्चेदानी जख्मी हो सकती है या बच्चेदानी में जलन भी हो सकती है। एक हजार मरीजों में सिर्फ तीन प्रतिशत में ही ये परेशानियाँ नजर आ सकती हैं और कहा जाता है कि मोटे तौर पर यह पद्धति बहुत ही सहज और फायदेमंद है। लेकिन इस पद्धति को अपनाने से पहले डॉक्टर को उचित शिक्षा लेनी चाहिए। और उचित परिवेश के अलावा गर्भपात करने का लाइसेंस राज्य सरकार द्वारा अब तक मंजूर नहीं किया गया। प्रत्येक प्राइमरी हेल्थ सेंटर में या डॉक्टरों के चेंबर में इस तरह से ऋतु नियंत्रण संभव है। ऋतु/माहवारी नियंत्रण के बाद जाँच करके पाया गया है कि पचास प्रतिशत मामलों में सही-सही गर्भसंचार का प्रमाण मिलता है। प्रत्येक विभागीय या महकमे के अस्पतालों के साथ डॉक्टरों का संपर्क रहना चाहिए, जिससे कोई गंभीर बीमारी होने पर अस्पताल की सहायता ली जा सके।

**वैक्यूम सेक्शन :** रूस में वाइकोव नामक वैज्ञानिक ने सन् 1927 में गर्भपात को लेकर जाँच के उपाय बताए थे। दो महीने या आठ सप्ताह तक इस उपाय द्वारा बहुत आसानी से गर्भपात संभव है। प्लास्टिक से बने पक्षी के नरम पंख की जड़ के हिस्से की तरह पतली (छह से आठ मि.मी.) पाइप से वैक्यूम सेक्शन की सहायता से भ्रूण को निकाला जा सकता है। इलेक्ट्रिक या मैकेनिकल या दोनों पद्धतियों से वैक्यूम सेक्शन शक्ति उत्पन्न की जा सकती है। इससे आउटडोर के छोटे ऑपरेशन थिएटर में भी गर्भपात कराना संभव है। आमतौर पर मरीज को बेहोश नहीं किया जाता।

किसी-किसी मामले में बच्चेदानी का मुँह इंजेक्शन की सहायता से सुन्न कर लिया जाता है। गर्भपात के लिए प्रति वर्ग सेंटीमीटर में 0.05 से 0.08 किलो वैक्यूम शक्ति की आवश्यकता होती है। वैसे सामान्यतया इस स्थिति में मृत्यु या अन्य परेशानियाँ बहुत कम होती हैं। एकाध मामले में जिस तरह की परेशानियों के होने की आशंका रहती है, उन्हें दूर करने के लिए उचित उपाय पहले से होना चाहिए। इस पद्धति के समुचित प्रशिक्षण के लिए राज्य सरकार ने बड़े-बड़े अस्पतालों में प्रशिक्षण केंद्र खोला है। सामान्य डॉक्टरों को इस प्रशिक्षण लिये बिना खुद इसकी कोशिश करना उचित नहीं। इस प्रक्रिया का लोगों में व्यापक प्रचार करने के लिए सरकारी अस्पतालों के प्रबंधन को आगे आना चाहिए और किसी भी तरह की छोटी-मोटी असुविधा होने पर अस्पताल की सहायता उपलब्ध करानी चाहिए। मामूली परेशानियों का शिकार होने पर उनका इलाज स्थानीय हेल्थ सेंटर में भी संभव है। लेकिन डॉक्टर के प्रशिक्षण और जरूरी उपकरणों का इंतजाम करना बहुत आवश्यक होता है। हमारे देश में बने मैकेनिकल सेक्शन यंत्र का दाम 70 रुपए और इलेक्ट्रिक यंत्र का दाम दो हजार पाँच सौ रुपए है। इसकी मरम्मत और देखभाल पर भी खर्च आता है। इसीलिए सभी सेंटरों पर सरकार अब तक यह यंत्र नहीं पहुँचा पाई है।

इस पद्धति का अच्छा प्रचार होने पर बहुतेरी स्त्रियों को सहायता मिलेगी और बिना किसी कष्ट के भ्रूणनाश यानी गर्भपात कराना संभव होगा। लेकिन दो महीने के भीतर ही डॉक्टरों के पास सहायता के लिए आना होगा। इस पद्धति के पर्याप्त प्रचार के लिए सरकार को चाहिए कि शहरों या कस्बों में भ्रूणनाश और परिवार कल्याण ऑपरेशन की निरापद व्यवस्था के लिए छोटे अस्पताल खोले।

**डायलेटेशन और कयूरेटस :** इतने दिनों तक इसी पद्धति से गर्भपात का प्रचलन था। समुद्र के नीचे पाए जाने वाले टेंट नामक जंगली पौधे से पेंसिल की तरह ट्यूब निकलता है। उसे बच्चेदानी के मुँह में थोड़ा घुसाकर बच्चेदानी को नरम कर लिया जाता है। बाद में बेहोश करके स्टील के डायलेटर से धीरे-धीरे दबाव डालकर बच्चेदानी के मुँह को फैलाया जाता है और बोयाम फरसेप्स की सहायता से भ्रूण और उससे जुड़े झिल्ली समूह को निकाल लिया जाता है। फूल का जो हिस्सा बच्चेदानी से लगा हुआ होता है, उसे क्यूरेट नामक छोटी चाछनी की सहायता से साफ कर लिया जाता है। इसके बाद बच्चेदानी के संकुचन के लिए एरगोमेट्रिन दवा का प्रयोग किया जाता और बच्चेदानी का भीतरी हिस्सा गज से साफ करके एंटीसेप्टिक से पोंछ दिया जाता है। इस पद्धति से आठ से बारह सप्ताह तक के गर्भ का खात्मा संभव हो पाता है। लेकिन बहुतेरी महिलाओं, विशेषकर पहली बार गर्भवती होने वाली महिलाओं की बच्चेदानी का मुँह इतना कम फैला होता है कि जबदरस्ती करने पर वह जख्मी भी हो सकता है। इसके अलावा बच्चेदानी की मांसपेशियों में छेद होकर पेट में गंभीर रक्तस्राव या प्रदाह उत्पन्न हो सकता है। इस पद्धति में गर्भवती को दो-तीन दिनों के लिए अस्पताल में भर्ती होना चाहिए। लाइसेंस विहीन डॉक्टरों से या डॉक्टरों के अव्यवस्थापूर्ण चेंबर में यह ऑपरेशन

कराना उचित नहीं है।

चौदह या सोलह सप्ताह की गर्भावस्था में इस पद्धति से गर्भपात कराने की कोशिश न करना ही बेहतर है। तीन महीने बाद आकर इस तरह के ऑपरेशन के लिए डॉक्टर सें जिद के साथ अनुरोध करना अच्छा नहीं होता। बहुत-से डॉक्टर पैसे के लोभ में, दयावश या मानसिक दुर्बलता के वशीभूत होकर तीन-चार महीने बाद ऑपरेशन करते हुए कई बार अकाल मृत्यु या गंभीर परेशानियों को न्यौत चुके हैं।

**भ्रूण के चारों तरफ रिभानल इंजेक्शन :** जापान में काशिवोयरा या फूजिवायसी ने सर्वप्रथम सन् 1952 में इस पद्धति से गर्भपात की शुरुआत की थी। पतले कैथेटर की सहायता से बच्चेदानी के मुँह के भीतर एक सौ मिली लीटर रिभानल नामक दवा भ्रूण के चारों तरफ इंजेक्शन की सहायता से दी जाती है। चौहद से सोलह सप्ताह तक के केस के लिए यह पद्धति बहुत फायदेमंद होती है। इंजेक्शन के अड़तालीस घंटों के भीतर करीब अस्सी फीसदी मामलों में स्वाभाविक रूप से भ्रूण सलन हो जाता है। कभी-कभी फूल का कुछ हिस्सा बच्चेदानी के भीतर लगा रह जाता है। थोड़ा क्यूरेट कर देना पड़ता है। रिभानल या रासायनिक नाम 'एथाक्रेडिन लैकटेट' है। यह दवा एंटीसेप्टिक का काम करती है और घटनाक्रम से रक्त संचालित होने पर कोई हानि नहीं होती। इस दवा का बहुत अधिक प्रचार अपने देश में होना चाहिए।

## *पानी की थैली में हाइपरटानिक सेलाइन इंजेक्शन*

सेलाइन मतलब नमक-पानी। खून से बीस प्रतिशत अधिक घने नमक-पानी को 20 प्रतिशत हाइपरटानिक सेलाइन कहा जाता है। इस तरलीभूत पदार्थ को स्टेरलाइज करके उसे एक सूई की सहायता से पेट के ऊपर से पानी की थैली में इंजेक्शन के जरिए दिया जाता है। इंजेक्शन के अड़तालीस या बहत्तर घंटे के दौरान करीब 75 प्रतिशत मामले में भ्रूण नष्ट हो जाता है। कभी-कभी फूल का हिस्सा निकालकर बच्चेदानी को साफ कर देना पड़ता है। इस पद्धति से बहुत आसानी से भ्रूण नष्ट किया जा सकता है। बहुत-सी लड़कियाँ लज्जा या डर से शुरुआत के तीन-चार महीने तक अभिभावकों से गर्भवती होने की बात छुपाए रखती हैं। फिर इतनी देर से आने पर प्रथम तीन महीने तक किए जाने वाले सहज उपाय डॉक्टर के हाथ से निकल जाते हैं। सेलाइन इंजेक्शन कई बार चार से पाँच महीने में गर्भपात में भी सहायता करता है। लेकिन यहाँ भी एहतियात बरतने की बात कहे बिना नहीं रहा जा सकता। पहली बात तो यह कि सेलाइन स्टेरलाइजेशन बहुत अच्छी तरह से होना चाहिए, दूसरे प्रशिक्षण प्राप्त डॉक्टर को ही यह इंजेक्शन देने का उत्तरदायित्व देना चाहिए।

हालाँकि अधिकांश मामलों में कोई तकलीफ नहीं होती, फिर भी असुविधा यह है कि पंद्रह प्रतिशत मामलों में इंजेक्शन प्रभावहीन हो सकता है। प्रति हजार में एक घटना ऐसी होती है जिसमें रोगी की हालत नाजुक हो सकती है या मृत्यु भी हो सकती है।

इसीलिए इतनी सफलता के बावजूद गाँव में या स्थानीय अस्पतालों में इस पद्धति को चालू करने से पहले और भी सोचने की आवश्यकता है।

**पेट ऑपरेशन द्वारा भ्रूण का निष्कासन :** पेट चीरकर और बच्चेदानी को थोड़ा काटकर भी भ्रूण नष्ट किया जा सकता है। चार से छह महीने तक की गर्भावस्था के लिए यह उपाय कई बार निरापद होता है। इस ऑपरेशन में गर्भपात के साथ ही ट्यूब को बाँध देने की भी व्यवस्था है। सेलाइन इंजेक्शन विफल होने पर इस पद्धति के अलावा गर्भपात संभव नहीं होता। लेकिन इसे एक तरह का मिनी सिजेरियन ऑपरेशन कहा जाता है। इसके लिए अस्पताल की जरूरत होती है और उसमें ऐनेस्थेसिया की व्यवस्था जरूरी है। कभी-कभी खून चढ़ाने की जरूरत को ध्यान में रखकर उसका भी इंतजाम करना चाहिए।

इसीलिए इस पद्धति के प्रयोग से पहले सावधान होना निहायत जरूरी है और किसी भी बड़े ऑपरेशन में होने वाली जरूरतों की व्यवस्था भी अवश्य रखनी चाहिए। इसके लिए उचित प्रशिक्षण प्राप्त डॉक्टर और अच्छे परिवेश की विशेष जरूरत पड़ती है।

**प्रेस्टाग्लांडिन :** इस रासायनिक पदार्थ का सन् 1934 में स्वीडन में आविष्कार हुआ। बाद में भारतीय वैज्ञानिक प्रोफेसर करीम (यूगांडा) ने इस दवा से प्रसव पीड़ा की सूचना और गर्भपात की संभावना तथा व्यवहार को प्रमाणित किया है। यह रासायनिक पदार्थ एक चिकनाईयुक्त एसिड और इसके इंजेक्शन, टेबलेट आदि द्वारा भ्रूण नष्ट करता है। लेकिन नसों में संचारित करके या इन्ट्रहोमासकुलर इंजेक्शन से पानी की थैली में या भ्रूण के चारों तरफ इंजेक्शन से अधिक सफलता मिलती है। योनिनली में टेबलेट के जरिए भी फायदा होते देखा गया है। इस दवा को लेकर कई तरह की जाँच चल रही है। आशा है कि बहुत जल्द महिलाएँ खुद ही इस दवा की सहायता से माहवारी बंद होने के दस-पंद्रह दिनों के बाद स्वतः गर्भपात कर पाएँगी।

# 17

# परिवार नियोजन के विभिन्न उपायों के विषय में सवाल-जवाब

हमारे देश में इतनी कोशिशों के बावजूद जनसंख्या का नियंत्रण संभव क्यों नहीं हो पा रहा है ? इस सवाल के जवाब में कहा गया है कि उचित शिक्षा, निवास-स्थान, जल, शौचालय की व्यवस्था और जीवनयापन की संपूर्ण उन्नति के साथ जन्म नियंत्रण का संबंध है। इसके अलावा एक और विशेष कारण है कि अब तक अधिकांश दंपतियों के मन में विभिन्न पद्धतियों के बारे में तरह-तरह के भ्रम और गलत धारणाएँ हैं। वे कई भ्रांतिपूर्ण खबरों में विश्वास रखते हैं। इसीलिए इस अध्याय में विभिन्न पद्धतियों के बारे में कुछ सवाल-जवाब दिए गए हैं। सामयिक पद्धति का सही ढंग से प्रयोग न करने के कारण बड़ी संख्या में माताओं को गर्भपात का सहारा लेना पड़ता है। गर्भपात सामयिक उपायों की तुलना में बहुत अधिक खतरनाक है, फिर भी आमतौर पर दंपति सामयिक उपाय अपनाने के लिए तैयार नहीं होते। आशा है ये सवाल-जवाब उनकी धारणा को ठीक करने में सहायक होंगे।

स्थायी उपायों और गर्भपात के बारे में विभिन्न सवालों का जवाब दिया जाता रहा है। आज सभी स्त्रियों को वैज्ञानिक वास्तविकता जानकर परिवार नियोजन की सहायता से अपने जीवन और स्वास्थ्य की रक्षा के लिए सचेत होना चाहिए। महिलाएँ जब तक स्वास्थ्य शिक्षा के विषय में जानकारी हासिल करके खुद आगे नहीं आएँगी तब तक परिवार नियोजन सफल नहीं हो सकेगा। जिस तरह बच्चे का जन्म अपनी मानसिक और शारीरिक खुराक को पूरा करता है और प्रसन्नता का विषय होता है उसी तरह देश के लिए भी तो सीमित जनसंख्या बहुत जरूरी है। यह बात सभी स्त्रियों को याद रखनी चाहिए। देश के प्रति अपने दायित्व के बारे में सचेत होकर परिवार बढ़ाने के लिए सचेष्ट होना चाहिए।

## *आम लोगों के जानने योग्य बातें*

**प्रश्न :** टेबलेट लेने से सुना है कि कैंसर होता है । क्या यह सच है ?

**उत्तर :** टेबलेट लेने के साथ बच्चेदानी या स्तन के कैंसर का कोई प्रत्यक्ष संबंध नहीं होता। दरअसल प्रेजेस्टेरोन हारमोन कैंसर को रोकने में सहायता करता है। अब

तक मनुष्य या जीव-जंतुओं में टेबलेट के हारमोन के समन्वय से बच्चेदानी के कैंसर की उत्पत्ति नहीं हुई है। जिनको पहले स्तन का कैंसर हो चुका है, उनके लिए टेबलेट न लेना ही अच्छा होता है।

**प्रश्न :** क्या टेबलेट न लेना ही अच्छा होता है ?

**उत्तर :** टेबलेट लेने पर लीवर के विभिन्न एनजाइम में परिवर्तन होकर पित्त निस्सरण में बाधा आती है। एक हजार में एक या दो को जॉन्डिस हो सकता है। जिनको पहले से हेपाटाइटिस हुआ है, उनके लिए टेबलेट लेना उचित नहीं है।

**प्रश्न :** क्या टेबलेट लेने पर लीवर खराब होता है ?

**उत्तर :** टेबलेट लेने से डायबिटीज बढ़ सकता है। डायबिटीज की बीमारी में टेबलेट लेना निहायत जरूरी होने पर इन्सुलिन की मात्रा बढ़ानी पड़ सकती है। डायबिटीज की शिकायत रहने पर टेबलेट न लेना ही उचित है।

**प्रश्न :** टेबलेट लेने पर भी माहवारी के बंद हो जाने पर क्या करना चाहिए ?

**उत्तर :** टेबलेट लेने पर भी माहवारी बंद हो जाने पर टेबलेट लेना बंद कर दें तो कुछेक महीने में पुनः माहवारी शुरू हो जाती है। प्रेजेस्टेरोन की कार्यक्षमता अधिक होने पर माहवारी बंद होने की संभावना रहती है। नीचे विभिन्न प्रेजेस्टेरोन उत्पादन क्षमता के तारतम्य को दिखाया गया है।

| **प्रेजेस्टेरोन में अंतर्निहित शक्ति की मात्रा** | |
|---|---|
| नरएथिस्टेरोन | 1.3 |
| मेजेस्टेरोन एसिटेट | 2 |
| नरएथिस्टेरोन | 2.7 |
| लाइनेस्ट्रेनल | 2.7 |
| एथिनिडियल डाइएसिटेटेट | 20 |
| डी एल नरजेस्ट्रिल | 40 |
| डी नरजेस्ट्रिल | 80 |

अधिक शक्तिसंपन्न प्रेजेस्टेरोन में उपादानयुक्त टेबलेट लेने पर माहवारी बंद होने की संभावना अधिक रहती है।

**प्रश्न :** क्या टेबलेट लेने पर बच्चा होने की संभावना कम होती है ?

**उत्तर :** नव विवाहित दंपति अकसर जानना चाहते हैं कि टेबलेट से गर्भधारण की संभावना में ह्रास आता है या नहीं ? आमतौर पर टेबलेट लेने पर गर्भधारण की क्षमता में ह्रास नहीं आता। टेबलेट बंद करने के छह महीने के भीतर अधिकांश स्त्रियों में ही पुनः गर्भधारण की संभावना लौट आती है।

**प्रश्न :** टेबलेट लेने पर खून जम जाने से शरीर को क्या-क्या हानि पहुँच सकती है ?

**उत्तर :** हाँ, टेबलेट लेने पर एक लाख स्त्रियों में दो सौ या तीन सौ में खून जमने

की क्षमता में पचास प्रतिशत की वृद्धि होती है। कुछ मामलों में मस्तिष्क में खून जमकर खतरा पैदा हो सकता है। इस्ट्रोजेन उपादान ही इस तरह का खतरा उत्पन्न करता है। मिनी टेबलेट में यह परेशानी कम होती है। जिनके पैरों में टेढ़ी-मेढ़ी नसें उभरी रहती हैं, उनको टेबलेट नहीं लेनी चाहिए। लेकिन किसी कारणवश हमारे देश की स्त्रियों को पाश्चात्य देशों की अपेक्षा इस तरह की परेशानी कम होती है।

**प्रश्न :** क्या टेबलेट लेने पर माहवारी में गड़बड़ी हो सकती है ?

**उत्तर :** हाँ, अचानक अंतर्वर्ती समय में टेबलेट लेना भूल जाएँ तो आकस्मिक रक्तस्राव हो सकता है। वैसा होने पर पिल्स का डोज बढ़ाकर एक के बजाए दो खाना चाहिए। फिर काफी दिनों तक टेबलेट लेने पर माहवारी बंद भी हो सकती है। ऐसे मामलों में विशेषज्ञ की सलाह लेनी चाहिए।

**प्रश्न :** टेबलेट लेने से पहले किन-किन विषयों की जानकारी लेनी चाहिए ?

**उत्तर :** टेबलेट देने से पहले निम्नलिखित चीजों को जाँच लेना चाहिए।

1. उम्र, माहवारी की गति और शारीरिक अवयव।
2. कितने बच्चों की माँ हैं।
3. कोई मानसिक रोग या सिरदर्द, एपिलेप्सी आदि है या नहीं।
4. रक्तचाप कितना है।
5. बच्चेदानी में ट्यूमर या बच्चेदानी के मुँह में घाव है या नहीं।
6. दमा, हृदयरोग या किडनी की बीमारी है या नहीं।
7. पैरों की नसें फूली हुई हैं या नहीं।
8. लीवर किस तरह काम कर रहा है और डायबिटीज की पुरानी कोई शिकायत है या नहीं।

## *बच्चेदानी के अंदर लगाने वाले लूप समूह के विषय में सवाल-जवाब*

**प्रश्न :** कैसे समझेंगे कि लूप निकला नहीं है ?

**उत्तर :** बीच-बीच में उँगली से लूप के नीचे के दो सूत जैसी पूँछ का अनुभव कर लेना पड़ता है। इन सूतों का अनुभव करने पर समझा जा सकता है कि लूप सही जगह पर है।

**प्रश्न :** लूप के दो सूत जैसे अंश का अनुभव न कर पाने की स्थिति में क्या करूँगी ?

**उत्तर :** इस पूँछ का अनुभव न कर पाने पर तुरंत डॉक्टर को दिखाना चाहिए। दो स्थितियों में ये दोनों सूत खो सकते हैं–

1. लूप निकल जाने पर
2. लूप के घूमकर भीतर चले जाने पर।

अंदर घुस जाने पर एक्स-रे करके देखने के बाद स्थान बदल गए लूप को डॉक्टर

निकालने की व्यवस्था करते हैं। सामान्यतया बच्चेदानी के भीतर से बच्चेदानी के मुँह से उसे निकाला जा सकता है। कभी-कभी पेट के अंदर चले जाने पर पेट में चीरा लगाकर या लैपरोस्कोप की सहायता से लूप को बाहर लाना पड़ सकता है।

**प्रश्न :** लूप लेने के बाद रक्तस्राव की संभावना कितनी होती है ? इसका समाधान किस तरह से किया जा सकता है ?

**उत्तर :** आमतौर पर लूप लगाने के थोड़ी देर बाद थोड़ा रक्तस्राव हो सकता है। आजकल कॉपर टी या अन्य कई तरह के लूप से प्रति सैकड़ा दस मामलों में अधिक रक्तस्राव हो सकता है। कभी-कभी अधिक रक्तस्राव साधारण दवा से न रुकने पर समझा जा सकता है कि लूप बच्चेदानी जठर में ठीक से अवस्थित नहीं है। इस स्थिति में उसे निकाल लेना ही अच्छा होता है।

**प्रश्न :** लूप के बावजूद गर्भधारण होने पर क्या करना चाहिए ?

**उत्तर :** लूप लगी हुई स्थिति में गर्भधारण होने पर प्रथम डेढ़ या दो महीने के भीतर लूप खोल देना चाहिए। लूप लगी हालत में स्वाभाविक गर्भाधान संभव है। स्वाभाविक बच्चे का होना भी संभव है। लेकिन इस जोखिम को उठाना महिला की इच्छा, उम्र, बच्चों की संख्या आदि पर निर्भर है।

**प्रश्न :** बच्चा होने के बाद या भ्रूण नष्ट होने के बाद क्या लूप लगाया जा सकता है ?

**उत्तर :** इन सभी परिस्थितियों में लूप लगाया जा सकता है, इसमें एक-दो महीने में पुनः गर्भधारण की संभावना को रोका जा सकता है। वैसे इस स्थिति में लूप लगाने पर निम्नलिखित खतरे रहते हैं–

1. लूप के निकल आने की आशंका अधिक रहती है।

2. लूप लगाने के बाद रक्तस्राव की आशंका अधिक रहती है। इसीलिए बच्चा होने या गर्भपात के तुरंत बाद लूप न लगाकर दो-तीन स्वाभाविक माहवारी के बाद लूप लगाना चाहिए। इस बीच जरूरत पड़ने पर कैप या डायाफ्राम का प्रयोग करना चाहिए।

**प्रश्न :** कॉपर टी कितने दिनों के बाद बदलना चाहिए ?

**उत्तर :** कॉपर टी पर जो ताँबे का तार रहता है उसका आयतन दो सौ स्क्वायर मिलीमीटर होता है। इसमें से प्रतिदिन 50 माइक्रोग्राम ताँबा निकल जाता है। इसलिए इस तरह का लूप प्रति दो वर्ष के दौरान बदलना चाहिए।

**प्रश्न :** किन-किन मामलों में और किनको लूप लगाना चाहिए।

**उत्तर :** 1. किसी तरह का बुखार रहने पर लूप नहीं लगाना चाहिए।

2. उन्हें ही लूप लगाना चाहिए जिनको अतिरिक्त रक्तस्राव होता है।

3. जो खून की कमी का शिकार रहती हैं।

4. बच्चेदानी के अंदर की नाप में गड़बड़ी रहने पर।

5. बच्चेदानी में ट्यूमर रहने पर।

6. बच्चेदानी के मुँह में घाव रहने पर और बच्चेदानी के जड़ होकर पीछे की ओर

झुके रहने पर।

7. नवविवाहित दंपति या कम उम्र की लड़कियों का लूप न लगाना ही अच्छा होता है।

## *लाइगेशन ऑपरेशन के विषय में सवाल-जवाब*

**प्रश्न :** सुना है, लाइगेशन ऑपरेशन से दिमाग खराब हो जाता है। क्या यह सच है ?

**उत्तर :** दंपति की मानसिक और शारीरिक स्थिति का परीक्षण करके उसके आसपास के माहौल की जाँच-परख करके ऑपरेशन के विषय में जानकारी देनी चाहिए। इस ऑपरेशन के बाद मन पर दबाव पड़ने की आशंका कम रहती है। देखने में आया है कि निम्नलिखित कारणों से, परोक्ष रूप से मन पर प्रभाव पड़ सकता है।

1. बच्चे की मौत, अस्वस्थ होने या बच्चे के बारे में बेवजह दुश्चिंता से मानसिक दुर्बलता पैदा होती है।

2. पति-पत्नी में मानसिक संतुलन का अभाव रहने, झगड़ा या तलाक होने पर मन पर दबाव पड़ता है।

3. लाइगेशन के बाद पेट, कमर में दर्द हो सकता है। ट्यूमर या अत्यधिक रक्तस्राव की शिकायत हो सकती है। यौन के विषय में बाधा या यौन आवेग कम हो सकता है।

4. विधवा या तलाकशुदा स्त्रियों के पुनः विवाह की संभावना होने पर मन उद्विग्न हो सकता है।

**प्रश्न :** कितने वर्ष की उम्र में लाइगेशन लड़कियों की शारीरिक गति के प्रतिकूल नहीं है ?

**उत्तर :** आमतौर पर तीस से चालीस वर्ष की उम्र में दो-तीन बच्चे हो जाने पर लाइगेशन कराने पर असुविधा कम होती है।

**प्रश्न :** कितनी तरह से लाइगेशन किया जा सकता है ?

**उत्तर :** लाइगेशन तीन-चार तरह से किया जा सकता है—

1. पेट में चीरा लगाकर लाइगेशन।
2. योनिनली से लाइगेशन।
3. लैपरोस्कोप की सहायता से लाइगेशन।
4. कुलडोस्कोप की सहायता से लाइगेशन।

प्रसव के बाद या गर्भपात के बाद लाइगेशन करना अच्छा नहीं होता। अंतर्वर्ती काल में लाइगेशन निरापद होता है। बच्चा होने के बाद या गर्भपात के बाद लाइगेशन आसानी से किया जा सकता है, क्योंकि रोगी की उस अवस्था में मानसिक तैयारी अधिक रहती है। लेकिन इस स्थिति में फैलोपियन ट्यूब में जीवाणु के आक्रमण की आशंका अधिक रहती है।

**प्रश्न :** ट्यूब लाइगेशन के बाद क्या दो खंड वाले ट्यूब को पुनः जोड़ा जा सकता है ?

**उत्तर :** हाँ, आजकल विकसित सर्जरी से ट्यूब को पुनः जोड़ना संभव है। पुनः जोड़ने के बारे में सोचकर आजकल प्राथमिक लाइगेशन इस तरह से किया जा रहा है जिससे ट्यूब को विशेष हानि न हो। इसके अलावा आजकल माइक्रो सर्जरी की सहायता से बहुत सूक्ष्म सिलाई द्वारा ट्यूब को जोड़ने की चेष्टा सफल हुई है।

**प्रश्न :** क्या लाइगेशन किए बिना ट्यूब को बंद किया जा सकता है ?

**उत्तर :** हाँ, आजकल विभिन्न तरह के रासायनिक पदार्थ, जैसे—कुडनाक्रिन, सिलवर नाइट्रेट आदि बच्चेदानी के मुँह में घुसाकर ट्यूब और बच्चेदानी के संयोग स्थल को बंद करने की कोशिश चल रही है। हिस्टोरोस्कोप नामक यंत्र की सहायता से बच्चेदानी के भीतर यंत्र प्रवेश करके ट्यूब और बच्चेदानी के संयोग स्थल को बंद करने की कोशिश भी चल रही है।

## *पुरुष के निर्वीर्यकरण ऑपरेशन के विषय में सवाल-जवाब*

इस विषय में दंपति के मन में विभिन्न तरह के प्रश्न उठते हैं, यहाँ पर उनका जवाब दिया जा रहा है।

**प्रश्न :** ऑपरेशन के कितने दिन बाद सहवास निरापद होता है ?

**उत्तर :** ऑपरेशन के बाद बार-बार स्खलन से पैंसठ फीसदी मामले में वीर्य शुक्राणुमुक्त होता है। चौबीस बार स्खलन के बाद अट्ठावन फीसदी मामले में वीर्य शुक्राणुमुक्त होता है। इसीलिए तीन से छह महीने तक बीच-बीच में वीर्य की जाँच करवा लेनी चाहिए।

**प्रश्न :** इस ऑपरेशन में किस तरह की परेशानी हो सकती है ?

**उत्तर :** इस ऑपरेशन से निम्नलिखित परेशानियाँ हो सकती हैं—

1. कुछ समय के लिए दर्द : इसके लिए दर्द कम होने की एनालजिन और एसप्रिन जैसी दवा खाने से ही काम चल जाता है।

2. थोड़ी-सी सूजन : इसके लिए ससपेन्सर बैंडेज और बर्फ से ठंडा प्रलेप देने पर सूजन कम हो जाती है।

3. प्रदाह : इसके लिए एंटीबायटिक या सालफाड्रग लेने से ही चलेगा।

4. रक्तक्षरण और खून का जमना : इसके लिए ठंडा प्रलेप और सस्पेन्सर पहनने से ही काम चल जाता है। कभी-कभी जमे हुए खून को तरल होने पर निकाल देना पड़ता है।

**प्रश्न :** इस ऑपरेशन से शरीर पर क्या-क्या प्रभाव पड़ सकता है ?

**उत्तर :** इस ऑपरेशन से वीर्य के तरल पदार्थ की मात्रा कम नहीं होती, शारीरिक क्षमता बढ़ जाती है।

**प्रश्न :** इस ऑपरेशन के बाद क्या वीर्यनली को पुनः जोड़ा जा सकता है ?

**उत्तर :** हाँ, इस ऑपरेशन से वीर्यनली को काटकर दो टुकड़ा करने के बावजूद बाद में जोड़कर पचास से नब्बे प्रतिशत मामले में अवरोध को पुनः दूर किया जा सकता है।

## *गर्भपात के बारे में सवाल-जवाब*

**प्रश्न :** गर्भपात की व्यवस्था में डॉक्टर का क्या दायित्व है ?

**उत्तर :** पहली बात तो यह है कि कानूनी तौर पर गर्भपात के 1971 के संसदीय नियम को मानकर ही गर्भपात की स्वीकृति देनी चाहिए। इसके अलावा गर्भपात कराना उचित नहीं। ट्रेनिंग और लाइसेंस प्राप्त डॉक्टर और सब तरह के उपकरणों तथा व्यवस्थित लाइसेंसशुदा अस्पताल के अलावा गर्भपात कराना खतरनाक होता है। अशिक्षित डॉक्टर या टेक्निशियन द्वारा प्रतिकूल परिवेश में गर्भपात करवाने को गैरकानूनी गर्भपात कहा जाता है।

गर्भावस्था की शुरुआत के दो महीने में गर्भपात मोटे तौर पर निरापद होता है। नीचे किस समय क्या किया जा सकता है और उसमें कितना खतरा है, यह बताया जा रहा है।

| | गर्भावस्था | उपाय | असुविधा और खतरा |
|---|---|---|---|
| 1. | माहवारी दस दिन पार जाने पर | माहवारी नियंत्रण। | गर्भपात सफल नहीं भी हो सकता है। |
| 2. | प्रथम दो महीने में | साक्शन पद्धति से गर्भपात बेहोश करके या बेहोश नहीं करके। | फूल का अंश रह जाता है, इसीलिए साक्शन के बाद क्यूरेट करवाना बहुत जरूरी है। |
| 3. | दो से तीन महीने में | बेहोश करके डायलेटेशन और क्यूरेट अच्छी जगह पर करवाना चाहिए। | नाड़ी का मुँह टूट सकता है, प्रदाह हो सकता है। |
| 4. | दो से चार महीने में | भ्रूण के चारों तरफ रिभनल नामक दवा इंजेक्शन। | मोटे तौर पर निरापद। |
| 5. | चार से छह महीने में | पानी की थैली में 20 प्रतिशत सेलाइन इंजेक्शन। | असफलता बहुत कम मामले में, रक्त दोष या ब्रेन में अधिक सेलाइन से हानि। इससे मृत्यु भी हो सकती है। |
| 6. | चार से छह महीने की | ऑपरेशन से गर्भपात। | यह ऑपरेशन मिनी सिजेरियन है, इसीलिए कोलाप्स, रक्तस्राव, पेट का फूलना और बड़ा ऑपरेशन आदि सारी परेशानियाँ हो सकती हैं। |

**प्रश्न :** पहली बार गर्भवती होने वाली महिला का गर्भपात कहाँ तक खतरामुक्त होता है ?

**उत्तर :** आमतौर पर पहली बार गर्भवती हुई महिला का गर्भपात नहीं करना चाहिए। प्रथम गर्भावस्था में बच्चेदानी का मुँह इतना नरम और पतला होता है कि उपकरणों से प्रसारित करते समय बच्चेदानी का मुँह या बच्चेदानी की पेशियों में छेद होने से रक्तस्राव, प्रदाह या इंटेस्टिनल अबस्ट्राक्शन या गैंग्रीन भी हो सकता है। इन सारे खतरों को देखते हुए आसानी से डॉक्टर पहला गर्भपात नहीं करना चाहते। पति के कहने पर भी लड़की को माँ-बाप या अभिभावक को बताए बिना कभी भी गर्भपात के लिए तैयार नहीं होना चाहिए। लड़कियों को अपनी सहज बुद्धि से विचार करके अपना भला-बुरा समझना चाहिए। बाद में पति या डॉक्टर को दोष देने से भी इसके खतरे या कुपरिणाम से नहीं बचा जा सकता।

**प्रश्न :** दूसरे गर्भ को नष्ट करने के लिए क्या-क्या जानना चाहिए ?

**उत्तर :** पहले बच्चे के छह महीने या एक वर्ष के अंदर यदि पुनः गर्भधारण हुआ तो गर्भपात करवाया जा सकता है। लेकिन जिनको चार-पाँच वर्ष बाद दूसरी बार बच्चा होता है, उनको तय करना चाहिए कि वे दूसरा बच्चा चाहते भी हैं या नहीं। बच्चा गिराने का प्रयास करने में माँ का स्वास्थ खराब हो जाता है। चार-पाँच महीने का गर्भ होने पर सेलाइन आदि के प्रयोग के समय जानना चाहिए कि यदि यह पद्धति असफल हुई तो पेट चीरने के अलावा कोई चारा नहीं रहता। आगे-पीछे के बारे में सोचकर प्रत्येक माँ को निर्णय़ लेना चाहिए। गर्भपात करवाना हो तो दो महीने के भीतर ही करवाना चाहिए।

**प्रश्न :** उचित शिक्षित डॉक्टरों से व्यवस्थित अस्पतालों में अनुकूल वातावरण में गर्भपात करवाने से किस तरह की परेशानी हो सकती है ?

**उत्तर :** अशिक्षित व्यक्ति के हाथों निम्नलिखित खतरों की आशंका रहती है—

1. फूल का टुकड़ा बच्चेदानी में छूट सकता है।
2. बच्चेदानी का मुँह या उसकी पेशियाँ टूट सकती हैं।
3. कीटाणुओं से आक्रांत होकर पेरिटोनाइटिस हो सकता है। भीतरी रक्तस्राव से माँ को शॉक या कोलाप्स हो सकता है।
4. बच्चेदानी की पेशी में छेद होकर आँत समूह जख्मी हो सकता है।

इन कारणों से पेट चीरना पड़ सकता है। गर्भपात असफल होने पर गर्भावस्था जारी रह सकती है। इन कारणों से दस फीसदी महिलाओं की मौत भी हो सकती है।

अप्रशिक्षित या अर्धप्रशिक्षित डॉक्टर से या कामचलाऊ हाथों से गर्भपात करवाने के परिणामस्वरूप करीब दस प्रतिशत मामलों में माँ के जीवाणु-आक्रांत होने की आशंका रहती है और उनमें दस फीसदी के जीवन को भी खतरा हो सकता है। अच्छे अस्पतालों या प्रशिक्षण प्राप्त डॉक्टरों के अलावा गर्भपात कराना ठीक नहीं होगा। इन डॉक्टरों या अस्पतालों को लाइसेंस मंजूर करवाने की जिम्मेदारी सरकार को भी निभानी चाहिए।

# 18

# स्त्री-जीवन के विभिन्न सोपान

## *अत्यधिक और अनियमित रक्तस्राव*

अत्यधिक और अनियमित रक्तस्राव स्त्री-जीवन के विभिन्न सोपानों पर विभिन्न रूपों में नजर आ सकता है। बच्चेदानी के विभिन्न रोग ही रक्तस्राव के प्रमुख कारण हैं, हालाँकि यौनांग के अन्य हिस्से से भी रक्तस्राव की शुरुआत हो सकती है। अत्यधिक स्राव आमतौर पर बच्चेदानी से ही हो सकता है, अन्य हिस्सों से रक्तस्राव का मुख्य कारण चोट, कीटाणुओं के आक्रमण से हुए घाव या कैंसर होता है। स्त्री-शरीर से रक्तस्राव के कुछ सामान्य कारण निम्नलिखित हैं–

## *बच्चेदानी से रक्तस्राव*

**1. गर्भसंचार और उससे संबंधित समस्या के कारण रक्तस्राव :**

(क) गर्भपात, (ख) मोलार गर्भ, (ग) ट्यूब में गर्भसंचार या गर्भधारण, (घ) भ्रूणस्तरण का कैंसर (कोरियन एपिथिलिओमा), (ङ) गर्भावस्था के अंतिम चरण में रक्तस्राव।

**2. बच्चेदानी के सामान्य ट्यूमर से रक्तस्राव :**

(क) पलिप, (ख) बच्चेदानी में आँव की तरह ट्यूमर, (ग) एंडोमेट्रियोमा, (घ) बच्चेदानी के मुँह में घाव या पलिप।

**3. बच्चेदानी के कैंसर संबंधी स्राव :**

(क) बच्चेदानी के भीतर का कैंसर रोग, (ख) बच्चेदानी के मुँह में कैंसर रोग, (ग) बच्चेदानी सरकोमा।

**4. हारमोन के संतुलन में गड़बड़ी संबंधी :**

(क) अत्यधिक और अनियमित हारमोन निस्सरण ऋतुस्राव,
(ख) बच्चेदानी के प्रदाह संबंधी रक्तस्राव।

**5. ट्यूब और ओवरी के प्रदाह संबंधी रक्तस्राव**

**6. बच्चेदानी में छेद होने से या चोट संबंधी रक्तस्राव**

**7. ट्यूब, योनिद्वार और बहिर्यौनांग रोग संबंधी स्राव :**

(क) फैलोपियन ट्यूब में ही गर्भसंचार और उसके फटने से स्राव,

(ख) ट्यूब में कैंसर, (ग) योनिनली में घाव, प्रदाह या कैंसर रोग, (घ) बहिर्यौनांग में घाव, चोट या कैंसर रोग, (ङ) मूत्रनली या मलद्वार के रोग संबंधी रक्तस्राव।

उपरोक्त सूची से हम पाते हैं कि बच्चेदानी का रोग-समूह ही रक्तस्राव का मुख्य कारण है। पहले ही कहा गया है कि बच्चेदानी की आकृति एक नाशपाती की तरह होती है और यह मुख्य रूप से मांसपेशियों से बनी होती है। बच्चेदानी के भीतर मखमल की तरह जो नरम मुलायम अस्तर है उसे एंडोमिट्रियम कहा जाता है। यह एंडोमिट्रियम ही रक्तस्राव का उत्पत्ति स्थल है। इससे पलिप प्रदाह या कैंसर हो सकता है। बच्चेदानी की मांसपेशियों में उत्पन्न आँव की तरह के ट्यूमर को फाइब्रएड कहा जाता है। इस रोग में भी अतिरिक्त रक्तस्राव होता है। गर्भसंचार के कारण उत्पन्न रक्तस्राव आमतौर पर गर्भपात से ही जुड़ा होता है। माहवारी के बीच में अनियमित रक्तस्राव होने पर बच्चेदानी का मुँह, योनिपथ या बहिर्यौनांग में होने वाले रोग की आशंका रहती है।

## *स्त्री-जीवन के विभिन्न चरणों में रक्तस्राव*

उम्र के विभिन्न पड़ावों पर लड़कियों को रक्तस्राव होता है। जीवन के विभिन्न चरणों में होने वाले रक्तस्राव के विशेष-विशेष कारणों की जानकारी स्त्रियों को होनी चाहिए।

जन्म के तुरंत बाद कुछेक दिनों के अंदर नवजात शिशु को रक्तस्राव हो सकता है। माँ के शरीर से कन्या शिशु के शरीर में हारमोन संचार के लिए इस तरह का रक्तस्राव होता है। इस समय स्तन भी फूल जाता है। कुछेक दिनों में अपने-आप यह रक्तस्राव कम होता जाता है।

शिशु अवस्था में विभिन्न कारणों से माहवारी शुरू हो सकती है। कभी-कभी अविकसित उम्र में हारमोन का निस्सरण शुरू होने पर या मस्तिष्क के ट्यूमर या ओवरी के हारमोनस्रावी ट्यूमर के लिए अविकसित उम्र में वयःसंधि विकास शुरू हो सकता है। शरीर और मन के इस तरह के विषम विकास के चलते कई बार विकारग्रस्त पुरुष की जिद के कारण अपरिपक्व उम्र में अवांछित मातृत्व आते देखा गया है। जोंस मेडिना नामक एक लड़की सिर्फ पाँच वर्ष की उम्र में गर्भवती हो गई थी।

वयःसंधि के रूपांतर के समय यौवन के उद्‌भव के प्रारंभ में रक्तस्राव से कई बार गंभीर रक्त अल्पता हो सकती है। शरीर में पिट्यूटरी और ओवरी के ऊटपटाँग निस्सरण के कारण इस तरह का रक्तस्राव होता है। मानसिक आघात, डर या संशय से भी इस उम्र में रक्तस्राव होता है। कभी-कभी ल्यूकिमिया, परप्यूरा आदि रक्तदोष जैसे रोग में भी इस उम्र में रक्तस्राव हो सकता है। कभी-कभार बच्चेदानी (या ओवरी) के कैंसर संबंधी रोग भी इस उम्र में होते देखा जाता है। युवावस्था में बच्चा होने के चरण में गर्भपात ही रक्तस्राव का कारण है। इसके अलावा फाइब्रएड, बच्चेदानी या ट्यूब के प्रदाह संबंधी रोग, यौनांग में चोट आदि से संबंधित घाव इस उम्र में हो सकता है।

पलिप, एंडिमेट्रियोसिस, एमेनो मायोसिस आदि रोग बच्चेदानी के साधारण ट्यूमर वर्ग के ही हैं। ये रोग आमतौर पर स्त्रियों में 35-40 वर्ष की उम्र में दिखाई देते हैं।

माहवारी बंद होने के समय रक्तस्राव का मुख्य कारण कैंसर का आक्रमण है। हारमोन विषमता संबंधी स्राव पलिप ट्यूमर, योनिद्वार या बहिर्यौनांग में प्रदाह और कैंसर आदि अधिक उम्र की बीमारियाँ हैं। इसीलिए इस उम्र में अत्यधिक और अनियमित स्राव होने पर हमेशा डॉक्टर से जाँच करवानी चाहिए। कैंसर नहीं है, यह प्रमाणित हो जाने के बाद ही दवा का प्रयोग करना चाहिए।

उपकरण हारमोन संबंधी या होमियोपैथी दवाएँ खाकर समय नष्ट करना उम्र के लिए खतरनाक होता है।

## *डॉक्टर किस तरह जाँच करते हैं ?*

अत्यधिक या अनियमित रक्तस्राव की शिकायत लेकर किसी स्त्री के आने पर उसके शरीर की सामान्य स्थिति, खून की स्थिति अच्छी तरह देखनी चाहिए। हीमोग्लोबिन, नाड़ी की गति, रक्तचाप आदि से समझा जाता है कि अत्यधिक रक्तस्राव रोगी को कितना कमजोर और रक्तशून्य कर चुका है।

इसके बाद अच्छी तरह से छाती, पेट और अंदरूनी जाँच के द्वारा निम्नलिखित तथ्यों को समझ लेना चाहिए–

1. गर्भावस्था का लक्षण है या नहीं ?
2. बच्चेदानी या बच्चेदानी के मुँह में अथवा योनिद्वार में कोई घाव, ट्यूमर या चोट है या नहीं ?
3. बच्चेदानी के बगल में ट्यूब या ओवरी में कोई प्रदाह अथवा ट्यूमर है या नहीं ?
4. हारमोन संबंधी रोग का कोई लक्षण है या नहीं ?

कभी-कभी सही रोग का पता लगाने के लिए बेहोश करके भी जाँच करनी पड़ती है। बच्चेदानी के भीतर यंत्र के जरिए क्यूरेट करके प्रदाह या कैंसर के लक्षण होने-न होने की जाँच करा लेना उचित है। गर्भपात, मोलार गर्भ आदि में क्यूरेट करके बच्चेदानी को साफ कर देना पड़ता है।

अतिरिक्त रक्तस्राव में रोगी का आराम करना निहायत जरूरी है। पहले बच्चेदानी के रक्तस्राव में आरगट आदि का प्रयोग किया जाता था। हारमोन से आजकल रक्तस्राव बंद किया जा सकता है। इसके अलावा खून में जमाव लाने वाली दवा से भी कभी-कभी रक्तस्राव में फायदा पहुँचता है। चोट संबंधी रक्तस्राव होने पर बेहोश करके योनिद्वार और योनिनली को अच्छी तरह जाँच करके रक्तस्राव के स्थान का पता लगाकर सिलाई या प्लग करके खून का निकलना बंद करना पड़ता है।

माहवारी बंद होने के कुछ समय पूर्व क्यूरेट के बाद कुछ मामलों में ऑपरेशन करके बच्चेदानी निकाल देनी पड़ती है। नीचे इस उम्र में बच्चेदानी के ऑपरेशन के मुख्य

कारणों का विवरण दिया जा रहा है—

(1) यदि बच्चेदानी में अधिक ट्यूमर रहें।

(2) यदि क्यूरेट के बाद भी रक्तस्राव की अनियमितता में फर्क न आए।

(3) यदि कैंसर होने का डर रहे। क्यूरेट करने के बाद एंडोमेट्रियम माइक्रोस्कोप से जाँच करने पर कैंसर के पूर्वाभास का निर्णय करना आजकल संभव हो गया है।

(4) यदि बच्चेदानी में एडेनोमायोसिस या एंडोमेट्रियोसिस रोग हुआ हो।

(5) यदि हारमोन की गड़बड़ी से अनियमित स्राव चलता रहे।

(6) बच्चेदानी के ट्यूब और ओवरी के प्रदाह के कारण अस्वस्थ होने पर भी बच्चेदानी को निकाल देना पड़ता है।

(7) सचमुच कैंसर की जानकारी होने पर ऑपरेशन में बिलकुल देर नहीं करनी चाहिए।

(8) योनिद्वार के भीतर से बच्चेदानी के नीचे निकल आने पर और साथ ही रक्तस्राव होते रहने की स्थिति में।

आमतौर पर 40 वर्ष से कम उम्र की स्त्रियों की बच्चेदानी का ऑपरेशन नहीं किया जाता। 40-45 वर्ष की उम्र में ऑपरेशन करने पर ओवरी को बचा रखने की कोशिश की जाती है। ओवरी का हारमोन रहने पर स्त्रियों का ऋतुस्राव बंद होने से अन्य परेशानियाँ कम होती हैं। अचानक गर्म-ठंड का लगना, चमड़ी सिकुड़कर झूल जाना, यौनावेग या कामेच्छा कम हो जाना, कोरोनरी या हड्डी के कैल्सियम का क्षय आदि बीमारियाँ ओवरी निकाल देने पर बहुतों को होती हैं। लेकिन 45 से अधिक उम्र में ओवरी को निकाल देना ही अच्छा होता है। क्योंकि ओवरी में कभी भी ट्यूमर या कैंसर हो सकता है।

इस चर्चा से स्पष्ट है कि स्त्री-जीवन के विभिन्न चरणों में तरह-तरह के रोगों से अनियमित रक्तस्राव हो सकता है। सहज ज्ञान और सहज बुद्धि से इस विषय में समुचित विचार करके डॉक्टर की सलाह मानकर इलाज की व्यवस्था करने पर अनेक परेशानियों या कठिन बीमारियों से बचा जा सकता है। सचमुच बच्चेदानी का रोग या पूर्व-कैंसर अथवा कैंसर होने पर होमियोपैथी या हारमोन चिकित्सा करके समय नष्ट करना बहुत खतरनाक साबित हो सकता है। रोग गंभीर रूप धारण कर सकता है और तब ऑपरेशन करना भी कठिन हो जाता है। सबसे बड़ी बात यह है कि एक बार कैंसर के फैल जाने पर प्राणहानि की आशंका खड़ी हो जाती है।

# 19

# प्रौढ़ावस्था, ऋतुनिवृत्ति और प्रजनन अवस्था की समाप्ति

स्त्रियों के जीवन की विभिन्न अवस्थाओं में शारीरिक और मानसिक परिवर्तन ज्वार-भाटा की तरह आते हैं। हवाई जहाज से उड़ने और नीचे उतरने के समय जिस तरह से थोड़ा झटका लगता है, उसी तरह स्त्री-जीवन में वय:संधि और माहवारी के बंद होने के चरणों में शारीरिक और मानसिक चंचलता की अनुभूति हो सकती है और उद्वेग भी हो सकता है। सामान्यतया प्रौढ़ावस्था के अंत में 48 से 52 वर्ष की उम्र में ऋतु समाप्ति होती है। जीवन के अपराह्न में यौवन के रूप-लावण्य में जब थोड़ा-सा भाटा आता है तो अनेक शिक्षित स्त्रियाँ उस समय के परिवर्तनों के विषय में बेवजह सचेत हो उठती हैं और इस तरह मानसिक द्वंद्व की शिकार होती हैं। बेटा-बहू, बेटी और अन्य कम उम्र के रिश्तेदारों से मानसिक दूरी के विषय में आवश्यक रूप से सोचते हुए व्यथित होती हैं और क्लांति व विषाद से मन को भारी किए रहती हैं। इस समय के परिवर्तन को जीवन की एक और नई अवस्था के रूप में उचित रूप में ग्रहण करना चाहिए। ऐसा करने पर बीते हुए यौवन की आकांक्षा और उद्वेग पर काबू पाना सहज होता है। इस बात को तहे दिल से स्वीकार करना चाहिए कि जीवन के इस चरण का भी एक सौंदर्य है। परिणत उम्र में मातृ रूप में अपनी महिमा से उद्‌भासित होकर दूसरे के लिए त्याग और प्यार की खुशी का उपभोग किया जाए तो मन को अकारण मोह या पछतावे से मुक्त करना और अपनी चिंता को भुलाना सहज होता है।

## *माहवारी बंद होने के समय का बदलाव*

प्रौढ़ावस्था की समाप्ति की अवस्था में माहवारी का बंद होना एक महत्त्वपूर्ण घटना है। आमतौर पर माहवारी बंद होने के साल भर बाद से स्त्रियों की प्रजनन-क्षमता बंद हो जाती है। इस समय किसी-किसी में कुछ दैहिक परिवर्तन नजर आते हैं। शरीर के विभिन्न स्थानों पर जैसे हाथ, पाँव, नितंब और जाँघ में चर्बी जम जाती है और वजन बढ़ जाता है। किसी-किसी का वजन घट भी जाता है और त्वचा का मुलायमपन कम होकर संकुचित हो जाता है और उसमें झुर्रियाँ भी पड़ने लगती हैं। हाथ-पाँव में कहीं-कहीं चर्बी जम जाती है और पूरे शरीर में दर्द होता है। इन सारी अस्पष्ट बीमारियों

के कारण मानसिक कमजोरी और आत्मग्लानि से मन भर उठता है और उद्वेग, गुस्सा तथा अन्य लक्षण दिखाई देते हैं। और अकारण रोग के डर से मन भारी हो जाता है। कभी-कभी इस तरह के डर से मैनिया हो जाता है और वह स्त्री करीब-करीब पागलपन तक पहुँच जाती है।

इस उम्र में खून संचार की क्रिया में परिवर्तन के कारण बीच-बीच में अचानक गर्म या ठंड की अनुभूति पूरे शरीर में होती है। इस तरह के परिवर्तन के कारण दिन में चार-पाँच बार शरीर पसीने से भर जाता है। जिनमें खून का दबाव अधिक रहता है या जिन्हें डायबिटीज का रोग होता है उनमें ग्लानि अधिक परिलक्षित होती है।

प्रौढ़ावस्था के अंत में शरीर में हारमोन निस्सरण की क्रिया में विशेष परिवर्तन होता है। इस उम्र में डिम्बाशय या ओवरी सूखकर छोटा हो जाता है और उसका डिम्बाणु क्रमशः विलीन हो जाता है। स्वाभाविक रूप से ओवरी से निकलने वाला हारमोन कम होता जाता है और स्त्रियों के यौवन की यादों में भाटा आता है। इस समय त्वचा का मुलायमपन कम होने लगता है और वह दिखाई पड़ने लगता है। इसके अलावा हारमोन के अभाव में अंदर और बाहर का यौनांग भी सूखकर छोटा हो जाता है। बच्चादानी, योनिपथ, स्तन सबकुछ छोटा होता जाता है। किसी-किसी के स्तन की दुग्धनली में छोटे-छोटे ढेले बँध जाते हैं और उसमें दर्द होता है। ओवरी से निकलने वाले हारमोन में ह्रास होने के कारण पिट्यूटरी और एड्रेनल ग्रंथि समूह के हारमोन में वृद्धि होती है। इस वक्त किसी-किसी के चेहरे या ठुड्डी में बाल की तरह रोएँ दिखाई देते हैं।

उपरोक्त मानसिक और शारीरिक उद्वेग सबको नहीं होते। जो मन के स्थिर होते हैं और अत्मविश्वास और मानसिक पूर्णता के साथ इन सारे परिवर्तनों को स्वाभाविक मानकर ग्रहण कर सकते हैं, उनके मन की स्थिति विकारग्रस्त नहीं होती। सामान्यतया दो से तीन वर्ष के अंदर शरीर की क्रिया सही स्थिति में आ जाती है।

## *प्रौढ़त्व की अन्य असुविधाएँ और अस्वस्थता*

महिलाओं की प्रजनन अवस्था के खत्म होने के समय माहवारी में विभिन्न तरह के परिवर्तन परिलक्षित होते हैं। सामान्यतया निम्नलिखित कई तरह से ऋतुबंद का आभास मिलता है—

1. आकस्मिक रूप से माहवारी का बंद होना,
2. क्रमशः रक्तस्राव की मात्रा का कम होते जाना,
3. माहवारी के अंतर्वर्ती व्यवधान का बढ़ जाना,
4. उलटा-पुलटा अतिरिक्त रक्तस्राव।

## अतिरिक्त रक्तस्राव

यदि कभी माहवारी के बंद होने के चरण में ऊटपटाँग अतिरिक्त रक्तस्राव हो तो उसे ऋतुबंद का स्वाभाविक नियम मानने से पहले समुचित जाँच करानी चाहिए। जिस तरह अँधेरे कमरे में नींद से उठकर बिस्तर की बगल में साँप दिखने पर कौन-सा साँप है, इसका निर्णय न करके उसे तुरंत मारने की कोशिश करनी चाहिए, उसी तरह इस उम्र में रक्तस्राव होने पर पहले ही उचित जाँच द्वारा यह पता कर लेना चाहिए कि बच्चेदानी के मुँह में या बच्चेदानी की झिल्ली में कोई ट्यूमर, दूषित घाव या कर्कट कैंसर रोग की आशंका है या नहीं।

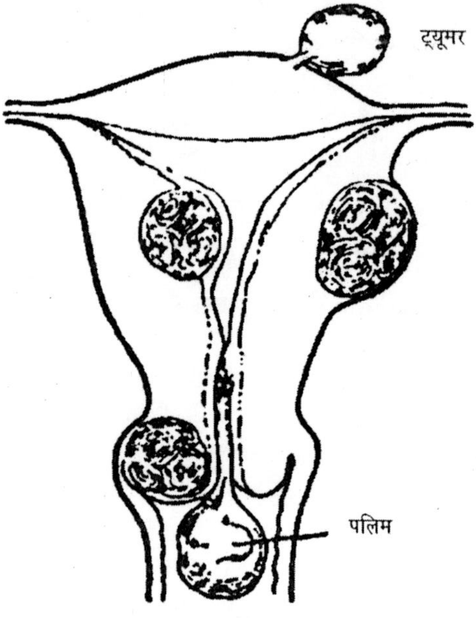


चित्र 19/1 : बच्चेदानी की झिल्ली में ट्यूमर और पलिप

आजकल बच्चेदानी के मुँह में श्लेष्मा की जाँच करके प्राथमिक तौर पर निश्चिंत हुआ जा सकता है। इसके अलावा क्यूरेट या बायोप्सी के द्वारा बच्चादानी, झिल्ली और बच्चेदानी के मुँह के तंत्री समूह की माइक्रोस्कोप से जाँच करके सामान्य घाव, पलिप या कर्कट रोग का पता लगाया जा सकता है। बहुत-से लोग इन जाँचों को ही ऑपरेशन समझकर डरते हैं और बेवजह देरी करते हैं या फिर हारमोन या होमियोपैथी चिकित्सा करके मूल्यवान समय नष्ट करते हैं। सिर्फ ओवरी के स्वाभाविक विवर्तन और हारमोन प्रभावित रक्तस्राव में दवा से चिकित्सा हो सकती है, लेकिन इस रोग में डायगनोसिस

या क्यूरेट के अलावा कोई आशंका नहीं होती। बच्चेदानी की झिल्ली का क्यूरेट करके जाँच करने पर तीन तरह के निर्णय में पहुँचा जा सकता है–

1. रक्तस्राव का कारण बहुत भयानक नहीं है। ओवरी या पिट्यूटरी ग्रंथि समूह के हारमोन क्रिया के प्रभाव से कुछ समय के लिए बच्चादानी-झिल्ली से रक्तस्राव हुआ है।

2. बच्चेदानी के मुँह या बच्चदानी-झिल्ली में ऐसा परिवर्तन हुआ है जिसकी अवहेलना करने पर बुरा असर पड़ सकता है।

3. कर्कट रोग की प्रारंभिक जानकारी हुई है।

सबको जानना चाहिए कि ग्लानि की चिकित्सा के रूप में काफी दवाओं में आजकल हारमोन मिलाया हुआ रहता है। बिना समझे-बूझे या साधारण डॉक्टर या दोस्तों की बातों में आकर, ये सब दवाएँ लेने पर अनियमित रक्तस्राव हो सकता है। किसी-किसी को बुढ़ापे में, बच्चेदानी या योनिपथ के संकुचन के कारण उसकी झिल्ली पतली हो सकती है और खरोंच होने की तरह घाव हो सकता है एवं उससे थोड़ा रक्त मिश्रित सफेद स्राव हो सकता है। इस तरह के रक्तस्राव में वैसे उतना खतरा नहीं रहता। लेकिन हमेशा डॉक्टर से दिखाकर निश्चिंत होना चाहिए। हारमोन के विवर्तन से जिस तरह का रक्तस्राव होता है, वह अकसर क्यूरेट करने पर ठीक हो जाता है। यदि काफी समय तक इलाज करने के बाद भी रोग ठीक नहीं हुआ तो कर्कट रोग के प्रतिशोधक के रूप में बच्चेदानी का ऑपरेशन करना ठीक रहता है। पहले इन सारे मामलों में रेडियम चिकित्सा करने का रिवाज था, आजकल ऑपरेशन सहज साध्य है, उसमें खतरा कम है, इसलिए रेडियम चिकित्सा का प्रचलन खत्म हो गया है। इसके अलावा रेडियम के प्रयोग से होने वाला प्रदाह कई बार रोगी को कष्ट भी पहुँचाता है। कभी-कभी रेडियम चिकित्सा के कारण कर्कट रोग की आशंका बढ़ जाती है। वैसी स्थिति में एहतियात न बरतने पर कर्कट रोग हो सकता है, उस परिस्थिति में भी बच्चेदानी का ऑपरेशन करवा लेना चाहिए। कर्कट रोग की शुरुआत के बारे में निश्चित होने पर उचित परीक्षण द्वारा रोग का सही ढंग से पता लगाकर के रेडियम या ऑपरेशन चिकित्सा व्यवस्था करनी चाहिए।

## *प्रौढ़ावस्था में मानसिक उद्वेग*

पहले ही चर्चा की गई है कि जीवन के इस चरण में मानसिक उद्वेग, अस्थिरता, सिर का चक्कर आना, नींद न आना आदि लक्षण दिखते हैं। जैसे–अचानक गुस्सा आ सकता है, चिड़चिड़ापन हो सकता है, मानसिक कमजोरी हो सकती है या आत्मग्लानि से मन भर सकता है। इन सारी अनुभूतियों के साथ अचानक ठंड लगना या गर्मी का बोध होना, पूरे शरीर में पसीना आना या सिर में दर्द होना आदि लक्षण भी दिखाई दे सकते हैं। इस तरह की अस्पष्ट शारीरिक और मानसिक ग्लानि ओवरी में हारमोन के

अभाव से पैदा होती है। आजकल स्त्रियों की इन सारी बीमारियों को दूर करने के लिए इस्ट्रोजेन हारमोनयुक्त विभिन्न तरह की दवाएँ बाजार में मिलती हैं। ये सारी हारमोनयुक्त दवाएँ शरीर को सतेज करती हैं। उपरोक्त बीमारियों को कम कर देती हैं तथा बच्चादानी और योनिपथ की झिल्ली को सतेज कर देती हैं। साथ ही स्वाभाविक स्थिति को लौटा देने में कुछ सहायता करती हैं, लेकिन इस्ट्रोजेनयुक्त टेबलेट अधिक खाने पर या अचानक बंद कर देने पर आकस्मिक रक्तस्राव हो सकता है। इसलिए इस्ट्रोजेनयुक्त टेबलेट डॉक्टर की सलाह के बिना नहीं खानी चाहिए।

## *योनिद्वार का प्रदाह*

माहवारी बंद होते समय अंग-प्रत्यंग सूखने लगता है और कई बार योनिद्वार में प्रदाह हो सकता है। साथ में डायबिटीज रोग रहने पर इस तरह के प्रदाह का प्रकोप अधिक होता है। प्रदाह के कारण योनिपथ की झिल्ली में खरोंच आकर रक्तयुक्त स्राव भी हो सकता है। लेकिन हमारे देश में इस रोग का प्रकोप कम ही है।

## *जीवन की गोधूलि लग्न*

प्रौढ़ावस्था के अंत में जीवन की गोधूलि लग्न में आकर जब ऋतु की समाप्ति और प्रजनन की परिसमाप्ति होने को होती है तब छोटी-मोटी शारीरिक और मानसिक बीमारियाँ शरीर को भारी कर देती हैं। अच्छी तरह धैर्य के साथ रोग के विवरण पर विचार करके निर्णय पर पहुँचना चाहिए कि इन सारी बीमारियों के साथ कर्कट रोग की शुरुआत होने की आशंका है या नहीं। बेवजह सोचकर जीवन को तबाह न करके मन को संयमित रखकर जीवन संध्या में समस्त परिवर्तनों को ग्रहण करना चाहिए, तभी जीवन के सभी चरणों के सुख का उपभोग किया जा सकता है।

# 20

# नवजात शिशु की देखरेख

जन्म के तुरंत बाद बच्चे के प्रथम दर्शन से माँ के मन में स्वाभाविक रूप से प्रश्न उठता है कि इसकी ठीक से देखरेख तो कर पाऊँगी ? हमारे देश में मातृ और शिशु मंगल शिक्षा प्रतिष्ठान नहीं हैं। सभी अपने दादी या सास से ही बच्चे की परवरिश करना सीखती हैं। इस मामले में बहुतों की सही और स्वच्छ धारणा नहीं होती। इसीलिए बहुत अधिक प्यार व स्नेह रहने के बावजूद गलत व्यवस्था के कारण प्रथम महीने के अंदर बहुत-से नवजात शिशु गंभीर रूप से बीमार हो जाते हैं। इस अध्याय में स्वस्थ शिशु का पहला दिन और उसकी दैनिक देखरेख और सेवा के बारे में चर्चा की जा रही है ताकि जो स्त्रियाँ पहली बार माँ बन रही हैं, उन्हें सही ढंग से शिशु-पालन करने में सहायता मिले।

## *नवजात शिशु का शारीरिक गठन और उसकी प्राथमिक जाँच*

जन्म के बाद साधारण स्वस्थ शरीर के बच्चे का वजन तीन से साढ़े तीन किलो, लंबाई 20 से 22 इंच तक होती है। उसके हाथ-पाँव गोल-गोल और रंग थोड़ा लाल होता है। उसका शरीर सफेद मक्खन की तरह आधा तैलयुक्त पदार्थ द्वारा ढका रहता है। यह तैलयुक्त पदार्थ शिशु के चमड़े से निकला स्वेद, शरीर का रोंआँ और चमड़े के कोष से मिश्रित एक पदार्थ है। स्वस्थ शिशु के शरीर का ताप 98 डिग्री से 99 डिग्री फा., नाड़ी की गति प्रति मिनट 120 से 140, श्वास की गति प्रति मिनट 30 से 60 बार होती है। बच्चे के हाथ-पाँव के संचालन की क्षमता ठीक ही रहती है और रोने की आवाज आसानी से दूसरे कमरे से सुनाई देती है।

जन्म के तुरंत बाद बच्चे की आँखों को हलका बारीक एसिड लोशन से साफ करके कुछ एक बूँदें लोकुला या पाँच प्रतिशत एलबुसिड सोलुशन से धो देना पड़ता है। इस तरह से साफ कर देने पर जन्म के बाद आँख आना या प्रदाह को रोक पाने में सहायता मिलती है और इससे कई मामलों में जन्म के अंधेपन से बच्चे को बचाया जा सकता है।

जन्म के दूसरे ही क्षण माँ के शरीर से नाभिरज्जु को काटकर बच्चे को अलग कर

दिया जाता है। साधारणतः नाभिरज्जु बच्चे के पेट से 2 से 3 इंच की दूरी पर काटा जाता है, क्योंकि इसके भीतर कई बार अंत्रनली का अंश रह जा सकता है। कुछ एक दिनों में नाभिरज्जु का करीब ढाई इंच सूख जाता है और सात-आठ दिनों बाद खुद-ब-खुद गिर जाता है। इस समय नाभिरज्जु और नाभि को सूखा रखना अच्छा रहता है। नाभिरज्जु को कीटाणुमुक्त सूते से बाँधा जाता है और स्पिरिट-मिश्रित बीहन पदार्थ (सामान्यतया स्पिरिटयुक्त माइक्रोक्रोम) लगाकर नाभि को ढककर रखा जाता है।

इस प्रसंग में याद रखना चाहिए कि नाभि से टिटनेस या अन्य वीजाणु के आक्रमण से आज भी ग्रामीण इलाकों में बहुत-से नवजात शिशुओं की मृत्यु होती है।

जन्म के बाद बच्चे का अंग-प्रत्यंग, हार्ट, रेक्टम आदि को डॉक्टर या मिडवाइफ से अच्छी तरह दिखा लेना चाहिए, जिससे जन्मजात त्रुटि जल्दी से पकड़ में आ जाए। रबर का ट्यूब घुसाकर गले की नली या रेक्टम की जाँच कर लेनी चाहिए कि उसमें कोई गंदगी या प्रतिरोध तो नहीं है ?

इस तरह की जाँच करने के बाद बच्चे को साफ करने के लिए प्राथमिक स्नान की व्यवस्था करनी चाहिए। स्नान का घर गरम होना चाहिए। छोटे टूल में बैठकर गोद में रबड़ क्लॉथ या साफ तौलिए में बच्चे को रखकर एक एनामेल के टब में गरम पानी लेकर स्नान करवाने की तैयारी करनी चाहिए। उसके बाद पूरे शरीर को धीरे-धीरे साफ करके सिर को ऊँचा रखकर शरीर का थोड़ा-सा हिस्सा पानी में डुबोकर अच्छी तरह से साफ करके नरम तौलिया से पोंछ देना पड़ता है। बच्चे की नाभि या शरीर पानी में डुबोना उचित नहीं होता। सिर को अलग से धो देना चाहिए, सिर को साबुन से साफ करने के बाद कान के पीछे और उसके आसपास के मैल को साफ करते हुए ध्यान रखना चाहिए कि कहीं बच्चे को ठंड न लग जाए। इसके बाद रबड़ क्लॉथ या तौलिए में बच्चे को रखकर उसके पूरे शरीर को धीरे-धीरे सूखा करके अच्छी तरह से पोंछकर पाउडर लगाकर कपड़ा पहनाना चाहिए, फिर गुदड़ी में लपेटकर सिर को थोड़ा नीचे करके बाईं ओर फेरकर सुला देना चाहिए। नाभि और नाभिरज्जु को साफ करके एक नरम बैंडेज से ढककर रखना चाहिए। अपरिणत शिशु को जन्म के बाद बहुत अधिक स्नान नहीं कराना चाहिए, तेल लगाकर पानी से साफ करने से ही स्नान हो जाता है।

जन्म के बाद सॉकर की सहायता से मुँह के भीतर और रुई के सोयाब से आँख को धीरे से साफ करना पड़ता है। जबरदस्ती करने की कोशिश में मुँह के मुलायम झिल्ली कोष में खरोंच आ सकती है, जिससे फंगस या अन्य कीटाणुओं के आक्रमण से जीभ, मुँह, जबड़े सफेद खीर की तरह एक पदार्थ से ढक जाते हैं और बाद में इस इन्फेक्शन के गले की नली में फैल जाने की आशंका रहती है।

सामान्यतया जन्म के कुछ देर बाद बच्चा पेशाब करता है। पुरुषांग के ऊपर की त्वचा की जाँच करके देखना चाहिए कि त्वचा का मुँह फैला हुआ है या नहीं। बहुत कम फैला होने पर कई बार बाद में डॉक्टर से दिखाना पड़ता है। जन्म के थोड़ी देर बाद एक गहरा नीले-काले रंग का एक तरह का मल बच्चे के मलद्वार से निकलता है।

शुरू के तीन-चार दिन के इस तरह के काले गाढ़े रंग के मल को 'मेकोनियम' कहा जाता है। आमतौर पर तीन-चार दिन बाद से स्वाभाविक पीले रंग का पाखाना होने लगता है।

जन्म के करीब छह से आठ घंटे बाद बच्चे को माँ का दूध या थोड़ा-सा पानी चम्मच में लेकर पिला दिया जाए। जन्म के दो-चार दिन बाद से बच्चे के शरीर का रंग थोड़ा पीला हो सकता है। यह पीला रंग अस्वाभाविक नहीं और पर्याप्त पानी पीने पर यह ठीक हो जाता है।

जन्म के एक-दो दिन बाद से किसी-किसी कन्या शिशु के यौनांग से खून निकलता है। इस तरह का रक्तक्षरण शिशु के शरीर में माँ के खून के हारमोन के प्रभाव में हो सकता है और एक-दो दिनों में खुद-ब-खुद बंद हो जाता है। इस तरह के हारमोन के प्रभाव से छाती भी कभी-कभी फूल जाती है और दूध की तरह सफेद-सफेद पदार्थ निकलता है। ऐसी स्थिति में डरकर उसे छेड़ने के बजाए हलके से छाती को बैंडेज करके रखने पर ठीक हो जाता है।

## *नवजात शिशु के प्रथम महीने में दैनिक सेवा-जतन और लालन-पालन पद्धति*

बच्चे को लेकर अस्पताल या नर्सिंग होम से घर लौटने पर बुजुर्गों से दिन-भर की परिचर्या का नियम तय कर लेना पड़ता है। अपनी सुविधा-असुविधा के अनुसार डॉक्टर या अस्पताल के नियमों में थोड़ा फेरबदल किया जा सकता है। बच्चे के लालन-पालन में विद्या-बुद्धि से बढ़कर अपनत्व, कोशिश और साधारण ज्ञान की बहुत अधिक आवश्यकता होती है। नौकरानी, आया या अशिक्षित लोगों पर अपने बच्चे को सौंपकर निश्चिंत होने के बजाए, बच्चे की जरूरत के काम को खुद करना चाहिए। समयाभाव होने पर भी लगन से करने पर पाएँगे कि बच्चे का सारा काम ठीक से हो जा रहा है। कब कौन-सा काम करना चाहिए, नीचे उसकी एक साधारण नियमावली दी जा रही है।

## *बच्चे की देखरेख का रोजनामचा*

**सुबह पाँच बजे**–सुबह के पाँच बजे आमतौर पर बच्चे की नींद टूटती है। कभी-कभी बच्चा सुबह के छह-सात बजे तक भी सोता है। लेकिन अमूमन भोर होते ही उठ जाता है। बच्चे को उठते देखकर तुरंत विचलित हुए बिना खुद उठ जाइए। पहले खुद नित्यक्रिया से निवृत्त होकर हाथ-मुँह धोकर कपड़ा बदलकर तैयार हो जाइए। इस समय बच्चे को बहुत अधिक असुविधा न होने पर वह चुपचाप ही पड़ा रहता है या अँगड़ाई लेता रहता है।

**सुबह के छह बजे**–अब धीरे-धीरे बच्चे को खिलाने का इंतजाम करें। खिलाने से पहले खुद एक गिलास पानी पी लें, फिर स्तन और स्तन का अग्रभाग अच्छी तरह से

थोड़ा गरम पानी और रुई से साफ कर लें। ऊपर का दूध देने की जरूरत होने पर पहले दूध बना लें फिर पिलाने के लिए बैठें।

**सुबह सात से साढ़े आठ बजे**—इस समय बच्चे को खिलाकर सुलाने के बाद अब आप खुद चाय पीएँ या नाश्ता करें। परिवार के अन्य सदस्य भी यदि इस समय नाश्ता कर लें तो सबको सुविधा होती है।

**सुबह के नौ से साढ़े दस बजे**—इस समय बच्चे के स्नान की व्यवस्था करें और उसके स्नान के बाद दो बार खिलाकर बेंत के बास्केट या अन्य किसी वस्तु में सुलाकर बरामदे आदि में (जहाँ पर धूप आती हो) सुला दें। ध्यान रखना चाहिए सीधे आँख या चेहरे पर सूरज की रोशनी न पड़े। बच्चे को रखकर अब घर के दूसरे काम कर लें। स्नान के बाद थोड़ा दूध या हार्लिक्स और फल खाना चाहिए। बच्चे की देखभाल करनी हो तो खुद ठीक से खाना-पीना न करके अस्वस्थ होने से कोई फायदा नहीं होगा।

**दोपहर के बारह बजे से शाम के पाँच बजे तक**—बच्चे को फिर एक बार खिलाने का इंतजाम करके उसे सुला दें। 12 से 1 बजे के बीच खुद और परिवार के अन्य लोगों के खाने का इंतजाम कर लें। ढाई से साढ़े तीन बजे तक आराम कर लें। फिर उठकर बच्चे को खिलाकर छोटे-मोटे काम निबटा लें। खुद भी साफ-सुथरा हो लें और कपड़ा बदल लें। पति के दफ्तर से वापस लौटने से पहले प्रफुल्लित और साफ-सुथरा होकर उसका स्वागत कर सकती हैं। पति के प्रति सचेत रहना भी बच्चे की देखभाल जितना ही महत्त्वपूर्ण होता है।

**शाम के छह बजे**—यह समय बच्चे को फिर एक बार खिलाने का समय होता है। उसे खिलाने के बाद उसका पेशाब, पाखाना साफ करके मलद्वार साफ करके पाउडर देकर उसके शाम के सोने का इंतजाम करें। याद रखिएगा, घर में बहुत अधिक रोशनी, अँधेरा या दोनों में से एक भी बच्चे को सोने में सहायता नहीं करता। छोटा टेबुल लैंप जलाकर बिस्तर के बगल में थोड़ी रोशनी या थोड़ा अँधेरा करके बिस्तर के एक किनारे में बच्चे के सोने का इंतजाम करें। छोटी मच्छरदानी लगाकर बिस्तर की दोनों तरफ तकिया देकर बच्चे को सुलाने से ठंड लगने की आशंका कम रहती है। हमारे देश में अलग से सुलाने की सुविधा नहीं है। कीड़े-मकोड़े काटने पर या पेशाब करने पर रात में उसकी देखरेख करने में असुविधा होती है।

**रात के नौ से दस बजे के दौरान**—सबको खाना खिलाने से पहले बच्चे को अंतिम बार साफ-सुथरा करके खिलाने का इंतजाम करें।

याद रखना चाहिए कि फूल के पौधे के लिए जिस तरह से रोशनी और धूप की आवश्यकता होती है, नवजात शिशु के लिए उसी तरह प्यार और जतन की जरूरत होती है। आया, नौकरानी या अशिक्षित व्यक्ति के हाथों बच्चे को खिलाने, स्नान, सेवा आदि का दायित्व सौंपने पर वह कभी भी आप से अधिक उसका जतन नहीं कर सकते। खुद के आलस्य के चलते अशिक्षित व्यक्तियों के हाथों अपने बच्चे को सौंप देने का कोई तुक नहीं होता। निम्नलिखित आदतों से बचे रहना ही अच्छा होता है—

(1) अकारण गोद में उठाकर घूमना-फिरना।

(2) मुँह में उँगली या चुसनी देकर रोना बंद करवाना।

(3) जब-तब रोने से ही स्तनपान करवाना।

(4) झूले पर सुलाना या नींद की गोली देना।

(5) पहनावे के कपड़े से पेशाब या मल साफ करना।

(6) प्यार से ज्यादा खिलाना या छाती का दूध, गाय का दूध या डिब्बे का दूध मिलाकर अनियमित पिलाना।

(7) घर में काफी रात तक तेज बत्ती जलाकर हो-हल्ले में बच्चे को रखना।

(8) बहुत अधिक कपड़ा आदि पहनाकर बच्चे को अनावश्यक रूप से गरम परिवेश में रखना।

इन नियमों को हूबहू न मानने पर भी नियमावली के आधार पर अपनी सुविधानुसार कुछ परिवर्तन करके दिन-भर के लिए उचित व्यवस्था कर लेने पर बच्चे को पालना सहज लगने लगेगा।

बच्चे को नहलाते समय बहुत सी माताएँ डर जाती हैं। नवजात शिशु के नरम शरीर को अच्छी तरह से पकड़ने में असुविधा होती और नहलाते समय हमेशा डर लगा रहता है कि कहीं हाथ से फिसलकर पानी में न गिर जाए। बरामदे या छत में नहलाने पर स्नान के समय ठंड लगने का डर रहता है। घर का दरवाजा-खिड़की बंद करके या पर्याप्त धूप रहने पर धूप में बैठकर या हीटर की सहायता से घर को गरम करने पर नहलाते समय ठंड लगने का डर नहीं रहता।

एक गमले में कुनकुना पानी, बच्चे का तौलिया, कपड़ा, साबुन आदि लेकर नहलाने के लिए बैठें। बगल में अलग से थोड़ा और गरम पानी रख लें। दोनों जाँघों पर एक रबड़ क्लॉथ रखकर उस पर बच्चे को सुला दें। स्नान से पहले अच्छी तरह से आलिभ आयल या शुद्ध सरसों का तेल बच्चे के शरीर में अच्छी तरह से मालिश करें।

पहले रुई का छोटा टुकड़ा गरम पानी में भिगोकर बच्चे की आँख का किनारा पोंछ दीजिए। उसके बाद साफ कपड़ा पतला करके मोड़कर नाक का भीतरी हिस्सा साफ करें। आँख-नाक साफ करने के बाद सिर और चेहरा साफ करें। सिर में साबुन लगाकर गर्दन के नीचे हाथ से अच्छी तरह पकड़कर गमले के पानी के किनारे रखें और शैंपू करके मरे हुए चमड़े या रूसी को साफ करके धीरे-धीरे पानी डालकर सिर को धो दें। सप्ताह में दो बार शैंपू करने से ही सिर का चमड़ा स्वस्थ रहता है।

अब रुई भिगोकर मलद्वार आदि साफ कर दें। उसके बाद जाँघों का जोड़, घुटने के पीछे का हिस्सा, काँख, गले आदि में साबुन लगाकर तौलिया या साफ कपड़े से धीरे से घिसकर साफ कर दीजिए। ये सभी स्थान बहुत संवेदनशील होते हैं, इसलिए हलके से साफ करें। अब शरीर, पीठ, हाथ-पाँव आदि में एक-एक करके साबुन लगाकर साफ करें। बच्चे के शरीर को टब के पानी में डुबोने से पहले इस तरह से पकड़ें जिससे उसका सिर ऊँचा रहे और शरीर 2/3 हिस्सा पानी के नीचे रहे। नाभिरज्जु गिरकर नाभि के

सूख जाने के बाद पेट को पानी में डुबोने और उठाने के समय बायाँ हाथ गर्दन और काँख के नीचे रखें, दाहिने हाथ से दोनों पैरों की एड़ी और पैर को दबाएँ। इस तरह से उसके शरीर से पानी को गिराकर बच्चे को गोद में ले लें, फिर तौलिया लपेटकर धीरे-धीरे तौलिए से दबा-दबाकर पानी को सुखा लें। तौलिए से रगड़कर पोंछने की जरूरत नहीं।

शरीर के मुड़ने वाले हिस्सों को अच्छी तरह से सुखा लेने के बाद पूरे शरीर में पाउडर लगा दें। नितंब में थोड़ा-सा कोल्ड क्रीम या नारियल का तेल लगा देने पर त्वचा अच्छी रहती है।

स्नान के बाद नाभि थोड़ा भीगा रहने पर 2 प्रतिशत मरक्यूरोक्रोम और स्पिरिट लोशन लगाकर बारीक पाउडर और फरमिक एसिड पाउडर मिश्रित टेल्क पाउडर दे सकती हैं। आमतौर पर बच्चों के नाखून बहुत जल्दी बढ़ते हैं। ज्यादा बढ़ जाने पर आँख-मुँह में खरोंच लग जाने का डर रहता है। सप्ताह में एक बार नहाने के बाद पतली कैंची से नाखून काट दें।

सिर में ब्रुश करते समय पाएँगी कि सिर के ऊपर सामने की ओर खोपड़ी के हड्डी कवच में गोल-सा एक हिस्सा थोड़ा खाली रहता है और वह त्वचा से ढका रहता है। सामान्यतया नवजात शिशु का सिर इस तरह से खाली ही रहता है और करीब दो वर्ष बाद वह अपने आप भर जाता है।

नवजात शिशु को बिलकुल नया और खुरदरा कपड़ा नहीं पहनाना ही अच्छा होता है। ग्रीष्म प्रधान देशों में मलमल या नरम कपड़े का नैपी पहनने से ही चल जाता है। शाम को पूरा कपड़ा पहना सकती हैं।

जाड़े के समय पैरों में मोजे या बुटी पहनानी चाहिए। शरीर में फतुआ, फ्रॉक और कार्डिगन पहनाया जा सकता है। जाड़े के दिनों में छोटे कपड़े से लपेटकर कंबल के नीचे रखना चाहिए।

नैपी को ज्यादा कसा हुआ नहीं होना चाहिए और ज्यादा ढीला होने पर पेशाब और पाखाना बाहर लग सकता है, बाहर निकलने के समय प्लास्टिक का पैंट पहना देने पर तौलिया आदि नहीं भीगता।

कपड़ा गंदा हो जाने पर उसे खोलकर बच्चे के लिए रखी गई बालटी में डेटॉल या सैभ्लन के पानी में भिगो दें। उसके बाद थोड़ी देर भीगने के बाद साबुन या सर्फ से धो लें। सप्ताह में दो बार नैपी को पानी में खौला लेना चाहिए।

## *अन्य सामान्य देखरेख*

आमतौर पर नवजात शिशु को खिलाने के बाद मुँह धुलाने की जरूरत नहीं होती और आँख में भी रोज दवा देने और धोने की जरूरत नहीं पड़ती। स्नान करने के समय के अलावा अन्य समय में बच्चे के कमरे का दरवाजा खुला रहना ही अच्छा होता है। ज्यादा

कपड़े पहनाकर बहुत अधिक गरम वातावरण में रखने पर बच्चे की ललाट में पसीना आता है, वह छटपटाता है और असुविधा होने पर रोता भी है। खिलाने के समय के अलावा स्वस्थ बच्चा सोता ही रहता है। खिलाने के बाद जब-तब गोद में उठाकर घूमने पर बच्चे के आराम में बाधा आती है और उसे तकलीफ होती है। अनियमित निद्रा, ज्यादा खिलाने, घर ज्यादा गरम रहने पर या भीगी हालत में सोए रहने पर बच्चा छटपटाता है, अत्यधिक वात्सल्य, अकारण छटपटाने, असुविधाजनक ढंग से सुलाने, पाखाना ठीक से न होने, नाक बंद होने आदि छोटी-मोटी असुविधाओं की तरफ नजर रखने पर बच्चे की स्वाभाविक वृद्धि होती है।

स्वाभाविक वृद्धि का मापदंड है वजन। शुरू के दो-चार दिन अस्पताल में रहते समय शरीर का पानी सूखने के बाद वजन थोड़ा कम हो जाता है। करीब दस से चौदह दिन बाद से वजन धीरे-धीरे बढ़ने लगता है। दिन में एक औंस करके सप्ताह में साढ़े चार से छह औंस का बढ़ना स्वाभाविक है। महीने में वजन एक किलो तक बढ़ सकता है। सेवा-जतन में सबसे जरूरी है शिशु के आहार की व्यवस्था करना।

## *बच्चे को दूध पिलाने के सामान्य उपाय*

बच्चा जनने के बाद मातृस्तन से एक तरह का रस जैसा पदार्थ निकलता है उसे कलस्ट्राम कहा जाता है। दो दिन बाद से यह पतला पीले रंग का तरल पदार्थ क्रमशः दूध में बदल जाता है। इस समय कुछ एक दिन के लिए स्तन थोड़ा फूल जाता है। बच्चा दूध पीना आरंभ करता है तो धीरे-धीरे वह नरम हो जाता है। कलस्ट्राम में प्रोटीन की मात्रा दूध की अपेक्षा थोड़ी अधिक रहती है। यह रस बच्चे के पेट के लिए फायेदमंद होता है और बच्चे की विभिन्न तरह के जीवाणुओं के आक्रमण से रक्षा करता है।

जन्म के छह से आठ घंटे बाद बच्चे को पहली बार माँ का स्तनपान करने के लिए देना चाहिए। पहले बच्चे को भी सीखना पड़ता है कि स्तन का दूध उसका आहार है, नाक-मुँह से स्तन को घिसते रहने पर स्तन से धीरे-धीरे दूध निकलता रहता है तब मुँह में निपिल को पकड़ा देते ही बच्चा दूध खींचने लगता है। शुरुआत के कुछ दिन ज्यादा देर तक स्तन को मुँह में नहीं देना चाहिए, क्योंकि पर्याप्त दूध न मिलने पर बच्चा मसूढ़े से निपिल को दबा सकता है जिससे निपिल में घाव हो सकता है।

दूध के साथ थोड़ी-सी हवा सभी बच्चों के मुँह में जाती है। इसीलिए दूध पिलाने के बाद पाकस्थली से हवा को निकाल देना चाहिए। स्तन दूध का पहला हिस्सा हलका और तरल रहता है, बीच का हिस्सा स्वाभाविक होता है और अंतिम हिस्से में गाढ़ा दूध रहता है। इसीलिए अंतिम हिस्सा ज्यादा पीने पर वह देर से हजम होने वाला हो सकता है। दूध पिलाने के लिए बच्चे के मुँह को साफ करवाने की जरूरत नहीं होती। सामान्य सात पौंड वजन के बच्चे को तीन घंटे के अंतराल में दूध देना चाहिए। रात में पिलाने

का अभ्यास न डालना ही अच्छा होता है, इससे माँ की निद्रा और आराम में कोई बाधा नहीं आती है।

## *स्तन दूध का संचार और निस्सरण की विषमता*

माँ के स्वास्थ्य और आहार पर दूध का निकलना और गुणवत्ता कुछ हद तक निर्भर करती है। पानी, दूध, साबूदाना आदि तरल पदार्थ पीने पर दूध की मात्रा में थोड़ी वृद्धि होती है। पौष्टिक आहार लेने पर दूध में प्रोटीन की मात्रा में थोड़ी वृद्धि हो सकती है। स्तन या निपिल बच्चे के मुँह की अपेक्षा बड़ा या छोटा रहने पर या बच्चे की नाक बंद रहने पर दूध पीने में असुविधा होती है और दूध निकलने में बाधा आती है।

असल में दूध को बढ़ाने की कोई दवा नहीं है। आराम, उचित आहार और निष्कासन की सही पद्धति को मानकर चलने से दूध की धार ठीक रहेगी।

अचानक डर जाने से, रात-दिन मेहनत करने पर, रात में ज्यादा जागने या अधिक चिंता करने पर दूध घट सकता है। दूध अधिक जमने पर दवा की सहायता से उसे कम किया जा सकता है। दूध कम हो जाने पर बच्चे की स्वाभाविक वृद्धि कम हो जाती है और क्रमशः उसका पाखाना कड़ा होने लगता है। बच्चा कमजोर हो जाता है, मुँह सूख जाता है और सिर की हड्डी नजर आने लगती है। किसी-किसी बच्चे को पोषण के अभाव में बुखार भी आ जाता है और लसलसा मल होता है।

कुछ एक बीमारियों में माँ का दूध देना उचित नहीं होता। यदि माँ को टी.बी. रहे और वह पूरी तरह से ठीक न हुई हो तो बच्चे के उससे आक्रांत होने का डर रहता है अन्यथा रोगमुक्त अवस्था में बच्चे को बी.सी.जी. का टीका देने के बाद उसका परिणाम देखकर माँ का दूध दिया जा सकता है। हार्ट की बीमारी में कमजोरी न रहने पर माँ का दूध दिया जा सकता है। बुखार, मानसिक रोग, नेफ्राइटिस आदि गंभीर बीमारियों में भी दूध देना उचित नहीं होता। हाम और चिकेन पॉक्स आदि होने पर भी बच्चे को दूध नहीं देना चाहिए। स्तन की बीमारी, जैसे फोड़ा या कैंसर आदि गंभीर रोगों में दूध देना बंद रखना चाहिए।

साधारण सेवा-जतन करते हुए छोटी-मोटी चीजें माँ की नजरों से चूक न जाएँ, इसलिए इन पर विस्तृत रूप से कहा। शायद इससे दैनिक इंतजाम करने में सहायता मिलेगी।

# 21

# अपरिपक्व बच्चे की देखभाल

नवजात शिशु की मृत्यु का सबसे बड़ा कारण है अपरिपक्व शिशु का जन्म होना। अंतर्राष्ट्रीय मापदंड के अनुसार साढ़े पाँच पौंड या 150 ग्राम से कम वजन होने पर नवजातक को अपरिपक्व कहा जाता है। चाहे वह पूर्ण माह में हुआ हो या न हुआ हो। वजन के मापदंड से ही स्थिर करना होगा कि शिशु अपरिपक्व है या नहीं। अर्थात् पूर्ण माह में प्रसव होने पर भी कम वजन के बच्चे को अपरिपक्व ही माना जाता है।

कई कारणों से बच्चे का वजन कम हो जाता है। अधिकांश समय में इसका तार्किक कारण नहीं मिलता है। माँ की आर्थिक और पारिवारिक स्थिति, उसका और उसके पति का स्वास्थ्य और पारंपरिक धारा के अलावा गर्भावस्था की विभिन्न असुविधाओं के कारण बच्चा अपरिणत हो सकता है। गर्भावस्था में रक्तचाप संबंधी अस्वस्थता, रक्तस्राव, जुड़वाँ बच्चा, किडनी की बीमारी या असमय पानी की थैली के फूट जाने से अपरिपक्व बच्चे का जन्म होते देखा जाता है।

अपरिपक्व बच्चे के जीवन में शुरुआत के एक से डेढ़ महीने का समय बहुत ही महत्त्वपूर्ण होता है। इस समय इतनी अधिक देखभाल करनी पड़ती है कि उपयुक्त अस्पताल के अलावा वह संभव नहीं होती। बहुत जल्दी इन्हें ठंड लग जाती है। इसलिए सही उष्णता और ऑक्सीजनपूर्ण वातावरण में इन्हें रखना पड़ता है। इसके लिए इनक्यूवेटर की जरूरत पड़ती है। उसी तरह अधिक गर्मी से शरीर में पानी का अभाव हो जाता है और चमड़ा सिकुड़ जाता है। कई बार तो सेलाइन भी देने की जरूरत पड़ती है। अपरिपक्व बच्चों में तो कई बार पानी पीने तक की क्षमता नहीं रहती। इसलिए पिलाते समय पानी या दूध के गले में चले जाने का डर रहता है। चूँकि वे रो भी नहीं सकते, इसलिए सरक जाने पर फेफड़े में पानी प्रवेश करने से निमोनिया होने और उससे जान जाने की आशंका रहती है। इसके अलावा खाना यदि रोग-जीवाणुमुक्त न हो तो पेट खराब हो जाता है। इन सब कारणों के चलते अपरिपक्व बच्चे को शुरुआत के कुछ दिनों तक अस्पताल में ही रखना अच्छा होता है।

लेकिन दुःख के साथ कहना होगा कि हमारे देश के अस्पतालों में अपरिपक्व बच्चे की सर्वांगीण चिकित्सा की स्वस्थ व्यवस्था नहीं है। दूसरी तरफ दस दिन अस्पताल में रखकर घर में लाने के बाद अपरिपक्व बच्चे की देखभाल और जतन के विषय में घर

के लोगों को अच्छी तरह से जानकारी नहीं रहने के कारण अकसर गंभीर समस्याएँ उत्पन्न होती हैं। तब डॉक्टर बुलाकर या अस्पातल में भेजकर भी दुखदायी परिणाम को होने से रोका नहीं जा सकता।

अपरिपक्व बच्चे के जन्म लेते ही निम्नलिखित चीजों का इंतजाम करना बहुत जरूरी होता है—

1. वातावरण गरम रखना।
2. श्वास प्रक्रिया का सही इंतजाम करना।
3. अपरिपक्व बच्चे के लायक खाने का इंतज़ाम।
4. रोग-जीवाणु के आक्रमण से रक्षा करना।
5. उत्पन्न बीमारियों का यथोपयोगी इंतजाम करना।

गर्म वातावरण में रखने के लिए बच्चे को रुई में रखने की कहानी बुजुर्गों के मुँह से काफी सुनी है। अपरिपक्व नवजात शिशु के जन्म के तुरंत बाद उसे एक थोड़े-से गरम तौलिए में लपेटकर रखा जाता है। स्नान या अनावश्यक साफ-सफाई के लिए समय नष्ट न करके बच्चे को एक साफ-सुथरे कट में अच्छी तरह से ढककर सुला देना चाहिए। ऑक्सीजन की जरूरत पड़ने पर उसका भी इंतजाम करना होगा। इसी दौरान उसका वजन, हृत्पिंड की गति, श्वास प्रक्रिया, शरीर के रंग आदि की डॉक्टर से जाँच करवा लेना चाहिए। बिस्तर गरम रखने के लिए गरम पानी से भरी हुई रबड़ की थैली का उपयोग न करना ही अच्छा होता है, क्योंकि कभी-कभार अनजाने में बच्चे का शरीर जल सकता है।

घर में बच्चे की सही ढंग से परवरिश में कई तरह की असुविधाएँ रहती हैं। पश्चिमी देशों में इसके लिए अलग अस्पताल है। वहाँ पर इनक्यूबेटर नामक प्लास्टिक या काँच के जिस बॉक्स में उन्हें रखा जाता है, उसमें ऑक्सीजन, वाष्प और उष्णता की मात्रा हमेशा सही बनाए रखने की व्यवस्था है।

अपरिणत बच्चों को जितना कम छेड़ा जाए उतना ही अच्छा होता है। शुरू के दो-चार दिन बीत जाने के बाद थोड़ा-सा खाना शुरू करने पर कट से उठाकर थोड़ी मात्रा में वीजघ्न मिश्रित पानी में रुई को भिगोएँ। उस भीगी रुई से शरीर, काँख, उरू मूल को साफ करें और सामान्य पाउडर के साथ थोड़ा वीजघ्न पाउडर मिलाकर शरीर में लगाया जा सकता है।

बच्चे के खाने के इंतजाम करने से पूर्व उसे उठाने या स्नान कराने से पहले हर बार नर्स को अपना हाथ अच्छी तरह से धो लेना चाहिए। लेकिन जैसाकि पहले ही कहा जा चुका है कि अपरिणत बच्चे को जितना कम छेड़ा जाए उतना ही अच्छा होता है। नाते-रिश्तेदार यदि बच्चे को देखना चाहते तो काँच की खिड़की के बाहर से देखें।

अतः इससे पता चलता है कि अपरिणत बच्चे की परवरिश करते समय निम्नलिखित विषयों के बारे में सचेत रहना जरूरी है—

1. बच्चे को ज्यादा छेड़ना, स्नान करवाना।

2. रोग-जीवाणुमुक्त रखने की कोशिश।

3. कपड़े-लत्ते का इंतजाम।

4. आहार का इंतजाम।

अपरिणत बच्चे की उचित देखभाल करने के लिए अस्पताल ही उपयुक्त स्थान है, यह तो मैंने पहले ही कहा है। किसी अनिवार्य कारण से यदि घर में रखना हुआ तो उपयुक्त घर, माँ या कोई समझदार शिक्षित महिला और डॉक्टर का सही इंतजाम रखना चाहिए। इसके अलावा जरूरत के मुताबिक अस्पताल में स्थानांतरित करने की विकल्प व्यवस्था को भी रखना होगा। समझना होगा कि घर पर रखकर खतरा उठा रहे हैं। जहाँ भी रखें वहाँ पर पूरा इंतजाम अस्पताल की तरह करना चाहिए।

घर का क्या-क्या सामान लग सकता है–

1. गरम पानी के रबड़ की थैली।
2. गला साफ करने वाला कैथेटर।
3. थर्मामीटर।
4. ऑक्सीजन देने की व्यवस्था।
5. जरूरत पड़ने पर ग्लूकोज या सेलाइन देने की व्यवस्था।
6. ड्रापर की सहायता से बूँद-बूँद करके खिलाने की व्यवस्था।
7. कपड़ा-लत्ता धोने के उपयुक्त इंतजाम।

## *अपरिपक्व बच्चे का आहार*

अस्वस्थ या अपरिपक्व बच्चे को खिलाना बहुत ही कठिन काम है। पूरी समस्या को तीन भागों में बाँटा जा सकता है–

1. क्या खिलाना चाहिए ?
2. किस तरह से खिलाना चाहिए ?
3. कब-कब खिलाना चाहिए ?

बहुत छोटे अपरिणत बच्चे में निगलने की क्षमता ठीक से नहीं रहती है, इसलिए अस्पताल या नर्सिंग होम में वैसे बच्चे के गले से होकर पाकस्थली तक पतली ट्यूब घुसा दी जाती है और उसके भीतर से खाना अंदर भेजा जाता है। जिन बच्चों में थोड़ी निगलने की क्षमता होती है उनको ड्रापर की सहायता से बूँद-बूँद करके खिलाया जाता है। सिर को गोद में उठाकर थोड़ा-सा ऊपर करके बूँद-बूँद दूध देने के साथ-साथ देखना चाहिए कि गले में जाकर दूध जमा तो नहीं हो जा रहा है। मुँह में दूध जमकर उल्टी आने पर सिर को टेढ़ा कर देना चाहिए, ताकि दूध मुँह से बाहर निकल जाए और श्वास-नली में न घुसे। जिन बच्चों में चूसने की क्षमता होती है उन्हें छोटी नाव की आकृति वाले बोतल में दूध पिलाया जा सकता है। स्तन चूसकर दूध को खींचने की क्षमता रहने पर बच्चे के लिए माँ का दूध ही सबसे ज्यादा फायदेमंद होता है।

## कितना दूध देना चाहिए ?

अपरिणत शिशु की पाक्स्थली में एक या डेढ़ औंस से ज्यादा दूध नहीं आ सकता। थोड़ा-सा अधिक पिला देने पर छाती में दबाव लगकर चेहरे का नीला पड़ जाना अस्वाभाविक नहीं है। कभी-कभी उल्टी भी हो सकती है। बहुत अधिक अपरिणत बच्चे को खिलाने में जल्दबाजी नहीं करनी चाहिए। शुरुआत के एक या दो दिन कुछ न खिलाने पर कोई हानि नहीं होती। बल्कि श्वास क्रिया के सही ढंग से चलने से पहले खिलाने पर उसके सरक जाने का डर रहता है। दिन-भर में वजन के प्रति पौंड में 1/6 औंस देने से ही चलेगा। जितना उम्र है उतने से गुणा कर देना चाहिए। मान लीजिए एक तीन पौंड के बच्चे को नौवें दिन में दिन-भर में 1/6X3X9 या 41/2 औंस दूध देना होगा। आमतौर पर इतनी मात्रा दूध दो घंटे के अंतराल में दे सकती हैं।

## अपरिपक्व बच्चे का दूध कैसा होना चाहिए ?

यद्यपि माँ का दूध ही बच्चे के लिए जयादा फायदेमंद होता है, लेकिन 41/2 पौंड से कम वजन के बच्चे को माँ का दूध भी पानी मिलाकर फीका करके देना चाहिए। 31/2 पौंड से कम वजन के बच्चे को उतनी ही मात्रा में माँ का दूध और 5 प्रतिशत ग्लूकोज सलुशन मिलाकर खिलाना चाहिए। क्रमशः तीन हिस्सा दूध और एक हिस्सा ग्लूकोज। तीन सप्ताह बाद स्वाभाविक माँ का दूध ही दिया जा सकता है।

कृत्रिम दूध देने पर निम्नलिखित दूध का उपयोग किया जा सकता है–

1. लैक्टोडेक्स या दूसरा सूखा दूध।
2. कंडेंस मिल्क या जमा हुआ दूध।
3. बकरी या गाय का दूध।

अपरिणत बच्चे की वृद्धि के लिए हलका, लेकिन सहज ही हजम होने वाला प्रोटीनयुक्त दूध की अधिक आवश्यकता पड़ती है।

लैक्टोडेक्स का दूध चूर्ण, मक्खन निकाला हुआ दूध और डेकस्टमलटोजे का समन्वय अपरिणत बच्चे के लिए फायदेमंद होता है। पहले प्रति तीन औंस पानी में 1/2 नाप का सूखा दूध चूर्ण मिलाकर, बाद में क्रमशः 1, 1½ और 2 के हिसाब से दूध की नाप प्रति सप्ताह बच्चे की वृद्धि को देखते हुए बढ़ाई जा सकती है। कंडेंस्ड दूध का इस्तेमाल करने पर प्रति एक हिस्सा दूध में आठ हिस्सा पानी मिला लेना चाहिए।

नीचे अलग-अलग वजन के बच्चों को खिलाने के बारे में कहा जा रहा है–

1. तीन पौंड वजन का बच्चा (1360 ग्राम)
2. तीन से चार पौंड का बच्चा (1360 से 1820 ग्राम)
3. चार-पाँच पौंड का बच्चा (1820 से 2250 ग्राम)

तीन पौंड से कम वजन के बच्चे को खिलाना बहुत ही मुश्किल होता है। उनमें निगलने की क्षमता नहीं रहती और आसानी से दूध सरक जाता है। यदि उनमें निगलने

की क्षमता बिलकुल न हो तो उन्हें ट्यूब से खिलाना चाहिए, ट्यूब से खिलाना अस्पताल के अलावा संभव नहीं।

बच्चे का वजन थोड़ा-सा बढ़ने के बाद उसे ड्रापर या चमचे से पिलाया जा सकता है। पहले हलका दूध पिलाना ही अच्छा होता है। तीन पौंड से अधिक वजन का बच्चा आमतौर पर माँ का दूध चूस सकता है। कमजोर रहने पर उसे चम्मच से पिलाया जा सकता है। नीचे अपरिपक्व बच्चे को पिलाने का रोजनामचा दिया जा रहा है–

| दिन | पानी की मात्रा | वजन<br>तीन पौंड | तीन से चार पौंड | दूध की मात्रा<br>पाँच पौंड |
|---|---|---|---|---|
| 1 | 1 औंस | कुछ भी नहीं | कुछ भी नहीं | 12 घंटे तक कुछ नहीं |
| 2 | 2 औंस | – | हर 2 घंटे बाद | 3 घंटा बाद |
| | | | 1½ ड्राम | 3 ड्राम |
| 3 | 3 औंस | – | 2 ड्राम | 4 ड्राम |
| 4 | 4 औंस | 2 घंटा बाद | 3 ड्राम | 5 ड्राम |
| | | 1 1/2 ड्राम | | |
| 5 | 5 औंस | 2 ड्राम | 4 ड्राम | 7 ड्राम |
| 6 | 7 औंस | 3 ड्राम | 5 ड्राम | 9 ड्राम |
| 7 | 8 औंस | 4 ड्राम | 6 ड्राम | 10 ड्राम |
| 14 | 10 औंस | 1 औंस | 1½ औंस | 2 औंस |
| | | | 2 औंस | 2½ औंस |

दूध 4 हिस्सा मक्खन निकाला हुआ दूध। अपरिणत बच्चे को घर पर रखने से, यहाँ तक कि अस्पताल से घर लाने के बाद भी कुछ-कुछ समस्याओं का सामना करना पड़ सकता है, जैसे–

(1) बुखार होना, (2) नीला पड़ जाना, (3) उबकाई और सरक जाना, (4) पेट का फूलना और दस्त, (5) थ्रास या फंगस का आक्रमण–अर्थात् मुँह में सफेद-सफेद घाव, (6) कँपकँपी, खिंचाहट या तड़का, (7) जॉन्डिस या कमला रोग।

**बुखार :** अपरिणत बच्चे को पर्याप्त पानी न पिलाने पर शरीर का ताप अधिक हो सकता है। बहुत अधिक गर्मी में अधिक देर रहने पर भी ऐसा होता है, कभी-कभी हो सकता है। अचानक शरीर का ताप बढ़ जाने पर बच्चे को अधिक मात्रा में पानी पिलाना चाहिए। फिर तुरंत डॉक्टर बुलाकर जाँच करवानी चाहिए।

**नीला पड़ जाना :** शरीर कई कारणों से नीला पड़ सकता है। अपरिपक्व शिशु का फुसफुस और साँसनली, हृत्पिंड आदि भी अपरिपक्व रहता है। वक्ष की पसलियाँ भी कमजोर रहती हैं। इसीलिए यदि किसी कारणवश श्वासनली में श्लेष्मा जम जाता है या निमोनिया या फुसफुस या दूसरी तरह की बीमारी हो, तो आसानी से शरीर में ऑक्सीजन का अभाव हो जाता है। श्वासनली के साथ गले की नली यदि जन्म से जुड़ी हो या

अधिक दूध या पानी पिलाने पर श्वासनली में दूध या पानी के घुस जाने पर दुर्घटना होने की आशंका रहती है। जन्म के समय सिर में दबाव लगकर भी साँस की तकलीफ शुरू हो सकती है। हृत्पिंड का जन्मजात त्रुटिपूर्ण होना भी नीला पड़ जाने का एक और कारण है, ऐसी स्थिति में ऑक्सीजन का इंतजाम करना तो होगा ही, साथ-ही-साथ डॉक्टर से दिखाकर सही कारण को ढूँढ़ निकालने पर यह परेशानी बार-बार आ सकती है। खिलाने के तुरंत बाद नीला पड़ जाने का कारण संभवतः श्वास-नली में दूध या पानी का घुस जाना होता है।

**उल्टी :** अपरिपक्व बच्चे की पाकस्थली काफी छोटी और गले की नली के साथ जुड़ी पेशियाँ भी बहुत कमजोर होती हैं। इसीलिए अधिक पिलाने पर आसानी से दूध के गले से बाहर निकलने की संभावना रहती है। दूध पिलाने पर उसे हिलाने-डुलाने, अधिक मात्रा में पिलाने या गलत मिश्रण वाले दूध पिलाने पर दूध आसानी से गले से बाहर निकल आता है। आमतौर पर बच्चे की उल्टी का कारण होता है–

1. गले की नली या पाकस्थली अंत्रनली का कम फैला होना या प्रतिरोध।
2. जन्म के समय बच्चे के सिर में दबाव लगना।
3. पिलाने के बाद बच्चे को अधिक हिलाना-डुलाना।
4. गलत ढंग से या गलत दूध पिलाना।

गले की नली या अंत्रनली के कम फैले होने के कारण, खिंचाव कम होने के लिए दवा दी जा सकती है और आजकल तो ऑपरेशन भी किया जाता है। जिन बच्चों को बोतल से दूध पिलाया जाता है यदि उनकी बोतल की निपिल का छेद बड़ा हुआ तो अधिक दूध गले में चला जाता है। निपिल का छेद छोटा होने पर बच्चा हवा निगल लेता है और पेट फूल जाता है। इससे उल्टी होती है। अधिक पिलाने पर, गलत फॉर्मूले से दूध पिलाने पर या बहुत गरम दूध पिलाने पर भी बच्चे को उल्टी हो सकती है। उल्टी होने के सही कारण का पता लगाकर सही ढंग से पिलाने पर उल्टी बंद हो जाती है। पाकस्थली में अधिक गैस जमने पर खिलाने के बाद बच्चे को बैठाकर पीठ मालिश करके डकार करवाकर गैस बाहर कर देनी चाहिए। चीनी, बार्ली, मिसरी जैसे पदार्थ खाने में कम कर देने चाहिए।

अपरिणत बच्चे का आसानी से पेट खराब हो सकता है। भारत जैसे गरम देश में हाजमे की गड़बड़ी बहुत जल्दी होती है और कई बार पाखाना करने के बाद बच्चा कमजोर और पानी के अभाव से अस्वस्थ हो जाता है। खिलाने की गड़बड़ी के कारण ही अधिकांश समय में पेट खराब होता है। खाने में चीनी या मक्खन जैसे पदार्थ भी अधिक रहने पर पेट खराब होने की आशंका रहती है। इसके अलावा दूध बनाते समय विभिन्न तरह के रोग-जीवाणुओं के आक्रमण से या उसके प्रभाव से पेट खराब भी हो सकता है।

पेट खराब होने का लक्षण दिखते ही सभी तरह के दूध बंद करके पानी या थोड़ी चीनी और थोड़ा नमक मिश्रित कर पानी पिलाना चाहिए। पर्याप्त पानी न पिलाने पर

बच्चे के शरीर में जलाभाव संबंधी पीड़ा हो सकती है। उल्टी होते रहने पर डॉक्टर बुलाकर उल्टी बंद कराने की कोशिश करनी चाहिए। क्योंकि कभी-कभी ऐसी स्थिति में नसों में सेलाइन और ग्लूकोज का इंजेक्शन देने की जरूरत पड़ती है। पेट ठीक होनें के साथ-साथ क्रमशः हलका दूध और बाद में स्वाभाविक दूध दिया जा सकता है। पेट खराब होने पर खिलाने की मात्रा और नियम के विषय में सचेत होना चाहिए। अधिक गाढ़े दूध के कारण पेट खराब होने पर लैक्टोडेक्स या मक्खन निकाला हुआ दूसरा दूध दिया जाता है। बच्चे से अधिक छेड़खानी न करके उसे गर्म कपड़े आदि में लपेटकर रखना चाहिए और डॉक्टर के आदेशानुसार पेट खराब न होने की दवा भी देनी होगी।

**पानी का अभाव :** पानी का एक और नाम जीवन है, यह बात शायद नवजात शिशु के लिए सबसे अधिक सत्य है। पानी के अभाव से शरीर में खनिज पदार्थ और पानी की मात्रा में विषमता आती है। परिणामस्वरूप शारीरिक क्रियाकलाप में बाधा उत्पन्न होती है। पानी कम पिलाने पर भी जलाभाव हो सकता है और शरीर का पानी उल्टी, दस्त, पसीना या साँस के साथ अधिक निकल जाने पर भी जलाभाव होता है। अपरिपक्व बच्चे के पेट खराब होने का मुख्य इलाज है जलाभाव को दूर करना। मुँह से चमड़े के नीचे या नसों में इंजेक्शन देकर इस अभाव को दूर किया जाता है।

**थ्रास :** नवजात शिशु के मुँह में, तालू में, जीभ पर सफेद-सफेद प्रलेप बहुत-सी माताओं ने देखा होगा। इन सफेद प्रलेपों को आमतौर पर रगड़ने पर नहीं उठता। यह प्रलेप मनिलिया नामक एक फंगस के आक्रमण से होता है। बच्चे के स्वस्थ रहने पर यह मुँह तक ही सीमित रहता है। लेकिन अपरिपक्व बच्चे के मुँह से लेकर गले की नली में और पाक्स्थली तक भी यह फैल जाता है। कभी-कभी यह हिस्सा श्वास नली में भी जाकर भयानक हो जाता है। थ्रास रोग बच्चे के जन्म के समय माँ के योनिपथ से भी हो सकता है और जन्म के बाद सामान्यतया माँ, नर्स या आया के हाथ से या बोतल की टिट, कटोरी या धूल से हो सकता है।

प्रथमावस्था में सैकड़ा 0.5-1 हिस्सा जेनसियान भावलेट मुँह में, तालू और जीभ के ऊपर लगा देना चाहिए। सफेद प्रलेप को रगड़कर उठाने की कोशिश नहीं करनी चाहिए। इसके अलावा तीन से चार बूंद निष्टाटिन (1 मिलीलीटर में 100.000 यूनिट) खाने के बाद दिया जा सकता है। मुँह में बोरोग्लिसरिन लगाने पर भी फायदा होता है।

थ्रास होने पर जो दूध बनाते हैं उन्हें सावधान होना चाहिए। दूध की बोतल खौलाना, टिट बदलना और हाथ को अच्छी तरह से धोकर बच्चे के खाने का इंतजाम करना चाहिए।

अपरिपक्व बच्चे का बहुत आसानी से पेट फूल जाता है। अधिकतर खिलाने की गड़बड़ी से ही ऐसा होता है। कभी-कभी पाक्स्थली या आँत का फैलाव कम होने या स्पाज्म के कारण हवा आसानी से नहीं जा सकती। फिर कभी आँत में गंभीर प्रतिरोध के कारण भी पेट फूलता है।

पेट फूलने पर बच्चे का खाना हलका कर देना चाहिए और खिलाने के बाद बैठकर

पीठ में मालिश करके और पाकूस्थली से ढकार के जरिए गैस बाहर करने में सहायता करनी चाहिए। उससे भी यदि ठीक नहीं हुआ तो डॉक्टर की सहायता से स्पाज्म कम करने की दवा देनी होगी। कभी-कभी गंभीर प्रतिरोध रहने पर ऑपरेशन की जरूरत होती है।

**खिंचाव :** अपरिपक्व बच्चे को तड़का या खिंचाव की बीमारी आसानी से हो सकती है। सामान्यतया जन्म के समय सिर में दबाव लगने पर या बुखार होने पर, रोग-जीवाणु के आक्रमण से या मस्तिष्क की जन्मजात त्रुटि खिंचाव के रूप में सामने आती है। ऑक्सीजन का अभाव या गंभीर जॉन्डिस रोग से भी खिंचाव हो सकता है। खिंचाव होने पर सही डॉक्टर को दिखाकर उचित इंतजाम करना चाहिए।

# 22

# माँ के दूध पिलाने का तरीका : चर्चा और समीक्षा

**वर्तमान युग में स्त्री :** शिक्षा के विस्तार के साथ-साथ पारिवारिक और आर्थिक कारणों से शादी के बाद भी महिलाओं को नौकरी करनी पड़ती है। माँ होने के बाद एक तरफ बच्चे का पालन-पोषण और दूसरी तरफ नौकरी की समस्या से उन्हें परेशान होना पड़ता है। बच्चा होने के दो महीने के अंदर ड्यूटी ज्वाइन करने के लिए कई बार बच्चे को रिश्तेदारों, आया या नौकरानी के हाथों सौंपने के अलावा दूसरा चारा नहीं रहता। इसी कारण से गाय का दूध या डिब्बे का दूध पिलाना पड़ता है। बहुत-सी स्त्रियों का सोचना है कि बच्चे को स्तनपान करवाना निहायत ही एक जानवर-सा आचरण है। डिब्बा या गाय के दूध के युग में माँ के दूध की कोई खास आवश्यकता नहीं है। इसीलिए इस विषय पर चर्चा करने की भी कोई विशेष आवश्यकता नहीं है। बहुत-सी लड़कियाँ खुलेआम कहती हैं कि उनका बच्चा तो बोतल में ही ठीक से पीता है।

पूरी दुनिया के प्रसिद्ध स्त्री और शिशु विशेषज्ञों की राय पर गौर करने पर ही समस्या अच्छी तरह से समझ में आएगी। सन् 1944 में इंग्लैंड और वेल्स की एक कमेटी में मातृ-स्तनपान की समस्या की एक समीक्षा में देखा गया कि प्रसव के बाद 80 प्रतिशत माताओं के स्तन का दूध पिलाना चाहते हुए भी सिर्फ 40 से 50 प्रतिशत माताएँ ही तीन से छह माह तक दूध पिलाने में सक्षम थीं। सन् 1948 की एक और रिपोर्ट से पता चलता है कि बीस प्रतिशत माताएँ विभिन्न कारणों से दूध पिलाने में अक्षम होती हैं। इस अक्षमता के कारण करीब पचास प्रतिशत मामलों में बहुत महत्त्वपूर्ण नहीं है, और आसानी से इन समस्याओं का हल संभव है।

पहले माँ का दूध पीने के फायदे की चर्चा अप्रासंगिक नहीं होगी। इस बात को याद रखना चाहिए कि छोटा पौधा या फूल के पौधे के लिए जिस तरह से रोशनी, हवा और पानी की आवश्यकता होती है, उसी तरह नवताज शिशु के लिए भी माँ का दूध बहुत जरूरी होता है। बच्चे के स्तनपान के समय माँ और शिशु की मानसिक और शारीरिक सेतुबंधन की क्रिया होती है। माँ के स्नेहस्पर्श से बच्चे का अकेलापन दूर होता है और माँ की गोद में सोकर छाती से मुँह लगाकर वह एक गहरे सान्निध्य और निर्भरता का स्वाद पाता है। उस स्थिति में बच्चे के स्तनपान करने पर मातृस्तन से अमृतधारा

की तरह दूध निकलता रहता है। बच्चे और माँ के बीच स्तनपान के माध्यम से एक स्थिर संबंध कायम होता है। दूध पिलाते समय माँ को थोड़ी आबरू की आवश्यकता होती है। अनावश्यक रूप से व्यस्तता को त्यागकर स्थिर बैठकर एकांत में बच्चे को स्तनपान कराना चाहिए। नौकरी पेशा, कमजोर या सदा व्यस्त माताओं के लिए इस तरह से एकांत स्थिर होकर दूध पिलाना संभव नहीं होता, इसलिए अधिकांश मामलों में स्तन का दूध सूख जाता है। बहुत कम माताएँ आजकल बच्चे को अपना दूध पिलाने में अपार संतोष, शांति और आनंद की अनुभूति महसूस करती हैं।

अपना दूध पिलाने में असमर्थ माताओं के मन में अपराध-बोध उत्पन्न हो सकता है। इस अपराध और लज्जा-बोध के कारण स्तन का दूध सूख सकता है। माँ को समझाना चाहिए कि बच्चा माँ का अनमोल रत्न है। नवजात शिशु का डर और अकेलापन दूर करने के लिए माँ की गोद के अलावा और कोई बेहतर आश्रय नहीं होता। उसे दुलारना, प्यार करना और एकांत में बैठकर आनंद का अनुभव करना तो सबसे बड़ी बात है, मन में इच्छा रहने पर स्तन से अपने-आप दूध निकलने लगता है।

बच्चे को दूध पिलाने से पहले माँ को भी शरबत, पानी या दूध पी लेना चाहिए। अच्छी तरह से बैठकर बच्चे को गोद में लेकर अपना स्तन बच्चे के मुँह में देकर शुरुआत के एक-दो दिन उसे सिखाना पड़ता है। शुरू-शुरू में तीन-चार दिन पिलाने से ही काम चल जाता है। इससे दोनों को ही अभ्यास हो जाता है। पहले भी कहा है कि शुरू में माँ के स्तन से कलस्ट्राम नामक एक रस निकलता है, जो बच्चे के लिए बहुत फायदेमंद होता है। इससे पेट साफ हो जाता है। कलस्ट्राम में प्रोटीन की मात्रा अधिक रहती है। यह बच्चे के लिए बहुत फायदेमंद होता है। इसके अलावा कुछ-कुछ जीवाणुनाशक पदार्थ माँ के शरीर से बच्चे के शरीर में जाता है। दूध पिलाने के बाद बच्चे को कंधे पर रखकर डकार करवाकर जमे हुए दूध को बाहर निकाल देना चाहिए।

स्तन पिलाने पर बच्चे की संक्रामक बीमारी कम हो जाती है। इसका पर्याप्त प्रमाण है। सामान्यतया देखा जाता है कि कृत्रिम और ऊपर का दूध पिलाने पर पेट की बीमारी अधिक होती है। ग्वाले का हाथ, गाय का थन, दूध का पात्र, अस्वच्छ पानी या बोतल सभी जगहों से संक्रामक जीवाणु दूध में आ सकते हैं। बनाते समय डिब्बे का दूध भी कई तरह से जीवाणुयुक्त हो सकता है। इंग्लैंड में सन् 1959 में एक समीक्षा में पाया गया कि माँ का दूध पिलाने पर जीवाणुओं के आक्रमण से होने वाली बच्चे की मृत्यु की दर को बहुत कम किया जा सका है।

इसके अलावा माँ का दूध ही सबसे आसानी से मिलने वाला और सस्ता होता है। यही शायद माँ के पिलाने के लिए सबसे सहज तर्क है। उच्च-मध्यवर्गीय या धनी दंपति अमूल या लैक्टोजिन के डिब्बे में बच्चे की तसवीर देखकर शायद सोचते हैं कि डिब्बे का दूध न पिलाने पर हमारा बच्चा ऐसा मोटा-ताजा नहीं होगा तथा स्वस्थ बच्चे को तो ग्लेक्सो बेबी कहा ही जाता है। लेकिन ऐसा सोचना कतई सही नहीं है। भगवान का बनाया माँ का दूध ही शिशु का सर्वोत्तम आहार है। माँ के लिए भी स्तनपान कराना

पर्याप्त फायदेमंद है। स्तनपान कराकर मातृस्नेह और बच्चे के प्रति आकर्षण की अभिव्यक्ति होती है। दूसरी तरफ प्रजनन-अंग के स्वाभाविक स्थिति में लौट आने की प्रक्रियाएँ स्तनपान नहीं करातीं, उनको प्रसव के अंत में और सूतक में हमेशा रक्तस्राव होता है। बच्चे को डिप्थीरिया, टिटनेस और अन्य बीमारियाँ माँ का दूध पिलाने से काफी कम होती हैं। आगे चलकर बच्चे के मन के विकास पर भी माँ के दूध का प्रभाव पड़ता है।

**माँ के दूध पिलाने की सही प्रकिया** : अब सवाल है–

1. किस तरह से माँ का दूध पिलाने की व्यवस्था की जाए ?

2. क्यों आजकल अधिकांश माताएँ डिब्बे या गाय का दूध पिलाने के प्रति ज्यादा उत्साही होती हैं ?

3. गर्भावस्था और प्रसव के अंत में डॉक्टर, प्रसूता और नाते-रिश्तेदारों को याद रखना चाहिए कि सफल प्रसव होने पर ही उनका उत्तरदायित्व पूरा नहीं हो सकता। माँ के दूध का उचित इंतजाम करना भी प्रसूता की परिचर्या का एक विशेष अंग है। निम्नलिखित विषयों पर चर्चा करना बहुत जरूरी है और माँ को सही सलाह देनी चाहिए।

1. स्तनपान कराने के लिए गर्भावस्था से ही माँ की मानसिक तैयारी में किस तरह से सहायता की जा सकती है।

2. दूध के संचालन में सहायता करने के लिए गर्भावस्था में माँ को पौष्टिक आहार के विषय में सलाह देना।

3. गर्भावस्था में स्तन की परिचर्या पद्धति के नियम क्या-क्या हैं ?

4. प्रसव के बाद स्तन की परिचर्या और सूतक में स्तनस्फीति को रोकने के उपाय क्या हैं ?

5. स्तनपान कराने का सही तरीका क्या है ?

6. गर्भावस्था में माँ की गंभीर अस्वस्था को रोकने के उपाय और पालन करने योग्य स्वास्थ्य रक्षा नियम सम्यक् रूप से समझा देना और इंतजाम करना।

## *सामान्य सलाह*

स्तनपान के विषय में भावी माता को गर्भावस्था की शुरुआत से ही सलाह देना शुरू कर देना चाहिए। माँ के दूध से होने वाले फायदे और बच्चे को स्तनपान कराने की मानसिक तैयारी के विषय में समझा देने के साथ-साथ गर्भावस्था में पौष्टिक आहार और स्तन की परिचर्या के बारे में विशेष रूप से व्याख्या करके समझा देना चाहिए।

माँ के स्वास्थ्य की जाँच के दौरान स्वास्थ्य रक्षा के विविध नियम समझाने के समय चमड़ा, दाँत, नाक, नाखून इत्यादि को साफ रखने की पद्धति समझानी चाहिए। इन स्थानों से स्टैफाइलोक्काई जीवाणु द्वारा उत्पन्न चर्म रोग से स्तन में फोड़े हो सकते हैं

और मातृ-स्तनपान में बाधा उत्पन्न होती है।

गर्भावस्था में पौष्टिक आहार निहायत जरूरी होता है। पर्याप्त मात्रा में मांसाहारी जैसे आहार (दिन में 100 ग्राम), शर्करा जैसे आहार (दिन में 200 ग्राम) खाना चाहिए। इसके अलावा विटामिन और लवण जैसे द्रव्य और पीने के पानी की आवश्यकता भी होती है। खजिन जैसे खाद्य और खनिज मिश्रित लवणयुक्त पदार्थ तथा कैल्सियम माँ और बच्चे की खून की कमी को रोकते हैं। इसके अलावा विटामिन ए, बी कॉम्प्लेक्स, सी और डी शरीर की विभिन्न प्रक्रियाओं के लिए बहुत जरूरी हैं। साग-सब्जी, फल खाने के बहुत फायदे हैं। इससे रक्त संचार ठीक रहता है। फलिक एसिड और खनिज पदार्थ, आयरन गर्भावस्था में खून बनाने के लिए बहुत जरूरी हैं। मांसाहारी आहार में मछली, मांस के अलावा दूध की आवश्यकता बहुत अधिक होती है। दो कप दूध के अलावा छेना, पनीर, संदेश आदि दूध जैसे आहार भी बहुत जरूरी हैं।

बहुत-से स्वतन्त्र देशों में गर्भावस्था में माताओं को कम मूल्य में या बिना मूल्य के लौह फलिक एसिड वाली दवाएँ, दूध और विटामिन देने की व्यवस्था है। हमारी सरकार को भी भविष्य में ऐसी व्यवस्था को कानूनन अपनाना चाहिए। इससे जच्चे और बच्चे की मृत्यु में कमी आ सकती है और नवजात शिशु के माँ के दूध पीने की दर में वृद्धि होगी।

गर्भावस्था में पहले ही स्तन और स्तनाग्र के अंगविन्यास की अच्छी तरह से जाँच कर लेनी चाहिए। इससे बच्चे के जन्म के बाद माँ के स्तनपान कराने की सुविधा, असुविधा की बातें जानी जा सकती हैं और उसे दूर करना भी संभव होता है।

पहले बच्चे के समय आकार और गठन पर ध्यान रखना चाहिए। जो स्तन अधिक भारी और पेट तक लटक जाता है उसे उचित वक्षबंधनी की सहायता से उठाकर न रखने पर दूध निस्सरण नली समूह बंद हो सकता है। स्तन का चमड़ा यदि बहुत अधिक मोटा हुआ तो दूध बनने के बाद स्तन इतना अधिक फूल जाता है कि दूध नहीं निकलता और स्तनपान कराने में असुविधा होती है।

स्तनाग्र का आकार उचित दूध के निकलने और बच्चे के दूध पिलाने पर प्रभाव डालता है। संकुचित, अपौष्टिक, चिपटा या अधिक बड़ा स्तनाग्र बच्चा मुँह से नहीं पकड़ पाता। बच्चा स्तन के निपिल को अच्छी तरह से मुँह में न ले जाने पर मसूढ़े से स्तन को काट लेता है। परिणामस्वरूप स्तनाग्र में घाव होता है और बच्चे के मुँह से जीवाणु जाकर स्तन में फोड़ा बन जाता है।

संकुचित, चिपटे या विकृत आकार के स्तनाग्र को उन्नत करने के लिए गर्भावस्था से ही सचेष्ट रहना पड़ता है।

निम्नलिखित उपायों से स्तन के निपिल के आकार को सुविधानुसार परिवर्तित किया जा सकता है जिससे बच्चा आसानी से दूध पी सके।

1. स्नान करते समय रोज कोल्ड क्रीम या तेल की सहायता से निपिल के ऊपर के मरे हुए चमड़े को साफ करना चाहिए। उसके बाद तर्जनी और अँगूठे के बीच में

स्तनाग्र को पकड़कर ऊपर की तरफ उठाना चाहिए। इस तरह से रोज करने पर संकुचित या चिपटा स्तनाग्र उठ जाता है और बच्चे के मुँह में पकड़ने लायक आकार पा लेता है। इस तरह स्तनाग्र के विकास के समय स्पिरिट या ओडिक्लन का प्रयोग न करना ही अच्छा होता है।

2. यदि स्तनाग्र बहुत छोटा और संकुचित हुआ तो वक्षबंधनी के भीतर एक विशेष तरह के काँच या प्लास्टिक का ढकना पहनाने पर उसके भीतर निपिल धीरे-धीरे ऊपर उठ जाता है। यह काँच का ढक्कन दिखने में काफी हद तक स्याही की दवात की तरह होता है।

## *सूतक में स्तन बढ़ने और उचित नियम से मालिश करके उसे कम करने की पद्धति*

प्रसव के दो-तीन दिन बाद जब पहली बार दूध निकलने से पहले स्तन में दूध जम जाता है और स्तन की चर्बी और ढाँचे के कोषों में अतिरिक्त रक्त संचालन शुरू होता है तब सही ढंग से दूध न निकलने पर स्तन बढ़ता है। अनुभव न रहने के कारण नवजात शिशु

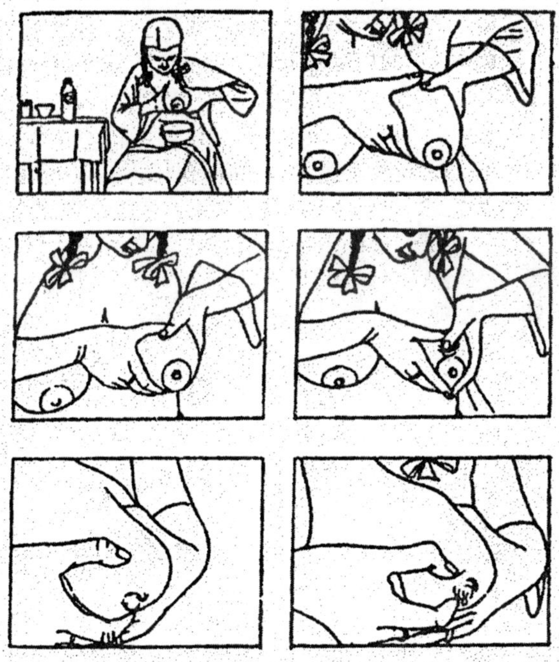

चित्र 22/1 : स्तनों की परिचर्या की पद्धति

की अनेक माताएँ पहले दूध न कम होने के समय के स्तन-दर्द से व्याकुल हो जाती हैं और इससे बच्चे को दूध पिलाने में बाधा उत्पन्न होती है। अन्य महिलाओं से सुनकर बहुत-सी माताएँ ब्रेस्टपंप करके साक्शन की सहायता से दूध बाहर निकाल देती हैं। लेकिन इस पद्धति में यदि साक्शन अधिक हो जाता है तो स्तन ग्रंथि में रक्तक्षरण होकर प्रदाह और फोड़ा हो सकता है। प्रत्येक माता को दूध पिलाने के पहले और बाद में किस तरह से मालिश की सहायता से दूध निकाला जाता है यह सिखा देना चाहिए। चित्र (22/1) शिक्षा की प्रथमावस्था में अनाड़ी हाथों से दबाव देने के लिए बहुत-सी औरतें धैर्य खो देती हैं और नियमानुसार मालिश करके दूध नहीं निकालतीं।

बच्चे को दूध पिलाते समय माँ को सीधा होकर बैठना चाहिए तथा बच्चे को ठीक से पकड़कर स्तन का अग्रभाग उसके मुँह में पकड़ा देना चाहिए। बच्चे को स्तनपान कराने के बाद जमे हुए दूध को मालिश करके निकाल देने पर पुनः नया दूध स्तन में भर जाता है। पहले स्तन की चारों तरफ थोड़ा गरम अलीव आयल या बादाम के तेल से दोनों हाथों द्वारा स्तन को ठीक से पकड़कर धीरे-धीरे नीचे की ओर दबाना चाहिए। उसके बाद उँगली की सहायता से स्तनाग्र और उसकी चारों तरफ एरिवोलर पर दबाव देकर दूध की नली से दूध निकाल देना चाहिए। माँ के स्तन की दुग्धवाही नली चारों तरफ से बैलगाड़ी के चक्के की तरह आकर स्तन के अग्रभाग में जमा होती है। मालिश की सहायता से चारों तरफ से धीरे-धीरे सब दुग्धवाही ग्रंथि से दूध निकाल देने पर स्तन गरम हो जाता है और बाद में स्तन ठीक से खिंच सकता है, इससे स्तन नहीं बढ़ता। गर्भावस्था के तीसरे महीने से इस तरह से स्तन की मालिश की सहायता से बच्चे के जन्म के बाद दूध निकलने में सहायता मिलती है और स्तन-दूध में कमी नहीं आती।

बच्चे नवजीवन की सूचना से मातृस्नेह, आश्रय और परिचर्या अनिवार्य है। प्रसव के बाद छह-आठ घंटे तक माँ थोड़ा क्लांत रहती है। इस अवसाद-स्थिति के कट जाने के बाद माँ को बच्चा याद आता है। उसे अच्छी तरह से देखकर, प्यार से छाती में लेने के एक-दो मिनट के बाद स्तनपान कराने की कोशिश करनी चाहिए। उसके बाद दो-तीन दिनों तक पाँच मिनट करके स्तनपान करवाने के बाद माँ के साथ बच्चे का

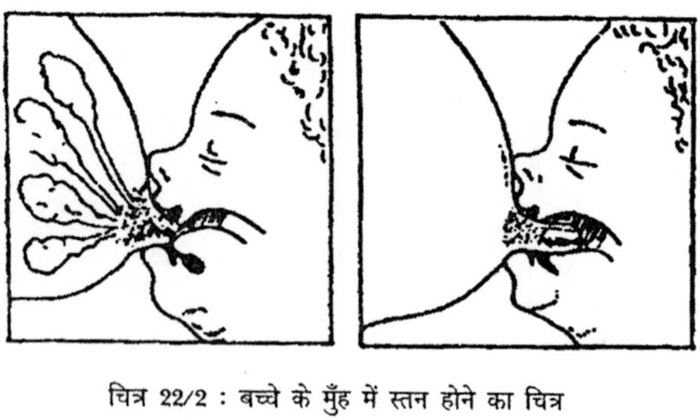

चित्र 22/2 : बच्चे के मुँह में स्तन होने का चित्र

एकांत संबंध स्थापित होता है। तीसरे दिन से एक-एक स्तन को दस-दस मिनट तक पिलाना चाहिए। छाती का दूध पिलाते समय बच्चे को सावधानी से पकड़कर उसका मुँह निपिल की तरफ लाकर धीरे-धीरे उसे पकड़ा देना चाहिए। अवसादग्रस्त न रहने पर सोकर पिलाने की अपेक्षा तकिए से पीठ लगाकर बैठकर पिलाना ही अच्छा होता

चित्र 22/3 : माँ की गोद में बच्चे का होना

चित्र 22/4

चित्र 22/5

गोद में या कंधे पर रखकर हवा बाहर निकालने की पद्धति

है। बच्चे का हाथ खुला रखना चाहिए। तर्जनी और मध्यमा उँगली के बीच स्तनाग्र को बच्चे के मुँह में इस तरह से पकड़ना चाहिए कि जिससे बच्चे की नाक स्तन के भार से बंद न हो जाए। उँगली से दबाकर बच्चे के मुँह में एक-दो बूँद दूध देने पर वह अपने-आप चूसने लगता है। कोई-कोई बच्चा शुरुआत के दिन से ही अच्छी तरह से दूध पीने लगता है, और कोई-कोई बच्चा मातृस्तन में नाक रगड़कर खेलता है, लेकिन निपिल मुँह में लेना नहीं चाहता। ऐसी स्थिति में जबरदस्ती गाल दबाकर बच्चे का मुँह खुलवाने की कोशिश नहीं करनी चाहिए बल्कि पूरा निपिल उसके मुँह में अच्छी तरह से देने पर वह अपने-आप चूसने लगता है। (चित्र 22/3) पाँच मिनट पिलाने के बाद बच्चे की पीठ को हाथ से सहलाकर ढकार निकलवा देनी चाहिए। इससे पेट के अंदर की हवा बाहर निकल जाती है और हवा लेने के बाद बच्चा उल्टी नहीं करता है। (चित्र 22/4) कंधे पर सुलाकर भी हवा बाहर निकाली जा सकती है। (22/5) दूध पिलाने के बाद स्तन में जमा हुआ दूध मसाज करके बाहर निकाल देना चाहिए। दूध पिलाने से पहले और बाद में स्तनाग्र थोड़े-से गरम पानी में रुई भिगोकर अच्छी तरह से साफ कर लेना चाहिए।

## *शुरुआत के दो सप्ताह बच्चे को दूध पिलाने का नियम*

नीचे की सूची में स्तन का दूध पिलाने के साधारण नियमों का रोजनामचा दिया जा रहा है।

| दिन | बार | विराम का समय | पिलाने का समय | बच्चे की दैनिक आवश्यकता |
|---|---|---|---|---|
| पहला | 1/2 | 8 घंटे | प्रत्येक स्तन में 1 मिनट | 3 औंस |
| दूसरा | 2 | 6 घंटे | 2-4 मिनट | 6 औंस |
| तीसरा | 6 | 3 घंटे | 5-10 मिनट | 8-10 औंस |
| चौथे से दस | — | — | 10 मिनट | 10-15 औंस |
| दस से पंद्रह | — | — | 10 मिनट | 16-20 औंस |

इस सूची से पता चलता है कि शुरू के सात दिनों तक बच्चे को जितनी जरूरत होती है उतनी वह पूरी तरह से ग्रहण नहीं कर सकता। वैसे इससे डरने की कोई बात नहीं। शेष हिस्सा पानी पिला देने से ही उसे मिल जाता है। यह सूची एक साधारण नियमावली और सलाह है। माँ या नानी-दादी की साधारण बुद्धि से इसमें थोड़ा फेर-बदल कर लेना पड़ता है; क्योंकि प्रत्येक शिशु और माँ एक विशेष व्यवस्था में खुद को ढाल लेती हैं।

## *किस-किस परिस्थिति में माँ का दूध बंद करना चाहिए ?*

बहुत-से लोगों का मानना है कि किसी-किसी मामले में माँ का दूध बच्चा पचा नहीं सकता। इस बात का कोई ठोस वैज्ञानिक आधार नहीं है। लेकिन कई मामलों में माँ का दूध तरल या मात्रा में कम रह सकता है जिससे बच्चे के आहार में कमी आ सकती है। एक-दो मामलों में माँ के दूध से एलर्जी होने की बात भी सुनने में आई है। कभी-कभी विभिन्न तरह की भयानक बीमारियों के कारण भी माँ के लिए बच्चे को अपना दूध पिलाना संभव नहीं होता।

**1. गंभीर अस्वस्थता और बुखार :** निमोनिया, टायफायड या दूसरी तरह की बीमारी होने पर बच्चे को दूध देना बंद रखना चाहिए। बुखार के कम हो जाने पर या छूत की बीमारी के कारण होने वाला बुखार न होने पर बच्चे को बाद में दूध दिया जा सकता है।

**2. हृत्पिंड की बीमारी :** हृत्पिंड की विभिन्न तरह की बीमारियों में गर्भावस्था में र्‍यूमैटिक कार्डाइटिस ही मुख्य है। यह जीवाणु की एलर्जी संबंधी बीमारी है। पहले जोड़ों में वात और बाद में हृत्पिंड की अस्वस्थता से हृदय का वाल्व जख्मी हो जाता है और हृदय में खून का ठीक से संचार नहीं हो पाता। इससे गर्भावस्था में क्रोनिक हाई फैल्योर की आशंका रहती है। सूतक में कमजोरी, बुखार या साँस की तकलीफ रहने पर माँ अपना दूध पिला सकती है।

**3. टी.बी. रोग :** गर्भावस्था में माँ को टी.बी. हो जाने पर प्रसव के बाद सूतक में माल्टू टेस्ट करवाए बिना बच्चे को माँ के पास देना उचित नहीं होता। माँ की टी. बी. की स्थिति, थूक की रिपोर्ट आदि की अच्छी तरह से जाँच करा लेने के बाद ही बच्चे को माँ के पास में देने और न देने पर विचार करना उचित है।

स्तन के फूल जाने पर, फोड़ा होने पर भी दूध देना बंद रखना चाहिए। सिर्फ स्तन के अग्रभाग में घाव होने पर निपिल शींल्ड लगाकर बच्चे को दूध पिलाया जा सकता है। पहले ही स्तन की मालिश करके स्तन के विस्तार को रोकने का उपाय बताया गया है। स्तन में बड़ा फोड़ा होने पर ऑपरेशन के अलावा दूसरा कोई चारा नहीं रहता। तब स्तनपान बंद रखने के अलावा और कोई उपाय नहीं रहता।

**4. स्तन के दूध का अभाव :** स्तन के दूध की मात्रा कम होने पर कई बार उसे पूरा करने के लिए विकल्प के रूप में कृत्रिम दूध देना पड़ता है। हरेक बार स्तन का दूध पिलाने से पहले कृत्रिम या गाय का दूध बनाकर रखना पड़ता है। माँ के स्तन का दूध पिलाने के बाद बाहर का अतिरिक्त दूध परिपूरक के रूप में देना पड़ता है। कुल मिलाकर नवजात शिशु को दो-तीन औंस दूध की आवश्यकता पड़ती है। इस तरह के दूध देने पर स्तन-दूध कम होने पर भी पूरी तरह से बंद करने की जरूरत नहीं होती।

**5. बच्चे की अस्वस्थता :** बच्चा अस्वस्थ या उसके होंठ या तालू के विकलांग रहने पर स्तनपान करने में असुविधा होती है। तब कभी-कभी चम्मच या पाइप की सहायता

से दूध देना पड़ता है। वैसे अपरिपक्व बच्चे को पाइप की सहायता से माँ का दूध दिया जा सकता है।

**6. रात को पिलाने का नियम :** बहुत-से बच्चे रात में पानी पीकर सो जाते हैं और भोर को पुनः दूध के लिए जाग जाते हैं। आमतौर पर माँ या अन्य लोगों के आराम के लिए रात में दूध पिलाने को मना किया जाता है। रात में बच्चा जब रोकर जाग जाता है तो उसे प्यार से पेशाब का गीला कपड़ा बदलकर आराम से सुला देना चाहिए फिर उसे पानी पिलाकर पुनः सुला देना चाहिए। यदि पानी पिलाने के बाद भी बच्चा रोता रहता है तो हलका दूध पिला देना चाहिए। कई माताएँ रात को अपना दूध देती हैं लेकिन इससे माँ को जागे रहना पड़ता है, इसीलिए प्रसूता की सुविधा-असुविधा और अवसाद की तरफ ध्यान रखकर ही रात में माँ का दूध पिलाने की आदत डलवानी चाहिए।

इस लेख से पता चलता है कि माँ की मानसिक और शारीरिक स्थिति की ओर ध्यान रखकर ही सामान्य बुद्धि से जतन और नियमों के पालन की सहायता से माँ का दूध पिलाने की उचित व्यवस्था करनी चाहिए। माँ का स्तनपान करना ही बच्चे का स्वाभाविक नियम है। मनुष्य ने विभिन्न परिस्थितियों में पड़कर ही कृत्रिम दूध पिलाने का सहारा लिया है। लेकिन वह माँ के दूध की तुलना में कम फायदेमंद होता है।

# 23

# बाहरी दूध पिलाने की विधि

कई मामलों में विभिन्न कारणों से माँ के लिए नवजात शिशु को अपना दूध पिलाना संभव नहीं होता। इसके अलावा आमतौर पर 6-7 या 9 महीने बाद माँ का दूध छुड़ा देना पड़ता है। युगों पहले अपनी उद्भावनी शक्ति द्वारा मनुष्य ने आविष्कार किया कि कुछ एक जानवरों का दूध मानव शिशु को दिया जा सकता है। आर्यो के इतिहास और दैनिक जीवन के नियमों को देखने पर हम पाते हैं कि गाय उनके जीवन का एक अभिन्न अंग थी। नवजात शिशु को गाय का दूध आसानी से पिलाया जा सकता है, इसलिए वे गाय को गोमाता के नाम से पुकारते थे। अरब, पारस, सुदूर पश्चिम और मध्य एशिया आदि देशों में गधा, घोड़ा, बकरी, भैंस यहाँ तक कि ऊँट का दूध भी पेय के रूप में आज भी उपयोग में लाया जाता है। क्रमशः वैज्ञानिकों ने अनुसंधान करके पाया कि दूध एक तरल पदार्थ है, जिसमें 88 हिस्सा पानी और 12 हिस्सा ठोस पदार्थ है। इस 12 हिस्से में प्रोटीन, कार्बोहाइड्रेट, वसा और अन्य लवण पदार्थ होते हैं। पूरी दुनिया के सभी क्षेत्रों में दूध नहीं मिलता। इसीलिए वैज्ञानिक गाय के दूध के गुण में थोड़ा-सा परिवर्तन करके और उसे थोड़ा जीवाणुमुक्त स्थिति में रखने के उपाय ढूँढ़ने के प्रति सचेष्ट हुए। पाया गया कि बहुत गरम घूमते हुए ड्रम के ऊपर स्प्रे करके दूध को चूर्ण अवस्था में परिवर्तित कर लेने पर उसे जीवाणुमुक्त अवस्था में आसानी से अधिक दिनों तक रखा जा सकता है। अधिक दिनों तक रखने वाले उपयोगी पाउडर और कन्डेंस्ड दूध से आज सभी परिचित हैं।

माँ के दूध और गाय के दूध में तरल पदार्थ करीब-करीब बराबर रहता है। लेकिन गाय और भैंस के दूध में स्नेह जैसा पदार्थ करीब दुगुना रहता है। उतना अधिक स्नेह पदार्थ दो महीने या 10 पौंड वजन होने से पहले शिशु के लिए हजम करना कष्टसाध्य होता है। दूध का प्रोटीन हिस्सा सामान्यतया केसीन लैक्टोएलबुमिन और लैक्टोग्लोबुलिन तथा चीनी जैसा हिस्सा लैक्टोस होता है। लवण जैसा पदार्थ समूह मुख्य रूप से सोडियम, पोटैशियम और कैल्सियम होता है। दूध में आयरन की मात्रा बहुत कम होती है, इसलिए अधिक दिनों तक सिर्फ दूध पिलाने से बच्चे में खून की कमी को रोका नहीं जा सकता। इसके अलावा गाय के थन में कई बार टी.बी. रोग रहता है और उसका दूध पीने से बच्चे को इंटेस्टाइनल टी.बी. होने का डर रहता है। और फिर गाय के थन,

ग्वाले के हाथ और बालटी में तथा मिलावट के रूप में मिलाए जाने वाले गंदे पानी आदि में अन्य तरह के जीवाणु हो सकते हैं।

इन सभी चीजों से बचाव के लिए गाय के दूध को विभिन्न तरह से परिवर्तित और परिशोधित करके ही बच्चे को देना चाहिए। हमारे देश में दूध को जीवाणुमुक्त करने के लिए दूध उबाल लेने का रिवाज है। डायरी फार्म में पैस्टराइजेशन पद्धति का प्रयोग किया जाता है। इस पद्धति में पहले दूध को 145 डिग्री फा. से 150 डिग्री फा. तक गरम करके आधा घंटा रखने के बाद जल्दी से ठंडा कर लिया जाता है। इससे थोड़ा जीवाणुमुक्त होने पर भी दूध ट्यूबरकुलोसिस केबैसिल्स से मुक्त नहीं होता। दूध को खौलाने पर वह सुपाच्य होता है और जीवाणुमुक्त भी, लेकिन तब उसका विटामिन-सी नष्ट हो जाता है। इसके अलावा चिकनाई कम करने के लिए गाय के दूध में उतनी ही मात्रा में पानी मिलाकर उसे मानव शिशु के लिए उपयोगी बनाना पड़ता है। इस तरह से हलका करने पर दूध की आहार शक्ति या कैलोरी कम हो जाती है और बच्चा कमजोर हो जाता है। इसीलिए दूध के गुणों को बनाए रखने के लिए उसमें चीनी मिला लेनी चाहिए, क्योंकि मानव शिशु के लिए यह उपयोगी है। इस उपाय को ह्यूमनाइलेशन पद्धति नाम दिया गया है। ट्यूबरकुलोसिस बैसिल्स से मुक्त करने के लिए टी.बी. टेस्टेड या टी.बी. मुक्त डेयरी फार्म की जाँच करके उसका दूध बच्चे को देना चाहिए।

## *विभिन्न तरह के कृत्रिम दूध और आनुषंगिक आहार*

19वीं शताब्दी के अंत में दूध चूर्ण या मिल्क पाउडर भरकर रखने का उपाय खोजा गया। इस पद्धति में विभिन्न तरह के दूध को तपते रोलर में स्प्रे करके उसका चूर्ण बना लिया जाता है और बाद में उसके गुण को बढ़ाने और कम करने के लिए अन्य रासायनिक पदार्थों तथा विटामिनों को उसमें मिलाया जाता है। सामान्य जानकारी के लिए नीचे विभिन्न तरह के दूध चूर्ण के विषय में कुछ जानने योग्य बातें लिखी जा रही हैं। सामान्य रूप से दूध चूर्ण निम्नलिखित रूप में होते हैं–

1. पूरी शक्तियुक्त गाय का दूध।
2. आधा मक्खन निकाला गाय का दूध।
3. पूरा मक्खन निकाला गाय का दूध।
4. एसिड, पेपटोन या साइट्रेड मिश्रित सहज पाच्य दूध।
5. विशेष गुणयुक्त दूध।
6. दूध के साथ मिलाए गए अन्य चूर्ण।

**पूर्ण शक्तियुक्त दूध :** साधारण स्वस्थ शरीर वाली गाय के दूध में तीन से पाँच प्वॉइंट चिकनाई रहती है। गाय के दूध में समान मात्रा में शक्तियुक्त पाउडर दूध दो महीने की उम्र के या दस पौंड वजन के बच्चे के आहार के रूप में व्यवहृत होता है।

अमूल होल मिल्क, नेस्प्रे, क्लिम, काउ एंड गेइट फुलक्रीम या साधारण दूध चूर्ण में पूरी चिकनाई रहती है। इसके अलावा विटामिन-ए, डी और आयरन मिलाकर इस दूध को शक्तियुक्त बनाना पड़ता है।

**आधा मक्खन निकाले हुए दूध में :** चिकनाई कृत्रिम उपाय से कम कर ली जाती है। इसमें एक से तीन हिस्सा चिकनाई (स्नेह पदार्थ) रहती है। प्रोटीन रहता है तीन हिस्सा और कार्बोहाइड्रेट पाँच हिस्सा। नवजात शिशु के आहार के रूप में यह दूध बहुत फायदेमंद होता है। काउ और गेइट हाफ क्रीम, अस्टर मिल्क, ग्लैक्सो, अमूल या लीर्स बेबी फूड लैक्टोजेन आदि मक्खन निकाले हुए होते हैं।

**पूरा मक्खन निकाला हुआ दूध :** पूरा मक्खन निकाले हुए दूध में चिकनाई लगभग रहती ही नहीं है। जिन बच्चों को मक्खन बिलकुल नहीं पचता, उन्हें इस तरह का दूध देना पड़ता है। सिमिलाक, स्प्रलाक, अनिक, सागर आदि नामों से मक्खन निकाला हुआ दूध बेचा जाता है।

**आसानी से पचने वाला दूध :** स्वाभाविक दूध जिन बच्चों को हजम नहीं होता, उन्हें कई बार कृत्रिम उपाय से आसानी से हजम होने वाला दूध देना पड़ता है। चिकनाई कम करने के लिए मक्खन निकाल लेने की बात पहले ही कही जा चुकी है। प्रोटोन की मात्रा कम करने के लिए या उसे सुपाच्य बनाने के लिए एसिड, पेपटोन या साइट्रेट मिलाकर छेना निकालकर दिया जाता है। प्रति औंस दूध में 2 ग्रेन सोडियम साइट्रेट मिलाना पड़ता है। पेपटोनाइज्ड दूध बनाने के लिए पहले दूध को गरम करके थोड़ी देर बाद कुनकुना कर लेना चाहिए। प्रति औंस 2 से 5 बूँद लैक्टिक एसिड मिलाकर धीरे-धीरे स्टील या प्लास्टिक के चम्मच से उसे हिलाना पड़ता है। धीरे-धीरे चम्मच चलाकर छेना निकालना पड़ता है। बोतल के टिट के छेद से इस तरह का छेना निकाला हुआ दूध आसानी से निकल सकता है। थोड़ी अधिक मात्रा में एसिड देने पर दूध प्रायः घोल की तरह हो जाता है। एलिडन नामक एक तरह का 'एसिड बटर मिल्क' बाजार में मिलती है। नवजात शिशु का पेट खराब होने पर पहले एलिडन देने पर पाखाना रुकने में सहायता मिलती है। इसमें एक फीसदी स्नेह पदार्थ, दो फीसदी प्रोटीन और पाँच फीसदी कार्बोहाइड्रेट रहता है। कार्बोहाइड्रेट कम करने के लिए पानी अधिक मिलाना पड़ता है।

**विशेष गुणयुक्त दूध :** कई नामों से बिकने वाला डिब्बे का दूध हम बाजार में देखते हैं। कभी पेट खराब होने पर इन दूधों को प्रयोग में लाया जाता है। कभी दो या चार महीने के बच्चे के दूध को विशेष शक्तियुक्त बनाने के लिए प्रयोग में लाया जाता है। नीचे इस तरह के दूध के गुणों के बारे में बताया जा रहा है–

**मेलिंस फूड :** गाय के दूध में काफी परिवर्तन करके यह दूध बनाया जाता है। इसमें दस फीसदी प्रोटीन और 0.2 फीसदी स्नेह पदार्थ यानी चिकनाई रहती है। शेष पूरा हिस्सा ही कार्बोहाइड्रेट तथा मल्टोस डेस्ट्रिन होता है। पेट खराब होने पर यह दूध बहुत फायदा पहुँचाता है।

**लैक्टोडेक्स :** यह भी एक तरह का परिवर्तित और कम शक्ति वाला दूध है। इसका प्रोटीन और कार्बोहाइड्रेट करीब-करीब माँ के दूध की तरह और चिकनाई कम होती है। विटामिन 'ए', 'बी', 'सी' और 'डी' मिश्रित इस दूध में मल्टोस और डेस्ट्रिन रहता है। बच्चों के प्रथम माह के आहार के रूप में यह बहुत फायदेमंद होता है। नवजात शिशु का पेट खराब होने पर इस दूध का प्रयोग किया जा सकता है।

**ओवलटिन :** यह अंडा और दूध मिश्रित एक जलीय पदार्थ है। इसमें 11 प्रतिशत प्रोटीन, 6.5 प्रतिशत चिकनाई और बाकी 78.5 प्रतिशत कार्बोहाइड्रेट या चीनी जैसे पदार्थ के अलावा विटामिन 'बी', 'डी' निकोटिनिक एसिड भी रहता है। बच्चे को छह या आठ महीने से एक बार ओवलटिन मिश्रित आहार देना शुरू करना चाहिए।

**हॉर्लिक्स :** हार्लिक्स एक तरह का परिवर्तित दूध चूर्ण है। इसमें चीनी जैसा पदार्थ नहीं रहता, उसके बदले में गेहूँ का रस, माल्टेड बार्ली, मल्टोस और डेस्ट्रिन मिला होता है। कुल मिलाकर 14 प्रतिशत प्रोटीन, 8 प्रतिशत चिकनाई और 78 प्रतिशत कार्बोहाइड्रेट इसमें रहता है।

**दूध मिश्रित विभिन्न तरह के पदार्थ :** दूध को सुपाच्य बनाने के लिए और कभी-कभी उसके खाद्य गुण में वृद्धि के लिए विभिन्न तरह के प्रोटीन, कार्बोहाइड्रेट या गेहूँ और बार्ली जैसे खाद्य मिलाए जाते हैं। नीचे उसकी एक सूची दी जा रही है–

**राबिंसन बार्ली :** इस तरह का चूर्ण और शोधित बार्ली सामान्यतया दूध का कार्बोहाइड्रेट बढ़ाने के लिए प्रयोग में लाया जाता है। इसके अलावा बार्ली मिलाने पर दूध में दाना-दाना छेना आ जाता है। आमतौर पर बार्ली में 7 प्रतिशत प्रोटीन, 1 प्रतिशत चिकनाई और 42 प्रतिशत कार्बोहाइड्रेट रहता है।

**फैरेक्स :** फैरेक्स गेहूँ, उट राइ की भूसी और इस्ट मिश्रित चूर्ण आहार से बनता है। इसके अलावा इसमें आयरन, कैल्सियम और विटामिन-डी मिला रहता है। इसमें 3 प्रतिशत प्रोटीन, 2.5 प्रतिशत चिकनाई और 73.5 प्रतिशत कार्बोहाइड्रेट रहता है। आमतौर पर चार से छह माह के शिशु के आहार में प्रति पाँच औंस दूध के साथ 1/2 चम्मच फैरेक्स मिलाने पर दूध का घनत्व बढ़ता है और उससे पेट साफ करने में सहायता मिलती है।

**कॉम्प्लान :** यह एक पौष्टिक चूर्ण आहार है। इसमें 31 फीसदी प्रोटीन, 44 फीसदी कार्बोहाइड्रेट और 16 फीसदी चिकनाई रहती है। आठ महीने के आहार में कॉम्प्लान मिलाने से कमजोर बच्चा तंदुरुस्त होता है और उसके चलने, दाँत निकलने आदि शारीरिक विकास में सहायता मिलती है।

**बेनजार्स फूड :** इस तरह का चूर्ण आहार दूध का गुण परिवर्तन करने के लिए प्रयोग में लाया जाता है। इससे दूध सुपाच्य होता है क्योंकि इसमें पैंक्रियाज का एनजाइम मिलाया रहता है। प्रति दो औंस दूध में एक चम्मच बेनजार्स फूड मिलाकर 15 से 45 मिनट तक दूध को थोड़ा गरम रखना चाहिए।

**मल्टोडेक्स :** यह एक मल्टोस, डेस्ट्रिन, विटामिन सी और डी मिश्रित आहार है।

इसका कार्बोहाइड्रेट पेट फूलने को रोकता है। दूध के साथ ग्लूकोज या मिसरी से यह बच्चे की हाजमा शक्ति को बढ़ाने में सहायक होता है।

## *अन्य सहायक आहार*

**छेने का पानी :** छेने का पानी कई बार बच्चों को दिया जाता है। पेट खराब होने पर छेने का पानी बहुत फायदा पहुँचाता है। छेना बनाने के लिए पहले दूध को थोड़ा गरम कर लेना चाहिए। एक किलो दूध में कैल्सियम लैक्टेट की दस गोलियाँ, दो नींबू का रस या उचित मात्रा में फिटकिरी डाल देने से दूध फट जाता है। करीब दस मिनट बाद फटे हुए दूध को एक कपड़े में बाँधकर लटका देने पर पानी निकल जाता है। छेने का ताजा पानी ही हमेशा बच्चे को देना चाहिए।

**बच्चे के पीने का पानी :** स्वस्थ बच्चे के लिए दैनिक दस औंस दूध की जरूरत पड़ती है। एक महीने की उम्र के बाद कई बार बच्चे थोड़ा मीठा न होने पर पानी पीना नहीं चाहते। दस औंस पानी एक चम्मच मल्टोडेक्स या चीनी या मिसरी मिलाकर खौलाकर ठंडा करके साफ बोतल में रख देना चाहिए। बाद में जब कितनी जरूरत पड़े, उसमें से बच्चे को देना चाहिए।

**हड्डी और सब्जी का सूप :** यह सूप सात-आठ महीने के बच्चे के लिए बहुत फायदेमंद होता है। 100 ग्राम कम उम्र की खस्सी की हड्डी के साथ डेढ़ प्वॉइंट पानी मिलाकर उसमें थोड़ा नमक, चीनी और विनिगर डाल दें। बाद में उसमें एक पाव सब्जी (साग, गाजर, मटर आदि) डालकर एक घंटे तक धीमी आँच पर उबालें। उसके बाद उसके सूप को अच्छी तरह छान लें। उसमें से दो से चार औंस तक एक बार में बच्चे को देना चाहिए।

## *बाहरी दूध देने की विधि*

किसी-किसी माँ की छातियों में पर्याप्त मात्रा में दूध नहीं उतरता। उस समय दूध की कमी को पूरा करने के लिए बच्चे को बाहरी दूध देना पड़ता है। इस तरह का आहार अनुपूरक या परिपूरक रूप में दिया जा सकता है। जब माँ का दूध पिलाने के लिए हर बार बाहरी दूध देना पड़ता है, इसे अनुपूरक दुग्धदान कहा जाता है। जब दिन में दो या तीन बार माँ का दूध देकर शेष तीन-चार बार बाहरी दूध दिया जाता है तब उसे परिपूरक कृत्रिम आहार प्रणाली के नाम से जाना जाता है।

सामान्यतया स्वस्थ बच्चे को तीन घंटे के अंतराल में छह बार दूध देना पड़ता है। सुबह के छह, नौ, दोपहर के बारह बजे, शाम के तीन, छह और रात के 10-11 बजे। इस तरह से नियम करके दूध देना चाहिए। यह आदत जबरदस्ती न डलवाना ही अच्छा होता है; क्योंकि इससे रात में जागकर माँ की तबीयत खराब होती है। प्रत्येक बार

एक-एक बच्चे को डेढ़ से तीन औंस तक दूध की जरूरत पड़ती है।

दूध चूर्ण बनाते समय साफ-सुथरापन निहायत जरूरी होता है। कृत्रिम दूध देने की सबसे मुख्य समस्या जीवाणु के आक्रमण से पेट का खराब होना है। दूध के डिब्बे का मुँह खुला रखना, या डिब्बे में गंदा चम्मच डालना या दूषित पानी से दूध बनाना आदि छोटी-मोटी गलती से बच्चे का जीवन खतरे में पड़ सकता है। दूध के डिब्बे में जो नाम रहती है, उसकी मात्रा करीब 4 ग्राम या 60 ग्रेन होती है। शुरू के पंद्रह दिन इस नाप का ढाई भाग दूध चूर्ण, तीन औंस पानी के साथ मिलाकर दूध बनाना चाहिए। इस नाप का दूध चूर्ण काँच के बड़े गिलास में लेकर थोड़ा-सा गरम पानी डालकर अच्छी तरह से चम्मच से चलाकर पेस्ट की तरह बना लेना चाहिए। बाद में जितना दूध बनाना है उतना गरम पानी धीरे-धीरे डालकर दूध बनाना चाहिए। इस दूध को बोतल में डालकर कुनकुना कर लेने के बाद ही बच्चे को देना चाहिए। दूध बहुत अधिक गरम रहने पर बच्चे को असुविधा होती है। रात में बहुत पहले दूध बनाने पर गरम कपड़े में बोतल को लपेटकर रखना चाहिए।

कृत्रिम आहार देने के शुरू में ही हिसाब के मुताबिक जितना जरूरत होती है उतना आहार बच्चे को नहीं दिया जाता है। शुरू-शुरू में हलका और सुपाच्य दूध देना चाहिए फिर धीरे-धीरे आधा मक्खन निकाला हुआ दूध देना चाहिए। नीचे साधारण नियम का विवरण दे रहा हूँ। पहले दिन बच्चे को थोड़ा-सा पानी के अलावा और कुछ न पिलाने पर भी हानि नहीं होती। दूसरे दिन 4 औंस पानी पिलाना चाहिए।

| **दिन** | **मात्रा** | | **दूध की मात्रा** |
|---|---|---|---|
| तीसरा दिन | 5/6 | औंस | आधा पानी मिला हुआ हलका दूध |
| चौथा दिन | 7 | औंस | आधा पानी मिला हुआ हलका दूध |
| पाँचवाँ दिन | 9 | औंस | 2 मात्रा 3 औंस पानी |
| छठवाँ दिन | 11 | औंस | 2 मात्रा 3 औंस पानी |
| सातवाँ दिन | 13 | औंस | 2 मात्रा 3 औंस पानी |
| आठवाँ दिन | 15 | औंस | 3 मात्रा 4 औंस पानी |
| पंद्रह दिन से एक माह तक | पूर्ण मात्रा | औंस | आधा मक्खन निकाला हुआ दूध |

दूध देने के साथ-साथ बच्चे की प्यास मिटाने के लिए बीच-बीच में पानी पिलाना भी बहुत जरूरी होता है। सादा पानी ही सबसे अच्छा होता है। कभी-कभी थोड़ा मीठा करने के लिए थोड़ा-सा चीनी या मल्टोडैक्स, मिसरी 10 औंस पानी में मिलाकर रोज खौलाकर रखा जा सकता है। रोज दस औंस मात्रा में यह पानी पिलाने पर बच्चे का पेशाब साफ रहता है और डिहाइड्रेशन या पानी के अभाव संबंधी गंभीर शिकायत नहीं होती। पानी का एक और नाम जीवन है। शायद यह कथन नवजात शिशु के लिए सबसे

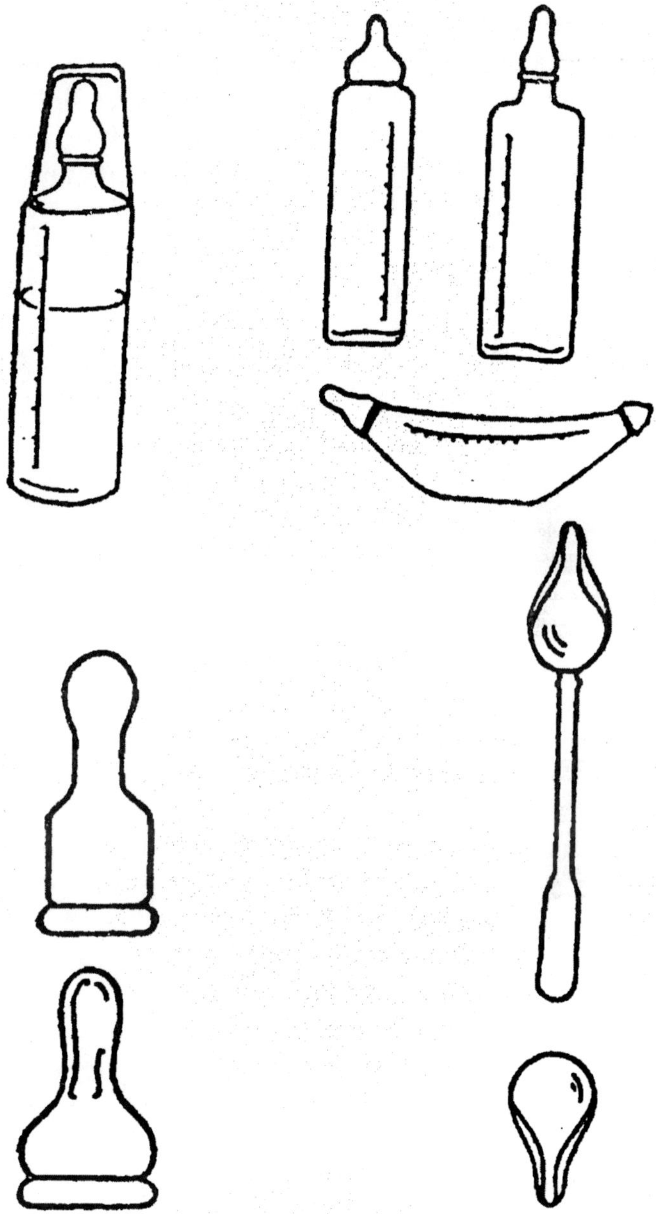

चित्र 23/1 : बच्चे को दूध पिलाने के विभिन्न तरह के चम्मच, बोतल, झिनुक या टिट (निपिल)

उपयुक्त है। हमारे जैसे ग्रीष्म-प्रधान देश में पानी पिलाना निहायत ही जरूरी होता है। बहुत-से लोग कहते हैं, मेरा बच्चा पानी पीना नहीं चाहता। लेकिन इस भूल के कारण बहुत-से बच्चों को आगे चलकर अस्पताल में सेलाइन भी देना पड़ता है और उसे मौत की तरफ ठेल दिया जाता है। पानी कम पिलाने पर बच्चे का चमड़ा सूख जाता है। चेहरा सूखा एवं बड़ों की तरह नजर आता है। कपार का चमड़ा सूखकर सिर की हड्डी दिखाई देती है। ऐसी स्थिति होने से पहले ही पानी पिलाने की मात्रा को बढ़ाना चाहिए।

## *कृत्रिम दूध पिलाने की प्रणाली*

सामान्यतया बाहरी दूध पिलाने को एक वाक्य में बोतल से दूध पिलाना कहा जाता है। यह भी है कि बोतल के अलावा भी बाहरी दूध पिलाया जाता है। पहले जमाने में हमारे देश में शुक्ति (एक तरह का पीतल या काँसे का बना हुआ चम्मचनुमा पात्र, कटोरी से उसमें दूध भरकर बच्चे को पिलाया जाता है) से दूध पिलाने का प्रचलन था। बहुत ही कमजोर और अपरिपक्व बच्चे को उस जमाने में रुई की बनी बाती को दूध में डुबोकर बूँद-बूँद दूध पिलाने की कहानी आज भी नानी-दादियों से सुनने को मिलती है। इन प्रणालियों को आज के वैज्ञानिक भी सम्मान की नजरों से देखते हैं और उसी का उन्नत उपाय आज भी चल रहा है। नीचे नवजात शिशु को दूध पिलाने के विभिन्न उपायों का वर्णन किया जा रहा है—

1. बोतल का दूध पिलाना, 2. चम्मच या स्टील के शुक्ति से दूध पिलाना, 3. ड्रापर की सहायता से दूध पिलाना, 4. पिपेट की सहायता से दूध पिलाना, 5. ट्यूब की सहायता से दूध पिलाना।

**बोतल से दूध पिलाने की प्रणाली :** सामान्यतया दो तरह की बोतलों से बच्चों को दूध पिलाया जाता है—

**1. एक तरफ मुँह वाली बोतल :** एक तरफ मुँह वाली बोतल चौड़ी और पतली दोनों तरह की पाई जाती है। चौड़े मुँह की बोतल साफ करना आसान होता है। चौड़े मुँह वाली बोतल का निपिल दूसरी तरह का होता है और इस तरह का इंतजाम रहता है कि बच्चे के मुँह से बोतल निकाल लेने पर बगल से हवा भीतर जा सकती है। ये निपिल माँ के स्तन जैसे रहते हैं। किसी-किसी बच्चे को इस तरह के निपिल से दूध खींचने में सुविधा होती है, लेकिन अपरिपक्व या कमजोर बच्चा इस तरह के कड़े निपिल से दूध नहीं निकाल पाता। पतले मुँह की बोतल सबके लिए सुविधाजनक होती है। किसी भी बोतल के मुँह में वल्वयुक्त निपिल लगा देने से ही इस तरह की बोतल बनाई जा सकती है।

**2. दोनों तरफ मुँहवाली बोतल :** दोनों तरफ मुँह वाली बोतल में दूध पिलाना ज्यादा सुविधाजनक होता है। इसके दोनों तरफ वल्व और छेद रहने पर बोतल का दूध पीते समय हवा एक तरफ से घुसकर दूसरी तरफ से निकल सकती है। इससे बार-बार बच्चे

के मुँह से बोतल निकालने की जरूरत नहीं होती। इसके अलावा हमारे देश में नाव की आकार की बोतल बहुत सस्ती और आसानी से ब्रुश करके साफ हो सकती है। पीछे के ढक्कन का वल्व और सामने का निपिल चालू है या नहीं, माँ को बीच-बीच में इसकी जाँच करनी चाहिए।

बच्चे को दूध पिलाने के बाद ठंडे पानी से ब्रुश की सहायता से बोतल को साफ करके धोकर रखना चाहिए। उसके बाद थोड़ा गरम पानी से धोना पड़ता है। पहले ही गरम पानी देने पर दूध का प्रोटीन कड़ा होकर बोतल में जम जाता है और बोतल को साफ करने में असुविधा होती है। अच्छी तरह से धोने के बाद जीवाणुमुक्त करने के लिए बोतल को उबाल लेना अच्छा होता है। पहले डेकची में ठंडा पानी लेकर उसमें बोतल और निपिल को इस तरह से रखना पड़ता है कि बोतल पानी में डूब जाए। उसके बाद करीब दस मिनट बाद बोतल और टिट (निपिल) को खौला लेना पड़ता है। पहले ही गरम पानी देने पर बोतल फट सकता है। बोतल का मुँह एक छोटे गिलास से ढककर रखना अच्छा होता है।

नया निपिल पहले कड़ा रहता है लेकिन बाद में खौलाते-खौलाते वह नरम हो जाता है। निपिल में इस तरह से छेद करना चाहिए जिससे दूध के आसानी से निकलने पर बच्चे को आराम हो और सरकने का डर नहीं रहे। निपिल का छेद बंद होने पर सूई गरम करके एक और छेद कर लेना पड़ता है।

**चम्मच या शुक्ति से दूध पिलाना :** सामान्य बच्चों को तीन या चार महीने की उम्र से चम्मच या शुक्ति से दूध पिलाना शुरू करना चाहिए। नवजात बच्चों में कमजोर बच्चा, हेयर लिप या दो भागों में विभाजित होंठों वाले बच्चे को चम्मच से दूध पिलाने में ही सुविधा होती है। इन मामलों में चम्मच की नाप आम चम्मचों से थोड़ी बड़ी होनी चाहिए और चम्मच की दोनों तरफ थोड़ा-सा टेढ़ा सामने की तरफ नुकीला होने पर वह शुक्ति का काम करता है। इस तरह का स्टील का शुक्ति बाजार में बहुत मिलता है। शुरू-शुरू में बच्चा जीभ से चम्मच को ठेल देता है। लेकिन बाद में धीरे-धीरे चम्मच के अग्रभाग से थोड़ा-थोड़ा करके दूध चूसने में अभ्यस्त हो जाता है। चम्मच का 2/3 हिस्सा दूध भर लेने पर और बच्चे का सिर बाएँ हाथ से ऊँचा करके रखने पर सरकने का डर नहीं रहता।

**पिपेट और ड्रापर से पिलाना :** बहुत कमजोर बच्चे में दूध खींचकर पीने की क्षमता नहीं रहती। उन्हें पिपेट या ड्रापर की सहायता से दूध पिलाने में सुविधा होती है। गोद में बच्चे का सिर थोड़ा-सा ऊपर उठाकर ड्रापर की सहायता से मसूढ़े और गाल के बीच में इस तरह से दूध डाल देना पड़ता है जिससे वह साँस नली में न जाए। क्रमशः थोड़ी-सी ताकत आने पर बच्चा खुद-ब-खुद ड्रापर से दूध खींचने में सक्षम होता है। दूध पिलाने का ड्रापर स्याही भरने के ड्रापर की ही तरह दिखता है।

पिपेट, होल ड्रापर और बोतल के बीच की एक मिश्रित व्यवस्था है। इसकी मात्रा करीब दो ड्राप से एक औंस तक होती है। इसके एक तरफ एक निपिल रहता है और

दूसरी तरफ दूध दबाकर निकालने के लिए गोलाकार रबड़ का वल्व।

बहुत अपरिपक्व बच्चे में जब दूध निगलने की क्षमता नहीं रहती तब उसे ट्यूब से पिलाना पड़ता है। वैसे इस तरह से पिलाना घर पर संभव नहीं होता। अस्पताल में डॉक्टर या नर्स एक पतली रबड़ की ट्यूब बच्चे के गले से पाकृस्थली तक घुसाकर भीतर से उचित मात्रा में दूध फानेल या सीरिंज की सहायता से उसकी पाकृस्थली में डालने का इंतजाम करते हैं।

**दूध पिलाने की विधि :** दूध पिलाते समय अच्छी तरह थोड़ी पीठ टिकाकर बच्चे को गोद में लेकर बैठने के बाद ही दूध पिलाना चाहिए।

इस तरह से बैठना चाहिए ताकि दूध का बोतल रखने का टेबुल या पात्र हाथ के सामने हो। दूध में मिलाने वाले विटामिन की बोतल और एक अतिरिक्त निपिल हाथ के सामने रहना चाहिए। बोतल में दूध भरने के बाद हथेली की उलटी तरफ डालकर उसकी उष्णता देखनी चाहिए, और ठीक से निकल रहा है या नहीं इसे जाँच लेना चाहिए। बाँह पर बच्चे का सिर रखकर उसकी पीठ और पीछे हाथ रखकर बच्चे को स्वच्छंद ढंग से पकड़ना चाहिए। फिर गले को तौलिए से ढककर—तब जाकर दूध पिलाना शुरू करना चाहिए। दूध पिलाते समय बीच-बीच में थोड़ा रुकने पर बोतल में हवा के घुसने में मदद मिलती है और निपिल के संकुचित होने की असुविधा नहीं रहती। बीच में एक बार ढकार निकलवाकर पेट की हवा निकाल देनी चाहिए।

प्रथम वर्ष में बाहरी दूध पिलाने की मात्रा और नियमावली—

| | **उम्र** | **दूध का प्रकार** | **चूर्ण दूध में पानी की मात्रा** |
|---|---|---|---|
| 1. | शुरुआत के पंद्रह दिन | आधा मक्खन निकाला हुआ दूध या लैक्टोडेक्स | 2 माप + 3 औंस पानी |
| 2. | दूसरे पंद्रह दिन | दूध या लैक्टोडेक्स | ढाई माप + 3 औंस पानी |
| 3. | एक महीना | दूध या लैक्टोडेक्स | ढाई माप + 4 औंस पानी |
| 4. | डेढ़ महीना | दूध या लैक्टोडेक्स | 3 माप + 5 औंस पानी |
| 5. | — | (क) पूर्ण शक्ति का गाय का दूध<br>(ख) मौसम्मी की रस | 4 माप + 6 औंस पानी<br>5 माप + 6 औंस पानी<br>5 मास + 5 औंस पानी |
| 6. | 4 महीना | पूर्ण शक्ति का गाय का दूध+ कॉम्प्लान या प्राटीन्यूलस | एक चम्मच |
| 7. | 6 महीना | क. दूध + फैरेक्स, (ख) टंगरी और सब्जी का सूप | |
| 8. | (क) दूध + फैरेक्स, (ख) टंगरी और सब्जी का सूप, (ग) थोड़ा-सा आलू, गाजर और पपीता उबालकर नमक डालकर छोटे चम्मच का एक या दो चम्मच, (घ) अंडे का पीला हिस्सा आधा उबाला हुआ। छोटे चम्मच का एक या दो चम्मच | | |
| 9. | 8-10 महीना | थोड़ा-सा गीला भात | |

ऊपर के नियमों से हम पाते हैं कि बच्चे के आहार के रूप में गाय का दूध और ठोस खाना दो स्थितियों में दिया जाता है। माँ का दूध पीने के समय से ही पपीता, गाजर या आलू उबालकर देने की शुरुआत की जा सकती है। और माँ का दूध छुड़ाने के बाद पूरी तरह से गाय का दूध और अन्य आहार में बच्चे की रुचि कर देनी चाहिए। मुँह-छुट्टी के बाद से थोड़ा-सा ठोस आहार देने पर माँ का दूध छोड़ने में असुविधा नहीं होती। दूध छोड़ते समय उबली हुई सब्जी, फल, अंडा, रोटी, टोस्ट आदि आहार की शुरुआत कर देनी चाहिए। नरम केला बच्चे के लिए बहुत फायदेमंद होता है। उबला हुआ सेब, अमरूद की जेली या टंगरी का सूप आदि इस समय माँ के दूध से स्वाद में परिवर्तन लाने में सहायता करते हैं। सभी तरह के आहार को पहले एकदम छोटे चम्मच से शुरू करके बाद में चाय के चम्मच की नाप में देना चाहिए। शुरू-शुरू में बच्चा चम्मच जीभ से ठेल देता है और मुँह से थूककर निकाल देता है। दाँत निकलने के बाद से कड़ी चीज चूसने या काटने के लिए दी जाती है। गजा, मधु से पावरोटी, टोस्ट या मुर्गी की हड्डी देने पर काटकर खाना सीखने में सुविधा होती है। ये चीजें अच्छी लगने पर बच्चा अपने-आप ही प्लेट से लेकर चबाने की कोशिश करता है। शुरू-शुरू में चारों तरफ गिराकर मुँह में इधर-उधर लगाने पर भी इसी तरह से मानव शिशु माँ का दूध छोड़कर बाहर के अन्य खाद्यान्न के प्रति आकृष्ट होता है।

इस तरह से धीरे-धीरे मानव शिशु का खाद्य और अभ्यास बदलकर उसकी वृद्धि और अग्रगति में सहायता करते हैं। आहार प्रणाली और पद्धति समूह को पहले 3-4 महीने तक सहज वृद्धि और साधारण ज्ञान की सहायता से थोड़ा-सा बदलकर या दूध का हिस्सा कम-ज्यादा करके शिशु के लिए उपयोगी कर लिया जा सकता है।

# 24

# नवजात शिशु को छूत की बीमारी

मानव शिशु के जन्म के बाद से 'अस्तित्व रक्षा के लिए संघर्ष' के साधारण सूत्र के अनुसार उसकी वृद्धि होती है और उसका विकास होता है। इस प्रक्रिया में विभिन्न तरह की विघ्न-बाधाओं और विपर्यय का सामना करते हुए नया प्राण पृथ्वी की जलवायु और रोशनी की सहायता से बढ़ता है। भ्रूण अवस्था में रहते हुए जन्म के समय योनिपथ का अतिक्रमण करके आते हुए रास्ते में या जन्म के बाद विभिन्न तरह के वीजाणुओं के आक्रमण होने पर नवजात शिशु को संक्रामक रोग होने की आशंका रहती है। माँ की कोख में रहते समय सिफिलिस, ट्यूबरकुलोसिस और अन्य वायरस या पैरासाइट के आक्रमण से भ्रूण में शारीरिक क्षति या विकृति आ सकती है। जन्म के समय योनिपथ में जलन रहने पर बच्चे की आँख या मुँह में जीवाणु से होने वाले घाव या पीड़ा-प्रदाह की आशंका भी रहती है। फिर जन्म के बाद बच्चे को सही ढंग से साफ-सुथरा न रखने पर चमड़ा, चेहरा, नाभिमूल में जीवाणु के आक्रमण से फुंसी, फोड़े से लेकर टिटनेस जैसी गंभीर बीमारी भी हो सकती है। आँख आने के कारण बहुत-से बच्चे अपने जीवन के प्रथम माह में ही अंधे हो जाते हैं। फुसफुस और आँत के गंभीर रोग के कारण बच्चे की जान भी जा सकती है। इस लेख में छूत की बीमारी और उसे रोकने के उपाय के बारे में चर्चा की जा रही है।

सामान्यतया निम्नलिखित अंग-प्रत्यंगों में छूत की बीमारी हो सकती है—

1. चमड़े की छूत की बीमारी :
    - क. चमड़ी में फुंसी या फोड़ा
    - ख. इमपेटाइगो
    - ग. हारपिस
    - घ. नाखून की जड़ में जलन और उँगली का किनारा पकना।
2. मुँह के अंदर घाव। फंगस के आक्रमण से मुँह में सफेद अस्तर या थ्रास।
3. आँख की तकलीफ या आँख आना।
4. नाक या गले का रोग और निमोनिया।
5. नाभिमूल या नाभिरज्जु में जलन।

*चमड़े का रोग*

**मासीपिसी (घमौरी जैसे लाल-लाल दाने का आना), फुंसी और फोड़ा** : यद्यपि जन्म के कुछ दिनों के अंदर पूरे शरीर में फुंसी की तरह होने को बहुत-से लोग स्वाभाविक समझते हैं, लेकिन यह रोग पूरे शरीर के रोमकूप में इन्फेक्शन का परिणाम होता है। स्नान करवाते समय गंदे पानी या अधिक तेल लगाने के कारण रोमकूप का मुँह बंद हो जाता है और रोमकूप-समूह स्टैफाइलोकक्कास जीवाणु से आक्रांत हो जाता है। उससे रोमकूप फुंसी की तरह फूल जाता है और क्रमशः माथे, गले, शरीर के प्रत्येक मोड़ पर उसका असर होता है और बाद में पीठ, छाती, हाथ या पाँव में फैल जाता है। कुछ फुंसियों के मुँह में सफेद पीब जमता है और उसमें से फोड़े निकलते हैं।

इस तरह की मासीपिसी को रोकने के लिए बच्चे को तेल लगाना बंद कर देना चाहिए। स्नान के समय जतन से रोमकूपों को साफ कर देना चाहिए। सैभ्लन 100 हिस्से का 1 हिस्सा या 1000 क्लोरहेक्सिडिन (हिविटेन) नामक वीजाघ्न पदार्थ शरीर में लगाने पर इस तरह के फोड़े ठीक हो जाते हैं। जो फुंसी पक जाए उसमें 1 प्रतिशत जेनसियेनाभावेलेट या उपयुक्त एंटिबायटिक क्रीम लगाने पर फोड़ा क्रमशः ठीक हो जाता है। फोड़ा होने पर उसे दबाना या नोचना उचित नहीं। बच्चे का आयल क्लॉथ या स्नान का टब अच्छी तरह से साफ करके रखना चाहिए। बड़ा दंबल होने पर साल्फाड्राग खिलाना पड़ता है या इराथ्रोमाइसिन जैसा एंटिबायटिक इंजेक्शन देना पड़ता है। फोड़े को दबाने पर इरिसिपेलस या सेलुलाइटिस होने की आशंका रहती है।

**इमपेटाइगो** : यह नवजात शिशु के चमड़े में अकसर होते देखा जाता है। पहले चमड़े में छोटा-सा फोका जैसा होता है और उसके चारों तरफ का चमड़ा लाल हो जाता है। फोके का पानी क्रमशः पीब में बदलता जाता है और फोका के फूटने पर अंदर का पीब बाहर निकल आता है और ऊपर का चमड़ा गिर जाता है। कुछ दिनों बाद नया चमड़ा निकल जाने पर छोटा-छोटा लाल घाव हो जाता है। इस तरह का घाव पूरे बदन, पीठ कपोल, सिर, गला, हाथ, और पाँव में फैल जाता है। इस तरह का घाव आमतौर पर स्ट्रेप्टोकक्कास और स्टैफाइलोकक्कास जीवाणु के आक्रमण का फल है। स्नान का पानी, टब, आयल क्लॉथ, रबड़ क्लॉथ या नर्स-डॉक्टर और रिश्तेदारों के उँगली के नाखून से पहले छूत लगती है।

इस तरह का घाव होने पर स्नान के बाद नमक-पानी से साफ करके साल्फा क्रीम, क्लोरोमाइसेटिन, नियोमाइसिन या सफ्राइमाइसिल क्रीम लगाना चाहिए। बच्चे का कपड़ा और बिस्तर अच्छी तरह से साफ रखना चाहिए।

नाखून की जड़ जोर से साफ करने पर या दिन-रात बच्चे के नाखून चूसने पर कई बार नाखून के बगल में और जड़ में जलन होती है। बाद में अनदेखी और जतन न करने पर उँगली का किनारा पक जाता है। एक फीसदी सैभ्लन या हिविटेन से उँगली साफ कर देनी चाहिए और कपड़े के दस्ताने से हाथ को ढककर रखना चाहिए। उँगली

की जड़ में एक फीसदी जेनसियन बायोलेट लगाने पर भी काम चल जाता है।

मनेलिया नामक फंगस के आक्रमण से जीभ और तलवे में मलाई की तरह सफेद परत पड़ती है। प्रसव के समय माँ के शरीर से या ठीक से साफ न किए गए दूध की बोतल के निपिल से यह फंगस मुँह में लगता है। आमतौर पर जन्म के चौथे दिन पहली बार जीभ, तालू में सफेद-सफेद दाग दिखाई देता है। यह सफेद दाग रगड़कर नहीं उठाया जा सकता। बहुत गंभीर होने पर यह परत गले और श्वासनली की ओर बढ़ती है। इस तरह ब्रंकोनिमोनिया पैदा हो सकती है। इस रोग का प्रतिरोध करने के लिए बोतल, टिट, पानी, दूध आदि को जीवाणुमुक्त करने की ओर सचेष्ट होना चाहिए। जीभ में एक फीसदी जेनसियन बायलेट सलुशन या बोरोग्लिसरिन का लेप लगाकर रोज दो बार साफ कर देना चाहिए। ज्यादा बढ़ जाने पर निइटाटिन (प्रति मिलीलीटर 100,000 यूनिट) सलुशन द्वारा दिन में तीन-चार बार सोयाब कर देना पड़ता है।

## *आँख आना*

जन्म के एक-दो दिन के अंदर कई बार आँख फूल जाती है और तीन सप्ताह के अंदर क्रमशः आँख में गंभीर जलन होती है। ऐसे में आँख की पुतली में घाव हो तो अंधेपन का खतरा भी रहता है। आमतौर पर स्टैफाइलो अरियास स्ट्रेपटोकक्काई, विकोलाई या गनोरिया के जीवाणुओं के हमले में आँख में जलन होती है। जन्म के समय या बाद में आँख का जतन न करने पर ये जीवाणु आँखों में संक्रमित होते हैं। पहले पलकों में थोड़ी सूजन होती है। आँख का भीतरी हिस्सा लाल हो जाता है और आँखों में जलनयुक्त स्राव होता है। बाद में अंदर में पीब होकर पुतली डायाफ्राम और मणिकणिका में सूजन आ जाती है।

जन्म के बाद बच्चे की आँख को अच्छी तरह से बारीक लोशन से धोना चाहिए। दस फीसदी साल्फा सेटामाइड सलुशन की बूँद देकर जीवाणु के आक्रमण को रोकने की व्यवस्था करनी चाहिए। आँख का कीचड़ यदि पीबयुक्त हुआ तो बच्चे को अलग करके जिस आँख में अधिक इन्फेक्शन है उसी ओर करके सुलाकर रखना चाहिए ताकि बच्चा हाथ से उसे घिस न पाए। साथ ही कई बार उसके हाथों में कपड़े का दस्ताना या स्प्लिन्टेर की सहायता से उसे बाँधकर भी रखा जा सकता है। प्रति मिलीलीटर 10,000 यूनिट मात्रा में पेनसिलिन की बूँद निम्नलिखित नियमानुसार आँख में देनी चाहिए : पहले आधे घंटे तक दो बूँद करके प्रति मिनट के अंतराल में, दूसरे आधे घंटे तक दो बूँद करके प्रति पाँच मिनट के अंतराल में और बाद के तीन घंटे तक दो बूँद करके प्रति 30 मिनट के अंतराल में। उसके बाद के छह घंटे तक दो बूँद करके प्रति एक घंटे के अंतराल में और बाद में बारह घंटे के अंतराल में आँख में डालनी पड़ती है। बहुत खराब स्थिति होने पर पेनिसिलिन इंजेक्शन देने की भी जरूरत पड़ सकती है। नाभिरज्जु के भीतर की धमनी में खून का संचार बंद होने से खून के जम जाने के लिए नाभिरज्जु

क्रमशः सूखकर सात से दस दिनों के अंदर गिर जाता है। गंदे चाकू, कैंची या बाँस के टुकड़े से नाभि को काटने पर या अधिक दवा लगाने पर नाभि के गिरने में देर होती है और उससे जीवाणु का संक्रमण हो सकता है। आमतौर पर स्टैफाइलोकक्कास, स्ट्रेप्टोकक्कास या टिटनेस के जीवाणु के आक्रमण से पूरे शरीर में जलन हो सकती है। कई बार वह भयानक आकार धारण कर सकती है। पहले नाभि की जड़ लाल होकर फूल जाती है और भीगी-भीगी-सी रहती है, साथ में नाभिरज्जु भी फूल सकता है। जलन बढ़ जाने पर नाभि का मूल थोड़ा नीलाभ-काला हो जाता है, नाभि की नसों से होते हुए जीवाणु लीवर में चला जाता है और जॉन्डिस की शुरुआत होती है। इस समय बच्चे को बुखार होता है और तड़का या खींच शुरू हो जाती है। नाभि का मूल जन्म के बाद से साफ और सूखा रखना पड़ता है। नाभि को अच्छी तरह से बाँधना चाहिए। आजकल बहुत-से लोग नाभि के मूल को बैंडेज या अनावश्यक रूप से पाउडर से ढककर रखने के विरोधी हैं। जरूरत पड़ने पर थोड़ा-सा हेक्साक्लोरपेन पाउडर दिय जा सकता है और 2 प्रतिशत मारक्यूरोक्रोम स्प्रिट का सलुशन देकर साफ किया जा सकता है। जलन अधिक होने पर पेनिसिलिन या अन्य एंटिबायटिक इंजेक्शन देना पड़ता है। इस रोग के बढ़ जाने पर जान खतरे में पड़ सकती है।

**निमोनिया :** ठंड लगने या मुँह के लार टपकने या पाकस्थली के दूध और उल्टी के श्वास नली में घुस जाने पर बच्चों को निमोनिया रोग हो सकता है। प्रसव के पहले पानी कई बार जीवाणु के प्रभाव से हरा और दुर्गंधयुक्त हो जाता है। जन्म के समय वह जीवाणुयुक्त पानी पी लेने पर भी नवजात शिशु को निमोनिया होता है। इस रोग में पहले ही देखते हैं कि श्वसन क्रिया बहुत तेज चल रही है और उसके साथ नाक की नथुनी काँप रही है। बाद में बच्चे को बुखार आता है, साँस के साथ छाती चढ़ती-उतरती रहती है और होंठ तथा हाथ का तलुआ नीला हो जाता है। इस स्थिति में अस्पताल के अलावा और कहीं इलाज करना मुश्किल होता है। अस्पताल में मिलने वाले ऑक्सीजन, साक्शन इनक्यूबेटर आदि के अलावा इस रोग का इलाज करना मुश्किल होता है। साथ में उचित एंटिबायटिक की व्यवस्था करके भी कई बार शिशु की प्राण रक्षा करना संभव नहीं होता।

बच्चों का पेट खराब होना छूत की बीमारी के अंदर नहीं आता। इसलिए यहाँ पर उसका उल्लेख नहीं किया गया। साधारण जानकारी रखते हुए उचित प्रतिरोधक नियमावली के अनुसार चलना चाहिए, तभी इन रोगों से शिशु को बचाया जा सकता है और कई विपत्तियों को आने से रोका जा सकता है।

# 25

# नवजात शिशु का जॉन्डिस रोग

जन्म के कुछ दिनों बाद बच्चों का शरीर कई बार थोड़ा पीला दिखाई देता है। सामान्यतया तीन-चार दिनों के अंदर वह रंग कुछ कम हो जाता है। बहुत-से लोग इस बात को नहीं जानते हैं कि मनुष्य की नसों और धमनियों में प्रवाहित रक्तकण समूह प्रत्येक तीन माह के अंतराल में परिवर्तित होते हैं। पुराने रक्तकण खत्म होते हैं। अस्थि और गुदा में से नए रक्तकण बनते हैं और शरीर में रक्तकण खत्म होते हैं, उससे निकलने वाला हीमोग्लोबिन टूट-फूटकर परिवर्तित होकर बिलिरूबिन लीवर के कोष के भीतर जाकर परिणत अवस्था को प्राप्त करता है और पित्तनली के भीतर से क्षुद्रांत्र में निःसृत होता है (चित्र 25/1)। इस बाइल पिगमेंट अंत्र में मल के साथ बाहर निकल जाता है और थोड़ा-सा पुनः खून में वापस जाकर शरीर के विभिन्न कार्यों में व्यवहृत होता है। किसी कारणवश यदि रक्तकण अधिक मात्रा में टूट जाते हैं या लीवर का रोग बाइल निःसरण में बाधा उत्पन्न करता है तब बिलिरूबिन खून में जम जाता है और आँख, मुँह, चमड़ा और म्यूकस मेंब्रेन का रंग पीला हो जाता है। इससे पता चल रहा है कि जॉन्डिस शरीर के रक्तकण, लीवर या पित्तथैली और नली के विभिन्न तरह के रोगों का बाह्य प्रकाश है। नवजात शिशु को भी इस रोग से आक्रांत होते हुए पाया जाता है। इस रोग में थोड़े-से पीले रंग के अलावा खून या लीवर की गंभीर पीड़ा के कारण शिशु की मृत्यु का होना भी अस्वाभाविक नहीं होता। आमतौर पर निम्नलिखित कारणों से नवजात शिशु को जॉन्डिस होता है—

1. जन्म के बाद अधिक मात्रा में रक्तक्षय और ह्रास।
2. माता-पिता के खून के वर्ग की विषमता के कारण शिशु का रक्तक्षय।
3. लीवर की जन्मजात त्रुटि और वायरस या जीवाणु आक्रमण से हेपेटाइटिस रोग।
4. वंशानुगत खून का चरित्रगत दोष और रक्तकणों का विकार।
5. फरसेप्स या अन्य यंत्रद्वारा प्रसव के समय दबाव।
6. सिफिलिस रोग।
7. मेटाबॉलिज्म की गड़बड़ी और अन्य कारण।

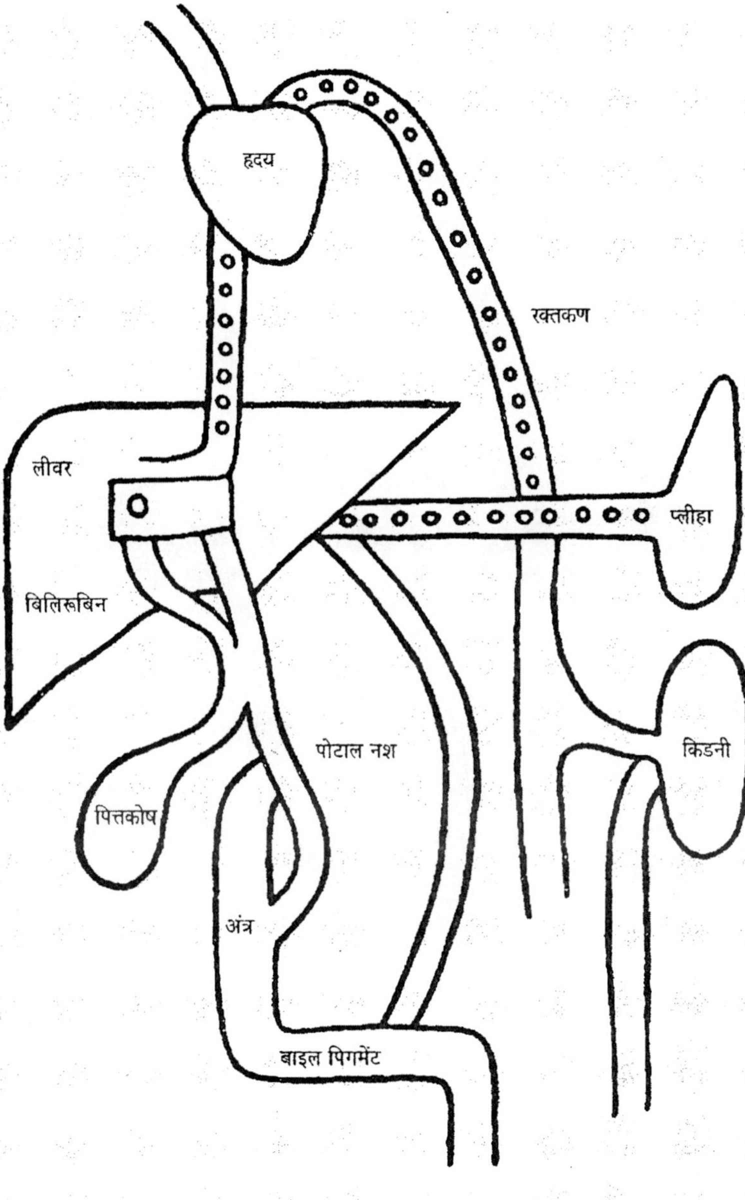


चित्र 25/1 : खून में से अपरिणत बिलिरूबिन के लीवर के भीतर परिणत होकर अंत्र में पहुँचने का चित्र

माँ के गर्भ में रहते भ्रूणस्थ शिशु का आहार और पौष्टिकता के लिए ऑक्सीजन का संचार माँ के खून से फूल के भीतर से होते हुए संचारित होता है। बच्चे का प्राण हिमालय के शिखर की तरह थोड़े-से ऑक्सीजन से ही जीवित रहता है। इतने कम ऑक्सीजन से जीवित रहने के लिए उसके शरीर में पृथ्वी के मानव की अपेक्षा अधिक रक्तकण की आवश्यकता होती है। जन्म के बाद फुसफुस से साँस लेने के बाद उतने रक्तकण की जरूरत नहीं पड़ती। और यह अनावश्यक अतिरिक्त रक्तकण खत्म हो जाता है। जब यह अतिरिक्त कण खत्म होता है तब उसके भाग्नावशेष से निकला बिलिरूबिन लीवर के लिए पूरी तरह से शुद्ध करना असंभव हो जाता है। उस समय अशुद्ध बाइल का कुछ हिस्सा खून में जमा हो जाता है, परिणामस्वरूप आँख, मुँह, शरीर का चमड़ा पीले रंग का हो जाता है। इस तरह का जॉन्डिस कुछ ही दिनों में ठीक हो जाता है और इसका कोई विपरीत असर बच्चे के शरीर पर नहीं पड़ता। इसीलिए इस तरह के जॉन्डिस को 'फिलिओलॉजिकल जॉन्डिस' की संज्ञा दी गई है।

## *आर.एच.ए.बी. और विषमता*

पूरी मानव जाति को रक्त के गुण के अनुसार चार वर्गों में विभक्त किया गया है। 'ए', 'बी', 'ए-बी' और 'ओ'। इन चार वर्गों के अलावा 'आर.एच.' नामक और एक तरह की चारित्रिक विशेषता हमारे खून में रहती है। कुछ व्यक्तियों में इस विशेषता का अभाव रहता है इसलिए उन्हें आर.एच. निगेटिव कहकर चिह्नित किया जाता है। इस तरह के आर.एच. निगेटिव माँ के साथ यदि आर.एच. पॉजिटिव व्यक्ति की शादी होती है तो उसके गर्भ में आर.एच. पॉजिटिव बच्चा आ जाता है। इस तरह की गर्भावस्था में माँ के खून में आर.एच. के विपरीत गुणवाला एंटिबॉडी तैयार होता है। दूसरा बच्चा भी यदि आर. एच. पॉजिटिव हुआ तो माँ के खून के विपरीतधर्मी एंटीबॉडी फूल के भीतर से पुनः शिशु के खून में प्रवेश करता है (चित्र 25/2) और उसके रक्तकण समूह को घेरकर नष्ट कर डालता है। अधिकांश समय में जन्म के तुरंत बाद गंभीर एनीमिया और जॉन्डिस से जान खतरे में हो जाती है। गंभीर आर.एच. विषमता से घटित रोग में भ्रूणस्थ शिशु उदर या आंत्रशोथ रोग से आक्रांत होकर माँ के गर्भ में ही मर जाते हैं। पहले इस रोग के इलाज की अच्छी व्यवस्था नहीं थी। आर.एच. निगेटिव माँ के प्रथम बच्चे के जन्म के 72 घंटे के भीतर आर. एच. के विरुद्ध ग्लिविलीन इंजेक्शन दिया जाता है। जिन माताओं के खून में आर. एच. का विपरीतधर्मी एंटिबॉडी तैयार हो गया है उनके बच्चे के जन्म के तुरंत बाद शरीर का नब्बे प्रतिशत खून निष्कासित करके स्वस्थ रक्तकणयुक्त समवर्ग के आर.एच. निगेटिव खून का संचार करने पर बच्चे के एनीमिया या जॉन्डिस को रोका जा सकता है। इन सारी चीजों का इंतजाम करने के लिए उचित खून विशेषज्ञ, स्त्रीरोग विशेषज्ञ और शिशु रोग विशेषज्ञ और डॉक्टरों के सम्मिलित प्रयास की आवश्यकता पड़ती है। गर्भावस्था के समय से ही इस रोग की

आशंका और निर्णय व्यवस्था करने के लिए प्रत्येक प्रसूता को गर्भावस्था में खून के वर्ग की जानकारी रखना बहुत जरूरी है। बच्चे से 'ओ' ग्रुप के माँ के शरीर में कभी-कभी 'ए' या 'बी' या विपरीतधर्मी एंटिबॉडी की सृष्टि होकर बाद में बच्चे में जॉन्डिस पैदा कर सकती है। इस तरह के जांडिस रोग में खून को बदलकर उचित खून देकर बच्चे की जान बचानी पड़ती है। उपरोक्त दोनों रोगों में प्रथम दो दिनों के भीतर जॉन्डिस नजर आता है।

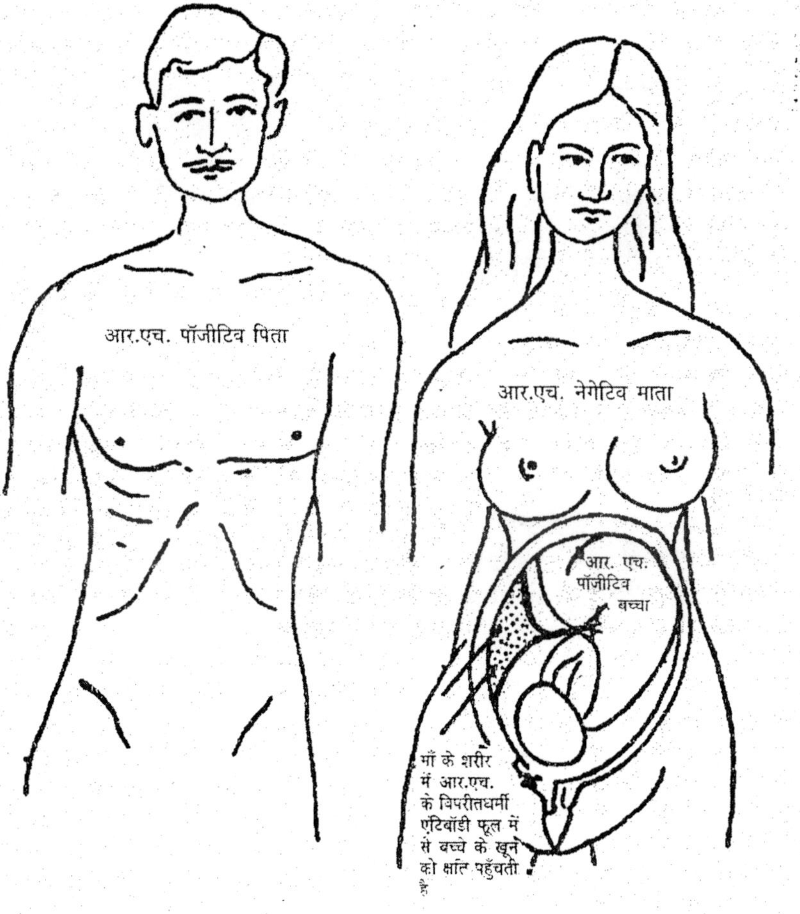


चित्र 25/2 : आर.एच. पॉजीटिव पिता और आर.एच. निगेटिव माता गर्भस्थ बच्चे के एंटिबॉडी उत्पादन का चित्र।

**वंशानुक्रम से रक्तदोष** : कई बार वंशानुक्रम से जन्मगत दोष के कारण बच्चे के रक्तकण या हीमोग्लोबिन का मान निम्न रहता है और आसानी से भंगुर रक्तकण के भग्नावशेष से जॉन्डिस की शुरुआत होती है। आमतौर पर बच्चे की उम्र में थोड़ी-सी वृद्धि नहीं होने पर इस रोग का निर्णय नहीं होता है। इस रोग का निर्णय होने पर माता-पिता को भी इस संबंध में जानना चाहिए ताकि बचपन में बार-बार जॉन्डिस होने पर उचित कदम उठा सकें। बार-बार रक्त संचालन, कीर्टसन और पीलिया में ऑपरेशन के द्वारा रक्तदूषण के रोगों का इलाज आजकल हो रहा है।

नवजात शिशु के लीवर में जीवाणु या वायरस के आक्रमण से प्रदाह होकर हेपेटाइटिस रोग की शुरुआत होती है। वायरस के आक्रमण से लीवर के कोष-समूह में सूजन आ जाती है और उसके अंदर की नली के भीतर से होकर बाइल प्रदाह को रोकती है और इससे जॉन्डिस की शुरुआत होती है।

गंभीर जीवाणु के आक्रमण से आँत या नाभि कुंडली के प्रदाह से नाभि की नसों के माध्यम से जीवाणु लीवर में पहुँचता है और छोटे-छोटे एबसेस की सृष्टि होती है। इस रोग से बच्चा बहुत अधिक बीमार हो जाता है, नाभिमूल लाल होकर फूल जाता है और उसके साथ जॉन्डिस रोग पकड़ में आता है।

सही समय में उचित एंटिबायटिक दवा से आजकल इस भयानक रोग को भी ठीक करना संभव हो गया है।

पित्तनली और पित्तथैली में संकीर्णता रहने पर या प्रतिबंधता रहने पर पित्तरस लीवर से निकल नहीं सकता और जॉन्डिस होता है। विशेषज्ञ शल्य चिकित्सक के अलावा इस रोग को ठीक करना असाध्य होता है। और भी कई तरह के मेटाबॉलिक या रक्तदोष से जॉन्डिस हो सकता है। चिकित्साशास्त्र में उन्नति के साथ-साथ जन्मगत सिफिलिस का प्रादुर्भाव कम होता जाता है और आजकल सिफिलिस से संबंधित जॉन्डिस नजर नहीं आता। इस लेख से पता चलता है कि थोड़ी-सी पीली विवर्णता से गंभीर बीमारी जॉन्डिस संभव है। इसीलिए जॉन्डिस का चिह्न देखते ही शिशु विशेषज्ञ डॉक्टर से संपर्क करके सही इलाज का इंतजाम करना चाहिए।

# 26

# नवजात शिशु को पहुँचने वाले जन्मकालीन आघात

प्रसव के समय वस्तिप्रदेश के बीच से अग्रसर होने के समय बच्चे का मस्तिष्क विभिन्न तरह से लंबा और संकुचित होता है जिससे आयतन और अवयव में परिवर्तन हो सकता है। सिर की चमड़ी या खोपड़ी की हड्डी के नरम रहने के कारण ही इस तरह का परिवर्तन संभव होता है। और मस्तक के गोलक का जिधर व्यास कम रहता है, वह हिस्सा आसानी से गर्भाशय से होकर योनिनली में उतर आता है। माँ के वस्तिप्रदेश के किसी हिस्से का व्यास या नाप कम होने पर सिर सही ढंग से नीचे उतर नहीं सकता और दीर्घवृत्त व्यास वस्तिगह्वर में अटक जाता है। इस स्थिति में क्रमशः बच्चेदानी का संकुचन होते रहने से बच्चे के सिर में अत्यधिक दबाव पड़ सकता है। आमतौर पर विलंबित और जटिल प्रसव में अत्यधिक दबाव होने पर सिर में रक्तक्षरण या अन्य बीमारी हो सकती है।

सामान्यतया सिर का आघात निम्नलिखित रूप में दिखाई देता है–

1. सिर की चमड़ी के नीचे खून का निर्गमन।
2. मस्तिष्क के दबाव में वृद्धि।
3. मस्तिष्क में रक्तरक्षण।
4. मस्तिष्क का आवरण या विभाजन : तंतु के टूटकर होने वाले रक्तक्षरण।
5. खोपड़ी की हड्डी में आघात।
6. मस्तिष्क से निकलने वाले नर्व समूह में आघात।

## *मस्तिष्क और ऊपर की चमड़ी पर आघात*

बच्चे के सिर का गठन पूर्ण गोलाकार नहीं होता। एक तरफ थोड़ा दीर्घ आकार रहता है, इसलिए प्रसव के समय थोड़ा-सा दबाव लगना स्वाभाविक है। सिर का चमड़ा, खोपड़ी या मस्तिष्क और उसका आवरणी तंतु समूह थोड़ा-सा दबाव सहने में सक्षम होता है। जब वस्तिगह्वर में मस्तक का अवस्थान प्रतिकूल होता है और प्रसव में विलंब होता है, तब क्रमागत दबाव से मस्तक की चमड़ी के नीचे हड्डी पर खून और सिरम निकलकर सिर के सामने के हिस्से में ऊँचे टीले की तरह होकर फूल जाता है।

स्वाभाविक प्रसव के दबाव से चमड़ी के इस तरह के फूलने को 'केपुट' कहा जाता है (चित्र 26/1)। दूसरी तरफ यदि नसों के टूटने से चमड़ी के नीचे रक्तक्षरण होता है तो उसे केफल हिमाटोमा कहा जाता है। (चित्र 26/2)

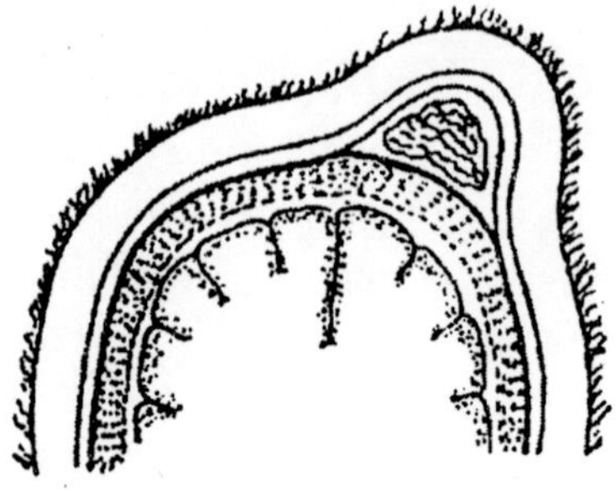

चित्र : 26/1 : केपुट साक्सेडेनियम

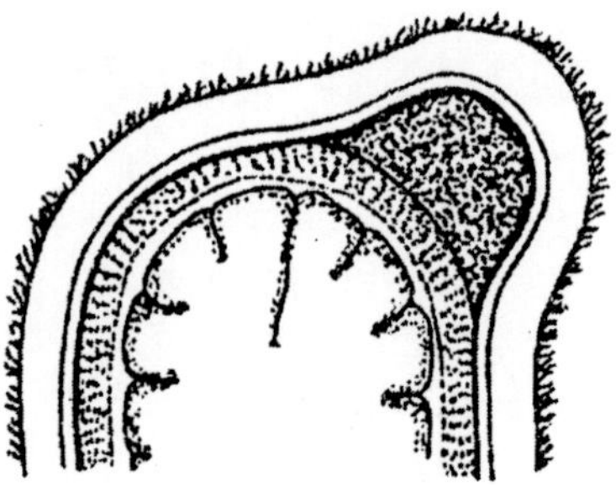

चित्र 26/2 : केफल हिमाटोमा

नीचे इन दो तरह के रक्तक्षरण की तुलनात्मक चर्चा की जा रही है।

## *केपुट*

1. जन्म के समय एवं 24 घंटे के भीतर कम हो जाता है।
2. सिर के आगे के हिस्से में दीखता है और दोनों तरफ संश्लिष्ट रहता है।
3. नरम रहता है और दबाने पर गड्ढा हो जाता है।

## *केफल हिमाटोमा*

1. प्रसव के 24 घंटे बाद प्रथम आविर्भाव होता है।
2. सिर की सूजन एक तरफ निबद्ध रहती है और क्रमागत बढ़ जाती है।
3. कई सप्ताह तक ऊँचे टीले की तरह फूला रहता है।
4. पहले नरम रहता है और बाद में कड़ा होता जाता है, लेकिन दाबने पर दबता नहीं है।

इन चोटों में कोई भी गंभीर नहीं होती और कोई खास इलाज की जरूरत नहीं पड़ती। फूले हुए स्थान को बेवजह नहीं दबाना चाहिए या मालिश करने की कोशिश नहीं करनी चाहिए। सूई की सहायता से खून को बाहर निकालने से भी बचना चाहिए। केफल हिमाटोमा के कम होने में 2-3 माह का समय लग सकता है और उससे कोई क्षति नहीं होती, यह बात माँ से कह देनी चाहिए। नरम स्थान के कड़ा हो जाने के

बाद क्रमशः छोटा होते हुए बाद में समान हो जाता है। नरम तकिया में खुला करके रखने पर सूजन कम हो जाती है।

## *मस्तिष्क-तंतु या अंदर का आघात और रक्तक्षरण*

प्रसव के समय अत्यधिक दबाव पड़ने पर सिर का विभिन्न व्यास संकुचित और लंबित होकर भी जब जगह नहीं निकाल सकता तब ब्रेन के भीतर दबाव पड़कर पहले जलक्षरण, बाद में रक्तक्षरण होता है, सिर के अधिक लंबा (प्रलंबित) होने पर सिर का आवरण और विभाजन तंतु समूह टूटकर रक्तक्षरण होता है। वस्तिगह्वर के छोटे रहने पर या बच्चे के बड़ा होने पर; लेकिन सिर का तालू पीछे की ओर घूम जाने पर या पैर से प्रसव होने पर सिर के निकलते समय मस्तिष्क के तंतु के टूटने का डर रहता है। छोटे और अपरिणत बच्चों को ऑक्सीजन के अभाव में भी मस्तिष्क के भीतर रक्तक्षरण हो सकता है।

इस तरह के चोट-खाए बच्चे जन्म के समय से ही श्वास कष्ट के शिकार रहते हैं और उनका चमड़ा फीका दिखता है तथा उनके हाथ-पाँव शिथिल और सुन्न होकर पड़े रहते हैं। बच्चे का रोना सामान्य तौर पर अस्वाभाविक रहता है। कभी-कभी मुँह से कराहने की आवाज निकलती है या क्रमागत होने वाले दर्द से तीक्ष्ण आवाज आती है। इनकी श्वास की कोशिश भी अस्वाभाविक होती है। कभी तेज तो कभी बहुत मंद गति से साँस चलती है और मुँह से क्रमशः लार चूता रहता है। मुँह और आँखों का धीमा स्पंदन भी नजर आता है। आँख की पुतली नीचे की तरफ हो जाती है और घुली हुई दृष्टि या शिवनेत्र बना रहता है। बाद में शरीर कड़ा होकर खींच शुरू हो जाती है।

इन सारे बच्चों को बहुत ही जतन और आराम से उचित उष्णता और आर्द्र वातावरण में रखा जाता है। साक्शन यंत्र द्वारा गले का लार, थूक और श्लेष्मा साफ कर देना पड़ता है। इनक्यूवेटर में पर्याप्त ऑक्सीजनयुक्त हवा में रखने से ज्यादा बेहतर होता है।

ये बच्चे खा नहीं सकते इसलिए ट्यूब की मदद से उन्हें आहार देने का इंतजाम करना चाहिए। काम्पोज, गार्डिनल या क्लोरल से सुलाकर ब्रेन का इरिटेशन कम करके रखना चाहिए। रात-दिन बहुत धैर्य के साथ उचित ढंग से ढककर जतन से रखने पर धीरे-धीरे ये बच्चे ठीक होते जाते हैं। बाद में थोड़ा स्वस्थ होने पर इन्हें माँ के पास रख दिया जाता है। बच्चे का शरीर अकड़ जाने पर, उल्टी करने पर, शरीर में खिंचाव होने पर तुरंत डॉक्टर से संपर्क करना पड़ता है।

## *खोपड़ी का फूटना*

वस्तिगह्वर की नाप बहुत कम चौड़ी या विकृत रहने पर पीछे के सेक्राम और काक्सिक्स

में सिर का दबाव पड़ने से बच्चे की खोपड़ी पर गहरा चाँप (दबाव) उत्पन्न हो सकता है। इस स्थिति में किसी भी तरह फरसेप्स लगाकर जोर-जबरदस्ती या खींचतान कर बच्चे का सिर पकड़कर प्रसव कराने की कोशिश करने पर इस तरह का डिप्रेस्ड फ्रैक्चर हो सकता है। लेकिन आजकल अधिक खतरनाक फरसेप्स का प्रयोग बंद होते जाने के कारण इस तरह का फ्रैक्चर होने की आशंका कम हो गई है। फ्रैक्चर अधिक गहरा न हो तो मस्तिष्क में आघात लगने के बावजूद जिंदा रहा जा सकता है। लेकिन गहरा घाव होने पर अंदर रक्तक्षरण होने से तो बच्चा मौत के मुँह में जा सकता है।

## *चेहरे का पक्षाघात*

फरसेप्स के दबाव से गले के बगल में चेहरे के नर्व (7 नं. नर्व) पर दबाव पड़ने से चेहरे का आधा हिस्सा पैरालाइज्ड हो सकता है। जिधर पैरालाइज्ड होता है, उधर चेहरे की चमड़ी और पेशी की संकुचन शक्ति रुक जाती है और आँखें खुली रह जाती हैं। भौंह में संकुचन की क्षमता कम जो जाती है और होंठ का किनारा नीचे की ओर लटक जाता है। मुँह से दूध चू-चूकर नीचे गिरता है। अधिकांश मामलों में कुछेक घंटे बाद मुँह की पेशी की हिलने की क्षमता धीर-धीरे लौट आती है।

## *गर्दन के नर्व में खिंचाव आने से हाथ का सुन्न हो जाना*

प्रसव के दौरान सिर के बाहर निकल आने, लेकिन गर्दन के अटक जाने पर सिर को पकड़कर जोर से खींचतान करने से भी गर्दन से निकलने वाले हाथ के नर्व में खिंचाव आने से हाथों में नाना रूपों में पैरालाइसिस हो सकता है। कभी बाँहें सुन्न पड़कर बगल में पड़ी रहती हैं और हथेली पीछे की ओर मुड़ी रहती है इसलिए इसे पुलिसमैन को घूस लेने की मुद्रा का नाम दिया गया है। ऐसा होने पर बाँह को शरीर के साथ और हाथ को छाती पर समतल रखकर बाँध देने से धीरे-धीरे नर्व में स्पंदन लौट आता है।

प्रसव के समय पैरों के भीतर रहते हुए ही बाँह मूल या उरू की हड्डी में चोट लगने से वह टूट सकता है। पैर या हाथ की हड्डी को सही जगह लाकर स्पिलंट की सहायता से हलके से बाँधकर रखने पर टूटी हुई हड्डी जुड़ जाती है।

कभी-कभी गले के पास स्टरनो मास्टायड पेशी में खिंचाव आने से उसमें रक्तक्षरण होता है और गले की पेशी के निचले हिस्से में खून जम जाता है। इस स्थिति में बच्चे का मुँह विपरीत दिशा में घूम जाता है और गर्दन का निचला हिस्सा फूल जाता है।

बच्चा होते समय बहुत दबाव या खींचतान होने पर पेट के अंदर लीवर या किडनी में भी चोट लग सकती है।

कभी-कभी मस्तिष्क में रक्तरक्षण होने के बाद जो बच्चे जीवित रह भी जाते हैं, उनमें कुछ मामलों में थोड़ा जख्म और उसका बुरा असर बना रह सकता है। इससे

जन्मजात अपंगता के अलावा उम्र बढ़ने के साथ-साथ पक्षाघात के चिह्न उभर आते हैं और बाद में बच्चे बहरे-गूँगे हो सकते हैं। जिनके घर एक ही साथ अपंगता या पक्षाघात से आक्रांत बच्चे हैं, वे दंपति ही इसकी व्यथा को समझ सकते हैं कि यह कितनी गहरी है। आजकल विभिन्न तरह की ट्रेनिंग, व्यायाम और शिक्षा के उपकरण वाले स्कूलों की सहायता से इस तरह के रोगग्रस्त बच्चों को बहुत फायदा मिल रहा है। निर्बोध और पक्षाघात से ग्रस्त बच्चों के लिए इस तरह के बहुत सारे स्कूलों की आवश्यकता है। सरकार को भी इस विषय में सचेत होना चाहिए। इससे हम देख पा रहे हैं कि जन्म के समय की चोट सिर, वक्ष, पेट या अंग-प्रत्यंग की हड्डियों को जख्मी कर सकती है। इनमें मस्तिष्क की चोट आगे चलकर बच्चे की शारीरिक और मानसिक अस्वाभाविकता का कारण हो सकती है। इसीलिए आजकल जबरदस्ती फरसेप्स से या पैर पकड़कर बच्चे को गर्भ से निकालना कम हो गया है। इसके बदले सिजेरियन सेक्शन किया जाता है। लेकिन इससे भी हमेशा खतरे से बचा नहीं जा सकता।

# 27

# अस्वाभाविक और विकलांग बच्चा

जिनके घर में अस्वाभाविक या विकलांग बच्चे हैं वही समझ सकते हैं कि इस तरह के बच्चों की परवरिश और देखभाल के लिए कितना धैर्य, सहिष्णुता और मानसिक दृढ़ता की जरूरत पड़ती है। प्रकृति के नियमानुसार एक ही पौधे के सारे फूल एक जैसे नहीं होते। कोई पूर्ण विकसित होता है तो कोई विकृत। मानव शिशु में भी थोड़ा से लेकर गंभीर मानसिक और शारीरिक अस्वाभाविकता की सृष्टि हो सकती है। थोड़ी-सी त्रुटि रहने पर अधिकांश दंपति इसे बहुत महत्त्व नहीं देते। कान की कुंडलियाँ थोड़ी बड़ी, नाक थोड़ी अधिक लंबी, अस्वाभाविक दाँतों की आकृति, कुछ एक अधिक उँगलियों के रहने को स्वाभाविक व्यतिरेक मान लिया जाता है। शारीरिक और मानसिक अस्वाभाविकता के चलते जिन बच्चों का दैहिक और मानसिक बुद्धि तथा विवर्तन अन्य दस बच्चों से भिन्न है और जिन बच्चों के लिए बड़ा होकर स्वस्थ और शिक्षित-सभ्य व्यक्ति के रूप में समाज में रहना संभव नहीं होता, उन्हें ही विकलांग और अस्वाभाविक कहा जाता है। आमतौर पर दो प्रतिशत मामलों में नवजात शिशुओं में विभिन्न तरह की अस्वाभाविकता पाई जाती है। इनमें से करीब आधे मामले दवा, मानसिक शिक्षा और ऑपरेशन द्वारा ठीक किए जा सकते हैं। अन्य मामलों में प्राण-धारण और रक्षा की प्रतिकूल स्थिति के कारण इस तरह के बच्चे जन्म के तुरंत बाद या एक-दो वर्ष के अंदर मौत के मुँह में समा जाते हैं। जितने दिनों तक इस तरह के बच्चे जीवित रहते हैं, तब तक माता-पिता को क्रूश पर टँगे ईसा मसीह की तरह दायित्व और व्यथा ढोते रहना पड़ता है। बाद में दुबारा गर्भधारण करने पर उनके मन में स्वाभाविक रूप से प्रश्न उठता है कि भविष्य में भी क्या विकलांग बच्चा ही पैदा होगा।

## *बच्चों के अस्वाभाविक होने के संभाव्य कारण क्या हैं?*

**वंशानुगत त्रुटि और उसका प्रभाव :** अधिकांश मामलों में जन्मजात विकलांगता के कारणों का सही-सही निरूपण करना संभव नहीं होता। हमारे शरीर के अंग-प्रत्यंग की सृष्टि कोटि-कोटि कोषों द्वारा हुई है। प्रत्येक कोष में एक प्राण केंद्र या न्यूक्लियस है। इन 46 क्रोमोसोम में हमारे जीन या वंशानुगत संकोचित चिह्न हैं। इनमें से हमारी वंशानुगत

धारा (जैसे बाल और आँखों का रंग, शरीर और चेहरे का अवयव, मानसिक बनावट आदि) वंश परंपरा से प्रवाहित होती है।

प्रत्येक शारीरिक कोष के कुल 46 क्रोमोसोम में से 44 क्रोमोसोम पर शारीरिक और मानसिक वृत्ति निर्भर करती है। शेष दो क्रोमोसोम द्वारा यौनता का निर्णय होता है और उसका विकास प्रभावित होता है।

ये दोनों क्रोमोसोम xx (एक्स-एक्स) होने पर उसे प्राप्त करनेवाला स्त्री रूप में प्रस्फुटित और गठित होता है और xy होने पर पुरुष के रूप में विकसित होता है। शुक्राणु और डिम्बाणु में स्वाभाविक कोष का आधा अर्थात् 23 क्रोमोसोम रहते हैं। शुक्राणु का एन क्रोमोसोम एक्स अथवा वाई हो सकता है। लेकिन डिम्बाणु का यौन क्रोमोसोम हमेशा एक्स-एक्स होता है। शुक्राणु और डिम्बाणु के मिलन से जिस नए प्राण

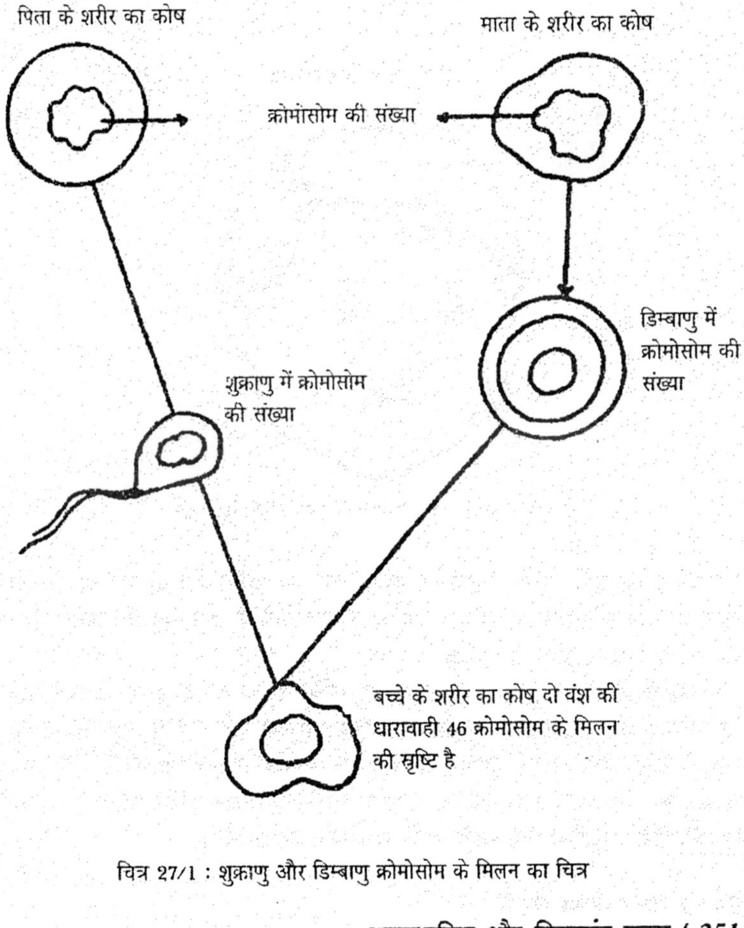


चित्र 27/1 : शुक्राणु और डिम्बाणु क्रोमोसोम के मिलन का चित्र

चित्र 27/2 : कबंध शिशु

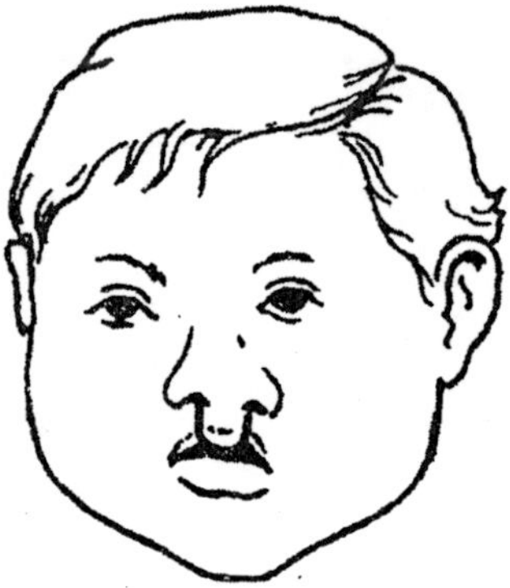

चित्र 27/3 : दो भागों में विभक्त होंठोंवाला शिशु

और कोष की सृष्टि होगी, उसमें 46 क्रोमोसोम पूर्ण गठित होंगे। इनमें 44 के अलावा अन्य दो यौन क्रोमसोम xy होने पर पुरुष संतान होती है और xx यौन क्रोमोसोम रहने पर कन्या उत्पन्न होती है। (चित्र 27/1)

प्रकृति के नियम से पुत्र या कन्या की सृष्टि मनुष्य की इच्छा के अधीन नहीं है। दूर भविष्य में xy क्रोमोसोम युक्त शुक्राणु को अलग कर पाने पर पुत्र या कन्या का जन्म मनुष्य की इच्छा के अधीन हो जाएगा। लेकिन याद रखना चाहिए कि भगवान के नियमानुसार पुरुष और स्त्री का विकास एक अपूर्व धारा है। सिर्फ लड़का या सिर्फ लड़की होने पर दुनिया में बहुत सारी समस्याएँ बढ़ जाएँगी।

जो 44 क्रोमोसोम शारीरिक और मानसिक गठन को नियंत्रित करते हैं यदि वे अस्वाभाविक हुए तो भ्रूण की वृद्धि में बाधा आती है और भ्रूण की अकाल मृत्यु होकर कई मामलों में गर्भपात हो जाता है। कभी-कभी एक क्रोमोसोम में थोड़ी-सी अस्वाभाविकता से प्राणनाश तो नहीं होता लेकिन गूँगे, लूले बच्चे का जन्म होता है। चेहरा, आँख, मुँह, नाक आदि अव्यय मंगोल जाति की तरह होने के कारण उन्हें मंगला कहा जाता है। इनमें कई बार गंभीर शारीरिक त्रुटि और मानसिक अपरिपक्वता रहती है। एक जीन की त्रुटि रहने पर नाटा, हीमोग्लोबिन के गठन की त्रुटि या एलबिनों (जन्मजात श्वेत दाग) वाले बच्चे का जन्म होता है। कई जीनों में त्रुटि रहने पर निम्नलिखित विकलांगताएँ हो सकती हैं–

1. बच्चे का सिर न होना (कबंध या ऐनेन के फली) (चित्र 27/2)
2. क्लेफट पैलेट और हेयर लिप (होंठ और तालू का कटा होना) (चित्र 27/3)
3. एपिलेप्स या मिर्गी
4. बाल्यकाल का डायबिटीज
5. मानसिक विकार
6. कमर की हड्डी के जुड़ने की विकलांगता
7. रीढ़ की हड्डी का विभाजन (स्पाइन बाइफिडा) और उसके साथ मेनिगोमाइलोसिल
8. हाइड्रोकेफेलस (चित्र 27/4)

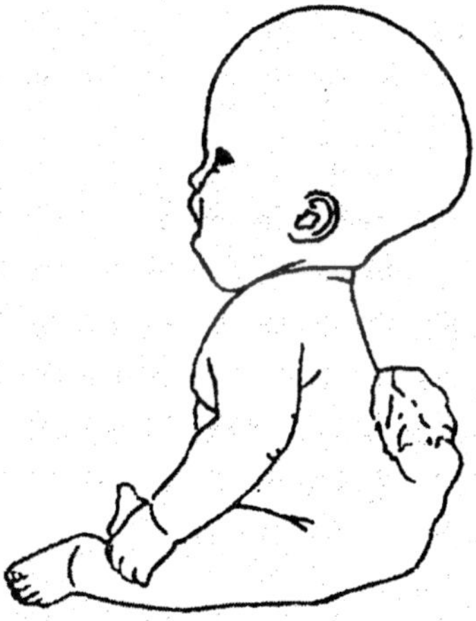

चित्र 27/4 : हाइड्रोकेफेलस और मेनिगोसिल युक्त बच्चा

इस तरह के विकलांग बच्चे का जन्म होने पर किसी भी दंपति का मन भारी होना स्वाभाविक है। वे स्वाभाविक रूप से जानना चाहते हैं कि ऐसा क्यों हुआ ? फिर से इसकी पुनरावृत्ति तो नहीं होगी ?

यौन क्रोमोसोम की त्रुटि रहने पर विभिन्न तरह के अर्धनारीश्वर और नपुंसक बच्चों का जन्म होता है। आगे इस पर चर्चा की जाएगी। इन सारे बच्चों के बाहरी अंगों का गठन स्त्री की तरह होने पर भी पेट के भीतर अंडकोष रह सकता है या पेट के एक तरफ अंडकोष और दूसरी तरफ डिम्बाशय, बच्चेदानी आदि रहते हैं। किसी-किसी में किसी भी तरह की ओवरी नहीं रहती, हालाँकि बाहरी अंग स्त्री की तरह ही होता है।

प्राकृतिक नियमों में स्त्री शरीर में बीज रोपने पर जो भ्रूण का संचार होता है उसके कोष-वृद्धि के रास्ते में वंशानुगत क्रोमोसोम की त्रुटि के अलावा विभिन्न तरह की समीपवर्ती विकलांगता और अस्वस्थता से भ्रूण वृद्धि के यात्रापथ में बाधा या अस्वाभाविकता उत्पन्न होती है। इनमें निम्नलिखित तथ्य महत्त्वपूर्ण हैं–

**1. उम्र का प्रभाव :** अधिक उम्र में गर्भधारण करने पर कई बार बच्चा विकलांग होता है। जिस दंपति में मंगला या क्रोमोसोम की त्रुटि के कारण एक बार विकलांगता आती है, उनमें अधिक उम्र होने पर इस तरह के अस्वाभाविक बच्चे के जन्म की संभावना बढ़ जाती है।

**2. वायरस संबंधी रोग :** गर्भावस्था के दो या तीन माह के बीच जरमन मिजिल्स, हाम, चिकन पॉक्स, चेचक आदि रोग होने पर कोई-कोई वायरस माँ के शरीर से फूल के अंदर होता हुआ भ्रूण को क्षति पहुँचा सकता है। माँ को हाम होने पर बच्चे की आँखों या हृदय को अविकास की स्थिति या अस्वाभाविकता हो सकती है। गर्भावस्था में चेचक का टीका लेने के विषय में सतर्क रहना चाहिए। शुरू के तीन महीने में टीका न लेना ही ठीक होता है। हारपिस, मम्स, इन्फ्लुएंजा आदि के वायरस कभी-कभी भ्रूण को क्षति पहुँचा सकते हैं। इसके अलावा टकसोप्लाज्मा नामक पैरासाइट आक्रमण से भी बच्चे को हानि हो सकती है।

**3. एक्स-रे और उसका प्रभाव :** बहुतेरी महिलाओं को एक्स-रे लेने की आदत रहती है और वे बात-बात में कहती हैं कि डॉक्टर साहब मेरे पेट के अंदर अच्छी तरह से एक्स-रे करके देख लें। नागासाकी और हिरोशिमा में एटमबम विस्फोट के कारण पाया गया था कि भयानक गलित, अपंगता एक्स-रे के प्रभाव से हो सकती है। अधिक फोटो खींचकर एक्स-रे की रोशनी में भ्रूण को अनावृत करने पर उस बच्चे को बाल्यावस्था में ल्यूकोमिया या कैंसर हो सकता है। कम माह की गर्भावस्था में एक्स-रे करने पर जीन का अद्‌भुत रूप हो सकता है। यह सब देखते हुए गर्भावस्था में बहुत आवश्यक न होने पर एक्स-रे करना ठीक नहीं है।

**4. ऑक्सीजन का अभाव :** प्रथम तीन माह में गर्भावस्था में ऑक्सीजन का अभाव होने पर भ्रूण की वृद्धि और विवर्तन में बाधा आ सकती है और अस्वाभाविक बच्चा पैदा हो सकता है। प्रथम तीन महीने में हवाई जहाज में उड़ने या बड़ा ऑपरेशन होने पर बेहोशी की स्थिति में एनेस्थेसिया के प्रभाव से ऑक्सीजन का अभाव हो सकता है। आजकल हवाई जहाज में प्रेसराइज्ड या वातानुकूल और दबावानुकूल व्यवस्था होने पर इस तरह की विपत्ति की आशंका को थोड़ा कम किया जा सकता है।

**5. गर्भावस्था में विभिन्न तरह की दवाओं का प्रभाव :** बहुत-सी दवाएँ गर्भावस्था में प्रथम तीन महीने के भीतर भ्रूण की वृद्धि में प्रतिबंधता उत्पन्न कर सकती हैं। कुछ वर्ष पहले थैलिडोमाइड नामक नींद, बदनदर्द और बुखार की प्रतिरोधक दवा पिलाने के कारण यूरोप और अमेरिका में एक लाख हाथविहीन विकलांग शिशुओं का जन्म हुआ था। इससे पूरी दुनिया में गर्भावस्था में नई दवा पिलाने के बारे में सतर्कता अपनाई गई है। निम्नलिखित दवाएँ डॉक्टर की सलाह के बगैर नहीं लेनी चाहिए–

1. कुछ एंटीबायटिक–जैसे स्ट्रेप्टोमाइसिन, अधिक मात्रा में टेरामाइसिन या एकटिनोमाइसिन
2. कर्टिसोन ग्रुप की दवा
3. डायबिटीज की मुँह में लेने वाली गोली
4. अफिंग
5. सैलिसिलेट
6. एंटिकोयागुलेट
7. कुनैन
8. एल.एस.डी.
9. इस्ट्रोजेन या कोई-कोई प्रेजेस्टेरोन हारमोन
10. ब्लडप्रेशर के लिए हेक्सामेथोनियम की गोली
11. एपिलेप्सी की कोई-कोई दवा।

**गर्भावस्था में माँ को होने वाली विभिन्न बीमारियों का प्रभाव :** माँ को डायबिटीज, थॉयराइड ग्लैंड का रोग, किडनी की बीमारी, गर्भावस्था में रक्तस्राव, पानी की थैली में अत्यधिक पानी जमने या पानी कम रहने पर भी बच्चा अपंग हो सकता है। आर.एच. की विषमता, माँ को रक्तचाप जैसी बीमारी, जुड़वाँ बच्चे की स्थिति में अपंग होने की आशंका अधिक रहती है।

## *क्या अपंगता को गर्भावस्था में दूर किया जा सकता है ?*

आजकल गर्भपात को कानूनी मान्यता प्राप्त हो जाने के कारण सबके मन में प्रश्न उठता है कि पहले से जानकारी होने पर इस तरह के अपंग बच्चे को दस माह तक गर्भ में धारण करने का मानसिक कष्ट न उठाकर क्या गर्भपात कराया जा सकता है ? यहाँ तक कि बार-बार विकलांग बच्चा पैदा होने की स्थिति में लाइगेशन ऑपरेशन का क्या महत्त्व है ? गर्भ गिराने से पहले दंपति और डॉक्टर को अच्छी तरह समस्या पर गौर करने के बाद उचित निर्णय लेना चाहिए।

पानी की थैली के पानी को अनुवीक्षण यंत्र की सहायता से जाँचकर तथा विभिन्न तरह के रासायनिक परीक्षण के जरिए बच्चे की विकलांगता की संभावना के बारे में कुछ कहा जा सकता है। पानी की थैली के पानी में अल्फा फिटो प्रोटीन का अनुपात जानकर

तथा अन्य रासायनिक परीक्षणों द्वारा कबंधता के विषय में भविष्यवाणी की जा सकती है। अन्य रासायनिक परीक्षणों द्वारा बच्चे के यौन विवर्तन, आर.एच. विषमता या अन्य वंशानुगत त्रुटि के बारे में जाना जा सकता है। इसके अलावा रंजन-रश्मि (एक्स-रे) की सहायता से भी गर्भस्थ शिशु के सिर के आकार और शिशु के विकास तथा अवयव के विषय में जाना जा सकता है।

सगोत्र विवाह में, जिनके बीच खून का रिश्ता है, उनमें वंशानुगत त्रुटि की आशंका अधिक रहती है। ममेरे, चचेरे भाई-बहन में शादी होने पर हर मामले में पारिवारिक इतिहास अच्छी तरह से देख लेना चाहिए।

उपरोक्त चर्चा से पता चलता है कि कुछ वंशगत कमियों और कुछ समीपवर्ती कारणों से विकलांग शिशु का जन्म हो सकता है। हमेशा इस तरह की दुर्घटना को टाला नहीं जा सकता। लेकिन माँ की गर्भावस्था में विभिन्न तरह की अस्वस्थताओं, अकारण दवा के प्रयोग या रंजन-रश्मि (एक्स-रे) की जाँच से बचने पर कई तरह की समस्याओं से बचा जा सकता है। जिस माँ को इस तरह के बच्चे का लालन-पालन करना पड़ता है, वही इसकी व्यथा और उत्तरदायित्व को जानती है। लेकिन आजकल गूँगे या मंदबुद्धि बच्चों की शिक्षा का बहुत विकास हुआ है और उनकी आई क्यू यानी इन्टेलिजेन्स कोसेन्ट या बुद्धि स्तर को नापकर कई तरह से इन बच्चों को जीवन-पथ पर अग्रसर होने में सहायता की जा सकती है। निर्भीक होकर समस्या का मुकाबला करने से डर या हताशा पर विजय पाई जा सकती है।

# 28

# नवजात शिशु के लिए प्रतिरोधक टीका

राष्ट्रीय स्वास्थ्य रक्षा की विभिन्न समीक्षाओं और परिचर्चाओं से यह पता चलता है कि किसी भी चिकित्सा प्रणाली का मूल्य धीरे-धीरे कम होता जा रहा है, राष्ट्रीय स्वास्थ्य रक्षा या बच्चों को रोग से मुक्त करने के लिए समष्टिगत चिकित्सा निहायत जरूरी है। सामान्य स्वास्थ्य नियमों के पालन के द्वारा और प्रतिरोधक टीकों की सहायता से संक्रामक रोगों से आसानी से बचा जा सकता है। हम देखते हैं कि पचास वर्ष पुरानी स्वास्थ्य नियमों की पुस्तक में हैजा, चेचक, प्लेग आदि के प्रतिरोध के बारे में लिखे जाने के बावजूद प्रतिवर्ष इन बीमारियों का प्रादुर्भाव होता है। हमारे देश में प्रतिरोधक टीका और दूसरे पालन किए जाने वाले उपायों के विषय में आज भी कुसंस्कार और अज्ञानता है। जिनको स्वास्थ्य शिक्षा की जानकारी कम है, वे साल में किए जाने वाले इक्का-दुक्का प्रचार-विज्ञापन या सिनेमा स्लाइड की प्रदर्शनी आदि को अवज्ञा और अवहेलना की दृष्टि से देखते हैं। अल्पसंख्यक शिक्षित व्यक्ति यानी विशाल जनसंख्या का एक हिस्सा विशेष ही टीका लेने के प्रति सचेत है। हमारे देश की सरकार भी इस विषय में बहुत सचेत नहीं है। प्रिवोन्टिव मेडिसिन डॉक्टरों के शिक्षा-क्रम में एक उपेक्षित विषय है। लेकिन आँखें खुली रखने पर पाते हैं कि सभी विकसित और स्वतंत्र देशों में आज रोग प्रतिरोध पर अधिक जोर दिया जाता है। आज भी हमारे देश में गाँवों में पीने के पानी और गंदे पानी एवं गंदगी को साफ करने की सही व्यवस्था नहीं है। इतने सुंदर देश को हम लोग गंदगी का ढेर बनाए हुए हैं। जहाँ-तहाँ गंदा फेंकना या पेशाब-पाखाना करना एक आदत बन गई है। रेड आर्मी की शिक्षा के प्रथम चरण में चीन के चेयरमैन माओ-त्से-तुंग ने जहा-तहाँ पेशाब-पाखाना न करने की सीख को प्राथमिकता दी थी। इसीलिए चीन में बहुतेरे रोगों का प्रतिरोध कर पाना संभव हुआ। जन्म के बाद दुनिया की रोशनी-हवा आदि के संपर्क में आकर बच्चा विभिन्न तरह की विपत्तियों के सामने होता है। हम जानते हैं कि कोई-कोई रोग एक बार होने पर आदमी के शरीर में रोग-प्रतिरोध की क्षमता जन्म लेती है। इस प्रतिरोध-क्षमता की उत्पत्ति हमारे शरीर में कोष से होती है और यह कुछ रासायनिक पदार्थों में रहती है। बाद में वैज्ञानिक अधमरे-मरे जीवाणुओं को शरीर में प्रवेश कराके शरीर की प्रतिरोध शक्ति बढ़ाने में सक्षम हुए हैं। प्रतिरोध शक्ति कोष के भीतर एक रासायनिक पदार्थ में रहती है। यह

रासायनिक पदार्थ प्रोटीन और उसमें गामाग्लोयूलीन से प्रतिरोधक को धारण करता है। श्वेतकणों में लिम्फोसाइटरा गामाग्लोयूलीन प्रस्तुत करता है, इसीलिए किसी-किसी मामले में मृत जीवाणु शरीर में प्रवेश कराके रोग प्रतिरोध की क्षमता का संचार किया जाता है। कभी-कभी गामाग्लोयूलीन इंजेक्शन देकर भी शरीर के प्रतिरोध को बढ़ाया जाता है।

निम्नलिखित रोगों में मृत जीवाणु मिले हुए सिरम, या वायरस के विरुद्ध सिरम तैयार करके उसका टीका बनाया जाता है–

1. चेचक, 2. डिप्थीरिया, 3. हापिंग खाँसी, 4. पोलियो, 5. टॉयफाइड, 6. हैजा, 7. टी.बी., 8. टिटनेस, 9. इयोलो, 10. प्लेग।

**चेचक का टीका :** सन् 1889 में एडवर्ड जेनर ने एक ग्वालिन की बात से प्रेरित होकर चेचक के टीके का आविष्कार किया था। वह ग्वालिन चेचक से ग्रस्त गाय का दूध दुहती थी। इसीलिए उसके परिवार के सभी लोग इस रोग से मुक्त रहते थे। गाय के चेचक के रस के बना टीका जेनर ने अपने पुत्र के शरीर में खरोंचकर लगा दिया था और इस प्रयोग में सफल होने के बाद उन्होंने चेचक के टीके का आविष्कार किया। हालाँकि हमारे देश में अब चेचक पर थोड़ा नियंत्रण पा लिया गया है, फिर भी बच्चे के जन्म के दो महीने के अंदर चेचक का टीका लगा देना चाहिए। कम उम्र में टीका लगाने पर प्रतिरोध का कार्य जल्दी से शुरू हो जाता है और प्रतिक्रिया भी कम हो जाती है। आमतौर पर चेचक का टीका बाँह के बाहरी हिस्से या जाँघ के बाहरी हिस्से में लगाया जाता है। दोनों जगहों पर इस तरह से खरोंचकर लिम्फ घुसाया जाता है ताकि अधिक खून न निकले और प्रतिरोधक लिम्फ चमड़े की लिम्फ नली में प्रवेश कर जाए। लिम्फ बहुत पतली नस की तरह शरीर की पदार्थवाही नली है। इस टीके को प्राथमिक टीका कहा जाता है और यदि टीका ठीक से उठ जाए तो तीन महीने के अंदर शरीर में प्रतिरोध क्षमता का जन्म होता है।

विभिन्न कारणों से टीका नहीं भी उठ सकता है। बच्चे के शरीर में माँ के दूध या खून से प्रतिरोधक का संचार होता है, इसीलिए जन्म के थोड़े समय बाद टीका लगाने पर कई बार टीका नहीं उठता है। ज्यादा स्प्रिट लगाकर उसके सूखने से पहले ही लिम्फ देने पर उसका गुण नष्ट हो सकता है। क्योंकि टीका लिम्फ नली में घुसने से पहले खून के श्वेतकण उसको नष्ट कर डालते हैं।

एक बार टीका सफल न होने पर एक महीने बाद पुनः टीका लगाना चाहिए। अधिक जल्दबाजी करने से सिरम एलर्जी भी हो सकती है।

हमारे देश में अब भी कभी-कभी चेचक होता है। इसीलिए प्रत्येक वर्ष टीका लेना चाहिए। यदि जनता की माँग हो तो म्यूनिसिपल कारपोरेशन या अन्य टीका केंद्र सचेत होकर अपने दायित्व पालन में सचेष्ट होंगे। विश्व स्वास्थ्य संगठन ने कहा है कि अब भारत में टीके की आवश्यकता नहीं है, लेकिन मेरा सोचना है कि और चार-पाँच वर्ष तक प्रतिरोधक टीका देते रहना चाहिए।

**डिप्थीरिया, हापिंग खाँसी और धनुषटंकार :** इन तीनों रोगों के टीके एक साथ

प्रस्तुत किए गए और इसका नाम ट्रिपल एंटिजन है। आमतौर पर तीन-चार और पाँचवें महीने में यह टीका शिशु को लेना चाहिए। प्रत्येक इंजेक्शन में 0.05 मिलीलीटर दवा नितंब के सामने की तरफ देनी चाहिए। आजकल स्कूल जाने से पहले पूर्व अर्जित प्रतिरोधक क्षमता को बढ़ाने के लिए बूस्टर डोज लेने की सलाह दी जाती है।

**पोलियो का टीका :** भारत के पश्चिमी इलाके में पोलियो के शिकार लोग अकसर नजर आते हैं। साल्क नामक वैज्ञानिक इस भयानक वायरस संबंधी रोग का प्रतिरोधक टीका बनाकर दुनिया में मशहूर हो गए। साल्क वैक्सीन इंजेक्शन दिया जाता था। सैविन नामक एक अन्य वैज्ञानिक ने मुँह से खिलाने वाली दवा तैयार की। पोलियो का टीका तीन-चार महीने की उम्र में लगाया जा सकता है। एक मिलीलीटर मात्रा में इंजेक्शन या तीन बूँद दवा पिलाई जानी चाहिए। बाद में प्रतिरोधक क्षमता बढ़ाने के लिए बूस्टर डोज देना पड़ता है।

**टी.बी. रोग के लिए बी.सी.जी का टीका :** पौष्टिक आहार का अभाव, अज्ञानता, गरीबी और वातावरण की गंदगी के चलते टी.बी. हमारे देश के कस्बों और शहरों के लोगों पर आक्रमण करती है। यह रोग फिलहाल काफी फैला हुआ है जबकि इंग्लैंड, रूस और अमेरिका में यह बीमारी नहीं के बराबर है। टी.बी. हो जाने पर भी प्रतिरोधक टीका के द्वारा शरीर के अन्य हिस्सों में इस रोग का प्रतिरोध करना संभव है।

हम शहरवासियों के शरीर में कभी-न-कभी टी.बी. के जीवाणु साँस के साथ फेफड़ों को आक्रांत करते हैं। शरीर अपनी प्रतिरोध क्षमता द्वारा उसे नष्ट कर देता है। एक्स-रे द्वारा जाँचने पर फेफड़ों में हलका दाग दिखाई देता है। इसे गन्स फोकस या प्राइमरी कांप्लेक्स कहा जाता है।

इस तरह प्राथमिक तौर पर टी.बी. के जीवाणुओं के हमारे शरीर में प्रवेश करने के बाद शरीर के कोष में दो क्षमताओं का विकास होता है। पहली है प्रतिरोध शक्ति क्या इम्यूनिटी और दूसरी का नाम है एलर्जी या अत्यधिक सचेतनता या सूक्ष्म संवेदन अनुभूति। इस अतिसचेतनता का परिणाम हमेशा अच्छा नहीं होता। अतिसंवेदनशीलता के बाद बीमार होने पर शारीरिक प्रतिक्रिया अधिक होती है। किसी के शरीर में टी. बी. के विरुद्ध एलर्जी है या नहीं, यह जान लेने पर उसके शरीर में कभी टी.बी. के जीवाणु घुसे थे—ऐसा संदेह किया जाता है। इस जाँच को मांटुस टेस्ट कहते हैं।

टी.बी. के जीवाणु को ग्लीसरिनयुक्त मीडिया में वृद्धि कराके 100 डिग्री वाष्पीकृत ताप से मारकर या जख्मी करके उससे निकले रस को आल्ट्रोफिल्टर में छानकर ट्यूबर-क्यूलिस नामक रासायनिक पदार्थ तैयार किया जाता है। एकदम कम मात्रा के इस ट्यूबरक्यूलिस से बहुत कम मात्रा (1 : 10-100.00) में इंजेक्शन बनाकर लगाने से 48-72 घंटे के भीतर यदि इंजेक्शन का स्थान लाल होकर फूल जाए तो उसे एलर्जी या अतिसचेतनता का लक्षण मान लिया जाता है। इसे ट्यूबरक्यूलिस पॉजिटिव कहते हैं। ऐसे में बी.सी.जी. का टीका लगाने पर तीव्र प्रतिक्रिया हो सकती है। जो लोग ट्यूबरक्यूलिस निगेटिव हैं उनके शरीर की प्रतिरोध शक्ति को बढ़ाने के लिए

बी.सी.जी. का टीका लगाया जाता है। आजकल बच्चे के जन्म के बाद से एक महीने के अंदर उसे यह टीका लगाकर टी.बी. के प्रादुर्भाव और फैलाव को रोका जा सकता है।

**टॉयफाइड और हैजे का टीका :** हमारे देश में पानी, खाना, गंदगी, मलमूत्र आदि विभिन्न चीजों से इस रोग के जीवाणु मनुष्य के शरीर में फैल जाते हैं। हैजा, टॉयफाइड के जीवाणु को वाष्पीकृत ताप की सहायता से मारकर कार्बोलिक एसिड के द्वारा कमजोर करके टीके के रूप में प्रयोग किया जाता है। यह टीका एक या दो सप्ताह के अंतराल में दो-तीन इंजेक्शन के रूप में दिया जाता है। इस रोग के विषय में सबको सजग रहना चाहिए।

**प्लेग और इयोलोफिवर :** इन दोनों रोगों को टीके की सहायता से रोकना संभव होता है। प्लेग एक भयानक बीमारी है और उत्तर बिहार में इसका प्रभाव बहुत अधिक है। वैसे इयोलोफिवर इस देश में अधिक नहीं होता। 0.25 से 1.0 मिलीलीटर इंजेक्शन सात-सात दिन बाद दो बार देने पर प्लेग का प्रतिरोध संभव है। कामकाज के सिलसिले में आजकल बहुत-से लोग अफ्रीका जा रहे हैं। जाने से पहले 0.5 मिलीलीटर की मात्रा में इयोलोफिवर इंजेक्शन का टीका लेना अत्यावश्यक है।

टीका निर्देश की सूची

| उम्र | अस्वस्थता | टीके का नाम | इंजेक्शन की मात्रा और प्रयोग विधि | कब नहीं लेना चाहिए |
|---|---|---|---|---|
| 3 महीना | डिप्थीरिया, टिटेनस हूपिंग खाँसी, पोलियो | डिप्थीरिया एल एफ 25, टिटनेस टाकसाइड एल एफ 10, हूपिंग खाँसी दो लाख मृत या अर्धमृत वायरस | 0.5 से 1 मिलीलीटर चमड़े के नीचे चर्बी या मांसपेशी में | पोलियो और हैजा के समय नहीं लगाना चाहिए। तड़का रोग रहने पर हूपिंग खाँसी का टीका नहीं लगाना चाहिए। |
| 15-24 महीना | डिप्थीरिया, टिटेनस हूपिंग खाँसी और पोलियो | —<br>— | 1 मि. ली. बूस्टर<br>इंजेक्शन तीन बूँद | —<br>— |
| 2 से 5 वर्ष | चेचक का टीका | वैक्सीन से बना लिम्फ दिया जाता है। | चमड़ी में खरोंचकर | चर्मरोग या एक्जिमा में |
| स्कूल में भर्ती होने के बाद | डिप्थीरिया, टिटेनस और पोलियो टॉयफाइड | वैक्सीन से बना लिम्फ | चमड़ी में खरोंचकर दिया जाता है। | चर्मरोग या एक्जिमा में |
| 8-9 वर्ष | चेचक पोलियो | पुनः टीका | | महामारी से पीड़ित इलाके में टॉयफाइड, हैजा और चेचक का टीका लिया जाए। |
| 10-15 | टी.बी. | बी.सी.जी. का टीका आजकल नवजात शिशु को भी दिया सकता है। | 0.1 मिलीलीटर चमड़ी के नीचे | |

माँ का मन हमेशा बच्चों की भलाई में मग्न रहता है। आहार, रोशनी, हवा, जिस तरह आवश्यक है, वैसे ही नवजात शिशु को रोगमुक्त रखना भी अभिभावक का उतना ही बड़ा दायित्व है। हमारे देश में संक्रामक रोगों के कारण शिशु-मृत्यु की दर अन्य देशों की अपेक्षा अधिक है। इसलिए प्रत्येक अभिभावक को चाहिए कि डॉक्टर की सलाह से प्रथम वर्ष में पूर्व वर्णित गंभीर बीमारियों के प्रतिरोधक टीके बच्चे को जरूर लगवा दें। माताओं का सहयोग न मिलने पर इन रोगों को अपने देश से दूर करने की कोशिश व्यर्थ होने के लिए बाध्य है। इस जानकारी का अधिक से अधिक प्रचार होना चाहिए। विशेषकर गाँवों, बस्तीवासियों और अशिक्षित लोगों को रेडियो या टी.वी के जरिए इन टीकों के फायदे के बारे में बताया जाना चाहिए। उनके मन से डर एवं कुसंस्कार दूर करना निहायत जरूरी है।

# 29

# माँ और शिशु की मृत्यु

पश्चिमी देशों में मातृ कल्याण की व्यवस्था के विकास के साथ-साथ माताओं की मृत्यु-दर बहुत कम हो गई है। पर हमारे जैसे विकासशील देश अभी तक इस मामले में काफी पिछड़े हुए हैं। पश्चिमी देशों में जहाँ माँ की मृत्यु-दर 10,000 में एक है, वहीं हमारे देश में अब भी यह दर प्रति हजार में एक से दस तक है। जिन मामलों में गर्भावस्था में नियमित रूप से डॉक्टरों को दिखाया जाता है, वहाँ मृत्यु की दर प्रति हजार एक या दो है, लेकिन जो लोग डॉक्टर को नहीं दिखाते, उनमें मृत्यु-दर प्रति हजार पाँच से दस तक होती है। आमतौर पर जिन कारणों से माँ की मृत्यु होती है, उन्हें तीन भागों में बाँटा जा सकता है—

1. प्रत्यक्ष रूप से गर्भावस्था या प्रसव के कारण मृत्यु।
2. गर्भावस्था में परोक्ष रूप से किसी कारणवश मृत्यु।
3. गर्भावस्था में किसी आनुषांगिक कारणवश मृत्यु।

जिन मुख्य कारणों से माँ की जान जाती है, उसकी एक सूची इस प्रकार है—

1. गर्भपात के समय मृत्यु—
   क. गर्भपात के दौरान किसी चोट के कारण अत्यधिक रक्तस्राव, और
   ख. गर्भपात के समय भयानक जीवाणु संक्रमण के कारण मृत्यु।
2. गर्भावस्था में ब्लडप्रेशर और एक्लंप्सिया संबंधी रोग से मृत्यु।
3. गर्भावस्था में खून की कमी, हार्टफेलियोर या कोलैप्स कर जाने से।
4. गर्भावस्था में जॉन्डिस रोग और उसके कष्ट से।
5. गर्भावस्था में हृदयरोग और उसकी जटिलता से मृत्यु।
6. प्रसव के समय मृत्यु—

क. सिजेरियन ऑपरेशन में विलंबित प्रसव और माँ का गहन अवसाद तथा कोलैप्स कर जाना।

ख. विफल फरसेप्स या संकटपूर्ण फरसेप्स डिलिवरी और बच्चेदानी में आघात लगने संबंधी रक्तक्षरण से।

7. बेहोश करते समय मृत्यु।

## *गर्भावस्था के समय या बाद में रक्तस्राव से मृत्यु*

अत्यधिक ब्लडप्रेशर या जॉन्डिस, रक्तस्राव और जीवाणु संक्रमण जैसे कुछ मुख्य कारणों से ही हमारे देश में माँ की मृत्यु ज्यादा होती है। इनमें से कुछ कारणों से बचाव संभव है बशर्ते पहले से रोकथाम के लिए उचित कदम उठाए जाएँ। संकटपूर्ण गर्भावस्था की सूची पहले ही दी जा चुकी है। इन सारी समस्याओं को दूर करने के लिए परिवार के बड़े-बूढ़ों, डॉक्टर और स्वयं माँ को संयुक्त रूप से मातृ कल्याण के लिए सोचना होगा।

**गर्भपात के समय मृत्यु :** अब तक गर्भपात के दौरान माँ की मृत्यु एक मुख्य कारण है। विशेषकर अविवाहित मातृत्व को नष्ट करने के लिए गैरकानूनी गर्भपात की कोशिश से ही विभिन्न तरह की परेशानियाँ पैदा होती हैं। अनाड़ी डॉक्टर द्वारा अनुचित परिवेश में गर्भपात कराते हुए सौ में दस महिलाएँ अलग-अलग तरह की परेशानियों के साथ अस्पताल में भर्ती होती हैं, जिनमें से दस प्रतिशत को मौत के मुँह में शरण लेनी पड़ती है, जबकि उचित अस्पतालों में विशेषज्ञ डॉक्टरों के द्वारा या उनकी देखरेख में गर्भपात कराने पर एक हजार मामलों में एक-दो को ही परेशानी होती है। सामान्य जनता और रोगी के लिए यह जानना जरूरी है कि शुरुआती दो माह के अंदर साक्शन पद्धति ही गर्भपात के लिए सबसे अधिक निरापद है। दस सप्ताह पार हो जाने पर अन्य सभी पद्धतियों में परेशानी की आशंका रहती है। अनाड़ी डॉक्टरों के हाथों गर्भपात करवाते समय रक्तस्राव, बच्चेदानी या पेट के भीतर आघात, जीवाणु संक्रमण, शाक् और कोलैप्स आदि विभिन्न कारणों से माँ को मृत्यु की गोद में चले जाना पड़ता है। अब जबकि सरकार भ्रूण हत्या को कानूनी रूप दे चुकी है, तो अनाड़ी डॉक्टर से छिपकर गर्भपात करवाने का कोई मतलब नहीं रह जाता।

**ब्लडप्रेशर :** गर्भावस्था में ब्लडप्रेशर संबंधी रोग में प्रि-एक्लंप्सिया और एक्लंप्सिया माँ की मृत्यु का कारण होता है। प्रि-एक्लंप्सिया चिकित्सा द्वारा कम रहती है और अच्छी तरह इसका इलाज करने पर एक्लंप्सिया का पूरी तरह प्रतिरोध किया जा सकता है। गर्भावस्था में सुयोग्य डॉक्टर से न दिखाना ही इस गंभीर बीमारी का मुख्य कारण है। अंतिम महीने में कम-से-कम चार बार डॉक्टर को न दिखाने से इस विपत्ति से निकलना संभव नहीं है।

**खून की कमी :** हमारे देश में माताओं का स्वास्थ्य यों ही कमजोर रहता है। ऊपर से टी.बी., आँव और केंचुआ, किडनी आदि की समस्या तथा उचित आहार का अभाव भी। यानी सब मिलकर खून की कमी उत्पन्न करते हैं। इससे गर्भावस्था के अंतिम महीने में और डिलिवरी के तुरंत बाद हार्टफेल होने से मृत्यु हो सकती है। माँ के लिए उचित भोजन एवं आयरन की गोली की व्यवस्था तथा केंचुआ आदि का ठीक समय पर इलाज करके माताओं की मृत्यु-दर को कम किया जा सकता है। इसके लिए रोगी, डॉक्टर, अभिभावक सभी के संयुक्त प्रयास की आवश्यकता है। इस रोग को दूर करने के लिए सरकार को चाहिए कि प्रत्येक माँ को गर्भावस्था में प्रतिरोधक आयरन और सस्ती

विटामिन मुफ्त में देने का इंतजाम करे।

**रक्तस्राव :** गर्भावस्था और प्रसवकाल में विभिन्न कारणों से रक्तक्षरण होता है। गर्भपात, प्लेसेंटा प्रिविया, फूल के पीछे रक्तस्राव, विलंबित प्रसव में बच्चेदानी फट जाने और प्रसव के बाद फूल के अटक जाने या चोट के कारण रक्तस्राव से बहुतेरी माताओं की जान चली जाती है। गर्भावस्था में रक्तस्राव होने पर अच्छे अस्पताल में, जहाँ रक्त मिलना संभव हो और जरूरत पड़ने पर सिजेरियन ऑपरेशन हो सके, भर्ती करना चाहिए। अधिक उम्र में गर्भधारण या कई बच्चों की माँ को इस तरह के रक्तस्राव की आशंका अधिक रहती है। गर्भावस्था में प्रसव के समय और प्रसव के बाद उचित व्यवस्था करने पर इस कारण से होने वाली मृत्यु को रोका जा सकता है।

**जॉन्डिस :** पूरे भारत, बँगलादेश और नेपाल में पिछले 7-8 वर्षों से इस रोग का प्रकोप बढ़ा है। अशुद्ध पानी, मिलावटी तेल और खाद्य ही इस रोग के प्रादुर्भाव का मुख्य कारण हैं।

गर्भावस्था में कई तरह का जॉन्डिस होता है। उसमें वायरल हेपाटाइटिस सबसे खतरनाक है। इस रोग में गर्भावस्था की मृत्यु की दर साधारण व्यक्ति के जॉन्डिस से बहुत अधिक है। लगता है, हारमोन के प्रभाव से गर्भावस्था में लीवर बहुत कमजोर रहने के कारण जॉन्डिस का भयानक प्रकोप होता है। लीवर फैल्योर और प्रसव के समय रक्तस्राव, इन दोनों कारणों से ही मृत्यु होती है। लीवर फैल्योर की रोगी महिला आसानी से बेहोश हो जाती है और ग्लूकोज, कार्टिसन, नियोमाइसिन या एक्सचेंज पद्धति से रक्त संचालन करके भी उसे अधिकांश समय बचा पाना संभव नहीं होता। दूसरे, शरीर में प्रथ्रमबिन नामक खून जमाने वाले रासायनिक पदार्थ के अभाव में खून जम नहीं सकता।

**प्रसव के लक्षण :** आजकल अच्छे अस्पतालों में विलंबित प्रसव नजर नहीं आता; लेकिन गाँव और कस्बों के अस्पतालों में अभी भी काफी समय तक प्रसव की पीड़ा को सहन कराने की प्रथा प्रचलित है। देखा गया है कि प्रसवकाल में दो-तीन दिनों का विलंब होने पर माँ क्रमशः अवसादग्रस्त होती जाती है और उसके बाद फरसेप्स, सिजेरियन या अन्य किसी ऑपरेशन के द्वारा प्रसव कराने से माँ की दशा संकटग्रस्त हो सकती है। सिजेरियन ऑपरेशन में रक्तक्षरण, कौलेप्स करने, एनेस्थेसिया के कारण या पेरिटोनाइटिस आदि कारणों से मृत्यु हो सकती है। इस देश में सिजेरियन ऑपरेशन से अब भी मृत्यु की दर प्रति चार-पाँच सौ ऑपरेशनों में एक या दो होती ही है। उस पर इमर्जेंसी ऑपरेशन या अत्यधिक रक्तक्षरण के बाद, डिहाइड्रेशन या इन्फेक्शन के बाद ऑपरेशन में खतरा अधिक रहता है। जिन मामलों में माँ की हालत गंभीर होती है, उसमें सिजेरियन ऑपरेशन करने पर खतरा अधिक होता है।

**एक्टोपिक गर्भावस्था :** बच्चेदानी में भ्रूण का रोपण न होकर फैलोपियन ट्यूब में भ्रूण का रोपण होने से यह बीमारी होती है। डेढ़, दो या तीन महीने के दौरान फैलोपियन ट्यूब के फट जाने से पेट के भीतर अत्यधिक रक्तस्राव से माँ की स्थिति चिंताजनक हो जाती है। जल्दी से अस्पताल ले जाकर खून न चढ़ाने और ऑपरेशन न करने पर

रोगी को बचा पाना मुश्किल हो जाता है।

इस चर्चा से पाते हैं कि माताओं की मृत्यु की दर में कमी जरूर आई है, लेकिन इसे और कम करने के लिए सचेष्ट होना चाहिए। अधिक उम्र में गर्भधारण, पाँच या उससे अधिक बच्चों की माताएँ, गर्भावस्था में होने वाली अन्य बीमारियाँ या गरीबी और अपौष्टिकता तथा अशिक्षा के वातावरण में जो लोग जीवन यापन करते हैं, उनकी तरफ ध्यान देते हुए उन्हें हर आने वाले खतरे के बारे में सचेत करते हुए रोग की गंभीरता के बारे में समझाना चाहिए। सिर्फ डॉक्टरी के जरिए इसका समाधान संभव नहीं है।

मातृ-मृत्यु की दर को कम करने के लिए चाहिए उचित स्वास्थ्य शिक्षा का प्रसार और व्यवस्था। डॉक्टरी से ज्यादा जरूरी है आर्थिक विकास और शिक्षा व्यवस्था के साथ आहार का उचित प्रबंध तथा अच्छा परिवेश। सभी स्वतंत्र देशों में ही स्वास्थ्य कर्मियों की सहायता से विभिन्न बीमारियों के प्रतिरोध की व्यवस्था और निवास स्थान को साफ रखने के लिए जनता को मानसिक सचेतनता बनानी होगी। सभी गर्भवती स्त्रियों को डॉक्टर या मिडवाइफ से दिखाना अनिवार्य करना होगा। सरकार की ओर से मुफ्त में आयरन संबंधी दवा और सस्ती प्रोटीन वाला भोजन माताओं को देना बहुत जरूरी है। उदाहरण के तौर पर कलकत्ता के दो बड़े अस्पतालों में मातृ-मृत्यु की दर यहाँ दी जा रही है। इनमें से एक अस्पताल में जब जो चाहे आकर भर्ती हो सकता है और दूसरे में सभी गर्भवती महिलाओं की पूरी तरह से जाँच करना अनिवार्य बनाया गया है।

(क)

जिस अस्पताल में रोगी को दिखाना अनिवार्य है, पर रखा नहीं जा सकता। इस अस्पताल में 9029 केस में 90 मामलों में माँ की मृत्यु हो गई। यह दर प्रति हजार 9.9 है।

(ख)

जिस अस्पताल में गर्भावस्था में दिखाना एकदम अनिवार्य है। इस अस्पताल में 14233 मामलों में 9 माँ की मृत्यु हुई। यह दर प्रति हजार 0.60 है।

| | मृत्यु का मुख्य कारण | न.% | न.% |
|---|---|---|---|
| 1. | गर्भपात संबंधी रक्तक्षरण, जीवाणुओं का संक्रमण और ऑपरेशन के बाद मृत्यु | 15 | — |
| 2. | गर्भावस्था में रक्तक्षरण | 1 | — |
| 3. | प्रसव के बाद रक्तक्षरण | 7 | 3 |
| 4. | एक्लंप्सिया | 8 | — |
| 5. | दुरारोग्य प्रि-एक्लंप्सिया | 3 | 1 |
| 6. | प्रलंबित और अवरुद्ध प्रसव | 4 | — |
| 7. | बच्चेदानी में आघात | 1 | 1 |

| | | | |
|---|---|---|---|
| 8. | प्रसव के अंत में बच्चेदानी का उलटकर बाहर आ जाना | 1 | — |
| 9. | सिजेरियन के बाद प्रसव में असुविधा | 6 | 2 |
| 10. | प्रसव के अंत में जीवाणु के संक्रमण संबंधी प्रदाह | 5 | — |
| 11. | फेफड़े में एम्बलिज्म | 1 | 1 |
| 12. | रक्तदूषण (ल्यूकिमिया) | — | 1 |

**गौण कारण**

| | | | |
|---|---|---|---|
| 1. | रक्तशून्यता (7 ग्राम/100 मिलीग्राम) | 8 | — |
| 2. | जॉन्डिस | 22 | — |
| 3. | हृदय रोग | 1 | — |
| 4. | उच्च रक्तचाप संबंधी हार्ट फैल्योर | 1 | — |
| 5. | मस्तिष्क में जीवाणुओं का संक्रमण और एम्बलिज्म या रक्तक्षरण | 4 | — |
| 6. | ब्रंकोन्यूमोनिया | 2 | — |

देखते हैं कि अभिभावक, रोगी और डॉक्टरों की अज्ञानता तथा अवहेलना संयुक्त रूप से खतरा उत्पन्न करते हैं। अनुपयुक्त अर्ध प्रशिक्षित दाई या अनुपयुक्त परिवेश में कम जानकार डॉक्टरों द्वारा इलाज कराने से एक बार जटिलता उत्पन्न हो जाने पर अंततः रोगी को बचा पाना संभव नहीं होता। उपरोक्त सूची से पता चलता है कि जिस अस्पताल में रोगी की जाँच करवाना अनिवार्य है और खतरापूर्ण गर्भावस्था के लिए उचित व्यवस्था की गई है, वहाँ मृत्यु की दर बहुत कम है। वैसे पाश्चात्य देशों में अब माँ की मृत्यु की दर प्रति दस हजार में सिर्फ एक या दो है। इस दर तक पहुँचने के लिए जनता के स्वास्थ्य-प्रबंध को और उन्नत करना जरूरी है। गर्भावस्था की गंभीर बीमारी जैसे—रक्तशून्यता, जॉन्डिस, हृदयरोग आदि को न रोकने पर सिर्फ प्रसवकालीन चिकित्सा द्वारा मृत्यु की दर को कम करना संभव नहीं होता।

# 30

# शिशु-मृत्यु के कारण

भ्रूणस्थ शिशु की मृत्यु और जन्म के सात दिनों के भीतर मृत्यु की दर को जोड़कर जन्म के समय शिशु-मृत्युदर का निर्धारिण किया जाता है। पाश्चात्य देशों में यह मृत्यु-दर प्रति दस हजार में 20 से अधिक नहीं है। हमारे देश में यह मृत्यु-दर 50 से 150 तक चढ़ती-उतरती रहती है।

आमतौर पर शिशु-मृत्यु के निम्नलिखित कारण हैं—

1. अपरिपक्व और अस्वस्थ नवजात शिशु की होने वाली विभिन्न तरह की असुविधाओं से।

2. जन्म के समय की चोट और साँस की तकलीफ संबंधी रोग से।

3. जीवाणुओं से आक्रांत होकर पेट की बीमारी से।

4. विकलांगता से।

5. गर्भावस्था में रक्तक्षरण, प्रि-एक्लंप्सिया, एक्लंप्सिया, डायबिटीज, किडनी की बीमारी, आर.एच. विषमता या प्रलंबित गर्भावस्था संबंधी भ्रूणस्थ शिशु-माँ की मृत्यु। इन सारी बीमारियों के होने से नवजात शिशु के बच जाने पर भी उसको खतरा बना रहता है।

थोड़ी गंभीरता से देखने पर पाएँगे कि अशिक्षित निम्न आय वाले तथा अनुपयुक्त परिवेश में जो लोग जीवन-यापन करते हैं, उनमें शिशु-मृत्यु की दर अधिक है। ये लोग डर या संस्कार से बँधे होने के कारण डॉक्टर से नहीं दिखाना चाहते। परिणामस्वरूप बच्चे को खतरा बढ़ जाता है।

1. जिनकी उम्र अधिक है या बच्चे की संख्या पाँच से अधिक है, उनके बच्चे की मृत्यु की आशंका अधिक रहती है।

2. जो बच्चे 38 सप्ताह से पहले जन्म ग्रहण करते हैं या पूर्ण माह में जिनका वजन 2.5 कि.ग्रा. से कम रहता है और जो अपुष्ट रहते हैं, उनकी मृत्यु की दर स्वस्थ स्वाभाविक बच्चों से अधिक है।

3. गर्भावस्था में रक्तक्षरण या उच्च रक्तचाप संबंधी अस्वस्थता से होने वाले खतरों के बारे में पहले ही बताया गया है।

4. प्रसव के समय जिनके प्रसव में 24 घंटा से अधिक विलंब होता है या फरसेप्स,

पादुको (उलटी स्थिति में बच्चे का होना) या किसी प्रक्रिया के द्वारा जिन बच्चों को जबरदस्ती निकाला जाता है, उनको चोट लगने की आशंका रहती है। इसके अलावा बच्चों की मृत्यु-दर के साथ उचित शिशु-कल्याण व्यवस्था और संपर्क का भी संबंध है।

प्रथमतः खतरापूर्ण गर्भावस्था में उचित समय का निर्णय करके गर्भवती को अलग से अच्छे डॉक्टर से अस्पताल में दिखाया जाना चाहिए और जरूरत पड़ने पर भर्ती भी कर देना चाहिए। इन मामलों में जन्म के समय शिशु विशेषज्ञ की उपस्थिति निहायत जरूरी होती है। गर्भावस्था और प्रसवकाल में आधुनिक व्यवस्था द्वारा बच्चे के स्वास्थ्य की स्थिति को जान लेना चाहिए। गर्भावस्था में उच्चचाप या रक्तक्षरण होने से उसकी उचित व्यवस्था निहायत जरूरी है। सामाजिक और परिवेशगत स्थिति का सम्यक् मूल्यांकन करके बच्चे की ज़िंदगी के खतरे के विषय में अंदाज लगा लेना उचित है। समाजसेवी और घर की महिलाओं को शिशु आहार और देखभाल के विषय में जानकारी देनी चाहिए।

भ्रूणस्थ अपरिपुष्ट बच्चों के कभी-कभी पेट में ही मर जाने की आशंका रहती है। इस रोग में पेट का पानी सूख जाता है, बच्चा सूखकर पीला पड़ जाता है और उसकी जीवनी शक्ति में ह्रास होता रहता है। इस रोग के कारण का अब तक पता नहीं चल पाया है। लेकिन अधिक उम्र में माँ को बच्चा होना, उच्च रक्तचाप होना, तंबाकू या जर्दा खाना आदि से इसका थोड़ा-बहुत संबंध है। कभी-कभी जिंदा रह जाने पर भी ये बच्चे अपंग होकर रह जाते हैं।

आज हमारे देश में शिशु चिकित्सा का काफी विकास हुआ है और अभी और होना चाहिए। ऑक्सीजन, इनक्यूबेटर, गले की नली साफ करने का साक्शन यंत्र, सेलाइन देने की व्यवस्था आदि की जरूरत पड़ती है। लेकिन सबसे ज्यादा जरूरत होती है उचित नर्सिंग और देखभाल की। इन सारी व्यवस्थाओं को स्थानीय हेल्थ सेंटर तक पहुँचने में अभी वक्त लगेगा। बच्चे को सिर्फ जिंदा बचा लेना ही पर्याप्त नहीं है, बल्कि उसके शारीरिक और मानसिक विकास के बारे में भी जानना होगा, ताकि इतने सबके बाद माता-पिता, समाज और देश एक स्वस्थ बच्चा प्राप्त कर सके।

# 31

# विवाहोत्तर यौन समस्या और साथ में होने वाली जटिलता

स्वाभाविक यौन आवेग और स्त्री का शारीरिक मिलन प्रेम और प्यार का एक अपरिहार्य सोपान है। यद्यपि देश-काल, शिक्षा-संस्कृति, आर्थिक और आसपास की स्थिति के अनुसार सामाजिक रीति-नीति का कुछ भेद रहता ही है तथापि सभी देशों में, हर काल में, सतीत्व-असतीत्व, एक या बहु विवाह, परकीया प्रेम, अवांछित मातृत्व, गणिकावृत्ति, बलात्कार के संबंध में कानून और व्यवस्था एक ही तरह की रही है। मनुष्य एक अद्भुत जीव है जिसका शरीर करीब पशु की तरह होने पर भी उसका हृदय और मस्तिष्क सबसे उन्नत है, क्योंकि देवता द्वारा उसकी सृष्टि हुई है। इसीलिए विवेक, सदूचिंता, सद्भावना और शिक्षा द्वारा वह अनियंत्रित यौन आवेग के कुछ नियमों और शृंखला में बँधा हुआ है।

यही कारण है कि स्त्री-पुरुष का यौन-जीवन पशु-पक्षियों की तरह वार्षिक ऋतु या वातावरण द्वारा नियंत्रित नहीं होता है। मानव दंपति का दैहिक मिलन मानसिक प्रेम और श्रद्धा की अंतिम परिणति है। दैहिक मिलन एक देहातीत प्रेम की पूर्णता का विकास है।

पहले के अध्यायों में बताया गया है कि किस तरह से स्त्री-जीवन में वयःसंधि का रूपांतरण होता है और पंचदश पूर्णिमा में पहुँचने पर सोलह आने पूर्ण होता है। इस समय किशोरी के मन में किसी सुंदर, स्थिर, आदर्शवादी, स्वस्थ पुरुष के प्रति हैरत भरा विस्मय या मानसिक आकर्षण का होना अस्वाभाविक नहीं है। यह रोमांचपूर्ण अनुभूति और अधिक पूर्णता तब प्राप्त करती है जब विवाह के बाद स्त्री-पुरुष के प्रेम-प्यार और मिलन को जीवन मिलता है और जब कोई स्त्री सुलक्षणा वधू के रूप में अपनी पसंद के मुताबिक पुरुष की सहधर्मिणी बनती है। जिस तरह से स्त्री माँ के रूप में परिवार में रहती है, उसी तरह सखी और सहधर्मिणी के रूप में घर में विराजमान रहती है। भारतीय शास्त्र के अनुसार स्त्री का एक और नाम अंकशायिनी है। इससे निर्देशित है कि पति-पत्नी के जीवन में प्रेम और प्यार के साथ यौन मिलन भी एक अपिरहार्य घटना होती है।

स्त्री-पुरुष विवाहोत्तर जीवन में विभिन्न तरह की यौन समस्याओं के सम्मुखीन हो सकते हैं। समस्याओं के बारे में डॉक्टर को खुलकर बताकर यौन-जीवन की विभिन्न तरह की बाधा-विपत्ति के कारणों का सही समाधान किया जा सकता है। समस्याएँ पति या पत्नी दोनों की ओर से हो सकती हैं। दोनों पक्षों की शिकायतों को ध्यान से सुनना चाहिए और उचित नियमानुसार हल करना चाहिए। तभी दोनों को नवविवाहित जीवन में सुख-शांति मिल सकती है। इसी से स्वस्थ यौन जीवन जीने में भी सहायता मिल सकती है।

यौन संगम या मिलन स्त्री-पुरुष के प्रेम का शारीरिक विकास है। स्त्री का रूप, रस, गंध, चंचल कटाक्ष, चलने-फिरने की कला, अलंकार, ध्वनि, कंठस्वर, भूषण और प्रसाधन—विभिन्न तरह से मनुष्य के मन को चंचल कर सकते हैं। दूसरी तरफ पुरुष के प्रति स्त्री का आकर्षण हमेशा सहज बोध्य नहीं है। सिर्फ पुरुष का रूप ही स्त्री को आकर्षित नहीं करता, उसका पौरुष, आचार-व्यवहार, विनय, वीरत्व, विद्या और संस्कृति दैहिक सौंदर्य से अधिक आकर्षण की वस्तु हो सकती हैं। युवती से वधू के रूप में क्रमशः विकास के साथ-साथ पुरुष के सान्निध्य में आने का अनुभव स्त्री के मन में विभिन्न अनुभूतियों के द्वारा हो सकता है। सिर्फ एक दिन की कामना-वासना के पूरा हो जाने से ही सुखमय विवाहित जीवन नहीं हो सकता। इसके लिए दंपति को नियमित कोशिश करते रहनी पड़ती है। स्त्री के मन में यौन आवेग भूसे की आग की तरह मन के गहन कोने में सुप्त रहता है, पति के प्यार, श्रद्धा और प्रणय-निवेदन तथा आलिंगन से वह जागता है। पूर्वराग के साथ अनुराग, चुंबन, प्यार और उपचार स्त्री के शरीर और मन को अभिभूत करता है और सहवास की तैयारी में सहायता करता है। उसके बाद पूर्ण संभोग से स्त्री का शरीर और मन एक अभूतपूर्व अनास्वादित आनंद से भरपूर होता है। स्वस्थ युवक-युवतियों के जीवन में आमतौर पर सप्ताह में तीन या चार बार सहवास को स्वाभाविक माना जाता है। दो-तीन महीनों बाद एक-दो बार सामान्य सहवास होने पर उन्हें मानसिक, शारीरिक और आसपास की स्थितियों का मूल्यांकन करना चाहिए।

## *पहली रात का अनुभव*

शादी की रात की मानसिक उत्तेजना, आशा-निराशा, डर-सोच और क्लांति की स्थिति में अर्ध-परिचित स्त्री-पुरुष को पूर्ण मिलन के लिए अग्रसर नहीं होना चाहिए। इससे आनंद की अपेक्षा डर और दुर्भावना का संचार हो सकता है। प्रथम परिचय को थोड़ा और घना होने का मौका देने पर एक या दो सप्ताह के भीतर स्वाभाविक यौन मिलन की छोटी-मोटी असुविधाएँ दूर हो जाती हैं। प्रथम मिलन के बाद स्त्री का हाइमेन प्रसारित होता है और कभी-कभी योनिपथ में थोड़ी जलन होती है। इस समय प्रसव की नली या ब्लड में थोड़ा-सा इन्फेक्शन हो सकता है। यह असुविधा दो-चार दिनों में

ठीक भी हो सकती है। जल्दबाजी करके जबरदस्ती सहवास की कोशिश में स्त्री शरीर-मन तैयार नहीं रहता और इसके परिणामस्वरूप पति के मन में निराशा हो सकती है। दूसरी तरफ पति यदि सहवास के लिए अक्षम हुआ तो स्त्री के मन में आशंका हो सकती है।

## *यौन मिलन में दर्द की अनुभूति और अनच्छिा*

किसी-किसी दंपति का विवाह के दो-तीन वर्ष बाद भी स्वाभाविक यौन-मिलन संभव नहीं होता। सहवास के समय बहुत अधिक दर्द होने पर स्त्री के मन में डर, आतंक और अनिच्छा पैदा होती है। बहुत-सी लड़कियाँ यह तकलीफ मुँह बंद करके सहती हैं और माँ या सास को लज्जावश बताना नहीं चाहतीं तथा डॉक्टर से भी इस कठिनाई को छिपाती हैं। दर्द और आशंका के कारण सहवास के प्रति मानसिक आसक्तिहीनता की सृष्टि होती है और यौन उत्तेजना में बाधा आती है। इन समस्याओं में पति-पत्नी दोनों का साझा दायित्व रहता है। बहुत-से पति अपनी अक्षमता को छिपाने की कोशिश में स्त्री को ही दोषी ठहराते हैं। वैसे इस स्थिति में स्त्रियों की ओर से ज्यादा शिकायत आती है। शारीरिक अस्वाभाविकता, अस्वस्थता या प्रतिबंधता के अलावा दोनों की यौन जीवन के संबंध में अस्पष्ट धारणा और अज्ञानता के कारण बहुत-से दंपति अपनी असली समस्या का निर्धारण करने में असमर्थ होते हैं।

## *पुरुष की समस्या*

सामान्यतया निम्नलिखित कारणों से पुरुष विवाह के बाद विभिन्न तरह की समस्याओं के सम्मुखीन होते हैं–

1. पुरुषों की ओर से हड़बड़ाकर अकस्मात् या अस्वाभाविक रूप से सहवास के लिए अग्रसर होना।
2. पुरुष में दृढ़ता का अभाव।
3. पुरुषांग की अवयव संबंधी अस्वाभाविकता या विकृति। यह विकृति जन्म से या बाद में अस्वस्थता के कारण हो सकती है।
4. यौन संबंध के विषय में अस्वच्छ या विकृत धारणा रखने के कारण असुविधा।
5. स्त्री को विकृत यौनाचार में लिप्त होने के लिए बाध्य करना।
6. अत्यधिक स्थूलता के कारण संगम में असुविधा।

विशेषज्ञ से बातचीत करके इनमें से अधिकांश समस्याओं को दूर किया जा सकता है।

### स्त्री की समस्या

नवविवाहित या कुमारी अवस्था में बहुत-सी लड़कियों का हाइमेन या योनिद्वार संकुचित रहता है। किसी-किसी का योनिपथ भी संकीर्ण और संकुचित रहता है। विवाह के बाद पति-पत्नी के स्वाभाविक यौन मिलन के बाद हाइमेन फैल जाता है या थोड़ा-सा फट भी सकता है। कुछ ही दिनों में योनिद्वार और पथ में उचित मुलायमपन और शिथिलता आ सकती है। कोई-कोई स्त्री बहुत अधिक संवेदनशील होने और योनिपथ तथा उससे संबंधित पेशी-समूहों के अस्वाभाविक संकुचन के कारण सहवास में अक्षम होती है। बहुत अधिक रूढ़िवादी परिवेश में पलने के कारण जिनमें पति के साथ स्वाभाविक, साक्षात, मानसिक मिलन, श्रद्धा और प्यार का विकास नहीं होता, वे ही अस्वाभाविक असहयोगी मानसिकता को भोगती हैं और पूर्ण संगम असंभव होता है। बहुत-सी लड़कियाँ पिता के घर बहुत प्यार से पलती हैं। वे सहवास को एक नारकीय दैहिक संबंध समझती हैं और मानसिक विरोध के सम्मुखीन होती हैं तथा अपने-आपको पूर्ण रूप से समर्पण करने में असमर्थ होती हैं। इस तरह की मानसिकता कई बार हिस्टीरिया के स्तर तक पहुँच जाती है। किसी-किसी मामले में बच्चा-धारण करने के डर से भी इस तरह का अस्वाभाविक दर्द होता है और उससे आतंक का संचार होता है।

### यौन मिलन में असमर्थता

पहले ही कहा गया है, विवाह के तुरंत बाद बहुत-से दंपति मानसिक आवेग और दैहिक थकान के कारण उसके बाद की तैयारी के अभाव का बोध करते हैं। उस पर आकस्मिक और अनिपुण ढंग से पति के अग्रसर होने के कारण प्रथम मिलन के आस्वाद को स्त्रियाँ आशंका और वेदनामय अनुभव के रूप में पकड़े रहती हैं और इससे स्नायविक कमजोरी हो सकती है। वैसे आहिस्ता-आहिस्ता ये सारी बाधाएँ पार कर अधिकांश दंपति स्वस्थ जीवन में अभ्यस्त हो जाते हैं।

कुछ मामलों में विवाह के बाद मूत्राशय में जलन हो सकती है, फंगस या पैरासाइट के आक्रमण से योनिपथ में जलन या खुजली भी होती है। डॉक्टर को दिखाकर उचित इलाज के जरिए इन सारी तकलीफों को दूर कर लेना चाहिए।

फिर किसी-किसी मामले में योनिद्वार की बनावट या अवयव संबंधी गड़बड़ी के कारण योनिद्वार बहुत अधिक संकुचित या अवरुद्ध रह सकता है। दूसरी तरफ बच्चेदानी अपरिपुष्ट या छोटी रहने पर बच्चा होने में समस्या आ सकती है। इन सारी असुविधाओं को छिपाए बिना विशेषज्ञ के पास जाकर समस्याओं का समाधान कर लेना चाहिए।

### सामान्य उपाय

इन समस्याओं को लेकर डॉक्टर के पास जाना चाहिए। डॉक्टर को उचित सहानुभूति

के साथ दोनों के विवरण को देखना चाहिए और अनिच्छा या अक्षमता के कारण का निर्णय करना चाहिए। पहले पुरुष की ओर से कारणों का पता उचित परीक्षण के द्वारा लगाना चाहिए, समस्याओं की सम्यक् पड़ताल करके दंपति को सहज ढंग से विवाहित जीवन के दायित्व और सहवास की पद्धतियों और उसके महत्त्वपूर्ण तथ्यों के बारे में उचित सलाह देनी चाहिए तथा पुस्तक की सहायता से समझा देना चाहिए।

योनिपथ में बहुत अधिक संकुचन या संवेदनशील रहने पर पहले सुन्न करने वाले मलहम की सहायता से मुलायमपन और पिच्छलता को बढ़ाने की प्रक्रिया को समझा देने से ही फायदा होता है। कभी-कभी काँच की एक तरह की डायेलेटर के प्रयोग से योनिपथ प्रसारित करने की पद्धति को भी दिखाना पड़ता है।

हाइमेन या योनिपथ अधिक छोटा या अवरुद्ध होने पर ऑपरेशन की सहायता से उसे संप्रसारित करना पड़ता है। किसी-किसी लड़की के योनिपथ का निम्न हिस्सा पूरी तरह से अवरुद्ध रहता है और माहवारी का खून योनिपथ में रक्तपिंड पैदा करता है। इस मामले में अवरुद्ध हाइमेन और योनिपथ के निम्नभाग का ऑपरेशन करके अवरुद्ध रक्तपिंड निष्कासित करने की व्यवस्था करनी चाहिए। अधिक देर होने पर बच्चेदानी या फैलोपियन ट्यूब में खून जम जाता है और विवाहोत्तर जीवन में बाँझपन हो सकता है।

## *स्वाभाविक यौन उत्तेजना या सहवास में पूर्ण संतोष का अभाव*

उपरोक्त परिच्छेद से पता चलता है कि स्त्री-पुरुष की यौन चेतना मन के गहन कोने में अवरुद्ध रहती है। यह चेतना किसी में कम या किसी में अधिक रहती है। इस विशेष प्रकृति की अनुभूति का ठीक से अवधारण करने पर कुछ तथ्यों के विषय में जानना निहायत जरूरी है।

1. मन ही मनुष्य की समस्त चेतना का धारक और वाहक है।
2. स्त्री शरीर और यौवन में डिम्बाशय से उत्पन्न हारमोन के प्रभाव से स्त्री सुलभ परिवर्तन आता है और ज्वार के साथ यौन चेतना उत्पन्न होती है।
3. पुरुष का यौन आवेग स्त्री की अपेक्षा सीधा और उग्र होता है।
4. यौन चेतना का अभाव स्त्री-पुरुष में शारीरिक कमजोरी या अस्वस्थता के अलावा मानसिक दुविधा, द्वंद्व, भय और आशंका एवं यौन मिलन में अनिच्छा पैदा कर सकता है।

जीवन के विभिन्न चरणों में यौन आवेग का विवर्तन होता है। बचपन में बालक-बालिकाओं में यह चिंता या अनुभूति कम रहती है। उसी तरह स्त्रियों में 55 वर्ष के बाद और पुरुषों में 55 से 60 वर्ष के बाद क्रमशः इन सारी अनुभूतियों का अंत होता है।

विभिन्न स्वाभाविक कारणों से यौन उत्तेजना का अभाव हो सकता है। अत्यधिक

रूढ़िवादी घर में पलने-बढ़ने पर बहुत-सी लड़कियाँ पुरुषों के साथ मिलने या बात करने को लज्जा, भय और पाप समझती हैं। पति के प्रति श्रद्धा, प्यार और प्रेम की कमी रहने पर भी स्त्रियाँ खुद को पूरी तरह से समर्पित नहीं कर सकतीं। वे पति को कई बार निकृष्ट समझती हैं और अपने बाप के घर के परिवेश के साथ तुलना और विचार करती हैं। वे सही दांपत्य प्रेम-विनिमय करने में असमर्थ होती हैं। विभिन्न कारणों से पति को डर की नजरों से देखने से इस तरह की समस्याएँ हो सकती हैं। पति यदि अविवेचक या असहयोगी हो और पत्नी के मन और स्वास्थ्य के प्रति नजर न रखकर अपनी कामना-वासना को चरितार्थ करे और दायित्वहीन ढंग से एक के बाद एक बच्चों को जन्म दे तो पत्नी के मन में संगम के प्रति डर हो सकता है। लाइगेशन-ऑपरेशन के बाद पति की गैर औरत के प्रति आसक्ति रहे या संतान वियोग हो तो बहुत-सी स्त्रियाँ हताशा का शिकार होती हैं, दुःख और खेद से मानसिक संतुलन खो देती हैं तथा संगम के प्रति अनिच्छा व्यक्त कर सकती हैं। संतानहीन स्त्री भी इस तरह की हताशा के कारण सहवास के प्रति चेतना और खुशी को खो सकती है। कुछ अस्वस्थता या मानसिक खेद से अंतःस्रावी ग्रंथि के हारमोन का निस्सरण कम हो जाता है तथा उससे स्त्रियों की माहवारी बंद हो सकती है और स्त्री सुलभ सौंदर्य और मुलायमपन कम हो जाता है। इससे यौन जीवन में बाधा आती है। कामकाजी औरतें दिन-भर दफ्तर के बाद परिवार का कामकाज करने के बाद भी रिश्तेदारों और अभिभावकों की सहानुभूति का अभाव महसूस करती हैं। परिणामस्वरूप दिन-भर के बाद मानसिक और शारीरिक अवसाद के कारण सहवास में अनिच्छा महसूस करती हैं। पति-पत्नी का एकांत में बात करने या मिलन के कमरे या स्थान का अभाव होने पर भी लज्जा और डर से सहवास की इच्छा लुप्त हो जाती है।

इर सारी समस्याओं को लेकर दंपति के साथ खुलकर चर्चा करने पर पूरी तरह न सही, इसका आंशिक समाधान करना संभव हो सकता है। जो स्त्रियाँ उच्छृंखल जीवन-यापन करने में अभ्यस्त हैं और अतिरिक्त शराब पीने या नशीली दवा के सेवन के प्रति आसक्त हैं, उनकी समस्या का समाधान करना कठिन होता है। बाजार में यौन उत्तेजनावर्धक दवाओं का विज्ञापन दिया जाता है, वे सब विज्ञान पर आधारित नहीं होतीं और अनर्थक अत्यधिक स्नायविक उत्तेजना पैदा कर सकती हैं। कम मात्रा में पुरुष हारमोन 'टेस्टोटेरोन' की सहायता से स्त्रियों की उत्तेजना को बढ़ाया जा सकता है।

## *सहवास में तृप्ति का अभाव*

स्त्री-पुरुष मिलन को आमतौर पर चार चरणों में बाँटा जा सकता है। दैहिक मिलन से पूर्व के चरण में प्रेम, प्यार, उपचार, चुंबन, आलिंगन और स्त्री-पुरुष की शारीरिक स्पर्शानुभूति से दोनों पक्षों में ही सहानुभूति और उत्तेजना की सृष्टि होती है। उसके बाद के चरण में पूर्ण यौन मिलन शुरू होता है और दोनों के शरीर और मन में एक अपूर्व

आनंदधारा बहती है। संगम के अंत में मिलन की चरम स्थिति प्राप्त होती है और स्त्री-पुरुष का शरीर और मन एक अपार्थिव सुख के ज्वार में बह जाता है और शारीरिक मिलन पूर्णता को प्राप्त करता है। संभोग से दोनों का शरीर और मन एक अनास्वादित मनोरम आनंद और अवसाद के मधुर आवेश से प्रफुल्लित रहता है। दंपति पूर्ण रूप से दोस्ती, श्रद्धा, प्यार में आबद्ध होने पर ही इस सुखानुभूति को उपलब्ध कर सकता है। जिस तरह धन, संपन्नता, वित्त और भोग में ही हमेशा सुख की खोज नहीं मिलती, उसी तरह स्वार्थबोध, कामना, लालसा या तामसिक मनोवृत्ति में इस रोमांचकारी अनुभूति का सम्यक् अनुसंधान करना संभव नहीं। कई युग पहले हमारे देश में वात्स्यायन लिख चुके हैं कि स्त्री-पुरुष का शारीरिक मिलन मानसिक लेन-देन के अलावा पूर्णता और संतुष्टि प्राप्त नहीं करता।

बहुत-सी स्त्रियों की शिकायत होती है कि उन्हें चरम आनंद की प्राप्ति का अनुभव कभी नहीं हुआ। इस समस्या के लिए पति-पत्नी का मानसिक असहयोग ही अधिक जिम्मेदार है। पति की ओर से अकस्मात् हड़बड़ाकर, स्वार्थी होकर, शरीर और मन की उपेक्षा करके सिर्फ कामना-लालसा को चरितार्थ करने पर स्त्री के मन में किसी तरह की सुखानुभूति नहीं हो सकती। बच्चा होने के डर से विकृत रूप से सहवास करने पर स्त्री के कोमल मन पर चोट पहुँच सकती है। दूसरी तरफ, स्त्री पर भी प्यार-उपचार और सहयोगिता के जरिए शीतल मन के पति के मन में प्यार और यौन आवेग पैदा करने का दायित्व रहता है। एकतरफा किसी भी चीज की आशा करने पर फल नहीं मिलता। स्त्री-पुरुष के दैहिक मिलन में अपार्थिव आनंद और संतुष्टि दोनों के पूर्ण सहयोग और प्रेम के बिना संभव नहीं होती।

## *अविवाहित कन्या का मातृत्व*

पाश्चात्य देशों की तरह पूर्वी देशों के लड़के-लड़कियों में मेलजोल और दोस्ती का दायरा क्रमशः बढ़ता जा रहा है। उसके साथ समाज में साहित्य, सिनेमा, नाटकों में अबाध यौन उत्तेजक दृश्य या कहानी के प्रभाव से लड़के-लड़कियों में नैतिकता का बोध भी कम होता जा रहा है। अविवाहित कन्या का मातृत्व इसीलिए आज के समाज में एक समस्या है। उसमें हमारे देश में, विशेषकर बंगाली समाज में जहाँ पर खुलेआम मेलजोल का मौका सीमित है, परिचित नाते-रिश्तेदारों या दोस्तों के संस्पर्श से अवांछित मातृत्व की सूचना होती है, इसे अंग्रेजी में इनसेस्ट कहा जाता है। ऐसे मामलों में अधिकांश समय में लड़कियों के अभिभावक मृत हैं या बीमार, दायित्वहीन या दूर देश में रहने के कारण बच्चों के उचित साहचर्य या देखरेख की उचित व्यवस्था नहीं कर सकते। इसके अलावा हमारे देश में उचित स्वास्थ्य शिक्षा न मिलने के कारण किस तरह गर्भधारण होता है या गर्भधारण को रोकने के लिए क्या करना चाहिए, इसके विषय में अधिकांश किशोरी या युवती को सम्यक् ज्ञान नहीं रहता और कमजोर मुहूर्त में खुद पर संयम न रखने

के कारण बहुत-सी लड़कियाँ इस आकस्मिक दुर्घटना का शिकार हो जाती हैं। कई बार इन्हें सहवास के महत्त्व के विषय में जानकारी न रहने के कारण इसे पुरुष के प्यार के उपचार के अंग के रूप में सोचती हैं और भविष्य में आने वाले खतरे के प्रति अज्ञानी और उदासीन रहती हैं।

बाद में एक-दो महीना माहवारी न होने पर चिंतित हो जाती हैं, मामले के महत्त्व को समझने के बाद उस तथ्य को गोपनीय रखती हैं और लज्जा-भय से अभिभावकों को इसके बारे में नहीं बतातीं। और, उनकी उपेक्षा करती हैं। बाद में अन्य लक्षणों के प्रकट होने पर डर और आतंक से आत्महत्या करने या किसी की सलाह से नीमहकीम, डॉक्टर या दाई के पास जाती हैं। बहुत-से मामलों में अभिभावकों के जानने से पहले ही कानून के बाहर रहकर गर्भपात की कोशिश से दुर्घटना घट जाती है। अनाड़ी हाथों तथा अव्यवस्था में गर्भपात करते हुए बच्चेदानी में चोट लगकर अत्यधिक रक्तस्राव या जीवाणु से आक्रांत होने से बच्चेदानी और उसके संलग्न अवयव समूह में गंभीर होने वाली समस्याओं को रोकना संभव नहीं होता और गंभीर जटिलता होने पर प्राण संकट में पड़ जाता है।

आजकल गर्भपात कानूनी हो गया है। सही ढंग से शिक्षित और गर्भपात प्रणाली में योग्य डॉक्टर के पास जाना चाहिए। अच्छे अस्पताल में परिवार कल्याण विभाग में उचित वातावरण में गर्भपात करवाने की व्यवस्था करनी चाहिए। ऐसा कर बहुत-सी समस्याओं को टाला जा सकता है। प्रत्येक अभिभावक को इसके विषय में कुछ व्यावहारिक ज्ञान और जानकारी रखनी चाहिए। परिवार कल्याण अनुच्छेद में गर्भपात के विषय में जिन बातों की चर्चा की गई है, प्रत्येक दंपति को उसे पढ़कर सहज जानकारी हासिल करनी चाहिए। सहज ढंग से कहा जा सकता है कि प्रथम दो महीने में गर्भपात पद्धति से कम खतरा रहता है। तीन से चार महीने होने पर अस्पताल में उचित व्यवस्था में भ्रूण के चारों तरफ रिभानल या प्रस्टाग्लांडिन नामक दवा की सहायता से गर्भपात संभव होता है। पाँच महीना हो जाने पर पानी की थैली में सेलाइन, यूरिया या प्रस्टाग्लांडिन की सहायता से गर्भपात किया जा सकता है। लेकिन इन व्यवस्थाओं के विफल होने पर पेट काटकर बच्चा निकाला जा सकता है। दो महीने बाद सभी उपायों में कुछ-न-कुछ समस्या हो सकती है और उचित डॉक्टर या उचित वातावरण न होने पर खतरे का होना भी कोई आश्चर्य की बात नहीं।

## *विवाह-विच्छेद*

आजकल कई कारणों से विवाह-विच्छेद की संख्या बढ़ती जा रही है। मानसिक असहयोग और असहिष्णुता युवक-युवतियों में प्रेम और सम्मान-बोध में दरार डालती है। इसके कारण कई बार विवाह-विच्छेद होते हैं। लेकिन यौन जीवन की असफलता भी विच्छेद का एक महत्त्वपूर्ण कारण है। डॉक्टरी मतानुसार पूर्ण सहवास संभव न होने पर कानूनी

विवाह-विच्छेद का आवेदन ग्राह्य हो सकता है। इस विषय में साधारण कानून और चिकित्सा संबंधी उपायों का आगे वर्णन करता हूँ। निम्नलिखित स्थितियों में विवाह-विच्छेद मंजूर किया जा सकता है–

1. पुरुष के यौनांग की दृढ़ता के अभाव में या अन्य कारणों से पूर्ण सहवास में अक्षमता।
2. पति या पत्नी में से कोई एक यदि क्रमशः सहवास को ठुकरा दे या असहयोग करे।
3. दंपति में से किसी एक में यदि मानसिक असंतुलन या शारीरिक अवयव संबंधी गड़बड़ी रहे जिससे सहवास असंभव हो और यदि मानसिक असंतुलन डॉक्टरी चिकित्सा के द्वारा ठीक करना असंभव हो।
4. यदि विवाह के समय किसी एक हिस्सेदार को भयानक और छूत या यौन रोग और अस्वस्थता पकड़ में आए।
5. यदि स्त्री ने विवाह के समय गैर मर्द से गर्भ धारण किया हो।
6. यदि दंपति में से कोई एक विवाह के समय मानसिक रूप से बीमार या उन्माद की स्थिति में रहे और इसके परिणामस्वरूप सहवास या गर्भधारण करने में अक्षम हो। लेकिन हाँ, ये सारी अक्षमताएँ और समस्याएँ कोर्ट में जज और वकील तथा अन्य विशेषज्ञों द्वारा प्रमाणित करनी होंगी। दंपति में से किसी एक को एक वर्ष के अंदर ये शिकायतें करनी होंगी और प्रमाणित करना होगा कि वादी को शादी के समय एक-दूसरे की अस्वस्थता के विषय में कोई जानकारी नहीं मिली और पूरी तरह से वह अनभिज्ञ और अनजान था।

## *यौन-जीवन की अन्य जटिलताएँ*

**पुरुष की काम भावना :** पुरुषों में भी विभिन्न कारणों से काम भावना या सहवास में अक्षमता जैसी अस्वस्थता हो सकती है। ऐसी स्थिति में पुरुष के अहंकार को ठेस पहुँचती है और मानसिक और स्नायविक कमजोरी से वैवाहिक जीवन में दुःख, हताशा और व्यर्थता की अनुभूति हो सकती है। सभी जानते हैं कि किशोरावस्था में पुरुषों के यौनोन्मेष के साथ दाढ़ी, मूँछ निकलती है और दृढ़ता का विकास होता है। उसके बाद अंडकोष में शुक्राणु की सृष्टि और विवर्तन होने पर उसका पितृत्व का अधिकार जन्म लेता है। ये तीन तरह के विकास विभिन्न तरह के हारमोन और स्नायविक स्तर पर जटिल रायायनिक प्रक्रियां द्वारा परिचालित होते हैं। बहुत हृष्ट-पुष्ट समर्थ पुरुष भी यौनांग की दृढ़ता के अभाव का शिकार हो सकते हैं, उसी तरह बहुत स्वस्थ पुरुष के अंडकोष में विभिन्न कारणों से शुक्राणु का संचार कम या एकदम नहीं भी हो सकता है।

सामान्य रूप से पुरुष काम भावना को निम्नलिखित चरणों में विभक्त किया जा

सकता है—

1. स्वभावगत मानसिक कर्मशीलता और स्त्री के प्रति सहज आकर्षण का अभाव।
2. स्वाभाविक यौन-चेतना रहने के बावजूद यौनांग में दृढ़ता का अभाव।
3. स्त्री की मानसिक और शारीरिक प्रस्तुति के पूर्व ही अपूर्ण काल में वीर्यस्खलन और दृढ़ता के अभाव में स्त्री शरीर में प्रवेश करने में विफलता।
4. वीर्य निष्कासन में असुविधा या अक्षमता।
5. यौनांग की अवयव संबंधी अंगहीनता के कारण यौन संगम में अक्षमता।
6. असमय में वीर्य निष्कासन के परिणामस्वरूप पूर्ण सहवास में असुविधा और चरमानंद आस्वाद का अभाव।
7. शारीरिक अर्धनारीश्वरता।

ये सारी असुविधाएँ ही स्नायविक, मानसिक या आसपास की स्थिति और गति या किसी रोग के परिणामस्वरूप उत्पन्न हो सकती हैं।

यौवन के प्रारंभ में हारमोन संबंधी रोग के कारण बहुत-से लोगों के अंडकोष के विवर्तन में बाधा आती है और उसके परिणामस्वरूप दाढ़ी-मूँछ नहीं निकलती तथा पुरुषांग अपरिपक्व और छोटा रह जाता है।

ये सारे पुरुष कई बार स्थूलकाय होते हैं और वक्षस्फीति रोग का शिकार हो सकते हैं। कभी-कभी इनके शरीर में अर्धनारी और आधे पुरुष की तरह यौनांग का विवर्तन नजर आता है। इन्हें बोलचाल की भाषा में माकुंद (जिसको मूँछ-दाढ़ी नहीं आती है) कहा जाता है।

यौनांग की अवयव संबंधी गड़बड़ी में हाइपो स्पेडियास अर्थात् मूत्रनली असंपूर्ण या विभाजित रह सकती है। या हाइड्रोसिल या हार्निया या प्राटेट ग्रंथि रोग के प्रभाव से शुक्र के निकलने में बाधा आ सकती है और व्यतिरेक हो सकता है। डायबिटीज नर्भ की बीमारी, कमर की हड्डी में आथ्राइटिस या ऑपरेशन के परिणामस्वरूप पेशाब की नली में गड़बड़ी, यौनांग की नम्रता, सहवास में अक्षमता और अंडकोष में कमजोरी आ सकती है।

मानसिक और स्नायविक कारणों से भी कामहीनता की शुरुआत हो सकती है। यौवन में शारीरिक असंयम या अत्याचार के कारण विवाह के बाद असुविधा हो सकती है। शैशव और किशोरावस्था में बहुत अधिक रूढ़ और धार्मिक परिवेश में लालन-पालन होने पर या माँ से बहुत अधिक जुड़ा हुआ आज्ञाकारी पुत्र होने पर स्त्रियों के प्रति सहजात आकर्षण का अभाव जन्म ले सकता है। बहुत अधिक मेहनत, रात में जागना, शराब पीना या नशीली दवा से आसक्त होने पर कामहीनता पैदा हो सकती है। दूसरी स्त्री के प्रति आसक्त बहुत-से पुरुष अपनी पत्नी के साथ सहवास में अनिच्छा या अक्षमता का शिकार हो सकते हैं।

पुरुषों की कामशीलता की चिकित्सा स्त्रियों की चिकित्सा से कठिन होती है। उचित विशेषज्ञ यूरोलॉजिस्ट या साइक्लोजिस्ट की सहायता से बहुत-से लोग इस तरह की

मानसिक कमजोरी से मुक्ति पाने में सफल होते हैं। इस चिकित्सा में स्त्री की सहानुभूति, स्नेहशील व्यवहार और सहयोगिता की बहुत आवश्यकता होती है।

### *समकामिता*

पुरुष या स्त्री दोनों के अवचेतन मन में एक-दूसरे के प्रति आकर्षण एक सहजात स्वाभाविक मानसिक वृत्ति है। कभी-कभी एक स्त्री की दूसरी स्त्री के प्रति प्रेमानुभूति हो सकती है। इस तरह की घटनाएँ बीच-बीच में साहित्य या इतिहास में घटती हुई देखी या सुनी जाती हैं। एक स्त्री का दूसरी स्त्री को पसंद करना सामान्यतया मानसिक स्तर तक ही रहता है और अकृत्रिम गुरुभक्ति या सम्मान-बोध या सौंदर्य के प्रति आकर्षण से ही इस तरह की आसक्ति होती है। यद्यपि विरले ही दो स्त्रियों में शारीरिक मिलन की घटना होती है।

इस तरह की मानसिकता को कभी भी समाज में स्वाभाविक कहकर ग्रहण नहीं किया गया। कई बार महिलाओं के हॉस्टल में या जेल में एक बंद जगह में बहुत-सी लड़कियों के एक साथ रहने पर इस तरह की घटनाएँ घट सकती हैं। आमतौर पर अविवाहित लड़कियों या विधवाओं में सहकामी होने की घटनाएँ घटती हैं।

इस तरह का संबंध स्थापित होने पर बहुत-सी लड़कियाँ दोषी भावना से उत्पन्न हताशा, विफलता तथा निराशा का शिकार होती हैं और विवाहित जीवन में पति के साथ उचित संबंध जोड़ने में असफल होती हैं। इस पुनर्वास में पति की सहानुभूति बहुत सहायता करती है।

### *बलात्कार*

किसी स्त्री की मर्जी के खिलाफ जबरदस्ती, डरा-धमकाकर, नशीली दवा खिलाकर या ठगकर संगम करने के लिए विवश करने को बलात्कार कहा जाता है। वैसे यदि लड़की नाबालिग या मानसिक रूप से कमजोर हुई तो शिकायत करने वाली की बातों के आधार पर विचार करना मुश्किल हो जाता है। स्त्री के योनिपथ में पुरुषांग के प्रवेश होने पर ही उसे बलात्कार कहा जाता है।

यहाँ पर बलात्कार या इज्जत लूटे जाने की चिकित्सा संबंधी समस्याओं की चर्चा कर रहा हूँ। इस विषय में अभिभावकों को थोड़ी-बहुत जानकारी रहनी चाहिए।

पहली बात तो यह है कि शिकायत करने वाली से सही घटना का जायजा लेने के बाद उसकी मानसिक स्थिति को देख लेना चाहिए। उसके पहने हुए कपड़े आदि जोर-जबरदस्ती फाड़े गए हैं या नहीं, इसका प्रमाण साड़ी-ब्लाउज या पेटीकोट में खून देखकर हो सकता है। वीर्य का दाग या चिह्न है या नहीं, इसे भी देख लेना चाहिए। शरीर के अन्य हिस्सों में चोट के चिह्न या नीला पड़ जाना या खरोंच आदि का प्रमाण देख लेना चाहिए। शिकायत करने वाली के नाखून को देखकर भी पता चलता है कि

उसने रोकने की कोशिश की थी या नहीं ?

डॉक्टर या स्त्रीरोग विशेषज्ञ जाँच द्वारा यह पता लगा लेते हैं कि हाइमेन या योनिपथ में कोई चोट के निशान या यौनकेश में जमा हुआ वीर्य है या नहीं ? अनुवीक्षण यंत्र द्वारा योनिपथ की श्लेष्मा की जाँच द्वारा शुक्रकीट के होने को प्रमाणित किया जाता है। किसी यौनांग में जीवाणु के रहने पर भी इस जाँच से पता चल जाता है।

यदि अभियुक्त को जाँचना संभव हुआ तो देखना होगा कि उसके शरीर में किसी तरह के नोंचने या काटने का चिह्न हैं या नहीं और उसके पुरुषांग में वीर्य या शुक्राणु के चिह्न हैं या नहीं ? और, कई बार शिकायत करने वाली का यौनकेश अभियुक्त व्यक्ति के यौनांग में चिपका रह सकता है। अभियुक्त व्यक्ति किसी यौन रोग का शिकार है या नहीं, यह भी जाँच लेना चाहिए।

इन सारे प्रमाणों के साथ रोगी के मानसिक दुःख, क्लेश, अपमान और ग्लानि-बोध को आश्वासन और सहानुभूति के साथ कुछ कम करने के बाद अनुभवी वकील की सहायता से पुलिस की सलाह लेकर जो भी कुछ करना हो, करना चाहिए। शिकायत करने वाली की जाँच के पहले उसके विचारों के विषय में लिखित सहमति पत्र ले लेना चाहिए। और एक अन्य स्त्री को सामने बतौर गवाह रखना चाहिए। आजकल हमारी परंपरा को भूलकर सिनेमा, थिएटरों या साहित्य में बलात्कार का एक विकृत रूप दिखाया जाता है। इससे युवक-युवतियों के मन में गलत धारणा होती है। आज नारी-मुक्ति, नारी-शिक्षा और नारी-चेतना के युग में इन रीतियों के विरुद्ध होने वाले असामाजिक कार्यों को सरकार की ओर से बंद कर देना चाहिए। अभियुक्त को कड़ी सजा देकर इन अनाचारों का कड़ाई से मुकाबला करना समाज और भारतीय नारी समाज का कर्तव्य और दायित्व बनता है।

## *यौन शिक्षा*

उपर्युक्त अध्याय से पता चलता है कि प्रत्येक स्त्री के लिए वयःसंधि के बाद वैज्ञानिक आधार पर यौन शिक्षा की कुछ आवश्यकता रहती है। अपने अंग-प्रत्यंग, उसके स्वाभाविक विकास और विवर्तन के विषय में थोड़ी-बहुत जानकारी रहना उसके लिए बहुत जरूरी होता है। सभी मानते हैं कि यह जानकारी बुजुर्गों या माँ से मिलने पर ही ठीक रहती है। यदि माँ-मौसियों की जानकारी अस्पष्ट रहे या वे इस बात को समझाने से शरमाती हों तो इस विषय से संबंधित पुस्तक पढ़ लेनी चाहिए। स्कूल में हमेशा शिक्षकों द्वारा यौन उन्मेष या यौन जीवन के विषय में जानकारी देना संभव नहीं होता। डॉक्टरों को भी ध्यान में रखना चाहिए कि आजकल 12 या 15 वर्ष के लड़के-लड़कियों में समाज के आसपास का ज्ञान और यौन चेतना पहले के युग की अपेक्षा बहुत अधिक है। इसीलिए उन्हें समझाते समय अविवाहित मातृत्व, परिवार कल्याण, शिशु एवं मातृमंगल, यौन रोग, एड्स आदि के विषय में जानकारी देनी चाहिए। इस शिक्षा व्यवस्था में

युवक-युवतियों के यौनांग के अवयवगत अंतर, उसकी क्रियापद्धति सहज भाव को समझा देना चाहिए। वे साहित्य या कुछ सस्ती पुस्तकों को पढ़कर कई बार कुछ अस्पष्ट या अस्वस्थ धारणाएँ बना लेते हैं। सही स्वास्थ्य विज्ञान पर आधारित तथ्यों को सहज ढंग से समझने पर भविष्य में विवाहोत्तर जीवन में अनेक समस्याओं का समाधान करना सहज होता है। यह जानकारी वैसे व्यक्ति से दिलाई जानी चाहिए, जिसे युवक-युवती सम्मान की दृष्टि से देखते हैं। ऐसे ज्ञान की प्राप्ति से वे विवाहित जीवन की बहुत-सी समस्याओं का दृढ़ता और साहस के साथ मुकाबला करने में सक्षम होते हैं। विवाहोत्तर छोटी-मोटी असुविधाओं को पति के साथ चर्चा करने से उनका समाधान करने में वे सक्षम होती हैं। इससे विवाहोत्तर जीवन में नाराजगी और असहिष्णुता कम हो जाएगी और दंपति को सफल सुखी यौन जीवन जीने में सफलता मिलेगी।

## 32

# गर्भावस्था में चिकित्सक का उत्तरदायित्व और जाँच-पद्धति

बहुत-से लोगों का सोचना है कि एक साधारण स्वाभाविक अवस्था (गर्भावस्था) में चिकित्सक की देखरेख में रहना क्या जरूरी है ? कोई-कोई अस्पताल में भर्ती होने के प्रवेशपत्र के रूप में एक बार दिखा लेते हैं। शिक्षित और अशिक्षित सभी लड़कियों के लिए यह जानना जरूरी है कि गर्भावस्था की स्वास्थ्य विधि क्या है। इस विषय में कुछ व्यावहारिक ज्ञान का रहना निहायत जरूरी होता है और चिकित्सा व्यवस्था के विषय में भी थोड़ी-बहुत जानकारी रहनी चाहिए।

गर्भावस्था में चिकित्सक की देखरेख में रहने पर बहुत सारे खतरों या समस्याओं का समाधान संभव होता है। माँ के स्वास्थ्य, खून की किस्म, उसकी तरलता की मात्रा और अवस्था, बच्चे के विकास और वृद्धि तथा गर्भावस्था की आनुषंगिक जटिलता या अस्वास्थ्य का सही समय में निरूपण करने पर उचित कदम उठाए जा सकते हैं। सही समय में रोग की जानकारी होने पर उसका इलाज संभव होता है तथा माँ और भ्रूणस्थ शिशु को कई रोगों या मृत्यु से बचाना संभव होता है।

डॉक्टर से नियमित रूप से बातचीत करने से परिवार के बुजुर्ग और दंपति को स्वास्थ्य शिक्षा की जानकारी मिलती है। अपनी देखरेख, उचित भोजन, विश्राम और मेहनत की मात्रा, व्यायाम, वेदनाहीन प्रसव पद्धति आदि विभिन्न विषयों की जानकारी मिलती है। परिणामस्वरूप माँ निर्भीक होकर और आत्मविश्वास के साथ प्रसव का सामना कर सकती है।

किस तरह से खतरेवाली गर्भावस्था को आँका जा सकता है, उसका वर्णन पहले ही किया जा चुका है। अधिकांश मामलों में देखते हैं कि जिन्होंने कभी डॉक्टर को नहीं दिखाया है या उसकी देखरेख में नहीं रहे हैं या नाममात्र ही एक-दो बार अस्पताल या क्लीनिक में गए हैं, उन्हीं को अधिक खतरे के सम्मुखीन होना पड़ता है। जो कम उम्र में या 30 वर्ष के बाद गर्भवती होती हैं या जो बहुत अधिक बच्चे की माताएँ हैं या बहुत जल्दी-जल्दी गर्भपात कराती हैं या मृत बच्चे को जन्म देती हैं, उन्हें अधिक सावधानी बरतनी चाहिए। गर्भावस्था में होने वाली गंभीर पीड़ा या बीमारी जैसे—रक्तचाप, प्रि-एक्लंप्सिया, आकस्मिक रक्तस्राव, किडनी का रोग, हृदयरोग, डायबिटीज, जॉन्डिस,

दमा या ट्यूमर आदि रहने पर डॉक्टर की देखभाल में रहना बहुत जरूरी होता है। जिनका आर.एच. निगेटिव ग्रुप का खून है या जुड़वाँ बच्चे या पेट में बच्चे के रहने में गड़बड़ी है, उन्हें पहले से ही अस्पताल में रहकर डॉक्टर को दिखाने की व्यवस्था करनी चाहिए। आजकल विभिन्न तरह के खतरों का गणितिक निर्धारण करके ढेर सारे खतरों का मूल्यांकन कर लेना संभव हो गया है तथा खसरे की गंभीरता और महत्त्व के अनुसार उचित कदम उठाया जा सकता है।

## *चिकित्सक के साथ प्रथम साक्षात्कार*

प्रथम साक्षात्कार में माँ की जाँच करने से पहले चिकित्सक उसकी पहले की ओर वर्तमान असुविधा या बीमारी के इतिहास पर बारीकी से विचार करते हैं। रोगी की उम्र, गर्भावस्था और बच्चों की संख्या, उसकी शिक्षा, आर्थिक स्थिति या रहने के परिवेश के विषय में जानकारी लेने के बाद उसके पारिवारिक या वंशगत रोग का विवरण लिया जाता है। पहले के बच्चे के जन्म से लेकर उसका कितनी बार गर्भपात हुआ, मृत बच्चे का जन्म या फिर जन्म के समय और बाद की परेशानी के विषय में जानकारी लेते हैं। अंतिम माहवारी के पहले दिन से बच्चा होने के आनुमानिक दिन का निर्धारण किया जाता है और बच्चे की वृद्धि और प्राणशक्ति के विषय में भी अंदाजा लगाया जा सकता है। पहले यदि कोई ऑपरेशन हुआ हो तो उसके बारे में पूरी जानकारी मिलने पर गर्भावस्था की अनेक परेशानियों से बचना संभव हो पाता है।

## *प्रथम जाँच*

प्रथम जाँच के समय रोगी के साधारण स्वास्थ्य को देखते हुए उसकी उच्चता और वजन लेने के बाद देख लिया जाता है कि उसके आँख-मुँह या जीभ में खून की कमी के लक्षण हैं या नहीं। या हाथ-पाँव में सूजन है या नहीं। मुँह, जीभ, दाँत, गला आदि देखने के बाद उसकी नाड़ी की गति और रक्तचाप का पता लगाया जाता है। स्टेथेस्कोप की सहायता से माँ के हृदय की आवाज या फेफड़ों में श्वास-प्रश्वास की आवाज से हृदयरोग या फेफड़ों की अस्वस्थता का पता चलता है। बाद में बच्चेदानी की नाप, भ्रूणस्थ शिशु के अवयव और अंग-प्रत्यंग तथा सिर की अवस्थिति, वृद्धि और विकास की मात्रा को देखने के लिए भ्रूणस्थ शिशु के हृदय के स्पंदन की मात्रा और छंद का पता लगाया जाता है। प्रथम तीन महीने या बच्चा जन्म लेने के कुछेक दिन पहले अंदर की जाँच द्वारा बच्चेदानी के मुँह की नम्रता, बच्चे के मस्तक की अवस्थिति तथा माँ के वस्तिगह्वर की हड्डी की परिधि के आनुपातिक नाम के विषय में अनुमान लगाकर सहज प्रसव के संबंध में अंदाज लगाया जा सकता है।

### *गर्भावस्था में खून की जाँच*

संपूर्ण गर्भावस्था को आमतौर पर तीन चरणों में बाँटा जाता है। प्रथम तीन माह, द्वितीय तीन माह और अंतिम तीन माह को 'प्रथम', 'द्वितीय' और 'अंतिम' चरण कहकर वर्णन किया जाता है। प्रति चरण में एक बार खून की जाँच करनी चाहिए। खून में हीमोग्लोबिन ग्रुपिंग, आर.एच. श्रेणी विभाग, शुगर (खाने के दो घंटे बाद), सिफिलिस रोग का चिह्न आदि सबकुछ देख लेना चाहिए। आजकल माँ के खून में हीमोग्लोबिन की अस्वाभाविकता से थैलासिमिया रोग भी पकड़ में आता है। खून में अल्फा फिटो प्रोटीन नामक रासायनिक पदार्थ से बच्चे की अवयव संबंधी गड़बड़ी का अंदाज लगता है।

### *पेशाब की जाँच*

गर्भावस्था के विभिन्न चरणों में पेशाब की जाँच अनिवार्य है। माहवारी बंद होने के 15 दिनों के अंदर ही बहुत आसानी से पेशाब की जाँच द्वारा गर्भसंचार को प्रमाणित किया जा सकता है। इसके अलावा बाद में पेशाब की मात्रा, उसमें ऐलबुमिन, शुगर या दूसरे दूषित पदार्थ का चिह्न निरूपण किया जाता है। यदि गर्भावस्था में पेशाब में जलन हो तो अनुवीक्षण यंत्र द्वारा पेशाब में पुंजकोष और जीवाणु की उपस्थिति का पता चलता है और कल्चर करके जीवाणु संख्या को गिनकर बीजघ्न दवा की प्रक्रिया अपनाई जाती है।

### *बाद में हर महीने में क्या निरीक्षण किया जाता है ?*

गर्भावस्था के प्रथम कुछेक महीने तक प्रतिमाह गर्भवती माँ की जाँच करवानी चाहिए। सात महीने बाद प्रति 15 दिन के अंतराल में जाँच करानी चाहिए और अंतिम डेढ़ महीने में प्रति सात दिन के अंतराल में जाँच करानी चाहिए। इससे मरीज का अस्पताल, डॉक्टर, नर्स और सेविकाओं के साथ एक सीधा संपर्क बन जाता है और उनके साथ बात करते हुए गर्भवती स्त्री को कई बातों की जानकारी मिलती है। हर बार क्लीनिक या अस्पताल में क्या जाँचा जाता है, उसका वर्णन कर रहा हूँ।

1. गर्भावस्था में प्रतिमाह माता के खून का दबाव और वजन लिया जाता है। सामान्यतया स्वस्थ माँ का वजन प्रति माह तीन किलो बढ़ता है। यदि महीने में 2/3 किलो से अधिक वजन बढ़े और हाथ-पाँव फूल जाएँ तो उसे शरीर में स्वाभाविक पानी जमने का लक्षण समझा जाता है। मरीज के हाथ-पाँव फूल जाने पर उसका कारण जानने की कोशिश करनी चाहिए। इसके साथ रक्तचाप में वृद्धि का लक्षण भी देखना चाहिए। डायस्टलिक प्रेशर 90 मि. पारद से अधिक और सिस्टलिस प्रेशर 130 से अधिक होने पर उसे उच्चचाप कहा जाता है। 150/90 से अधिक प्रेशर होने पर मरीज को अस्पताल में भर्ती होकर इलाज करवाना चाहिए। घर पर छोटी-मोटी अनियमितताओं के कारण

रक्तचाप बढ़ने की आशंका रहती है।

बच्चे की स्थिति, नाप, वृद्धि की मात्रा, माँ के वस्तिगह्वर में बच्चे के मस्तक का स्थान तथा तीन महीने के आनुपातिक नाप को देखा जाता है। कुछ मामलों में देखते हैं कि बच्चा माँ के पेट में पर्याप्त रूप से नहीं बढ़ रहा है। यह एक गंभीर जटिलता है। जिस प्रकार पेड़ पर आम अकस्मात् सूख जाता है, इस रोग में भ्रूण शिशु-वृद्धि रुक जाती है और पानी मुची (पानी की थैली) का पानी सूख जाता है। करीब 30 प्रतिशत मामलों में प्रसव के पहले अंतिम तीन सप्ताह के अंदर किसी भी दिन भ्रूणस्थ अपरिपक्व शिशु की अकाल मृत्यु हो सकती है। इस आकस्मिक घटना से माँ, डॉक्टर या रिश्तेदार हताशा और ग्लानि से टूट जाते हैं।

पहले ही कहा गया है कि खून और पेशाब की जाँच कराते रहना चाहिए। अंतिम दिनों में प्रति 15 दिनों के अंतराल में पेशाब की जाँच करानी चाहिए। प्रत्येक चरण में खून के हीमोग्लोबिन को देखने पर पता चलता है कि गर्भावस्था में बच्चे की वृद्धि के साथ माँ के खून में कितना परिवर्तन हो रहा है। माँ आर.एच. निगेटिव और पिता आर.एच. पॉजिटिव होने पर सात महीने बाद इनडायरेक्ट कुमबस नामक जाँच की सहायता से पता चलता है कि माँ के खून में बच्चे के आर.एच. विरोधी किसी उपादान की सृष्टि हुई है या नहीं ?

पूरे माह का होने पर बच्चे की अवस्थिति और कोई हिस्सा वस्तिगह्वर पर है या नहीं, इसका पता लगा लेना चाहिए। आमतौर पर सिर नीचे रहता है, सिर का तालू सामने की तरफ रहने पर और सिर वस्तिगह्वर में घुस जाने पर भी सहज प्रसव की संभावना के विषय में निश्चित हो सकती हैं। आजकल अल्ट्रासोनिक यंत्र की सहायता से बच्चे के वजन में वृद्धि, अवस्थिति, बच्चेदानी में फूल की अवस्थिति, बच्चे का हृदय-स्पंदन, पानी की थैली में पानी की मात्रा और बच्चे की आकृति संबंधी विषमता के विषय में जानकर गर्भस्थ शिशु के स्वास्थ्य से संबंधित अनेक तथ्यों को जाना जा सकता है। इस यंत्र की सहायता से शरीर के भीतर शब्द-तरंग की रश्मि को प्रवेश कराके उसमें से उत्पन्न प्रतिध्वनि के विकिरण से अंदर के सभी अंग-प्रत्यंग एक पर्दे पर तसवीर की तरह देख सकते हैं और उसका फोटो लिया जा सकता है। इस तरह शिशु की स्थिति और अवस्थिति का निरूपण करना एक्स-रे द्वारा की गई जाँच से बहुत अधिक निरापद पद्धति है।

अंतिम दो महीने में कम-से-कम छह बार डॉक्टर को दिखाने पर पूरे माह में कई जटिलताओं के विषय में जानकारी मिल सकती है और उसका इलाज भी संभव होता है। जो लोग इस वक्त सावधान नहीं रहते, उनमें जच्चे और बच्चे की बीमारी या मृत्यु की आशंका रहती है। अंतिम दो महीने में दो बार से कम दिखाने पर भी उसे अनबुक्ड या अनरजिस्टर्ड केस के बतौर गिना जाता है।

### *बच्चे की वृद्धि, अपरिपक्व शिशु और फूल की अक्षमता*

गर्भावस्था की शुरुआत से ठीक से जाँच करने पर गर्भावस्था के समय और भ्रूणस्थ शिशु की वृद्धि का अंदाजा लगाया जा सकता है। प्रथम माहवारी का दिन, प्रथम जाँच का नतीजा, माँ को बच्चे के स्पंदन की अनुभूति की तारीख, बच्चेदानी की वृद्धि और नाप को देखकर बच्चे की वृद्धि का अंदाजा लगाया जा सकता है। माँ के वजन की वृद्धि में से बच्चे की वृद्धि की माप का पता चलता है। अंतिम दस सप्ताह में यदि वजन नहीं बढ़ा तो यह चिंता का कारण होता है। आजकल अल्ट्रासोनिक मशीन की सहायता से बच्चे का सिर, पेट और छाती की परिधि की जाँच, हड्डी की माप आदि से बच्चे का वजन निकाला जा सकता है। कई बार देखते हैं कि बच्चे की वृद्धि आशा के अनुरूप नहीं हो रही है और भ्रूणस्थ फूल की माप भी बहुत छोटी है। ऐसी स्थिति में माँ के शरीर से फूल के भीतर से होते हुए बच्चे को ऑक्सीजन, आहार और पौष्टिक लवणयुक्त पदार्थ, विटामिन आदि के संचार में बाधा आती है। इसके परिणामस्वरूप बच्चा उचित पौष्टिकता ग्रहण नहीं कर सकता तथा उसकी वृद्धि और विकास में बाधा आती है। किसी-किसी मामले में पानी की थैली का पानी सूख जाता है और बच्चे का बढ़ना रुक जाता है। इससे पेट के अंदर ही बच्चा मर जाता है। उस समय डॉक्टरी जाँच के अलावा और भी कई उपायों से बच्चे की स्थिति का पता लगाया जाता है।

निम्नोक्त उपायों से बच्चे की प्राणशक्ति और शारीरिक विकास की मात्रा का निर्धारण किया जाता है—

1. चिकित्सक द्वारा पूरी तरह से माँ की शारीरिक जाँच।

**2. अल्ट्रासोनिक जाँच :** इस यंत्र की सहायता से बच्चे की माप के अलावा उसके हिलने-डुलने की क्षमता, हृदय-स्पंदन, साँस लेने की गति, फूल की माप और स्थिति आदि का भी निरूपण किया जाता है।

3. माँ के शरीर के विभिन्न तरह के हारमोन की मात्रा—

**(क) इस्ट्रोजन हारमोन :** यह हारमोन भ्रूणस्थ बच्चे और फूल में बनता और संचारित होता है। 24 घंटे के पेशाब में इसकी मात्रा या खून में इस हारमोन की मात्रा से फूल की संचारण क्षमता का मान निर्धारित किया जाता है।

**प्रेजेस्टेरोन :** इस हारमोन में से फूल की क्षमता का अंदाजा लगाया जा सकता है। इसके अलावा फूल के अन्य प्रोटीन हारमोन की मात्रा से भी बच्चे की स्थिति का पता लगाने की कोशिश चल रही है।

4. भ्रूणस्थ शिशु के चारों तरफ बहने वाले पानी की थैली के पानी की जाँच करके उसके लिंग, फेफड़ों के विकास, गर्भावस्था के काल, मस्तिष्क या रीढ़ की हड्डी के अवयव संबंधी गड़बड़ी के विषय में ढेर सारे तथ्यों का पता लगाया जा सकता है।

5. बच्चे के स्पंदन की गति और छंद के बारे में माँ खुद भी हिसाब रख सकती है। प्रतिदिन कितने समय के अंदर बच्चे के दस बार हिलने की गति का अनुभव करती

हैं, उस हिसाब से बच्चे की प्राणशक्ति के जोर का अंदाजा लगाया जा सकता है। आजकल अल्ट्रासोनिक यंत्र की सहायता से बच्चे के हिलने-डुलने की क्षमता, और बच्चे पर दवा की सहायता से थोड़े-से बल प्रयोग द्वारा उत्पन्न दबाव के परिणामस्वरूप उसके हृदय-स्पंदन या गति के तारतम्य से भी बच्चे की स्थिति के संबंध में अनुमान लगाया जा सकता है।

6. पानी की थैली के पानी में बिलिरूबिन, अल्फाटोप्रोटीन आदि रासायनिक पदार्थ की जाँच करके उसके जॉन्डिस होने या शारीरिक गड़बड़ी होने की आशंका को परखा जा सकता है।

7. आजकल भ्रूणस्थ शिशु के हृदय-स्पंदन की गति और बच्चेदानी के संकुचन के समय हृदय-स्पदंन का तारतम्य ईसीजी मशीन द्वारा देखना चाहिए। इससे पता चलता है कि बच्चे के सिर पर दबाव पड़ रहा है या नहीं। अथवा कोई नाड़ लिपट गया है या नहीं, इसका भी पता चलता है।

8. पानी की थैली में बच्चे द्वारा पाखाना कर दिए जाने पर उसकी स्वच्छता कम होकर हरा साग धुला पानी या दाल के घने पानी की तरह हो जाता है। श्वासनली में घुसकर वह जटिलता पैदा कर सकता है। इसीलिए पानी के टूटने के साथ-साथ पानी की थैली के पानी की स्वच्छता को देख लिया जाता है।

इस तरह से आजकल विभिन्न उपायों से गर्भावस्था के अंतिम चरण में भ्रूणस्थ शिशु की प्राणशक्ति और विकास को जाँचा जा सकता है।

## *बच्चे की जन्मजात गड़बड़ी*

पेड़-पौधों के फूल या फल की तरह मानव शिशु भी असमय गर्भपात से नष्ट हो सकता है या अपरिपक्व समय में प्रसव से अंग-प्रत्यंग के अवयव संबंधी त्रुटि को लेकर जन्म ले सकता है। यह अवयव संबंधी गड़बड़ी दो प्रतिशत मामलों में घटित होती देखी जाती है। आजकल ऑपरेशन की सहायता से कई तरह की गड़बड़ियों को आसानी से दूर करना संभव हो पाया है।

मस्तिष्क या शारीरिक गड़बड़ी के अलावा मानसिक गड़बड़ी लेकर भी बहुत-से बच्चों का जन्म होता है। मंगला शिशु जिस तरह से जन्म से, जेनेटिक कारणों से शारीरिक और मानसिक विकारग्रस्त होकर जन्म लेता है। इनके चेहरे से मंगल जाति के लक्षण परिलक्षित होते हैं, इसीलिए इन्हें मंगला कहा जाता है। जैसे इनका ललाट और नाक चिपटी रहती है, आँखें पतली, कटी और झुकी हुई रहती हैं, हाथ चौकोर और चिपटे होते हैं तथा उँगलियाँ मोटी-मोटी और अधिक नरम होती हैं। कभी-कभी इनमें जन्म से मोतियाबिंद और अन्य तरह की समस्याएँ रहती हैं। अधिक उम्र में बहुत दिनों बाद इनके मानसिक विकास में भी बाधाएँ आती हैं। शारीरिक गड़बड़ी में आँख, कान, हृदय में अवयवगत गड़बड़ी के अलावा, होंठ, तालू, इंटेस्टाइन, रेक्टम, हाथ, पाँव पेट

के आवरण की चमड़ी और मांसपेशियों में विभिन्न तरह की गड़बड़ी रह सकती है। इन सब कारणों से गर्भावस्था के प्रथम चरण में अनजानी दवाओं का सेवन नहीं करना चाहिए। ऐसी स्थिति में हाम, चिकन पॉक्स या अन्य वायरल या जीवाणुओं से आक्रांत होने वाली बीमारी से सावधान रहना चाहिए। अकारण गर्भावस्था के प्रथम चरण में 'आई.वी.पी' या वेरियम एक्स-रे आदि रंजन-रश्मि द्वारा जाँच बिलकुल नहीं करवानी चाहिए। डायबिटीज, जॉन्डिस रोग का उचित इलाज करवाना निहायत जरूरी होता है। किसी तरह का बड़ा ऑपरेशन भी गर्भावस्था के प्रथम चरण में नहीं करवाना चाहिए। अंतिम अनुच्छेद में बच्चे की गड़बड़ी के विषय में विस्तृत चर्चा की गई है। इसे प्रत्येक स्त्री को जानना चाहिए कि अभिभावक या चिकित्सक की देखरेख के साथ-साथ उसे खुद का खयाल, खाने-पीने की सावधानी और स्वास्थ्य नियमों के विषय में सचेत रहना है। डॉक्टर या अभिभावक की सलाह न मानकर उच्छृंखल और असंयमी जीवन-यापन करने पर माँ और बच्चे पर अवश्य विपरीत प्रभाव पड़ेगा। उचित आराम, भोजन, व्यायाम, पेट साफ करना, नींद आदि छोटी-मोटी चीजों पर नजर रखनी चाहिए। अकारण स्कूटर या गाड़ी से घूमना, रात में जागना, जो मन में आए सो खाने पर जटिलता उत्पन्न हो सकती है। नशीली दवा, सिगरेट, खैनी या सुरापान से बच्चों की वृद्धि में अवरोध आ सकता है और वे मानसिक बुद्धिहीनता के शिकार हो सकते हैं। गर्भावस्था भगवान की प्राणसृष्टि की एक अपूर्व परिणति है, इसे सफल करने में माँ का दायित्व सर्वोपरि है।

# 33

# गर्भावस्था में होने वाले रोग

*गर्भावस्था में टी.बी.*

कभी-कभी गर्भावस्था के साथ टी.बी. रोग आनुषंगिक रूप से मरीज को आक्रांत करता है। यद्यपि चिकित्साशास्त्र और देश की आर्थिक स्थिति के साथ इस रोग का प्रादुर्भाव कुछ कम हुआ है तथापि गर्भावस्था में इस रोग के विषय में अभिभावक, पति और लड़कियों को कुछ साधारण ज्ञान रखना चाहिए।

गर्भावस्था में अकारण सर्दी, खाँसी, थोड़ा-थोड़ा ज्वर, वजन का घटना आदि रोग हों तो इन सारी बीमारियों के कारणों की सही ढंग से जानकारी हासिल कर लेनी चाहिए। खून की खाँसी या छाती में दर्द होने पर उचित डॉक्टर को दिखाकर खून और थूक की जाँच और छाती का एक्स-रे करवा लेना चाहिए। मांटुटेस्ट करके थोड़ा-सा अंदाजा लगाने पर भी यह जाँच हमेशा टी.बी. रोग को इंगित नहीं करती। गर्भावस्था में वैसे ही खून की सेडिमेंटेशन दर बढ़ती है। इसीलिए वह भी हमेशा रोग निर्धारण में सहायता नहीं करती।

सजह बुद्धि से यह बात स्वीकार्य है कि माँ के शरीर से प्रोटीन, फैट, कार्बोहाइड्रेट, आयरन, कैल्सियम आदि जरूरी वस्तुएँ बच्चे की वृद्धि और विकास में व्यवहृत होती हैं, इसलिए गर्भावस्था में टी.बी. रोग में अवनति हो सकती है।

आमतौर पर टी.बी. के लिए गर्भपात करने की आवश्यकता नहीं पड़ती। लेकिन निम्नलिखित स्थितियों में गर्भपात के विषय में सोचना चाहिए–

1. जिनका आर्थिक परिवेश अस्वास्थ्यकर और शिक्षा का मान नीचा है, उस संप्रदाय में जो महिलाएँ अधिक बच्चों की माँ हैं, उनकी शारीरिक और मानसिक अवनति को रोकने के लिए गर्भपात करना जरूरी हो सकता है।

2. यदि रोग का प्रकोप अधिक हो तो कंठनली और वागूयंत्र आक्रांत होता है। इन मामलों में प्रथम दो महीने के अंदर साक्शन पद्धति द्वारा गर्भपात करवा लेना निरापद होता है।

गर्भावस्था में टी.बी. रोग का होना जिस तरह से संकटजनक और महत्त्वपूर्ण होता है, उसी तरह टी.बी. रोग की चिकित्सा में प्रयोग में लाई जाने वाली दवा का भ्रूण-शिशु पर प्रभाव चिंता का विषय होता है।

सामान्यतया एथमबुटाल, आइसोनाया जाइव, स्ट्रेप्टोमाइसिन या रिफाम्पिसिन आदि दवाएँ टी.बी. रोग में प्रयोग में लाई जाती हैं। आजकल पी-ए-एस दवा के बदले एथामबुटाल ई का ही अधिकांश मामलों में प्रयोग किया जाता है।

आइसोनाया जाइव और एथमबुटाल गर्भावस्था में प्रयोग की जाने वाली मोटे तौर पर निरापद दवाएँ हैं। स्ट्रेप्टोमाइसिन दवा से कुछ समस्या की भी उत्पत्ति हो सकती है। इस दवा का प्रयोग करने से बच्चे के श्रवणांग के स्नायु पर प्रभाव के कारण श्रवणेंद्रीय की हानि हो सकती है और नवजात शिशु बहरा हो सकता है। प्रथम तीन महीने में रिफाम्पिसिन का प्रयोग करने से विभिन्न तरह की विकलांगता पैदा हो सकती है। अतः गर्भावस्था के प्रथम चरण में इन दवाओं का प्रयोग न करना ही अच्छा होता है। प्रसवकाल में यदि कोई बीमारी रहे तो उचित उपाय से जल्दी-से-जल्दी प्रसव करवाना चाहिए। माँ को अवसादग्रस्त होने देना उचित नहीं होता।

## *नवजात शिशु की रक्षा के उपाय*

माँ के थूक में यदि जीवाणु न मिलें तो बच्चे को छाती का दूध पिलाने में कोई बाधा नहीं होगी। लेकिन नवजात शिशु को यदि अलग करना हुआ तो माँ के दूध को बंद करने के लिए दवा का प्रयोग किया जाना चाहिए। रोगी के परिवार और परिवेश को ध्यान में रखकर बच्चे को 0.05 मि. ग्राम बी.सी.जी जन्म के सात दिनों के अंदर देकर मांटुटेस्ट के परिणाम को जानकर अर्थात् डेढ़ महीने के बाद माँ के पास देना चाहिए। माँ और बच्चे का भोजन, आराम और आनुषंगिक अस्वस्थता को ध्यान में रखकर सूतक में उचित देखभाल और जतन कर लेने पर कई खतरों या टी.बी. रोग के पुनरावर्तन का प्रतिरोध किया जा सकता है।

## *गर्भावस्था में दमे की बीमारी*

सामान्यतया एक या दो प्रतिशत मामलों में गर्भावस्था में यह रोग हो सकता है। दमे की बीमारी कई कारणों से हो सकती है, अचानक आबोहवा में होने वाले परिवर्तन और अचानक पहाड़ी स्थान पर चार-पाँच हजार मीटर से अधिक ऊँचाई पर वंशानुगत स्थिति और एलर्जी के लक्षण इस रोग की उत्पत्ति को प्रभावित कर सकते हैं। वैसे अधिकांश मामलों में श्वासनली और फेफड़ों में बार-बार जीवाणुओं के आक्रमण से होने वाले क्रॉनिक ब्रंकाइटिस से एमफीसेमा और दमे की शुरुआत हो सकती है। गर्भावस्था में दमे का रोग बढ़ सकता है, अपरिवर्तित भी रह सकता है और बीच-बीच में कम भी हो सकता है। गर्भावस्था में कर्टिसन हारमोन के प्रभाव से श्वासनली और ब्रंकस की शाखाएँ-प्रशाखाएँ कुछ संप्रसारित होती हैं और श्वास-क्रिया सहज होती है। लेकिन गर्भावस्था के अंतिम चरण में बच्चेदानी का आयतन बढ़ जाने से फेफड़े और डायाफ्राम पर दबाव पड़ने के कारण श्वास प्रक्रिया की व्याप्ति कम हो जाती है और इससे साँस

की तकलीफ से माँ के खून से बच्चे के खून में ऑक्सीजन के संचालन में बाधा आती है, बच्चे की वृद्धि और विकास में भी बाधा आती है और अपरिपक्व बच्चे का जन्म होता है। ऐसे मामलों में बच्चे की मृत्यु-दर अधिक होती है। बार-बार आकस्मिक और संकटजन्य दमे के दौरे से माँ और बच्चा दोनों को क्षति पहुँचने की आशंका रहती है।

दमे का आक्रमण होने पर मरीज को आराम के साथ, सिर थोड़ी ऊँचाई पर रखकर सुला देना चाहिए। साँस की तकलीफ तीव्र रहने पर ऑक्सीजन की व्यवस्था करनी चाहिए। श्वासनली की उपशाखाओं के विस्तार के लिए सालबुटामल या टारबुटालीन जैसी दवा दी जाती है। इसके अलावा एमीनोफाइलिन या डेरिफाइलिन दवा भी साँस की तकलीफ को कम करने में मदद करती हैं। ये सारी दवाएँ विशेषज्ञ की सलाह से ही दी जानी चाहिए। ये दवाएँ नसों में, पेशियों में इंजेक्शन से या फिर टेबलेट के रूप में खाने को दी जाती हैं। संकटपूर्ण दमे का आक्रमण होने पर अस्पताल में भर्ती करना चाहिए। बहुत अधिक साँस की तकलीफ में भी नींद की कम्पोज या बारबिटुरेट जैसी दवाएँ देना ठीक नहीं होता।

गर्भावस्था में दमे का आक्रमण होने पर कर्टिसन दवा के प्रयोग को लेकर विशेषज्ञों में मतभेद हैं। क्योंकि गर्भावस्था के प्रथम चरण में इस दवा का अधिक प्रयोग करने से बच्चे के विकलांग होने की आशंका रहती है। गर्भावस्था के अंतिम चरण में इस दवा के प्रयोग से हाथ-पाँव फूलना, शरीर में पानी का जमना और रक्तचाप में वृद्धि हो सकती है। वैसे दूसरी किसी दवा के बेअसर होने पर अंततः कर्टिसन का ही प्रयोग करना पड़ता है।

प्रसवकाल में दमे के आक्रमण का असर रहने पर उपरोक्त उपाय की सहायता से ब्रंकस के स्पास्म को कम रखने के लिए सचेष्ट होना पड़ता है। यदि सिजेरियन की आवश्यकता पड़े तो आजकल रीढ़ की हड्डी के आवरण तंतु में एपिडुरल ऐनेस्थेसिया का प्रयोग किया जाता है। इससे शरीर का निचला हिस्सा सुन्न हो जाता है और फेफड़ों से प्रदत्त ऐनेस्थेसिया के कारण ऑपरेशन के बाद दमे के प्रकोप में होने वाली वृद्धि से बचाव हो जाता है।

कुल मिलाकर यह जानना चाहिए कि दमे की शिकायत रहने पर गर्भावस्था में धूल-धुआँ आदि से खुद को बचाकर रखना चाहिए। गंदे वातावरण, बंद या एयरकंडिशंड छोटे कमरे में न रहकर, पुरानी किताबों की अलमारी साफ करते समय या घर-द्वार साफ करने या बदलने के समय मास्क पहनकर पर्याप्त सावधानी बरतनी चाहिए। हमेशा थोड़ी भूख रखकर भोजन करना चाहिए और जिस भोजन से एलर्जी होती है, उसे नहीं खाना चाहिए। रात का भोजन आठ-साढ़े आठ बजे तक कर ही लेना चाहिए। ऐसे कपड़े पहनने चाहिए जिससे पसीना बैठकर ठंड न लगे। कोष्ठ (पेट) साफ रखने की ओर ध्यान देना चाहिए। योग्य गृह-चिकित्सक के साथ संपर्क रखते हुए साँस की आकस्मिक तकलीफ के प्रतिरोध की व्यवस्था रखना भी बहुत जरूरी होता है।

## *गर्भावस्था में बच्चेदानी का ट्यूमर*

गर्भावस्था में कभी-कभी बच्चेदानी में फाइब्रेड नामक एक तरह का ट्यूमर रह सकता है। फाइब्रेड एक तरह की मांसपेशी की तंतु से उत्पन्न होने वाली फाइब्रास तंतुयुक्त गिलटी की तरह होता है। इस तरह का ट्यूमर थोड़ा बड़ा होने पर बच्चेदानी की पेशी के बाहर होकर भीतर में ही बढ़ सकता है। छोटे-से मटर के दाने से लेकर यह ट्यूमर डंभे के आकार का भी हो सकता है। आजकल लड़कियों की शादी में देर होने के कारण और जीवन में मानसिक दबाव के परिणामस्वरूप इस तरह का ट्यूमर बढ़ता जा रहा है। वयःसंधि से लेकर माहवारी समाप्त होने की उम्र तक में यह ट्यूमर होता है। इसलिए बहुत-से लोगों का सोचना है कि इस्ट्रोजेन हारमोन के प्रभाव से यह ट्यूमर हो सकता है। कई मामलों में इस तरह का ट्यूमर रहने पर बाँझपन भी हो सकता है।

गर्भावस्था में बच्चे की वृद्धि और बच्चेदानी की वृद्धि के साथ-साथ ट्यूमर के आकार में भी परिवर्तन होता है। कई मामलों में ट्यूमर से खून के संचालन में बाधा आने पर ट्यूमर के तंतु विकृत हो सकते हैं, उनमें सड़न आ सकती है। जो ट्यूमर बच्चेदानी के बाहर पतले डंठल के आकार की जड़ से जुड़े रहते हैं उनमें कई बार मरोड़ आ जाने की आशंका रहती है। ट्यूसर द्वारा बच्चेदानी की पेशियों के प्रभावित होने पर बच्चे की अवस्थिति या फूल की अवस्थिति अस्वाभाविक हो सकती है। बच्चेदानी की रचना की अस्वाभाविकता से गर्भपात हो सकता है। गर्भावस्था में रक्तस्राव की उत्पत्ति हो सकती है। यह बीमारी कई बार गंभीर समस्या पैदा कर सकती है। गर्भावस्था में ट्यूमर रहने के कारण प्रसवकाल में भी कुछ समस्या उत्पन्न होने की आशंका रहती है।

गर्भावस्था में जाँच के समय बच्चेदानी की माप और आकार की अस्वाभाविकता विशेषज्ञों की दृष्टि को आकर्षित करती है। तब अन्य किस्म के ट्यूमर, जुड़वाँ बच्चे या बच्चेदानी की विकृति आदि को छोड़कर ट्यूमर का होना-न होना सुनिश्चित किया जाता है। बड़े ट्यूमर को कई बार बच्चे का सिर समझ लेने की गलती भी कर बैठते हैं। लेकिन आजकल अल्ट्रासोनोग्राफी के काफी अधिक प्रचलन और प्रयोग के कारण इस तरह के ट्यूमर और उसके आकार का पता लगाने में बहुत सहायता मिल रही है। रोगी को उचित विश्राम और अन्य जरूरी दवाएँ देकर गर्भावस्था में होने वाली समस्याओं को रोकने का प्रयास करना चाहिए।

ट्यूमर में सड़न होने पर या दर्द होने पर भी रक्षणशील पद्धति से विश्राम और एंटीबायटिक दवा द्वारा दर्द कम करने की कोशिश करनी चाहिए।

निम्नलिखित मामलों में कई बार कोई उपाय न रहने पर ऑपरेशन करना पड़ता है—

1. यदि ट्यूमर घूमकर समस्या उत्पन्न कर रहा हो।
2. यदि ट्यूमर बड़ा हो जाए और बच्चेदानी के फैलाव में अवरोध उत्पन्न करे।

3. कई बार बच्चेदानी के नीचे प्रसव के मार्ग में अवरोध बनकर बच्चेदानी के निम्नभाग में ट्यूमर रहता है। तब सिजेरियन ऑपरेशन करके प्रसव करना पड़ता है।

सामान्यतया ऑपरेशन टालने का मुख्य कारण यह होता है कि गर्भावस्था में ट्यूमर में रक्त संचालन की वृद्धि के चलते ट्यूमर निकालने पर बहुत अधिक मात्रा में रक्तस्राव होने से अन्य समस्या उत्पन्न हो सकती है। बच्चेदानी के ऊपरी हिस्से में ट्यूमर रहने पर स्वाभाविक डिलिवरी की संभावना अधिक रहती है।

सिजेरियन करते समय ट्यूमर का ऑपरेशन या बच्चेदानी का ऑपरेशन न करना ही अच्छा होता है। कुछेक सीमित मामलों को छोड़कर अनावश्यक रूप से बड़े ऑपरेशन से दुर्घटना घट सकती है। आमतौर पर घबराए बिना विशेषज्ञों से परामर्श करके जरूरी होने पर अस्पताल में भर्ती होकर इस रोग से ग्रस्त गर्भावस्था में की जाने वाली उचित व्यवस्था करनी चाहिए। इससे खतरे को टालना संभव होता है।

## *गर्भावस्था में ओवरी का ट्यूमर*

स्त्रियों की ओवरी या डिम्बाशय में विभिन्न तरह के कोष और तंतु में डिम्बाणु मौजूद

चित्र 33/1 : बच्चेदानी में तीन ट्यूमर और गर्भस्थ बच्चे की विपरीत अवस्थिति

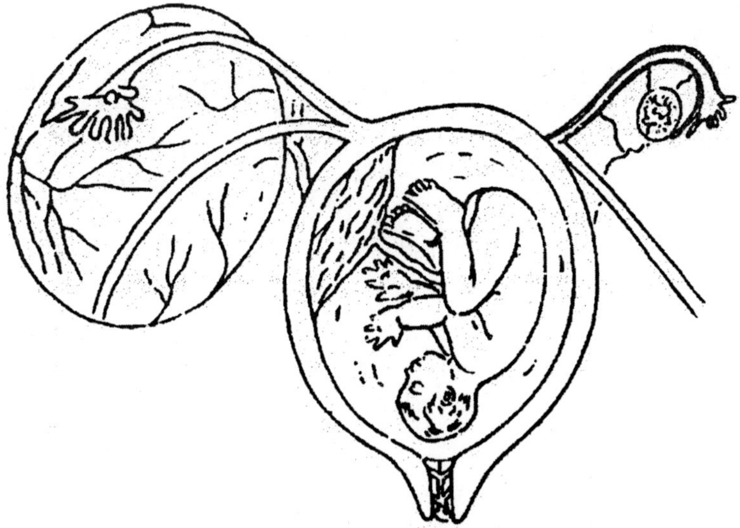

चित्र 33/2 : गर्भस्थ शिशु और दाहिनी ओवरी में ट्यूमर या सिस्ट

रहता है। नित्य परिवर्तनशील इस अवयव में सभी उम्र में विभिन्न तरह के ट्यूमर या सिस्ट उत्पन्न हो सकते हैं। दरअसल, तरल पदार्थ से भरी थैली की तरह के ट्यूमर को सिस्ट कहते हैं। सिस्ट के अंदर का तरल पदार्थ सेलाम, पीब, खून या अन्य तरह के शारीरिक तरल पदार्थ से युक्त हो सकता है।

गर्भावस्था में बच्चेदानी के आयतन में वृद्धि के साथ-साथ ओवरी के ट्यूमर में तरह-तरह की समस्या उत्पन्न हो सकती है। इन ट्यूमरों की जड़ पतली-नरम होने के कारण आसानी से ट्यूमर के मुड़ जाने की संभावना रहती है। मुड़ जाने से उसके रक्त-संचार में बाधा आती है और तब ट्यूमर में रक्तक्षरण होकर गैंग्रिन होने की आशंका रहती है। कभी-कभी जीवाणुओं के आक्रमण से सिस्ट का तरल पदार्थ पीब-युक्त होकर गंभीर समस्या भी उत्पन्न करता है। कई बार ट्यूमर मुड़कर फट भी सकता है। किसी-किसी ट्यूमर के बच्चेदानी के पीछे वस्तिगह्वर में अटककर अवरुद्ध हो जाने पर कई तरह की समस्याएँ उत्पन्न हो सकती हैं। प्रसवकाल में भी इस तरह के अवरुद्ध ट्यूमर बच्चा होने में रुकावट पैदा करते हैं और बच्चे के दबाव से फटकर गंभीर समस्या भी उत्पन्न कर सकते हैं। गर्भावस्था में जाँच के दौरान विशेषज्ञ डॉक्टर बच्चेदानी के बगल में अस्वाभाविक गोलाकार तरल पदार्थयुक्त ट्यूमर देखने पर 'ओवरी का ट्यूमर' होने का शक करते हैं। कई लोग कहते हैं कि गर्भावस्था के पहले भी छोटा ट्यूमर था। पर आजकल अल्ट्रासोनोग्राफी द्वारा इन ट्यूमरों का आसानी से पता लगाया जा सकता है।

उपरोक्त समस्याओं को रोकने के लिए ओवरी के ट्यूमर या सिस्ट को देखते ही जल्दी से ऑपरेशन कर देना चाहिए। चार से पाँच महीने के अंदर जब फूल की सहायता से बच्चे का मातृ-गर्भ में अच्छी तरह गठन हो जाता है, वही ऑपरेशन का उचित समय होता है। प्रथम दो-तीन माह में कुछ-कुछ खतराहीन डिम्बाणु-आधार के सिस्ट को ट्यूमर-युक्त सिस्ट समझ लेने की गलती हो जाती है। उनका ऑपरेशन न करने से भी वे खुद-ब-खुद ठीक हो जाते हैं।

मरीज के अधिक देर से आने पर डिलिवरी के बाद या सिजेरियन के साथ-साथ ट्यूमर का ऑपरेशन कर दिया जाता है। बिरले ही ट्यूमर कैंसरयुक्त होकर गंभीर समस्या उत्पन्न करता है।

# 34

# संतानहीन पुरुष का दायित्व और अक्षमता

पूर्व अध्याय की चर्चा से आसानी से पता चलता है कि बच्चे के होने में पति-पत्नी दोनों की संयुक्त भूमिका एवं दायित्व है। दंपति की समस्या का विश्लेषण करने पर देखते हैं कि बच्चा न होने के 10-12 प्रतिशत मामलों में पति जिम्मेदार होता है। यह जानना चाहिए कि लड़का या लड़की का होना भी पति द्वारा ही नियंत्रित होता है, क्योंकि शुक्राणु दो तरह के यौन क्रोमोसोम-एक्स और वाई से बनता है। दूसरी तरफ डिम्बाणु में हमेशा दो एक्स क्रोमोसोम रहते हैं। अतः वाई क्रोमोसोम को वहन करने वाले शुक्राणु के साथ डिम्बाणु का मिलन होने पर भ्रूणस्थ शिशु लड़का होगा और एक्स क्रोमोसोम वहन करने वाले शुक्राणु होने पर भ्रूणस्थ शिशु लड़की होगी। बच्चे को जन्म देने में पति की असमर्थता के कारण क्या हैं, इस विषय में चर्चा की जा रही है।

साधारणतया तीन कारणों से पुरुष बच्चे के जन्म देने में अक्षम होता है–

1. यौनांग के गठन या विकास में अवयव संबंधी गड़बड़ी।
2. सहवास के समय यौनांग की दृढ़ता और उत्थान शक्ति का अभाव।
3. शुक्राणु के उत्पादन में पूरी तरह से विफल होना या शुक्राणु की कमी या अस्वाभाविकता।

**यौनांग की अस्वाभाविकता :** बहुत-से माता-पिता जन्म के समय या बाल्यकाल में पुरुष संतान के यौनांग की अस्वाभाविकता के विषय में अच्छी तरह से नहीं जानते हैं। परिणामस्वरूप वयःसंधि के समय या विवाह के बाद अस्वाभाविकता का पता चलने पर हमेशा इलाज से फायदा मिलना संभव नहीं रह जाता। यौनांग की अस्वाभाविकता और प्रकार में अंतर निम्नलिखित रूप में दिखाई दे सकता है–

1. यौनांग बहुत छोटा और मूत्रनली आंशिक या पूरी तरह से विभाजित है।
2. कुछ मामलों में अंडकोष स्क्रोटम में न रहकर पेट के भीतर या जंघाओं में जोड़ के ऊपरी हिस्से में रहते हैं। पेट के अंदर अंडकोष के घुसे रहने पर शुक्राणु के उत्पादन में बाधा आती है, इस तरह के अवरुद्ध अंडकोष भविष्य में गंभीर खतरनाक कैंसर जैसे ट्यूमर की सृष्टि कर सकते हैं।
3. कुछ मामलों में अंडकोष अत्यंत छोटे और नरम होते हैं और इस तरह के पुरुष दाढ़ी-मूँछ विहीन होते हैं। समय-समय पर इनके स्तनों में वृद्धि भी होती है। अधिकतर

यह रोग यौन-जीन की त्रुटि के कारण होता है। इनका जीन एक्स-एक्स-वाई होने के कारण अंडकोष अविकसित रह जाता है और शरीर में कुछ स्त्री-लक्षण नजर आते हैं।

4. अर्धनारी-पुरुष यौनांग वाले व्यक्तियों में भी विभिन्न तरह की अस्वाभाविकता दिखाई देती है—

(क) कुछ मामलों में एक ही व्यक्ति के पेट के दोनों तरफ अंडकोष और डिम्बाशय रहता है और बाह्य यौनांग अस्वाभाविक होता है। ऐसे लोगों के यौनांग और अंडकोष छोटे होते हैं और विभाजित मूत्रनली से कभी-कभी माहवारी के समय रक्तक्षरण भी होता है।

(ख) किसी-किसी के जीन के अनुसार स्त्री होने के बावजूद पुरुष हारमोन के प्रभाव के कारण क्लाइटरिस विकसित होकर पुरुषांग का आकार धारण कर लेता है। यह रोग जन्मजात भी होता है या बाद में एड्रेनल ग्रंथि से पुरुष हारमोन निस्सरण की अधिकता के कारण भी हो सकता है। इनके माता-पिता द्वारा इन्हें लड़का समझकर पालन-पोषण किए जाने के कारण ये समाज में पुरुष माने जाते हैं। कुछ मामले में ये किसी स्त्री से शादी भी करते हैं, लेकिन पिता होने में या सहवास में अक्षम होते हैं।

(ग) कुछ मामलों में अंदर के यौनांग में अंडकोष होने के बावजूद बाह्य यौनांग स्त्रियों की तरह होता है। हारमोन के प्रभाव से इनका शारीरिक गठन सुंदर स्त्री की तरह होता है और कई मामलों में ये उन्नत उरोज युक्त और नारी सुलभ शारीरिक सौंदर्य से मंडित होते हैं। इनके बच्चेदानी नहीं होती, लेकिन समाज में इनकी गिनती स्त्री के रूप में होती है।

**सहवास के समय यौनांग में दृढ़ता का अभाव :** सहवास के समय यौनांग में दृढ़ता के अभाव के कारण यौवन या प्रौढ़त्व के बाद कुछ समय के लिए या अस्थायी रूप से अनेक पुरुष ही पुरुषत्वहीनता के शिकार होते हैं। किसी-किसी में इस तरह के लक्षण धीरे-धीरे प्रकट होते हैं और किसी-किसी में किसी तरह की मानसिक या शारीरिक अस्वस्थता के बाद इस तरह की कमजोरी नजर आती है। इस तरह के लक्षण वाले व्यक्ति अधिकांश मामलों में स्नायविक कमजोरी और कामशीतलता के शिकार होते हैं, तो किसी-किसी मामले में इच्छा और उत्तेजना के बावजूद यौनांग के उत्तोलित या उत्थित होने का अभाव दिखाई देता है।

सामान्यतया पुरुष की कामशीतलता शारीरिक और स्नायविक कमजोरी से ही शुरू होती है। इस तरह की असमर्थता से पुरुष आत्मबल के अभाव के कारण खुद के बारे में आत्महीनता से गुजरते हैं और सहवास से बचकर चलते हैं। परिणामस्वरूप दंपति का आपसी संबंध और जटिल हो जाता है।

मानसिक अवसाद के अलावा, इन सारी स्थितियों में इस तरह की दुबर्लता की शुरुआत होती है। इसके मुख्य कारणों की सूची दी जा रही है—

1. यौनांग की अस्वाभाविकता।
2. प्रोटेस्ट ग्लैंड या मूत्रनली की विभिन्न तरह की अस्वस्थताएँ।

3. यौनांग में चोट या गंभीर प्रदाह।

4. नर्व की अस्वस्थता और आघात।

5. हारमोन संबंधी कारणों से अंडकोष का छोटा होना या अविकसित स्थिति।

इन कारणों से अनेक व्यक्ति अधिक मोटे एवं थुलथुल हो जाते हैं और स्त्री के प्रति आकर्षण खो देते हैं।

6. अन्य रोगों के प्रभाव से पैदा कमजोरी।

कुछ क्रानिक रोग, जैसे—गंभीर अस्वस्थता के कारण कमजोरी, डायबिटीज, ब्लडप्रेशर आदि रोगों में यह लक्षण दिखाई देता है।

कुछ दवाएँ, जैसे—ब्लडप्रेशर की दवा, कैंसर निरोधक दवा, नींद या चित्त को प्रसन्न करने वाली दवा या ब्लड कैंसर तथा उसकी दवा का सेवन करने पर भी पुरुषत्वहीनता आ सकती है।

विभिन्न तरह के अंतर्निस्सरणकारी ग्लैंड की रासायनिक प्रक्रिया की अस्वाभाविकता से भी यह रोग हो सकता है। पिट्यूटरी, थॉयराइड, एड्रेनल ग्रंथि या अंडकोष की वृद्धि और विकास में गड़बड़ी से भी पुरुषत्वहीनता आती है।

पहले ही कहा जा चुका है कि पुरुषत्वहीनता का मुख्य कारण मानसिक अवसाद और दुश्चिंता है। पत्नी के प्रति प्यार का अभाव, गैर स्त्री के प्रति आकर्षण, स्त्री को यौन रोग रहने पर सहवास के प्रति अनिच्छा से भी पुंसत्वहीनता आ सकती है। अत्यधिक शारीरिक और मानसिक परिश्रम से, अधिक शराब पीने या मादक द्रव्यों का सेवन करने से भी इस रोग की उत्पत्ति हो सकती है। इन मामलों में परिवार के सभी लोगों की, विशेषकर पत्नी के प्यार की कमी, सहानुभूति और सहयोगिता का अभाव होने पर यह रोग गंभीर रूप धारण कर सकता है।

कुछेक नर्व की अस्वस्थता, जैसे—कमर में चोट के कारण लकवा सिरोंगोमाइलिया या सिफलिस संबंधी टेबिस डरसालिस आदि नर्व की बीमारियों में तथा रीढ़ में रोग के कारण भी पुंसत्व की हानि होती है।

सहवास के समय यौनांग में दृढ़ता का अभाव विभिन्न रूपों में दिखाई देता है—

1. पूर्ण शिथिलता और उत्थान शक्ति के अभाव से सहवास में असमर्थता।

2. शीघ्रपतन या स्खलन।

3. स्खलन में रुकावट।

4. विपरीत या ऊर्ध्वनाश (ऊर्ध्व स्खलन)

पूर्ण शिथिलता के अलावा अत्यधिक जल्दी स्खलन के कारण भी किसी-किसी में बच्चा जनने की क्षमता में अड़चन आती है। ऊर्ध्वनाश में वीर्य विपरीतगामी प्रवाह से पेशाब की थैली के भीतर चला जाता है और स्वाभाविक स्खलन नहीं होता।

20 से 40 वर्ष की उम्र के जो व्यक्ति पुरुषत्वहीनता के शिकार हैं, उनमें आमतौर पर शारीरिक कमजोरी या हाजमे की गड़बड़ी रहती है। उनका ब्लडप्रेशर कम हो जाता है और ये उच्च कामशीतलता के शिकार होते हैं। जिनकी उम्र 40 से अधिक होती है,

वे उच्च रक्तचाप और डायबिटीज या थॉयराइड ग्लैंड के रोग के असर से उत्तेजनाहीन हो जाते हैं।

## *वीर्य शुक्राणु-शून्यता या शुक्र-अल्पता*

पहले ही कहा गया है कि स्वस्थ पुरुष के वीर्य की मात्रा 2 से 5 मिलीलीटर तक होती है, और प्रति मिलीलीटर में 4 से 6 करोड़ शुक्राणु रहते हैं। इनें 75 प्रतिशत सुगठित, जीवित और द्रुतगामी हों तो उसे स्वाभाविक करार दिया जाता है और इस तरह के वीर्य वाले व्यक्ति को पितृत्व शक्तिसंपन्न समझा जाता है। खून, पीब या अस्वाभाविक अपरिपक्व शुक्राणु अधिक रहने पर वीर्य समस्या उत्पन्न करता है और ऐसे वीर्य से आसानी से बच्चा नहीं हो सकता। वीर्य का घनत्व, तरलता अर्जित करते समय और किसी-किसी रासायनिक पदार्थ के अभाव में भी कभी-कभी समस्या उत्पन्न होती है।

## *किस तरह के वीर्य को अस्वाभाविक समझा जाता है?*

नीचे लिखे गुणों का अभाव पाए जाने पर वीर्य को निम्न स्तरीय समझा जाता है—

1. यदि मात्रा में एक मिलीलीटर से कम हो।
2. यदि प्रति मिलीलीटर में दो करोड़ से कम शुक्राणु हों।
3. यदि 30 प्रतिशत से अधिक शुक्राणु कमजोर और मृत हों।
4. यदि 50 प्रतिशत से अधिक शुक्राणुओं का आकार अस्वाभाविक या त्रुटिपूर्ण हो और वे चलने की शक्ति न रखते हों।
5. यदि वीर्य में रक्त, पीब या अन्य अपरिपक्व कोष देखा जाए।
6. यदि आधे घंटे के भीतर वीर्य का तरलीकरण न हो और शुक्राणु की संख्या बहुत अधिक हो।

हालाँकि उपरोक्त विवरण में वीर्य के गुणों की त्रुटियों की तालिका दी गई है, लेकिन कभी-कभी इस तरह के वीर्य वाले व्यक्ति भी पितृत्व अर्जित कर सकते हैं।

इसका कारण यह है कि विभिन्न वजहों से पैथोलोजिस्ट की जाँच में भूल रह सकती है। कोई-कोई व्यक्ति पैथोलॉजी लैबोरेटरी में कृत्रिम उपाय से खून दिए जाने पर असुविधा महसूस करते हैं। फिर वीर्य संरक्षण पद्धति या वीर्य संरक्षणकारी आधार के साथ इनकी गणना गलत भी हो सकती है। इसीलिए वीर्य के मान के विषय में संदेह होने पर उनकी अन्य लैबोरेटरी में पुनः जाँच करा लेनी चाहिए।

वीर्य के गुणों को जाँचने की एक और पद्धति है—सहवासांतर जाँच। इस पद्धति में पति-पत्नी के सहवास के दो या तीन घंटे बाद स्त्री के योनिद्वार और योनिनली से श्लेष्मा की जाँच करके उसमें स्वस्थ, सशक्त शुक्राणु की अवस्थिति देख ली जाती है। इससे पता चलता है कि स्वाभाविक सहवास हुआ है या नहीं अथवा योनिनली से वीर्य निर्गमन हुआ है या नहीं। बच्चेदानी के मुँह के श्लेष्मा के साथ वीर्य और शुक्राणु की

प्रतिक्रिया भी इस पद्धति से जाँची जाती है।

वीर्य शुक्र-शून्यता और शुक्राल्पता के कारण-समूह की सूची–

**(क) अंडकोष संबंधी त्रुटि :**

1. जन्मजात अविकसित अंडकोष।

2. पेट में अवरुद्ध अंडकोष।

3. अंडकोष में नसों की स्फीति या फैलाव।

4. जीन की त्रुटि के कारण अंडकोष में शुक्राणु का न बनना।

5. वायरस के आक्रमण से वयःसंधि के पहले अंडकोष के अंदर के कोषों की अंगहानि या टूट-फूट।

6. वैसेक्टोमी या अंडकोष का अपसरण।

**(ख) शुक्रवाही नली की अवरुद्धता**

1. गनोरिया एवं फाइलेरिया रोग के कारण बाधा उत्पन्न होना।

2. जन्मजात त्रुटि के कारण नली की संकीर्णता या अपरिसरता।

3. हार्निया ऑपरेशन के दौरान शुक्रवाही नली में आघात या अंडकोष में मरोड़ आने के कारण क्षति।

(ग) पिट्यूटरी हारमोन क्रिया के ह्रास या अस्वाभाविकता के कारण अंडकोष के विवर्तन में अस्वाभाविकता।

(घ) किडनी की अस्वस्थता या कैंसर के इलाज में केमोमेरपी के प्रभाव से हानि। माम्पस या गंभीर चिकन पॉक्स या वायरस के आक्रमण से अंडकोष प्रभावित होकर क्षतिग्रस्त होते हैं।

इनमें से किसी-किसी मामले में इस तरह से हानि होती है कि शुक्र का बनना पूरी तरह बंद हो जाता है और दवा के जरिए इस गड़बड़ी को दूर भी नहीं किया जा सकता। जहाँ शुक्राल्पता या शुक्राणु की जीवनी शक्ति कम रहती है, वैसे मामले में कुछ-कुछ दवा और हारमोन चिकित्सा या सर्जरी से लाभ हो रहा है।

जो लोग पुरुषत्वहीनता के शिकार हैं, उनको सलाह देकर या चर्चा के जरिए उनका मानसिक अवसाद, हताशा और हीनभाव दूर करने की कोशिश करनी चाहिए।

देर रात तक जागने, अत्यधिक परिश्रम, शराब पीने या नींद की गोली लेने का आदी होने पर इन आदतों को नियंत्रित करके संमपूर्ण जीवन-यापन करने में सहायता की जरूरत बढ़ती है।

उसके बाद वीर्य की जाँच करके उसमें शुक्राणु का अभाव या कमी रहने पर हारमोन की जाँच, शुक्रवाही नली का एक्स-रे और अंडकोष की बायोप्सी द्वारा शुक्र निर्माण और शुक्र प्रवाह की अस्वाभाविकता का पता लगाया जाता है।

आजकल स्त्री-शरीर में शुक्राणुरोधक इम्यूनोलॉजिकल प्रतिबंधता और अंतराल के संबंध में भी तरह-तरह के शोध चल रहे हैं। इस कारण से भी बहुत-से पुरुष बच्चा उत्पन्न करने में अक्षम होते हैं।

नीचे पुरुष की अक्षमता दूर करने की विभिन्न पद्धतियों और चिकित्सा प्रणाली की सूची दी जा रही है—

1. बातचीत, यौनज्ञान और मनोवैज्ञानिक सलाह।

2. हताशा दूर करने वाली दवा का प्रयोग।

3. हारमोन की गड़बड़ी दूर करने वाली दवा का प्रयोग :

(क) पिट्यूटरी हारमोन द्वारा चिकित्सा।

(ख) पुरुष हारमोन द्वारा चिकित्सा।

(ग) प्रलैक्टीन ह्रासकारी दवा का प्रयोग।

(घ) इस्ट्रोजेन ह्रासकारी दवा का प्रयोग।

4. इम्यूनोरोधक दवा का प्रयोग।

5. फिजियोथैरेपी जैसे—अंडकोष की तापमात्रा को रोकने वाली प्रक्रिया, हिपबाथ और उपयुक्त योग-व्यायाम।

6. यौनांग, अंडकोष या प्रस्टेट ग्लैंड की अस्वाभाविकता को दूर करने वाला ऑपरेशन। इसमें अंडकोष की नसों की स्फीति को काटने के बाद कई मामलों में शुक्राणु की स्थिति स्वाभाविक होती है और सजीवता वापस आ जाती है—बच्चे को जन्म देने की क्षमता स्वाभाविक हो जाती है।

7. कृत्रिम उपाय से गर्भ संचार में सहायक पद्धतियाँ—

(क) कृत्रिम उपाय से योनिनली और बच्चेदानी के मुँह में वीर्य संचारण।

(ख) कृत्रिम उपाय से बच्चेदानी—गर्भ में शुक्राणु की स्थापना।

(ग) कृत्रिम उपाय से बच्चेदानी—गर्भ में भ्रूण रोपण।

(घ) फैलोपियन ट्यूब में डिम्बाणु और शुक्राणु की स्थापना।

इन सारी पद्धतियों का अपनाया जाना उपयुक्त विशेषज्ञ, स्त्री रोग विशेषज्ञ यूरोलॉजिस्ट और मनोचिकित्सक की देखरेख में विशेष तरह के क्लिनिक में ही संभव हो पाता है। इसीलिए हताशा में न भुगतकर विकसित वैज्ञानिक पद्धतियों की सहायता से रोग को दूर करने की कोशिश करते रहना चाहिए।

## *बच्चे को जन्म देने में पति की अक्षमता के कारणों का पता लगाना और चिकित्सा*

आजकल संतानहीन पुरुषों के रोग निर्धारण और अक्षमता को दूर करने की चिकित्सा विधि का काफी विकास हो चुका है। इन मामलों में पति की अक्षमता के कारणों की सही जानकारी होने पर सही इलाज किया जा सकता है।

एक साथ पति-पत्नी से मिलकर उनके विवाहित जीवन और यौन जीवन के विषय में जानना पड़ता है। असामंजस्य, अशांति या अस्वाभाविकता रहने पर बातचीत और उचित सलाह के जरिए समस्याओं के समाधान का मार्ग बता देना चाहिए। यौन जीवन

के विषय में अज्ञानता या गलत धारणा रहने पर उपयुक्त पुस्तक और चित्रों के जरिए दंपति की अज्ञानता दूर करनी पड़ती है।

उसके बाद अच्छी तरह पति के स्वास्थ्य, शारीरिक गठन और दूसरी अस्वस्थताओं के लक्षण हैं या नहीं, इसकी जाँच कर लेनी चाहिए।

सहवास में अनिच्छा या अक्षमता की पूर्व शिकायत रहने पर यौनांग और अंडकोष की अच्छी तरह जाँच करके यौनांग के अवयव संबंधी त्रुटि, प्रदाह या अस्वस्थता है या नहीं, यह देख लेना चाहिए।

# 35

# गोद लेने के विषय में जानने योग्य तथ्य

भारत में एक तरफ जहाँ जनसंख्या की अधिकता एक राष्ट्रीय समस्या है, वहीं दूसरी तरफ संतानहीन दुःखी माता-पिता की समस्या भी कम नहीं है। जिन मामलों में कई वर्षों तक इलाज कराने के बावजूद संतानहीनता की बाधाओं को दूर करना संभव नहीं होता, वहीं गोद लेने का प्रश्न उठता है। शुरू-शुरू में मानसिक तैयारी के अभाव में अधिकांश दंपति यह प्रस्ताव ग्रहण करने में हिचकिचाते हैं। उन्हें समझना चाहिए कि मातृ और पितृस्नेह ईश्वर का एक अपूर्व दान है। बच्चों के लिए निस्स्वार्थ रूप से सबकुछ समर्पित करने के लिए 'माँ' शब्द प्रत्येक मनुष्य के मन में मधुर हँसी मिश्रित प्यार मंडित आश्रयदायी, शासन करने वाली तथा सीख देने वाली एक महीयसी स्त्री की याद दिलाता है।

अर्जुन के सारथी कृष्ण, वसुदेव और देवकी का पुत्र होने के बावजूद यशोदा की गोद में पले-बढ़े और यशोदानंदन के नाम से जाने गए।

रवीन्द्रनाथ ठाकुर ने अपने उपन्यास 'गोरा' में भारत के हिंदू घर में पले, गोद लिये हुए एक आयरिश पुत्र की मानसिकता और जीवन की खोज में की गई पथ-परिक्रमा का विवरण देकर उसे साहित्य में अमर कर दिया है।

इसी तरह एक जीवन में दो बार जन्म लिया था नंदिनी देवी ने। उसके असली पिता थे गुजरात निवासी श्री चतुर्भुज दामोदरजी, वे रवीन्द्र भक्त थे। उनके पिता कठिन रोग से शिकार और बच्चों के लालन-पालन में अक्षम थे। कवि पुत्रवधू प्रतिमा देवी आश्रम माता थीं। नयनों को लुभाने वाली इस शिशु कन्या को उसके माता-पिता से लेकर अपनी स्नेहयुक्त गोद में स्थान दिया था। नवजन्म देने वाले रवीन्द्रनाथ और नवजन्म देने वाली प्रतिमा देवी से कितना असीम प्यार मिला था, वह नंदिनी देवी ने अपनी पुस्तक 'पिता-पुत्र' में लिखा है।

दादा रवीन्द्रनाथ ने उन्हें गोद लेने की अनुमति दी थी और प्यार से उस बच्ची को पुपे, पुपसी, रूपसी, उर्वसी, तिलोत्तमा आदि असंख्य नामों से पुकारा करते थे। पुपे थी उनकी हृदयनंदिनी, इसीलिए उसका अच्छा नाम रखा था नंदिनी। पुपे को मिला एक नया जन्म और नए माता-पिता को मिला एक नए जीवन का आस्वाद। राजेन्द्र नंदिनी नहीं, वह बनी रवीन्द्रनंदिनी।

## दत्तक या गोद लेने में कौन-कौन-सी मानसिक बाधाएँ परेशान करती हैं ?

गोद लिये हुए बच्चे के जरिए कितना आनंद, कितना सुख मिलता है इसका वर्णन तो ऊपर किया जा चुका है, फिर भी तरह-तरह की मानसिक बाधाएँ और प्रश्न दंपति के मन को कमजोर बना देते हैं। नीचे उनकी सूची दी जा रही है–

1. बच्चा अज्ञात कुलशील, परित्यक्त या अवांछित मातृत्व का परिणाम तो नहीं ?
2. बच्चे का सामाजिक स्तर, जात-धर्म क्या था ?
3. कन्या संतान नहीं लेंगे।
4. बच्चे का रंग काला नहीं चलेगा।
5. बच्चे में पूर्व पीढ़ी से प्राप्त कोई जन्मजात कमी तो नहीं ?
6. दत्तक लेने पर नाते-रिश्तेदार और पड़ोसी क्या सोचेंगे ?
7. बच्चे के बड़ा होने पर क्या कहेंगे ?

यद्यपि ये सारे प्रश्न दंपति को झुँझला देते हैं, किंतु स्थिर चित्त से सोचने पर उस दंपति को यह एहसास होगा कि उनका अपना बच्चा होता तो उसका रंग काला न होता और वह जिनियस एवं सौभाग्य का अधिकारी ही होता, इसकी कोई गारंटी नहीं। संपन्न और शिक्षित कोई भी दंपति अपनी बुद्धि, विवेक स्वच्छंदता और सुख-शांति से एक अन्य शिशु को पालकर खुद भी अपार सुख और आनंद प्राप्त कर सकते हैं। यह बात नहीं भूलनी चाहिए।

साबू एक महावत का बेटा था, जंगल के वातावरण में पल रहा था : उसे एक अमेरिकन दंपति ने ले जाकर अमेरिकी शिक्षा-दीक्षा दिलाते हुए उन्नत वातावरण में रखकर इस एक ही जीवन में प्रसिद्ध फिल्म स्टार और अमेरिका का नागरिक बना दिया। इसीलिए इस बात को समझना चाहिए कि उत्तराधिकार से प्राप्त चरित्रों को उन्नत वातावरण में रखकर उन्नत किया जा सकता है।

## दत्तक या गोद लेने के कानूनी नियम

दत्तक बच्चों की भलाई के लिए सरकार ने कुछ कानूनी नियम बनाए हैं। इस कानून के जरिए कोई भी विवाहित दंपति या अविवाहित स्त्री-पुरुष दत्तक लेने के अधिकारी होते हैं। दंपति के मामले में जरूरी है कि दोनों इसके लिए एकमत हों। तलाकशुदा अथवा पति या पत्नी के मानसिक रूप से अस्वस्थ होने की स्थिति में दूसरा पक्ष अकेले अपनी मर्जी से दत्तक ले सकता है। कुँवारा या कुँवारी होने की स्थिति में पुरुष कन्या को गोद नहीं ले सकता। जबकि स्त्री लड़का या लड़की किसी को भी गोद ले सकती है। यदि बच्चे की उम्र अधिक हुई तो उसकी इच्छा भी जाननी होगी और उसे महत्त्व भी देना होगा।

यदि दत्तक के असली माता-पिता जीवित हैं तो दाता और गृहीता माता-पिता के कानूनी रूप से एकमत होने को लिखित रूप में कोर्ट में जमा करना और प्रतिज्ञाबद्ध

होना होगा। दत्तक गृहीता संतान को धारण करने में अक्षम हैं या नहीं, उनकी आर्थिक स्थिति और पारिवारिक अवस्था की जाँच करके ही अदालत दत्तक लेने का आदेश देती है। नए माता-पिता के कानूनी अधिकार कोर्ट से निर्धारित कर दिए जाते हैं।

नए पुत्र या कन्या का नया नामकरण होने पर उसे अदालत में शपथ करवाकर हलफनामा बनवा लेना पड़ता और म्यूनिसपलिटी या कारपोरेशन में जमा करके रजिस्ट्रेशन करा लेना पड़ता है।

आजकल प्रत्येक राज्य में डायरेक्टर ऑफ सोशल वेलफेयर द्वारा चुनी हुई संस्थाओं के जरिए दत्तक लेने की व्यवस्था की गई है।

कलकत्ता में जो संस्थाएँ दत्तक लेने में सहायता करती हैं, वे निम्नलिखित हैं—

1. इंटरनेशनल मिशन ऑफ होप, 2-निमक महल रोड, कलकत्ता-700043

2. सोसायटी ऑफ इंटरनेशल चाइल्ड वेलफेयर, 22-कर्नल विश्वास रोड, कलकत्ता-700019

3. दि इंडियन सोसायटी फार स्पांसरशिप एंड एडाप्शन
1-पैलेस कोर्ट, 1, किड स्ट्रीट, कलकत्ता-700016

4. टेर्रे डेस होम्स (इंडिया) सोसायटी, पी-55, सी.आई.टी. रोड, स्कीम 2, कलकत्ता-700014

5. खेलाघर, 13/1, पाम एवेन्यू, कलकत्ता-700019

6. शिशु भवन—मदर टेरेसा

उपरोक्त विवरण से पता चलता है कि संतानहीन दंपति हताशा या विषादग्रस्तता से मुक्ति पाना चाहें तो दत्तक के जरिए उन्हें सुख-शांति पाने की क्षमता मिल सकती है। बहुतेरे दंपतियों ने देखा है कि दत्तक लेने के बाद उस बच्चे के आने पर घर का पूरा माहौल ही बदल गया है और उनके चेहरे पर हँसी उभरती है।

आजकल बहुत-से विदेशी दंपति हमारे देश के अनाथ, अवांछित और असहाय बच्चों को दत्तक ले रहे हैं। इस तरह विदेशों में बच्चों के ले जाए जाने को लेकर लोगों में बहुत विपरीत प्रतिक्रिया हुई है। इस सवाल के दोनों पहलुओं को देखना चाहिए। एक तरफ तो जीने के लिए न्यूनतम आवश्यक परिवेश के पाने की अपेक्षा विदेश में स्वस्थ जीवन-यापन का इंतजाम हो जाए तो इसमें आपत्ति नहीं करनी चाहिए, दूसरी तरफ देश के संपन्न निःसंतान दंपति धर्म, देश-विदेश, जात-पाँत की क्षुद्र मानसिकता के कारण दत्तक को न अपनाकर देश की ही लज्जा बढ़ा रहे हैं। श्री बोलान गंगोपाध्याय ने दिसंबर 1998 को 'आनंद बाजार पत्रिका' में दत्तक लेने वाले पति-पत्नी की मानसिकता और समस्याओं पर विस्तृत चर्चा करते हुए एक लेख लिखा था। ऐसे लेख सभी दंपतियों को अवश्य पढ़ने चाहिए।

इस लेख के विवरण से यह भी पता चलता है कि बहुतेरे विदेशी दंपतियों ने अंधे और विकलांग शिशु को गोद लेकर उन्हें सार्थक जीवन यापन दिलाया है। इस तरह की उदार मानसिकता को देखकर दत्तक लेने के विरोध में और कुछ कहा ही नहीं जा

सकता। लेकिन डॉक्टर होने के नाते कुछ बातें कही जा रही हैं–

1. दत्तक लेने से पहले पति-पत्नी द्वारा बच्चे को अच्छी तरह से देखकर निर्वाचित करके मन को स्थिर कर लेना चाहिए।

2. नाते-रिश्तेदारों का बच्चा हो तो उसे कानूनी तौर पर गोद लेना चाहिए, जिससे बाद में कोई समस्या न पैदा हो।

3. बहुत-से लोगों को दत्तक लेने के बाद अपना बच्चा हो जाता है, वैसी स्थिति में दोनों बच्चों को बराबर प्यार देकर बड़ा करना चाहिए।

4. दत्तक लेते समय एक शिशु विशेषज्ञ को साथ लेकर बच्चे के स्वास्थ्य की जाँच करा लेनी चाहिए, और तीन माह से कम उम्र का बच्चा दत्तक लेने की स्थिति में उसके खाने-पीने, देखभाल करने और प्रतिरोधक टीका आदि लगवाने का इंतजाम एक शिशु विशेषज्ञ की देखरेख में संपूर्ण जानकारी ले लेनी चाहिए।

5. गोद लेने के बाद बच्चे को धीरे-धीरे बातचीत के जरिए इसकी जानकारी देनी चाहिए। नीचे एक उदाहरण दिया जा रहा है–

एक देश में एक दंपति को बच्चा न रहने के कारण बहुत तकलीफ थी। दिन-भर दोनों अकेले बैठकर एक बच्चा पाने के लिए प्रार्थना करते थे। एक दिन एक सुंदर स्त्री ने आकर कहा–यदि तुम्हें बच्चा चाहिए तो मेरे साथ आओ। वह एक विशाल मैदान में स्थित अपने सुंदर सफेद घर में उन दोनों को ले गई। वहाँ एक कमरे में बहुत-से बच्चे थे। एक पलंग पर एक बहुत ही सुंदर बच्चा खेल रहा था। उस स्त्री ने कहा–इसके माता-पिता का देहांत हो गया है। इस बात को सुनकर उन दोनों को बहुत दुःख हुआ, वे दोनों रोज उस बच्चे को देखने जाते थे। एक दिन दोनों ने उस बच्चे को लेकर बहुत प्यार किया। उस दिन उन्हें इतना आनंद मिला कि दूसरे दिन उस महिला से बच्चे को माँगकर घर ले गए। और वह बच्चा कौन है जानते हो ? वह हो तुम–जो मेरी आँखों का तारा बने।

इस तरह की कहानियों के माध्यम से बच्चे को माता-पिता के स्नेह से सींचकर अपना बच्चा बना लेना पड़ता है। साथ ही सच बात भी बता देनी होती है। तभी वह बच्चा अपनी संतान हो पाएगा।

इस लेख से पता चल रहा है कि दत्तक बच्चे को ग्रहण करने में दंपति की मानसिकता, ग्रहण करने की सचमुच की इच्छा और दायित्व पर सबकुछ निर्भर करता है। जो लोग फिर भी यह सोचते हैं कि अपना बच्चा होने से अच्छा होता, वे द्वंद्व में पड़कर जीवन का बहुमूल्य समय नष्ट कर देते हैं।

बहुत-से दंपति पुत्र संतान या गोरे बच्चे की प्रतीक्षा करते हुए समय नष्ट करते हैं। इस देश में दत्तक देने का इंतजाम करने वाली विभिन्न संस्थाओं की जाँच से पता चला है कि उत्तर भारत में पुत्र संतान ग्रहण करने वाले संख्या में अधिक हैं, लेकिन दक्षिण भारत में, विशेषकर केरल में निःसंतान दंपति कन्या संतान को ही गोद लेना ज्यादा पसंद करते हैं। विदेशी दंपति बच्चों के लिंग पर उतना सिर नहीं खपाते।

कोई-कोई विदेशी दंपति तो विकलांग या मानसिक रूप से अपंग बच्चे को भी गोद लेने में आपत्ति नहीं करते।

सुप्रीम कोर्ट के आदेश से कुछ संस्थाओं पर दत्तक देने के एवज में मूल्य लेने पर निषेध है। सोसाइटी फॉर चिल्ड्रेंस वेलफेयर संस्था दत्तक देने का मूल्य आमतौर पर 6500 से 10,000 रु. तक लेती है। विदेशियों के मामले में यह मूल्य एक हजार डॉलर तक रखा गया है।

## *दत्तक ग्रहण के विचारणीय पहलू*

कई दंपति और कानूनविदों ने दत्तक लेने-देने के मामले में कुछ परिवर्तन की माँग की है। हमारे देश का कानून हिंदू दत्तक कानून (1956) के नाम से जाना जाता है। बौद्ध, जैन या सिख हिंदू बच्चों को गोद ले सकते हैं। एक ही परिवार के दो लड़के या दो लड़कियों को ग्रहण नहीं किया जा सकता और बच्चा पिता का नाम या टाइटल ले सकता है तथा माँ वहाँ सिर्फ मतदानकारी की भूमिका निभाती है। पिता की उम्र अधिक और माँ की उम्र कम होने पर भी दत्तक देने वाली संस्था वैसे दंपति को बच्चा गोद लेने से वंचित कर देती है। कोई विवाहित स्त्री अपनी अकेली मर्जी से बच्चा गोद नहीं ले सकती। विधवा या तलाकशुदा हो तभी वह दत्तक ले सकती है। जिस स्त्री का अपना रोजगार हो, उसके लिए दत्तक लेने का अधिकार होना चाहिए। भारत के विभिन्न धर्मों में अलग-अलग कानून का समर्थन नहीं किया जा सकता। इसी तरह कम उम्र की विवाहित स्त्री के पति की उम्र 50 वर्ष पार कर जाने पर भी यदि वह खुद रोजगार करती हो तो उसे दत्तक लेने का अधिकार मिलना चाहिए।

सन् 1984 में बने नए कानून के तहत कोई विवाहित पुरुष कन्या संतान को दत्तक नहीं ले सकता। साथ ही विदेश में किसी बच्चे को भेजने से पहले अपने देश के दंपति को प्राथमिकता देना आवश्यक किया गया है। हमारे देश में दत्तक लेने और देने वाले की मानसिकता में और भी परिवर्तन करने की आवश्यकता है तथा कानून एवं दंपति की शिक्षा, परिवेश और आर्थिक स्थिति के बारे में सोचते हुए इस व्यवस्था को और सरल बनाने की कोशिश करनी चाहिए।

# 36

# स्त्री यौनांग का कैंसर

भगवान ने स्त्री-शरीर को मानव जीवन के आधार के रूप में बनाया है। इसी कारण यौनांग का कार्य-कारण संबंध और अवयव अत्यंत जटिल तथा महत्त्वपूर्ण है। डिम्बाशय, फैलोपियन ट्यूब, बच्चेदानी और योनिनली के ऊपरी हिस्से को मिलाकर यौनांग कहा जाता है। योनिद्वार और उसके साथ जुड़ी योनिनली को आंतरिक और 'बाह्य यौनांग' को यौनांग का बाहरी हिस्सा माना जाता है।

इन सारे अंग-प्रत्यंगों में ही कैंसर हो सकता है। विभिन्न अवयवों के कैंसर का पूर्वाभास, मूलसूत्र, गति-प्रगति और लक्षण-समूह आदि विचित्र ढंग से सामने आते हैं और कई बार आकस्मिक रूप से रोगी को शिकार बनाते हैं। इन सभी तरह के कैंसरों के शुरुआत में ही पकड़ में आ जाने पर इलाज से इनके ठीक होने की संभावना अधिक रहती है। शारीरिक जाँच के अलावा विज्ञान के विकास के कारण विभिन्न तरह की जाँच की व्यवस्था (जैसे—जननेंद्रिय श्लेष्मा की अनुवीक्षण द्वारा जाँच, कोष-समूहों का निर्धारण या कालेस्कोप नामक अनुवीक्षण यंत्र द्वारा बच्चेदानी के मुँह की व्यापक रूप से जाँच) संभव है। इसके अलावा लेपरोस्कोप द्वारा पेट के भीतरी हिस्से की जाँच करके ओवरी और बच्चेदानी की स्थिति का पता लगाया जा सकता है। अल्ट्रासाउंड, कैटस्कैन, एम. आर.आई. आदि की जाँच द्वारा वस्तिक्षेत्र के सभी अंग-प्रत्यंग की स्थिति का पता लगाया जा सकता है। यहाँ तक कि प्राथमिक स्थिति के ओवरी-कैंसर के डायग्नोसिस में भी बहुत सहूलियत हो गई है। आजकल ट्यूमर मार्कर नाम से विभिन्न तरह के रासायनिक पदार्थ के उपलब्ध होने के कारण ओवरी के कैंसर और बच्चेदानी के कैंसर की गति और भविष्य के परिणाम का अंदाजा लगाना तक संभव है।

इस सारी प्रगति के साथ-साथ कैंसर के इलाज में शल्य चिकित्सा, रेडियोथैरेपी और केमोथैरेपी का भी बहुत विकास हुआ है। प्रारंभिक अवस्था में रोग के पकड़ में आने पर इलाज में आशाजनक सफलता मिलने की संभावना होती है। अतः मरीज, गृह चिकित्सक और विशेषज्ञ डॉक्टरों की सामूहिक भूमिका का इस तरह के कैंसर के इलाज में विशेष महत्त्व है।

## स्त्री यौनांग का कैंसर और विभिन्न अवयवों के कैंसर

स्त्री यौनांग के विभिन्न अंग-प्रत्यंगों में कैंसर के आक्रमण की दर के अनुसार इसे निम्नलिखित हिस्सों में बाँटा जा सकता है—

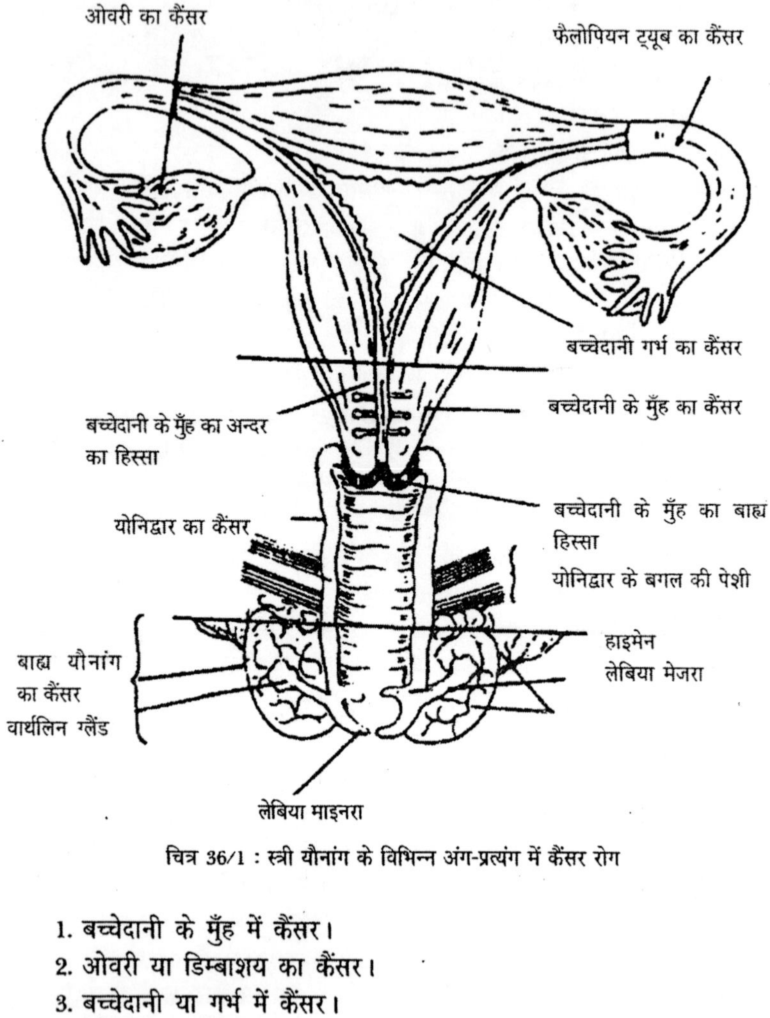


चित्र 36/1 : स्त्री यौनांग के विभिन्न अंग-प्रत्यंग में कैंसर रोग

1. बच्चेदानी के मुँह में कैंसर।
2. ओवरी या डिम्बाशय का कैंसर।
3. बच्चेदानी या गर्भ में कैंसर।
4. बहिर्यौनांग का कैंसर।
5. योनिनली का कैंसर।
6. फैलोपियन ट्यूब में कैंसर।

**बच्चेदानी के मुँह में कैंसर :** कैंसर का सही कारण बताया नहीं जा सकता, लेकिन कुछ आनुषंगिक और आसपास की परिस्थितियों को परोक्ष रूप में कैंसर की शुरुआत के लिए उत्तरदायी ठहराया जा सकता है। बच्चेदानी के मुँह के कैंसर के लिए जिन स्थितियों को उत्तरदायी ठहराया जाता है, वे हैं–

1. कम उम्र में शादी और सहवास की शुरुआत।
2. जल्दी-जल्दी बच्चा होना।
3. पुरुषांग में स्मेग्मा का अभाव।
4. वायरस संबंधी कोष का परिवर्तन।

पश्चिमी देशों में इस रोग का प्रकोप कम था, लेकिन आजकल बहुतेरे पुरुषों के साथ अनियमित और मुक्त सहवास के परिणामस्वरूप वहाँ भी कम उम्र में इस रोग को होते देखते हैं।

5. अर्थाभाव और माहवारी के समय स्वास्थ्य नियमों का पालन न होना। हमारे देश में स्त्रियों के यौनांग के कैंसर में करीब 50/60 प्रतिशत बच्चेदानी के मुँह में होने वाला कैंसर ही होता है। यह रोग गरीब और गाँवों में रहने वाली ऐसी स्त्रियाँ, जिनकी पारिवारिक स्थिति ठीक नहीं है और कम उम्र में ही जिनका विवाहित जीवन शुरू होता है, उन्हीं में अधिक देखा जाता है।

## *शुरुआत में रोग का पता लगाने में देर होने का कारण*

कई बार यह रोग शुरुआत में पकड़ में नहीं आता। इसके कारण निम्नलिखित हैं–

1. शुरुआत में कोई लक्षण नहीं रहता, परिणामस्वरूप रोगी को डॉक्टर के पास जाने में देर हो जाती है।
2. गृह चिकित्सक प्राथमिक लक्षण अर्थात् श्वेत प्रवाह या माहवारी की सामान्य गड़बड़ी का साधारण इलाज नहीं करते।
3. आम अस्पतालों में प्राथमिक रोग का पता लगाने या कैंसर रोग के पूर्वाभास के परिवर्तनों का पता लगाने के लिए उचित उपकरण, व्यवस्था और विशेषज्ञ नहीं होते या फिर लक्षणों को ज्यादा महत्त्व नहीं दिया जाता।

## *प्रारंभिक अवस्था में किन-किन लक्षणों के होने पर डॉक्टर को दिखाना चाहिए ?*

पहले ही कहा गया है कि प्रारंभिक अवस्था में बच्चेदानी के मुँह में कैंसर का कोई लक्षण नहीं भी रह सकता है। ऐसी स्थिति में कैंसर के पूर्वाभास के लिए विशेष जाँच करवानी चाहिए–

1. यदि किसी स्त्री की उम्र 35 वर्ष से अधिक हो और वह कई बच्चों की माँ

हो तथा श्वेत प्रवाह की शिकार हो।

2. यदि किसी को माहवारी के स्राव में किसी तरह दुर्गंधयुक्त स्राव या रक्तस्राव होता है।

3. स्त्री रोग विशेषज्ञ को जाँच करने पर बच्चेदानी के मुँह में यदि किसी तरह का घाव या चोट का चिह्न दिखाई दे।

4. यदि सहवास के बाद रक्तस्राव दिखाई दे।

इन सभी समस्याओं के होने पर चिकित्सक के साथ बातचीत करके उचित अस्पताल में उचित विशेषज्ञ द्वारा बच्चेदानी के मुँह के कोष की स्थिति का पता करना चाहिए, साथ ही इस तरह से बच्चेदानी के मुँह में कैंसर की पूर्ववर्ती अवस्था का विश्लेषण करके विशेषज्ञ चिकित्सक द्वारा उचित इलाज की व्यवस्था की जानी चाहिए।

## *किन-किन उपायों से बच्चेदानी के मुँह के कैंसर को शुरुआत में पकड़ा जा सकता है ?*

आमतौर पर निम्नलिखित स्थितियों में जाँच द्वारा बच्चेदानी के मुँह के कोष का परिवर्तन और कैंसर रोग का पता लगाया जा सकता है–

1. पापानिकोलाव टेस्ट
2. कल्पोस्कोप द्वारा जाँच
3. वायोप्सी।

पापानिकोलाव नामक एक शरीर विज्ञान विशेषज्ञ डॉक्टर ने बच्चेदानी के मुँह के श्लेष्मा को विशेष पद्धति से अनुरंजित करके अनुवीक्षण द्वारा जाँच करने वाली पद्धति का आविष्कार किया था। इस पद्धति से स्त्री यौनांग के विभिन्न अंगों के कोषों को देखा जा सकता है, जिससे हारमोन द्वारा प्रभावित या कैंसर से आक्रांत रोग-समूह का पता लगाया जा सकता है। एक लकड़ी की स्पाचुला द्वारा बच्चेदानी के मुँह के कोष को चाँछकर स्लाइड पर प्रलेप करके इस पद्धति से जाँचने पर अस्वाभाविक कोष-समूह की उपस्थिति का पता चलता है। पापानिकोलाव नाम के अनुसार संक्षेप में इसे पैप टेस्ट कहा जाता है। इस पद्धति से जाँचकर प्रति हजार में एक बच्चेदानी के मुँह का कैंसर और प्रति एक सौ मामलों में एक बच्चेदानी के मुँह में कोष की अस्वाभाविक स्थिति का पता लगाना संभव होता है। पूर्व कैंसर की विभिन्न अस्वाभाविकताओं का निर्धारण कैंसर रोग के प्रतिरोध में बहुत महत्त्वपूर्ण निष्कर्ष पर पहुँचने में सहायता करता है।

सरकारी अस्पताल, जिला अस्पताल, ग्रामीण अस्पताल और यहाँ तक कि प्राइमरी स्वास्थ्य केंद्र एवं मातृकल्याण विभाग तक में आसानी से इस श्लेष्मा परीक्षण का इंतजाम करवाया जा सकता है। इससे अधिकांश मामलों में प्राथमिक स्थिति में कैंसर का पता चल सकता है और रोग प्रतिरोध करना सहज हो पाता है।

प्रारंभिक अवस्था में बच्चेदानी के मुँह के कोष का अस्वाभाविक परिवर्तन परिलक्षित होने पर, कटारी, क्रायोकटरी या लेसर चिकित्सा द्वारा आसानी से इस अस्वाभाविक विवर्तन को रोका जा सकता है और बच्चेदानी के मुँह का आवरणी कोष स्वाभाविक स्थिति में परिणत किया जा सकता है।

## *कल्पोस्कोप द्वारा जाँच*

कल्पोस्कोप नामक एक विशेष अनुवीक्षण यंत्र द्वारा बच्चेदानी के मुँह के कोष के परिवर्तन की जाँच की जाती है। इससे बच्चेदानी के मुँह के कोष का घाव, उसका विस्तार, विवर्तन, नसों-उपनसों की स्थिति को छह से चालीस गुना बड़ा करके देखा जा सकता है।

वायोप्सी लुगलस आयोडीन या तीन प्रतिशत एसेटिक एसिड लेप कर बच्चेदानी के मुँह के संदेहजनक हिस्से का पता लगाकर वायोप्सी करके कैंसर होने के सही स्थान का पता लगाना संभव होता है। किसी भी हिस्से से एक छोटा टुकड़ा काटकर स्लाइड में अनुवीक्षण यंत्र की सहायता से जाँच करने को वायोप्सी कहा जाता है।

वायोप्सी करने का अर्थ हमेशा कैंसर का होना ही नहीं होता।

**1. पाँच वायोप्सी :** इस तरह की वायोप्सी आउटडोर में रोगी को बेहोश किए बिना ही की जा सकती है। छोटे मगरमच्छनुमा फरसेप्स से संदेहजनक स्थान पर, विशेषकर बाह्य हिस्से के साथ बच्चेदानी के मुँह के अंदर की नली के संयोग स्थल के हिस्से को काटकर अनुवीक्षण यंत्र से जाँच की जाती है।

**2. कोन् वायोप्सी :** इस तरह की वायोप्सी में बच्चेदानी के मुँह से एक केले के फूल की तरह त्रिभुज हिस्सा काट लिया जाता है। इस उपाय में बच्चेदानी के बाहर और भीतर के विभिन्न हिस्से की जाँच की जाती है। इस तरह की वायोप्सी अस्पताल में

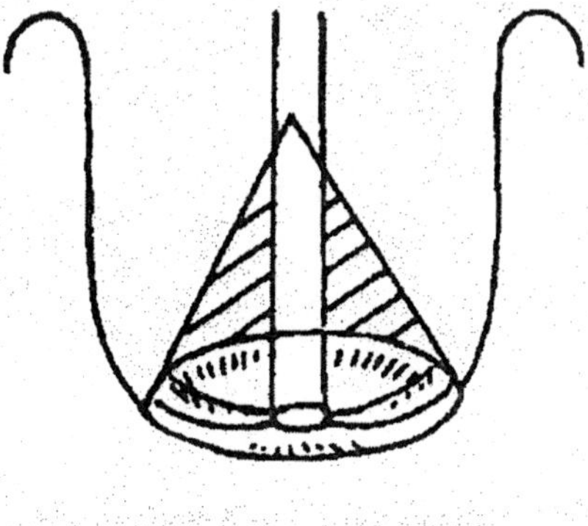

चित्र 36/2 : बच्चेदानी के मुँह की केले के फूल की आकृति की त्रिभुज वायोप्सी पद्धति

भर्ती कर बेहोश करके ऑपरेशन थिएटर में करवानी पड़ती है। संदेहजनक पैप स्मियर पाने पर इस पद्धति से जाँच करवाने की आवश्यकता पड़ती है।

3. **वैयेज वायोप्सी :** इस तरह की वायोप्सी में भी बच्चेदानी के मुँह का विभिन्न

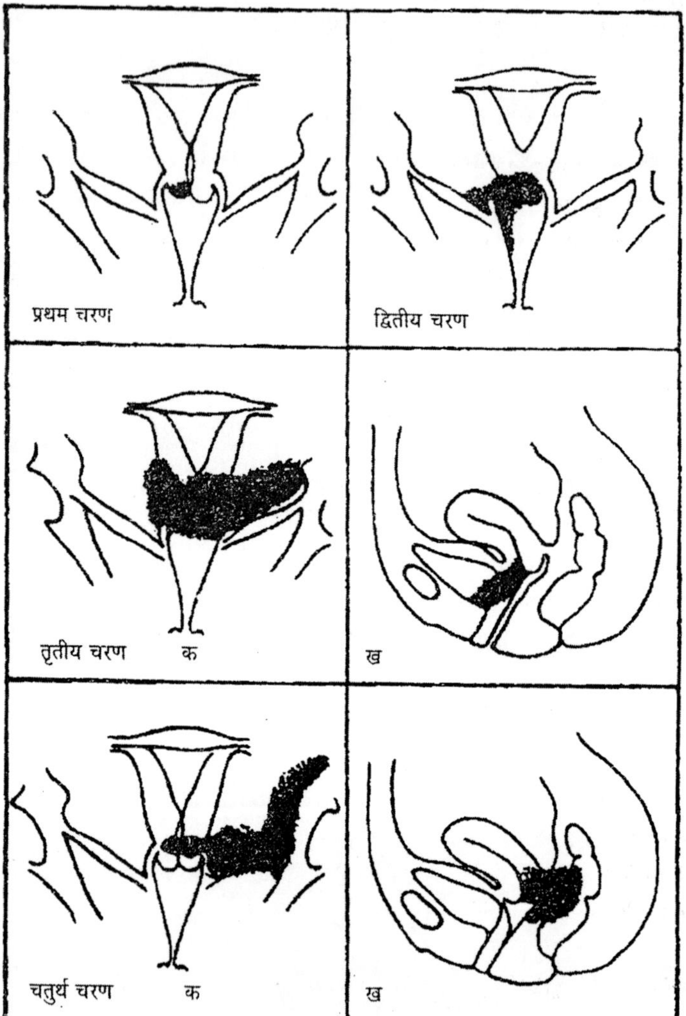


चित्र 36/3 : बच्चेदानी के मुँह के कैंसर के विस्तार की परिधि

अंश और अंदर की नली से वायोप्सी की जाती है। इस तरह से वायोप्सी करने के लिए भी रोगी को अस्पताल में भर्ती करना पड़ता है।

इस तरह पैप स्मियर कल्पोस्कोपी और विभिन्न तरह की वायोप्सी से बच्चेदानी के मुँह के कैंसर के पूर्वाभास या प्रारंभिक स्थिति का पता लगाना संभव है और इनसे कैंसर का संदेह दूर करने में सहायता मिलती है।

## *बच्चेदानी के मुँह के कैंसर के विस्तार की मात्रा और श्रेणी विभाजन*

बच्चेदानी के मुँह के कैंसर के विस्तार के अनुसार इस रोग को विभिन्न चरणों या हिस्सों में बाँटा जा सकता है–

1. **प्रथम चरण :** बच्चेदानी के मुँह के पूर्व कैंसर का चिह्न सिर्फ उसकी आवरण त्वचा में रहता है। इस स्थिति को शून्य अध्याय कहकर वर्णन किया जाता है।

2. **दूसरा चरण :** जिस स्थिति में कैंसर रोग त्वचा को पार कर बच्चेदानी के मुँह की पेशी के ऊपरी हिस्से तक पहुँच गया है।

3. **तीसरा चरण :** जिस स्थिति में बच्चेदानी के मुँह का कैंसर पेशी की गहराई और पास के स्थान यानी तंतु-समूहों तक में फैल गया है।

4. **चतुर्थ चरण :** जिस स्थिति में बच्चेदानी के मुँह में, योनिनली के निचले हिस्से में, प्रसार की थैली या रेक्टस तक में या शरीर के विभिन्न हिस्सों जैसे--फेफड़ों, हड्डी या पेट के भीतरी ग्लैंड में फैल गया है।

**बच्चेदानी के मुँह की आवरण त्वचा के कोष की अस्वाभाविकता और शून्य अध्याय :** पहले ही कहा गया है कि बच्चेदानी के मुँह के कैंसर के पूर्वाभास के समय आवरण त्वचा के कोष के केंद्रीय हिस्से (न्यूक्लियस) की अस्वाभाविकता दिखाई देती है और विभिन्न स्तर पर ऊटपटाँग वृद्धि और विकास के संकेत दिखते हैं। यह स्थिति गर्भावस्था में भी दिखाई दे सकती है। किसी-किसी मामले में इस तरह का परिवर्तन योनिनली को भी प्रभावित करता है। करीब 30 प्रतिशत मामलों में पाँच-दस वर्ष बाद यह भी परिवर्तन असली कैंसर में रूपांतरित होता है। प्रारंभिक अवस्था में 35 वर्ष से कम उम्र में पकड़ में आने पर रोग को कटराइजेशन, क्रायोकटरी या लेसर रश्मि द्वारा चिकित्सा करके दूर किया जा सकता है। 40 वर्ष के बाद की उम्र में इस रोग के पकड़ में आने पर ऑपरेशन करके बच्चेदानी निकाल देना ही उचित है।

## *बच्चेदानी के मुँह के कैंसर का इलाज*

जब बच्चेदानी के मुँह का कैंसर अंदर के तंतु या आसपास के अंग-प्रत्यंगों को प्रभावित कर और प्रसारित होकर फैलता है तो इस स्थिति में निम्नलिखित उपायों से इसका इलाज करना चाहिए–

1. विस्तीर्ण और व्यापक ऑपरेशन

2. रेडियम और गहरी एक्स-रे थैरेपी

3. केमोथैरेपी

1. व्यापक ऑपरेशन के जरिए बच्चेदानी, टयूब, ओवरी, बच्चेदानी के मुँह के आसपास के तंतु, योनिनली का ऊपरी हिस्सा और आसपास के ग्लैंड-समूह को ऑपरेशन करके निकाल दिया जाता है। यह ऑपरेशन अच्छे अस्पताल में अच्छा प्रशिक्षण प्राप्त शल्य चिकित्सक से करवाना चाहिए। इस ऑपरेशन में विशेष ऐनेस्थेटिस्ट और रक्त संचालन की व्यवस्था का होना निहायत जरूरी है।

कलकत्ता के डॉक्टर सुबोध मित्र ने इस ऑपरेशन की विकसित पद्धति का प्रवर्तन किया था जो आज भी पूरी दुनिया में 'कैलकटा ऑपरेशन' के नाम से प्रसिद्ध है। प्रारंभिक अवस्था में गर्भावस्था में या साथ में अन्य ट्यूमर रहने पर ऑपरेशन की सलाह ही दी जाती है।

2. बच्चेदानी के मुँह के कैंसर के आसपास के तंतुओं में फैलने पर रेडियम और डीप थैरेपी द्वारा अच्छा परिणाम पाया जा सकता है। बच्चेदानी के मुँह-गह्वर में और योनि नली के ऊपरी हिस्से में रेडियम सूई को विशेष रूप से घुसाकर कैंसर का इलाज किया जाता है। डीप थैरेपी द्वारा आसपास के तंतु और ग्लैंड के कैंसर का प्रतिरोध किया जाता है। जो महिलाएँ बूढ़ी या कमजोर हैं और ऑपरेशन को सह नहीं सकतीं, उनके लिए यह पद्धति उपयुक्त है। आजकल रेडियम-226 के अलावा कोबाल्ट, सिजियम-137 द्वारा भी गामा-रश्मि दूरी करण सूई बनती है।

डीप थैरेपी के लिए टेलिकोवा लिनियर एक्सेलेटर, कैथेट्रेन आदि यंत्रों का विकास होने और रेडियम के दुष्परिणाम को रोकने की उन्नत व्यवस्था होने से इस चिकित्सा से अच्छा नतीजा प्राप्त करना आसान हुआ है। प्रारंभिक अवस्था में इलाज होने पर करीब 85 प्रतिशत मामलों में रोग को दूर करना संभव होता है।

## *बच्चेदानी-गर्भ या एंडोमेट्रियल कैंसर*

हालाँकि हमारे देश में बच्चेदानी का कैंसर ही अधिक होता है, बच्चेदानी गर्भ का कैंसर उतने व्यापक रूप में नहीं होता। डॉक्टर सुबोध मित्र के गणनानुसार बच्चेदानी के मुँह के कैंसर वाले 32 रोगी मिलने पर एक बच्चेदानी-गर्भ का कैंसर पाया जाता है। यह रोग 60-65 वर्ष की उम्र के बाद होता है और इस्ट्रोजेन हारमोन के प्रभाव में इस रोग के लक्षण परोक्ष रूप से जुड़े हुए होते हैं। आमतौर पर इस रोग से आक्रांत महिलाएँ बहुत मोटी होती हैं और उच्च रक्तचाप तथा डायबिटीज का शिकार होती हैं। काफी दिनों तक इस्ट्रोजन हारमोन के प्रयोग और इस्ट्रोजन निस्रणकारी ओवारियन ट्यूमर के साथ इस रोग के होने का संबंध है। ऐसी महिलाएँ अधिकतर संतानहीन होती हैं।

एक अच्छी बात यह है कि इस रोग के फैलने की गति बच्चेदानी के मुँह के कैंसर

की अपेक्षा बहुत धीमी होती और यह रोग काफी दिनों तक बच्चेदानी गर्भ की श्लैष्मिक झिल्ली (एंडोमेट्रियम) में बंद रहता है। आमतौर पर माहवारी बंद होने के चार-पाँच वर्ष बाद पुनः रक्तस्राव होने की शिकायत लेकर रोगी महिलाएँ डॉक्टर के पास आती हैं। तब जाँच करने पर पता चलता है कि माहवारी के बंद होने के बाद भी बच्चेदानी का आकार बड़ा ही रह गया है। कैंसर के बच्चेदानी की पेशी या बच्चेदानी के मुँह के ऊपरी हिस्से में फैलने पर बच्चेदानी के आसपास भी उसका अनुभव किया जा सकता है। इस मामले में कभी-कभी आसपास का ग्लैंड भी आक्रांत होता है।

मरीज को बेहोश करके बच्चेदानी के आभ्यंतर हिस्से का बारीकी से परीक्षण कर क्यूरेट करके उसकी अनुवीक्षण यंत्र द्वारा जाँच कर कैंसर के होने का पता लगाया जाता है। कुछ मामलों में पैप टेस्ट द्वारा भी रोग का पता लगाया या अनुमान किया जा सकता है। आजकल हिस्टेरास्कोप नामक यंत्र द्वारा बच्चेदानी के भीतर देखना संभव है।

इस तरह के कैंसर ऑपरेशन के जरिए कई बार रोग को दूर करना संभव होता है। अच्छे परिणाम के लिए ऑपरेशन से पहले या बाद में रेडियम की सहायता ली जाती है। इससे रोग को दुबारा होने से रोका जा सकता है।

जो महिलाएँ अधिक मोटी, हार्ट की मरीज या गंभीर डायबिटीज की शिकार हैं उनके लिए बड़े ऑपरेशन में कुछ खतरा रहता है। ऐसी स्थिति में रोग अधिक बढ़ जाने पर रेडियम और डीप थैरेपी द्वारा इलाज होता है। साथ ही पाँच सौ मिलीग्राम डिपो प्रेजेस्ट्रोजेन प्रति सप्ताह एक वर्ष तक खाते रहने से रोग के दूर होने में मदद मिलती है।

सामान्य केमोथैरेपी से इस रोग के इलाज में अधिक सफलता नहीं मिलती।

## *ओवरी का कैंसर*

पहले ही बताया गया है कि हमारे देश में बच्चेदानी के मुँह के कैंसर का प्रकोप ही अधिक है। आजकल शहर के अस्पतालों में जहाँ मध्यम वर्ग या उच्च-मध्यम वर्ग के लोग आते हैं, वहाँ ओवरी के कैंसर का मामला ज्यादा दिख रहा है। यौनांग के कैंसर से होने वाली मृत्यु के कारणों में ओवरी का कैंसर प्रमुख साबित हो रहा है।

इस रोग की पहचान की मुख्य समस्या यह है कि प्रारंभिक अवस्था में इसके लक्षण या चिह्न पकड़ में नहीं आते। यह रोग बाल्यावस्था, कम उम्र की युवती, विवाहित जीवन के अंतिम अध्याय में या ऋतु निवृत्ति के बाद, सभी उम्र में हो सकता है। प्राथमिक लक्षण इतने अधिक अप्रासंगिक या बहुत मामूली असुविधा पैदा करने वाले होते हैं कि गृह चिकित्सक या रोगी कोई भी इस रोग के होने के विषय में चिंतित नहीं होता। थोड़ी कमजोरी, हाजमे की गड़बड़ी, भूख न लगना या आँव आना आदि कोई भी इतने बड़े रोग के लक्षण हो सकते हैं, कोई संदेह नहीं करता। परिणामस्वरूप जब तक इस रोग के लक्षण स्पष्ट रूप में सामने आते हैं, तब तक यह रोग पेट के अंदर बहुत फैल चुका

होता है। इस रोग के लक्षणों की सूची दी जा रही है। इस मामले में रोग का निर्णय करने वाली उपयुक्त और आधुनिक पद्धति तथा यंत्र द्वारा उचित जाँच करना बहुत आवश्यक है–

1. हाजमे की गड़बड़ी, भूख न लगना, कोष्ठकाठिन्य (पाखाना साफ न होना) या आँव आना।
2. अकारण पेट के निचले हिस्से में दर्द या भारीपन महसूस होना।
3. अनियमित रक्तस्राव।
4. ऋतुनिवृत्ति के बाद दुबारा रक्तस्राव।
5. पेट का निचला हिस्सा भारी लगना और एक पिंड होने जैसी अनुभूति।
6. पेट बड़ा हो जाना और उदरी (एक रोग) का होना या होने की आशंका।
7. कमर में दर्द और अचानक शरीर का वजन कम हो जाना।
8. कमजोरी, रक्तशून्यता और पैरों का फूलना।
9. पेट के निचले हिस्से में अचानक दर्द या लक्षणों का संकेत।
10. अचानक छाती में पानी का जमा हो जाना या गले के निचले हिस्से में ग्लैंड का बढ़ना।

इस रोग का एक और पहलू यह है कि विभिन्न उम्र में तरह-तरह के ट्यूमर ओवरी को आक्रांत करते हैं।

कोई भी स्त्री यदि उपर्युक्त लक्षणों को लेकर डॉक्टर के पास आती है तो चाहिए कि मरीज की अच्छी तरह विशेषज्ञ से गायनोकोलॉजिकल जाँच कराके निश्चित हो लें। सामान्य जाँच के अलावा पेट, विशेषकर पेट का निचला हिस्सा और अंदर की जाँच द्वारा संदेह दूर कर लेना चाहिए। आजकल अल्ट्रासोनोग्राफी, लेपरोस्कोपी और उदरी का चिह्न रहने पर सूई से पानी की जाँच करके कई बार शुरुआत में ही रोग का पता लगा लिया जा सकता है। पैप टेस्ट या क्यूरेट करके भी कभी-कभी इस रोग के लक्षण पकड़ में आ जाते हैं। कुछ मामलों में पेट चीरने के बाद ही पता चलता है कि ट्यूमर सामान्य ढंग का है या खतरनाक। जो ट्यूमर ओवरी की आवरण त्वचा को छेदकर बाहर आ गया हो वह ज्यादा संदेहजनक होता है। ऐसी स्थिति में पेट का पानी, ग्लैंड, रोग के विस्तार का चिह्न रहने पर ट्यूमर का ऑपरेशन करके, उसकी वायोप्सी करके सही ढंग से ट्यूमर की प्रकृति और लक्षण का पता लगाना बहुत जरूरी होता है।

ओवरी के कैंसर को उसके प्रसार और विस्तार की सीमा के आधार पर निम्नलिखित विभिन्न चरणों में विभाजित किया जा सकता है–

**प्रथम चरण :** जब कैंसर सिर्फ एक ओवरी को आक्रांत किए हो, तो उसे प्रथम चरण माना जाता है।

**द्वितीय चरण :** जब कैंसर का प्रकोप दोनों ओवरी में हो और वस्ति भाग यानी पेट के निचले हिस्से के कुछ भाग में फैलने का चिह्न हो, तो उसे इस रोग का द्वितीय चरण कहा जाता है।

**तृतीय चरण :** जिन मामलों में कैंसर ओवरी को पार करके पेट के अन्य अंग-प्रत्यंगों जैसे लीवर, किडनी, इंटेस्टाइन, ओमेंट या ग्लैंड में फैल गया हो, उसे तृतीय चरण में रखा जाता है।

**चतुर्थ चरण :** जब ओवरी का कैंसर पूर्ववर्ती अंग में, जैसे फेफड़े, अस्थि मज्जा या ब्रेन में फैल गया हो या उसे आक्रांत किया हो तो इसे रोग का चतुर्थ या अंतिम चरण कहा जाता है।

प्रथम चरण में पकड़ में आने पर बड़ा ऑपरेशन करके 60-65 प्रतिशत मामलों में सफलता मिलने की संभावना रहती है। पाँच वर्षों तक रोग का पुनः शिकार न होने पर उसे रोग के न होने का मापदंड समझा जाता है।

दूसरे चरण में रोग के पकड़ में आने पर 30 से 50 प्रतिशत मामलों में पाँच वर्ष तक रोगमुक्त रहना संभव होता है। दुःख की बात यह है कि तृतीय और चतुर्थ चरण में शून्य से लेकर दस प्रतिशत मामलों में ही रोग को दूर करना संभव हो पाता है। आजकल केमोथैरेपी की सहायता से रोग फैलने के बाद भी दो वर्ष तक रोगी को इसके लक्षणों से मुक्त रखना संभव हो सका है।

यह जानना चाहिए कि स्त्रियों की ओवरी विभिन्न तरह के कोषों का आधार है। ओवरी की आवरण त्वचा अंदर के तंतुओं के अलावा भी विवर्तनशील डिम्बाणु और भ्रूणस्थ स्थिति में डिम्बकोष के विकास के समय विभिन्न तरह के अपरिवर्तित कोष तंतु में रह जाते हैं। इन तंतुओं में से विभिन्न तरह की गति-प्रकृति वाले तरह-तरह के ट्यूमर की सृष्टि होती है। इनमें कुछ हारमोन निस्सरणकारी ट्यूमर भी हैं। इन अलग-अलग ट्यूमरों पर ऑपरेशन का परिणाम केमोथैरेपी या रेडियोथैरेपी के परिणाम से भिन्न होता है।

आजकल सर्जरी और केमोथैरेपी के विभिन्न तरह के मिलेजुले इलाज से बहुत अच्छे नतीजे आ रहे हैं। लेकिन यह जानना जरूरी है कि कुछ वर्षों तक रोग के नियंत्रित रहने पर भी उसकी पुनरावृत्ति की आशंका रहती है और तृतीय तथा चतुर्थ चरण में विस्तार के चिह्न मिलने के बावजूद परिणाम के विषय में निश्चित रूप से कुछ भी भविष्यवाणी नहीं की जा सकती।

आजकल अल्ट्रासाउंड, कैटस्कैन या एम.आर.आई. टेस्ट द्वारा संदेह के आधार पर रोग को प्रारंभिक अवस्था में पकड़ पाना संभव हो गया है। इससे रोग का पता लगाने और चिकित्सा के परिणाम में पर्याप्त उन्नति नजर आ रही है।

आमतौर पर रेडियोथैरेपी या डीप एक्सरे थैरेपी विस्तृत अर्थात् तृतीय और चतुर्थ चरणों में और रोग की पुनरावृत्ति होने पर प्रयोग में लाई जाती है। केमोथैरेपी के विकास के साथ-साथ इस पद्धति का प्रयोग क्रमशः सीमित होता जा रहा है।

कभी-कभी ऑपरेशन करके जहाँ तक संभव हो, ट्यूमर को निकालकर बाद में केमोथैरेपी का प्रयोग भी किया जा रहा है। केमोथैरेपी इंजेक्शन की सहायता से, टेबलेट के रूप में और पेट में उदरी रोग रहने पर उसके पानी में इंजेक्शन के जरिए भी की

जाती है। जानने योग्य साधारण व्यवहार में लाई गई कुछ केमोथैरेपी के नाम का जिक्र कर रहे हैं। जैसे सिसप्लाटिन नामक दवा से आजकल अच्छे परिणाम मिल रहे हैं। इसके अलावा एगुक्सान, मेथोट्रेक्सोट, मेलफालान, क्लोरामव्यूसिल और एकटिनो माइसीन आदि दवाओं के प्रयोग से तृतीय-चतुर्थ चरण के रोग में भी आयु को बढ़ाना संभव हो रहा है।

इन सभी भयानक कैंसर रोगों में डॉक्टर का एक और दायित्व है। लगातार आश्वासन और साहस दिलाकर मरीज को मृत्यु के दिन तक मानसिक सांत्वना प्रदान करना और शारीरिक कष्ट कम करने की लगातार कोशिश करना। दर्द, उबकाई, कमजोरी, रक्तशून्यता की शिकार, यहाँ तक कि मौत के द्वार पर खड़ी मरीज के प्रति भी सहानुभूति और दायित्व का बोध चिकित्सा का एक महत्त्वपूर्ण हिस्सा है।

## *बाह्य यौनांग का कैंसर*

ओवरी और बच्चेदानी के कैंसर के बाद ही बाह्य यौनांग का कैंसर प्रासंगिक स्थान रखता है। आमतौर पर यह रोग 60-65 वर्ष की उम्र के बाद होता है। गाँवों की गरीब महिलाएँ, जिनके पास पानी के नल या पाखाने की व्यवस्था नहीं है और जो पालन की जाने वाली स्वास्थ्य विधि के बारे में सचेत नहीं हैं, उनको यह कैंसर अधिक होता है। माहवारी के बाद, बाह्य अंग में खुजली, जलन या सफेदी वाले घाव का फैलाव होने पर डॉक्टर की सलाह लेना निहायत जरूरी है।

कुछेक स्थितियों में दवा के प्रयोग के अलावा वायोप्सी करके सुनिश्चित कर लेना चाहिए कि कैंसर के पूर्वाभासी संकेत या लक्षण है अथवा नहीं।

प्रारंभिक अवस्था में पकड़ में आने पर सर्जरी द्वारा इस तरह का कैंसर दूर किया जा सकता है। यदि कैंसर पेट के निचले हिस्से के अंदर के ग्लैंड में फैल जाए तो ऑपरेशन इतना विस्तृत और बड़ा हो जाता है कि 60-70 वर्ष की मरीज महिला के लिए उसे झेल पाना संभव नहीं होता।

बाह्य यौनांग के कैंसर के पेशाब की नली, क्लाइटरिस या योनिनली के निचले हिस्से में फैलते हुए पेट के भीतर के ग्लैंड में फैलने की आशंका अधिक रहती है। इन अंगों में कुछ सीमित कैंसर भी नजर आते हैं जिन्हें सर्जरी द्वारा दूर किया जा सकता है।

## *फैलोपियन ट्यूब का कैंसर*

फैलोपियन ट्यूब में कैंसर बिरले ही नजर आता है। आमतौर पर 50 वर्ष की उम्र के बाद ही यह रोग होता है। इस रोग में भी ओवरी के कैंसर की तरह थोड़ा फैलाव आने के बाद ही इसके लक्षण नजर आते हैं। इस कैंसर में धीरे-धीरे मधु के रंग का स्राव

होता रहता है और जो मरीज की नजर में आता है। जाँच के बाद कई मामलों में बच्चेदानी के बगल में तंतुपिंड का अनुभव होता है। कई संदिग्ध मामलों में पैप टेस्ट से सहायता मिलती है। इस रोग के इलाज में आमतौर पर ऑपरेशन करके इसे निकालकर केमोथैरेपी की जाती है।

### *योनिनली का कैंसर*

योनिनली का कैंसर बच्चेदानी के मुँह के कैंसर या बाह्यांग के कैंसर से फैलकर इस अंग पर हमला करता है। कभी-कभी प्राथमिक रूप से योनिनली में ही कैंसर की उपस्थिति होती है। योनिनली के कैंसर में आसपास के तंतु या वस्तिक्षेत्र की हड्डी का असर पड़ने से परिणाम अनिश्चित हो जाता है।

सामान्यतया इस रोग में ऑपरेशन के जरिए बच्चेदानी और योनिनली को पूरी तरह निकाल देना पड़ता है। इस तरह का बड़ा ऑपरेशन संभव न होने पर रेडियम और डीप एक्स-रे का इलाज करना चाहिए। इस रोग के परिणाम के बारे में निश्चित रूप से कुछ कहा नहीं जा सकता है।

### *स्तन का कैंसर*

स्त्री-शरीर में स्तन दूध बनाने और उसका निस्सारण करनेवाला महत्त्वपूर्ण अंग है। पशुओं के पूरे पेट में कई जोड़े स्तन होते हैं, लेकिन मनुष्य के मामले में वक्ष के दोनों तरफ दो स्तन रहते हैं। स्तन के बाहरी हिस्से का ऊपरी भाग काँख तक फैला रहता है। प्रत्येक स्तन के अंदर का हिस्सा बैलगाड़ी के चक्के की तरह 12 से 20 हिस्सों में विभाजित होता है। ये हिस्से रोंए जैसे तंतुओं में विभाजित हैं और प्रत्येक अंश में दूध बनाने का ग्लैंड-समूह एक नली से आकर जुड़ा होता है। यह नली स्तन-वृंत में आकर खत्म होती है। इस ग्लैंड के चारों तरफ का हिस्सा चर्बी से भरा होता है। इस तरह की दूध निस्सारणकारी चर्बी की उपस्थिति से स्तन गोलाकार रूप धारण कर वक्ष से काँख तक फैले रहते हैं।

स्त्री-शरीर में स्तनों की वृद्धि और विकास स्त्री हारमोन द्वारा प्रभावित होता है। वयःसंधि के समय इस्ट्रोजन हारमोन के प्रभाव से स्तनों की वृद्धि होती है और बाद में प्रेजेस्टोरोन हारमोन द्वारा दूध निस्सारणकारी ग्लैंड-समूहों का विकास होता है। धीरे-धीरे युवा स्त्री के स्तन पीन-पयोधर में रूपांतरित हो जाते हैं। गर्भावस्था में स्तनों के रक्त संचार में वृद्धि होती है और पिट्यूटरी थॉयराइड तथा इस्ट्रोजन प्रेजेस्टोरोन हारमोन के प्रभाव से स्तन और अधिक भारी हो जाते हैं। उनके निपिल और चारों तरफ का गोल वलय गाढा काले रंग का हो जाता है। बच्चा पैदा होने के बाद दूसरे हारमोनों के साथ-साथ प्रोलाक्टिन नामक हारमोन के प्रभाव से दूध निकलता है। फिर दस महीने

से साल-भर के बाद से दूध निकलना धीरे-धीरे कम होने लगता है। माहवारी के समाप्त हो जाने पर हारमोन के ह्रास के साथ-साथ स्तनों का आकार छोटा होकर क्षीण हो जाता है। इस विवरण से पता चलता है कि स्तनों के क्रियाकलाप से स्त्री-जीवन के विभिन्न चरणों में नियमित परिवर्तन होता रहता है। इसीलिए स्तनों का कोष-समूह अलग-अलग चरण में अलग-अलग तरह के कार्य करते हैं और विभिन्न स्थितियों में कोष की वृद्धि, विकास और ह्रास होता रहता है। इन्हीं कारणों से इन सारे कोषों में अस्वाभाविक परिवर्तन भी आसानी से हो जाया करता है।

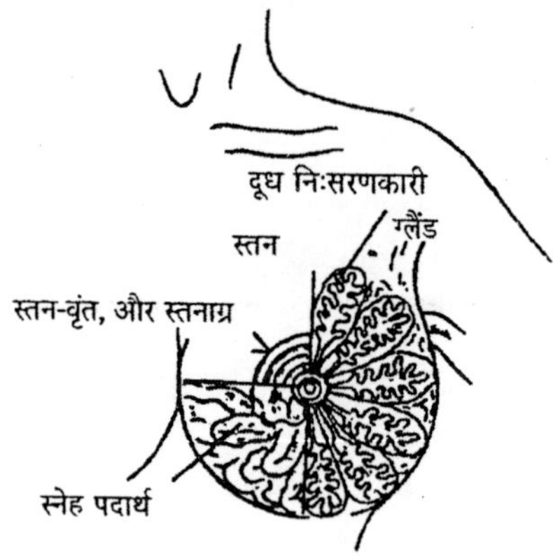


चित्र 36/4 (क) : स्तन के अवयव और ढाँचा (सामने से)

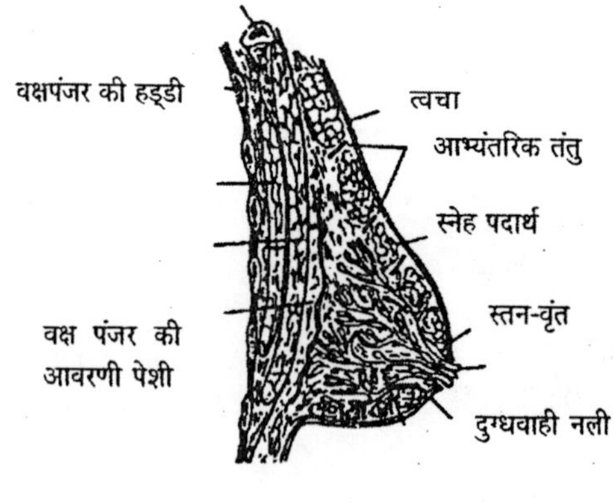


चित्र 36/4 (ख) : स्तन के अवयव और ढाँचा (बगल से)

अनुमानतः 15-20 स्त्रियों में एक स्त्री को स्तन का कैंसर होने की आशंका रहती है। जिनके परिवार में वंशगत रूप में कैंसर होने का इतिहास है, वे ही इस रोग की शिकार हो सकती हैं। सामान्यतया दाहिने स्तन में कैंसर अधिक होते हुए पाया जाता है। जिनके स्तन में कैंसर की आशंका अधिक रहती है, उसका विवरण निम्नलिखित है–

1. चालीस वर्ष या उससे अधिक उम्र की स्त्री, जो संतानहीन है और जिसके परिवार में कैंसर का वंशगत इतिहास है।

2. जिनके स्तन में संदेहपूर्ण या संकेतकारी रोग मौजूद हों, जैसे–

(क) सामान्य ट्यूमर, जो बहुत दिनों से स्तन में हो।

(ख) स्तन के निपिल से लाल या विवर्ण रस निकल रहा हो।

(ग) स्तन के निपिल के चारों तरफ एक्जिमा की तरह खुजली होती हो।

(घ) जिनकी बच्चेदानी के गर्भ में कैंसर हो।

(ड़) जो रेडियम, रश्मि के प्रभाव में काफी दिनों तक रहे हों।

आमतौर पर मध्यम वर्ग और उच्च-मध्यम वर्ग की स्त्रियाँ, जो अधिक मानसिक दुश्चिंता और स्नायविक तनाव की शिकार रहती हैं या तेल, घी और मक्खन आदि पदार्थ अधिक खाती हैं, उन्हीं में इस रोग का प्रभाव अधिक देखा जाता है।

## *स्तन कैंसर के लक्षण और परेशानियाँ*

आमतौर पर स्तनों में किसी तरह के मांसपिंड के उभरने पर मरीज को उसका खुद-ब-खुद पता चल जाता है। इसीलिए स्नान के समय खुद ही स्तनों का निरीक्षण करने से प्राथमिक अवस्था में ही रोग को पकड़ा जा सकता है। कैंसर के थोड़ा फैल जाने पर जो परिवर्तन नजर आते हैं, वे हैं–

1. स्तन की फीति और आकार में अस्वाभाविकता।

2. आवरण त्वचा का नारंगी की तरह दानेदार और मोटा होते जाना।

3. स्तन-वृंत और निपिल का सिकुड़कर विपरीत मुखी हो जाना। इस हिस्से की त्वचा कई बार रक्तिम आभा धारणा कर लेती है।

4. काँख की निचली ग्लैंड का फूल जाना।

## *डॉक्टर किस तरह स्तनों की जाँच करते हैं ?*

पहले रोगी की उम्र, बच्चों की संख्या तथा परिवार की अन्य बीमारियों के बारे में जान लेने के बाद मरीज का सामान्य स्वास्थ्य, रक्तअल्पता की मात्रा और ब्लडप्रेशर देखा जाता है।

बाद में मरीज को बैठाकर उसके स्तन की जाँच करके स्तन के आकार, नाप, दोनों स्तनों के आकार में असमानता, स्तनों की दूरी और आकार की असमानता के साथ

आवरण त्वचा का परिवर्तन आदि देखा जाता है।

फिर सुलाकर लेटी हुई स्थिति में हाथ से स्तनों को टटोलकर पता करना पड़ता है कि उनके अंदर पिंड है या नहीं। किसी तरह का पिंड होने की जानकारी मिलने पर उसकी अवस्थिति, आकार, सक्रियता, दर्द की अनुभूति आदि का पता लगाया जाता है। स्तनों के निपिल से किसी तरह का रस निकलने पर उसके रंग और प्रकृति की जाँच की जाती है। कई बार स्तन-वृंत में एक्जिमा की तरह परिवर्तन दिखाई देते हैं। ये सारे परिवर्तन कई बार विशेष तात्पर्यपूर्ण होते हैं।

स्तनों की जाँच के बाद काँख के नीचे के हिस्से की जाँच करके ग्लैंड की वृद्धि के चिह्न हैं अथवा नहीं, यह देख लिया जाता है।

इन सारे आम परीक्षणों के अलावा विभिन्न तरह के उपकरणों की मदद से आधुनिक ढंग से स्तनों की विशेष जाँच की जाती है।

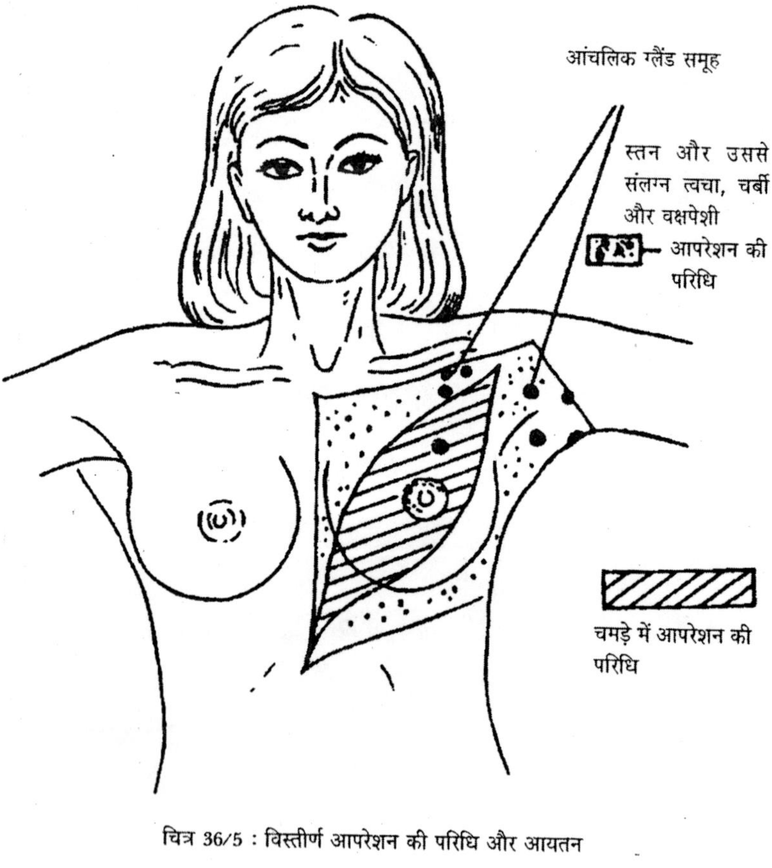


चित्र 36/5 : विस्तीर्ण आपरेशन की परिधि और आयतन

1. मैमोग्राफी

2. अल्ट्रासोनोग्राफी

3. सूई की सहायता से कोष निकालकर उसकी जाँच

4. वायोप्सी।

1. मैमोग्राफी एक विशेष तरह की एक्स-रे पद्धति है जिससे स्तनों के अंतर्वर्ती तंतु और कोष की जाँच की जाती है। बहुत अधिक रेडियोधर्मी किरणों के प्रभाव को कम करने के लिए आजकल जेरो मैमोग्राफी नामक और भी विकसित प्रक्रिया से स्तनों के विभिन्न रोगों का पता लगाना संभव हो गया है। सामान्यतया 50 वर्ष से अधिक उम्र की स्त्रियों को स्तनों में किसी भी तरह की असुविधा महसूस होने पर जाँच करा लेनी चाहिए।

2. अल्ट्रसोनोग्राफी से स्तनों में किसी भी तरह का पिंड रहने पर उसका स्थान, आकार और अंदर के तंतुओं के विवर्तन का पता चलता है। चूँकि शब्द-तरंग के जरिए विभिन्न तंतुओं में प्रतिध्वनि के तारतम्य से उसे फोटो में रूपांतरित किया जाता है इसलिए इस पद्धति से एक्स-रे की तरह कोई बुरा असर नहीं पड़ता।

3. अल्ट्रासोनोग्राफी से पिंड की अवस्थिति के बारे में जानकारी प्राप्त करके सूई की सहायता से उस पिंड से तंतु और कोष लेकर स्लाइड पर विशेष पद्धति से रँगकर उसे अनुवीक्षण यंत्र द्वारा देखा जाता है। इस पद्धति से पिंड के अंदर के कोष-समूह की अस्वाभाविकता को जाँचा जा सकता है।

4. वायोप्सी—यदि शोषण पद्धति में द्विअर्थक और संदिग्ध परिणाम नजर आए तो उस पिंड को ऑपरेशन करके अच्छी तरह अनुवीक्षण यंत्र से जाँच कर संदेह दूर कर लेना चाहिए।

## *स्तन-कैंसर की श्रेणी*

विस्तार की परिधि के आधार पर स्तन-कैंसर को विभिन्न श्रेणियों में बाँटा जाता है—

**प्रथम चरण :** जिन मामलों में कैंसर सिर्फ स्तन तक ही सीमित हो।

**दूसरा चरण :** जिन मामलों में कैंसर का पिंड सचल और सीमित हो, लेकिन कैंसर आसपास के ग्लैंडों में फैल गया हो।

**तृतीय चरण :** स्तन को पार कर कैंसर दूर के अंगों-प्रत्यंगों में फैल गया हो। जैसे—रीढ़ की हड्डी या शरीर की अन्य हड्डियों और पेट-वक्ष पिंजर के अंदर या ब्रेन में फैल चुका हो।

## *चिकित्सा-प्रणाली*

स्तनों के कैंसर का मुख्य इलाज सर्जरी, रेडियोथैरेपी और केमोथैरेपी द्वारा किया जाता है।

निम्नलिखित पद्धति से आमतौर पर इलाज किया जाता है—

(क) ऑपरेशन की सहायता से स्तन का संपूर्ण अंश, वक्षपिंजर के आवरण का पेशी-समूह तथा आसपास के ग्लैंड-समूहों को विस्तृत ऑपरेशन से निकाल दिया जाता है।

(ख) किसी-किसी मामले में आजकल सीमित ऑपरेशन करके ग्लैंड और अन्य तंतुओं में डीप एक्स-रे की मदद से कैंसर दूर किया जाता है।

45 वर्ष से कम उम्र की महिलाओं के मामले में हारमोन के प्रभाव को कम करने के ओवरी को ऑपरेशन करके निकाल देना पड़ता है। रजोनिवृत्ति के बाद पुरुष या स्त्री हारमोन द्वारा तथा कर्टिसन के जरिए फैल चुके रोग को दूर किया जा सकता है।

आजकल दो या उससे अधिक चरणों वाले कैंसर में भी ऑपरेशन के साथ-साथ केमोथैरेपी का प्रयोग करके रोग दूर करने में अधिक सफलता हासिल करना संभव हो गया है।

# परिशिष्ट-I

सन् 1971 के 26 अगस्त को बँगला दैनिक 'आनंद बाजार पत्रिका' में संपादकीय पृष्ठ पर 'अन्य चिकित्सा' शीर्षक लेख छपा था। वह लेख यहाँ दिया जा रहा है। दुःख की बात यह है कि एक दशक पहले के बावजूद सरकार या शिक्षाविदों ने अब तक इस तरह के पाठ्यक्रम के बारे में नहीं सोचा है। मातृ और शिशुमंगल तथा मृत्यु के कारणों की चर्चा के साथ-साथ परिशिष्ट में मेडिकल के छात्र और शिक्षा प्राप्त डॉक्टरों के साथ-साथ ग्रामीण अविकसित एवं पिछड़े वर्ग की सामाजिक स्वास्थ्य-शिक्षा के विषय में विचार किया जा रहा है। आशा है, सरकार इस विषय में ध्यान देगी और कन्या-जाया-जननी के प्रति सचेत होगी।

### *अन्य चिकित्सा*

सिर्फ मेडिकल कॉलेज की चारदीवारी के अंदर बैठकर शिक्षा लेना नहीं चाहता। बस्ती और गाँवों में जाकर प्रयोगात्मक शिक्षा लेना चाहता हूँ—उसके साथ समाज के अँधेरे में पड़े लोगों को भी थोड़ी-सी चिकित्सा मिल सके, उसकी कोशिश करना चाहता हूँ। यह इच्छा छात्रों के एक समूह की है। मेडिकल कॉलेज के आठ छात्रों ने यह प्रमाणित कर दिया है कि वे मन-प्राण से ऐसा करना चाहते हैं।

ये आठ छात्र खिदिरपुर की बस्ती के भीतर घूम-घूमकर इलाज कर रहे हैं। छोटी-छोटी बातों की जानकारी ली है। परीक्षण किया है कि चिकित्सा में कोई बड़ा परिवर्तन लाया जा सकता है या नहीं।

उस दिन कुछ पत्रकारों को वे बस्ती में घुमा-घुमाकर दिखा रहे थे। एक छोटा-सा स्कूल दिखाया, जिसमें एक ही कमरा है। उसमें 96 विद्यार्थी पढ़ते हैं। कमरे में प्रवेश करके हमारा ही दम घुटने लगा था। कोई खिड़की नहीं। तीनों तरफ से बंद। सामने की तरफ सिर्फ एक दरवाजा, और करीब छह छेद। उस स्कूल के बच्चों की उन्होंने जाँच की है। पाया गया कि उनमें से 33 प्रतिशत की आँखों का बारह बज चुका है।

जाँच के साथ-साथ उन मेडिकल छात्रों ने उनका इलाज भी शुरू कर दिया था। शुरू-शुरू में थोड़ी समस्या यह आई थी कि नए लोग देखकर उनसे सभी कतराते थे। कुछ स्थानीय युवकों ने आगे बढ़कर उनके साथ सेवा का हाथ बढ़ाया, इसलिए बच

गए। दूसरी बात यह थी कि उनमें से कोई भी परीक्षा पास किया हुआ डॉक्टर नहीं था। उनके साथ प्रेसक्रिप्शन बनाने की समस्या थी। इस समस्या का समाधान इकोनॉमिक एंड बिजनेस डेवलपमेंट फाउंडेशन की सहायता से हुआ। सी.एम.डी.ए. की बस्ती विकास योजना के तहत उनके इंजीनियर उस बस्ती में काम कर रहे थे। उनमें से एक ने डॉक्टर और डिस्पेंसरी के लिए एक कमरा दिया था। वहीं पर केंद्र बनाकर यह कार्यक्रम चल रहा था।

तीन महीने तक मेडिकल छात्रों ने उस बस्ती के 1200 लोगों और 300 छात्र-छात्राओं के स्वास्थ्य की सूक्ष्मातिसूक्ष्म जाँच की। हैरानी की बात यह कि स्वस्थ और निरोग कहने से जो समझा जाता है, उनमें से एक भी ऐसा नहीं था। इसलिए उन सभी मेडिकल छात्रों सुश्री ललिता मुखर्जी, प्रदीप भट्टाचार्य, अमिताभ सेन, सुदीप भट्टाचार्य, अजय मुखर्जी, मनोजित लोध और विधुत मुखर्जी ने एक स्वर में कहा--हम तो चाहते हैं इस तरह का काम करना, लेकिन अवसर कहाँ है ?

वे डॉक्टरी की फाइनल परीक्षा देने वाले थे। कोर्स खत्म हो जाने के बाद परीक्षा देर से होने वाली थी, इसी बीच वे इस कार्य में उतर गए थे। उन्हें अध्यापक डॉ. ए. के. मित्र से प्रेरणा मिली थी। उन्होंने कहा था इस तरह की सीधी प्रयोगात्मक शिक्षा की ट्रेनिंग मेडिकल शिक्षा पाठ्यक्रम के अंतर्गत रखनी चाहिए। इतना ही नहीं, इसे आवश्यक विषय के रूप में रखना चाहिए। सवाल यह उठता है कि क्या पाठ्यक्रम के अंतर्गत इस तरह की योजना के रखे जाने पर परिणाम अच्छा मिल सकता है ? चाहे और जो भी हो, यह तो सही है कि रट्टू विद्या का प्रयोग करते हुए छात्र लोग चोरी की ओर जो झुकते हैं, उससे थोड़ा-बहुत खींचकर उन्हें अलग रखना संभव होगा। पाठ्यक्रम का विषय आकर्षक न होने के कारण छात्र-छात्राएँ धीरे-धीरे पढ़ाई से ऊबे जा रहे हैं।

इसीलिए सवाल उठा है कि सी.एम.डी.ए. बस्ती विकास के लिए करोड़ों रुपए खर्च कर रहा है तो क्या एक-आध क्लिनिक नहीं खोला जा सकता ? मेडिकल के छात्र तो चाह रहे हैं काम करना। अस्पताल में तो मौका मिलना मुश्किल है। ऐसा होने पर एक तरफ बस्ती के अँधेरे में पड़े लोगों का थोड़ा इलाज हो सकेगा। साथ ही मेडिकल के छात्र सिर्फ सर्टिफिकेट हाथ में लेकर नीमहकीम डॉक्टर न बनकर हाथों-हाथ शिक्षा प्राप्त कर सचमुच के डॉक्टर बनने का मौका पाएँगे।

**मेडिकल छात्र और शिक्षा प्राप्त डॉक्टरों की ग्रामीण सामाजिक स्वास्थ्य शिक्षा, बच्चों और माताओं के कल्याण के शिक्षा पाठ्यक्रम की समीक्षा तथा इन्हें लागू करने के उपाय**–भारत की कुल आबादी का 80 प्रतिशत आज भी गाँवों में ही बसता है। इस विशाल जनसंख्या के बीच आधुनिक चिकित्सा विज्ञान के सुफल को पहुँचा पाने का प्राथमिक लक्ष्य आज भी अधूरा है। सन् 1966 में देश में कुल 1,08737 डॉक्टर थे, लेकिन इनका 80 प्रतिशत शहरों में या अर्ध शहरी इलाकों में काम करते थे। इतिहास बताता है कि हमेशा ही

गाँव के लोगों को चिकित्सा की सुविधा नहीं मिली है। आज भी उसमें कोई परिवर्तन नहीं हुआ...।

दूसरी तरफ, मेडिकल छात्रों की शिक्षा व्यवस्था पूरी तरह अस्पताल-केंद्रित ही है। आज की डॉक्टरी विद्या विस्तारित लैबोरेटरी शोध और आवश्यकता पर निर्भर है। इसलिए कहा जा सकता है कि मेडिकल कॉलेज से निकलने के बाद डॉक्टरों के मन में गाँव के अपरिचित परिवेश में काम करने की इच्छा पैदा नहीं होती, न ही इसकी शिक्षा मिलती है। मौजूदा शिक्षा प्रणाली में इसी तरह की मनोवृत्ति का होना स्वाभाविक ही है।

कहना न होगा कि मेडिकल के छात्र और ग्रामीण जनसमाज, इन दोनों में पारस्परिक सुपरिणाम प्राप्त करने के काफी मौके हैं। डॉक्टरी पढ़ने वाले छात्र गाँव के स्वास्थ्य-सामाजिक काम में आगे आ सकते हैं। ग्रामीण स्वास्थ्य और शिक्षा शिविर संचालन के अनुभव से यह बात कही जा रही है।

### *ग्रामीण समाज-सेवा में मेडिकल के छात्रों की शिक्षा*

पहले ही बताया गया है कि मेडिकल कॉलेज से निकले हुए युवा डॉक्टरों के लिए गाँव के लोगों के साथ अच्छी तरह मेलजोल बढ़ाना कठिन होता है। गाँव के लोगों से किस तरह परिचय करना चाहिए, उनकी विभिन्न समस्याओं और आदतों को पहले तो मान लेना पड़ता है, या फिर उनके विकास करने लायक किसी प्रसंग को लेकर बात छोड़ने से अच्छा होता है, यह सब तो छात्रगण कभी नहीं सीखते। सामाजिक और निवारण चिकित्सा सीखते हुए शायद कुछेक फील्ड सर्वे होता है और निर्देश सिखाने का क्लास भी होता है। उसमें ग्रामीणों के जीवन की विशेषता, सामाजिक परिवेश, चिकित्सा समस्या, आर्थिक समस्या और रोग की उत्पत्ति आदि के बारे में जानकारी हासिल करने का अवसर कहाँ है ? गाँव की डॉक्टरी में निवारण की व्यवस्था, पोषण, परिवार कल्याण, गर्भधारण और नई समस्याओं, छोटे बच्चों की बीमारियों आदि पर जोर दिया जाना चाहिए। माँ और बच्चे के स्वास्थ्य के विषय में गाँव के डॉक्टर यदि सचेत नहीं हुए तो परिवार कल्याण की कोशिश ही व्यर्थ होगी। यह बात भी सच है कि इन मामलों में सलाह देने के लिए डॉक्टरों को धात्री विद्या, स्त्रीरोग और शिशु रोग के विषय में विशेषज्ञ होना चाहिए। ग्रामीण स्वास्थ्यकर्मियों के दल में जो कम उम्र की लैबोरेटरी सहायक होती है, उसकी भूमिका भी बहुत महत्त्वपूर्ण होती है। खून और मल-मूत्र की जाँच करने, प्रतिरोधक टीका लगाने आदि का दायित्व तो उसी का होता है। इसके साथ है परिवार-कल्याण, स्वेच्छया खून देना, पौष्टिक आहार, अंधापन दूर करना और अन्य निवारण चिकित्सा के विषय में जानकारी देना। स्वास्थ्य शिक्षा देकर भी बहुत-सी छूत की बीमारियाँ रोकी जा सकती हैं। धीरे-धीरे गाँव के लोग भी समझ जाएँगे कि इलाज से रोग के प्रतिरोध की व्यवस्था ही अधिक सुविधाजनक और आवश्यक है।

इस तरह से ग्रामीण जीवन के साथ मिलजुलकर रहते हुए स्थानीय समस्याओं को यदि बातचीत के जरिए जान लिया जाए, तो मेडिकल छात्र और गाँव के निवासी दोनों के लिए एक-दूसरे के प्रति श्रद्धा और विश्वास की भावना बनेगी।

## *गाँव की सामाजिक धात्री विद्या व्यवस्था*

ग्रामीण सामाजिक धात्री विद्या व्यवस्था को दो हिस्सों में बाँटा जा सकता है : पर्यवेक्षण और सेवा। गाँव में धात्री विद्या संबंधी पर्यवेक्षण के अलावा (स्थानीय जनसंख्या के परिवेश-प्रकृति के बारे में जाँच किए बिना ही) सही सेवा का इंतजाम करना संभव नहीं। इस पर्यवेक्षण में कुछ विषयों पर छानबीन करना जरूरी है।

1. स्त्रियों के रजस्वला होने की उम्र।
2. शादी की उम्र।
3. पहली बार गर्भवती होने की उम्र।
4. बच्चों की संख्या।
5. बच्चे के जन्म के बाद सेवा के विषय में मानसिकता (अस्पताल में जाने या घर पर डॉक्टर के आने में कौन-सा अधिक पसंद है)।
6. अस्पताल में बच्चा होने के विषय में मानसिकता (कोई आपत्ति है या नहीं)।
7. परिवार कल्याण के विषय में मानसिकता (धार्मिक या अन्य आपत्ति)।
8. शिशु-मृत्यु की घटना और कारण

धात्री विद्या सेवा के कुछ भाग हैं—

**क. प्रत्यक्ष धात्री विद्या सेवा :**

1. बच्चा जनमने से पहले की सेवा।
2. बच्चे के जन्म के बाद की सेवा।
3. बच्चे की देखभाल।
4. अस्पताल से घर आने के बाद देखभाल।

**ख. गर्भपात (एम.टी.पी.) :**

1. साक्शन पद्धति से गर्भपात।
2. हमेशा से चली आ रही पद्धति से गर्भपात।
3. भ्रूण में सेलाइन इंजेक्शन पद्धति से गर्भपात।
4. ऑपरेशन द्वारा गर्भपात।

**ग. ट्यूबेकटामी और अन्य पद्धति :**

## *ग्रामीण सामाजिक धात्री विद्या शिक्षण की योजना*

पर्यवेक्षण से अधिक सेवा पर जोर देना होगा। वर्ष के अधिकांश समय गाँव के मेडिकल छात्र चिकित्सा का काम कर सकते हैं। या फिर छोटे-छोटे दलों में छात्रों को भेजकर

आवश्यक क्लास, प्रदर्शन तथा प्रत्यक्ष रूप से सिखाने की व्यवस्था हो सकती है। इस तरह से छात्रगण वर्ष में चार से छह सप्ताह प्राथमिक और माध्यमिक स्वास्थ्य केंद्र पर आकर स्थानीय मेडिकल अफसर और अध्यापक की सहायता से काम सीख सकते हैं। रहने-खाने की सुविधा के लिए छात्र जिले और कस्बे में रह सकते हैं और वहीं से वे स्वास्थ्य केंद्र पर आ-जा सकते हैं। कॉलेज के प्रत्येक सत्र के दो छात्रों को लेकर कुल छह छात्रों का एक दल बनाया जा सकता है। एक महिला स्वास्थ्य पर्यवेक्षक या समाज-सेविका का उपस्थित रहना जरूरी होता है। क्योंकि माँ और बच्चे का स्वास्थ्य और परिवार कल्याण ही तो मुख्य कार्य है। बहुत-सी ग्रामीण महिलाएँ पुरुष डॉक्टर से अपने को दिखाने में कतराती हैं। बच्चा पैदा होने के पहले की सेवा के अंतर्गत मेडिकल छात्र रक्तचाप की जाँच—खून में हीमोग्लोबिन की मात्रा, मूत्र में शर्करा और श्वेत हिस्से का पता लगाने, मरीज के पेट के निचले हिस्से की जाँच करके गर्भस्थ शिशु की स्थिति का पता लगाने जैसे कुछ साधारण लक्षणों की जाँच आदि कर सकते हैं। उबकाई आना, कोष्ठकाठिन्य, रक्तशून्यता, योनिनली में जीवाणु का संक्रमण आदि भी देखना चाहिए। इस तरह की जाँच के प्रति मरीज को भी सचेत करना होगा। पौष्टिक आहार, परिवार नियंत्रण, बच्चों को टीका लगाने के विषय में भी सचेत करना होगा। भावी माता को टिटनेस का टीका लगाना होगा। तीव्र रक्तशून्यता, जॉन्डिस, हृदयरोग, टकसीमिया और अन्य खतरनाक बीमारी रहने पर उन मरीजों को केंद्रीय अस्पताल में भेजने का इंतजाम करना होगा।

बच्चा होने के बाद की सेवा के लिए घर जाना जरूरी होता है। माँ और बच्चे दोनों की जाँच करना आवश्यक होता है। बच्चे की शारीरिक और मानसिक विकास गति का विवरण रखना होगा।

बच्चे के खिलाने-पिलाने के मामलों में माँ को सचेत करना होगा। चेचक, डिफ्थीरिया, हूपिंग खाँसी और पोलियो का प्रतिरोधक टीका बच्चे को स्वास्थ्य केंद्र से दिलवाना होगा। ग्रामीण परिवार कल्याण केंद्र तीन या उससे अधिक बच्चों की माताओं की ट्यूबेकटामी संबंधी विभिन्न तथ्यों का संग्रह कर सकते हैं। गर्भपात के समय छात्र और शिक्षा पा रहे छात्र काम करते हुए इन सारे आसान ऑपरेशनों को सीख पाएँगे तथा ऑपरेशन के बाद की देखरेख का भी अनुभव प्राप्त कर पाएँगे। महिला स्वास्थ्य पर्यवेक्षक के साथ छात्र यदि मरीज के घर जाएँ तो धात्री विद्या से संबंधित विभिन्न तथ्यों का वे संग्रह कर सकेंगे। गर्भपात के काम में छात्र, प्रशिक्षित डॉक्टर और उनके शिक्षकों को एक साथ मिलकर काम करना होगा। इस मामले में विशेषज्ञ चिकित्सकों की सलाह से काम के क्षेत्र में आगे बढ़ना चाहिए।

फिर भी ग्रामीण धात्री विद्या संबंधी इस योजना में कुछ त्रुटियाँ रह ही जाएँगी। मेडिकल छात्र और पुरुष डॉक्टर द्वारा जाँच किए जाने को लेकर ग्रामीण महिलाएँ आपत्ति कर सकती हैं। इस संकोच को दूर करने के लिए प्रत्येक छात्र दल में दो छात्राओं को सहयोगी रखा जा सकता है। यदि यह संभव न हो तो महिला स्वास्थ्य

पर्यवेक्षक की उपस्थिति तो निहायत आवश्यक ही है। इसके बाद है आर्थिक समस्या। गाँवों में काम करने में छात्रों को उत्साह मिले, इसके लिए कुछ आर्थिक सुविधा या उसके बदले परीक्षा में अतिरिक्त नंबर देने की व्यवस्था की जा सकती है। इसके बाद भी छात्रों के रहने-खाने के खर्च का सवाल आता है। तीसरी समस्या है पूछताछ, आने-जाने और अर्द्ध मेडिकल कर्मचारियों का इंतजाम। वरना पूरे मेडिकल के छात्रों को लेकर इतनी बड़ी और व्यापक योजना का संचालन संभव नहीं होगा। जिला मजिस्ट्रेट और अन्य सरकारी अफसरों की सहायता से इन समस्याओं को दूर करना संभव होगा। एक बार काम शुरू कर देने पर समाधान भी मिल जाएगा। खर्च चाहे कुछ भी आए, इससे अपव्यय नहीं होगा। जनता के लिए ही तो जनता की संपत्ति है।

यह स्वास्थ्य विकास एक विशाल यज्ञ है। इस यज्ञ में युवा समाज का असीम दायित्व है। इस तरह की कोशिश की शुरुआत में ही एक निर्दिष्ट इलाके को चुनकर उचित शिक्षक के संचालन में छात्र समाज को प्रेरित करके ग्रामीण स्वास्थ्य विकास के कार्यक्रम को वास्तविक रूप देना होगा।

डॉक्टरी के छात्रों के साथ सभी शिक्षण शाखाओं के छात्रों के सहयोग से गाँव में पानी, नाली, सिंचाई, विद्युत्, रास्ता आदि योजनाओं को सटीक रूप देने में सहायता मिलेगी। इम्यूनिटीज के छात्रों के द्वारा इसके साथ ही वयस्क शिक्षा की व्यवस्था की जा सकती है। ये सारी योजनाएँ मातृ कल्याण, शिशु कल्याण और परिवार कल्याण दफ्तर के खर्चे से ही संभव होंगी, इस मामले में इच्छाशक्ति का होना ही मुख्य बात है। पैसे के लिए कोई सही काम नहीं रुकता।

# परिशिष्ट-II

**विभिन्न डॉक्टरी शब्दों के अर्थ–**

| **विभिन्न अध्यायों में आए डॉक्टरी शब्द** | **परिभाषा और व्याख्या** |
|---|---|
| क्यूरेट | बच्चेदानी की झिल्ली को काटकर निकालने वाला खुरपीनुमा यंत्र। |
| हाइमेन | योनिद्वार के चारों तरफ ढका हुआ पर्दे का घेरा। |
| आर.एच. श्रेणी | एक तरह का खून का वर्ग। |
| वी.डी.आर.एल काहन टेस्ट | खून में सिफिलिस को जाँचने की विभिन्न पद्धतियाँ। |
| डायेजिनल. | बच्चेदानी का एक्सरे करने के लिए आयोडिन मिश्रित रासायनिक पदार्थ। |
| वैक्यूम शाक्सन | निम्नचाप उत्पन्न करके डिम्बाशय से कम महीने के डिम्बाणु निकालने की पद्धति। |
| इनक्यूवेटर | उचित ताप और आद्रता मिश्रित नवजात शिशु को रखने का बॉक्स या चेंबर। |
| मेटाबॉलिज्म | शरीर में खाद्य ग्रहण, इस्तेमाल और निष्कासन की पद्धति। |
| बाइंडर | पेट और कमर की कपड़े की बँधनी। |
| म्यूकस मेम्ब्रेन | शरीर के विभिन्न अंगों की श्लेष्मा झिल्ली त्वचा। |
| प्रि-एक्लंप्सिया | गर्भावस्था में उच्च रक्तचाप, पेशाब में एलबुमिन और पैर फूलने जैसे रोग। उचित इलाज न होने पर खिंचाव शुरू होकर एक्लंप्सिया की सृष्टि होती है। |
| एपिडेमिक ड्राप्सी | सरसों में सियार काँटा के बीज से निकाले विषैले पदार्थ द्वारा प्रसूत रोग। इससे पैर फूल जाते हैं और हृत्पिंड आक्रांत होता है। पहले इसे बेरिबेरी कहने की गलती की जाती थी। |
| प्लेजेन्टा प्रिविया | बच्चेदानी में बच्चे की अवस्थिति के समय निम्नभाग |

| | |
|---|---|
| | में फूल की स्थिति। |
| यूरोविलिन | लीवर में रक्तकणों के टूटकर उससे निकलने वाला पीले रंग का रासायनिक पदार्थ, जो बाइल में पीला रंग धारण करता है। जॉन्डिस रोग में बाइल जमा होने से आँखों का रंग पीला हो जाता है। |
| ल्यूकिमिया और हजकिन रोग | श्वेतरक्त-कण द्वारा उत्पन्न कैंसर रोग। इसमें अत्यधिक मात्रा में अविकसित अपरिवर्तित श्वेत कण खून में उत्पन्न और संचालित होते हैं। |
| सिफिलिस | स्पाइरोकिटा नामक जीवणु द्वारा उत्पन्न यौनरोग। इसमें पहले यौनांग में घाव होता है, बाद में पूरे शरीर में विभिन्न तरह से रोग का विस्तार नजर आता है; चमड़ी, हार्ट यहाँ तक कि ब्रेन भी आक्रांत हो सकता है। |
| एमबिसिस और जेरडिसिस (जियारडिया) | एमिबा और जेरडिया (जियारडिया) जीवाणु द्वारा होने वाला पेचिस। |
| एनिमा | डूस देकर पाखाना करवाने की पद्धति। |
| लिगामेंट | पेशी और हड्डी को जोड़ने वाले कड़े सफेद तंतु। |
| पिटोसिन सिंटोसिनिन | पिट्यूटरी ग्लैंड से निकलने वाला हारमोन, जो प्रसव-काल में बच्चेदानी का संकुचन और वृद्धि करता है। सिंटोसिनिन कृत्रिम उपाय से बना पिटोसिन हारमोन है। |
| वेंटुस | प्रसव के समय शाक्सन द्वारा बच्चे के सिर को बाहर निकालने का यंत्र। |
| पेरिनियम | योनिद्वार और मलद्वार के बीच का कोमल हिस्सा। |
| प्लाज्मा | खून का तरल पदार्थ। |
| लोकिया | प्रसव के बाद छह सप्ताह तक बच्चेदानी से निकलने वाला स्राव। |
| रेटिटेसटिस | अंडकोष की शुक्रवाही नली से निकलने वाला प्रसव। |
| स्क्रोटाम | अंडकोष को धारण करने वाली चमड़ी की थैली। |
| प्यूबिस | वस्तिगह्वर (पेट) की हड्डी के सामने जुड़ने वाली हड्डी। |
| एपिलेन्सी | मृगी या मिरगी रोग। |
| पेरिटोनाइटिस | पेट के भीतर की झिल्ली के बीच जीवाणुओं द्वारा उत्पन्न गंभीर प्रदाह। |

| | |
|---|---|
| पारप्यूरा | प्रथ्रमबिन के अभाव में खून के न जमने के कारण चमड़ी और म्यूकस मेम्ब्रेन में रक्तक्षरण। |
| आरगट | सरसों से उत्पन्न एक तरह का रासायनिक पदार्थ, जो बच्चेदानी में संकुचन उत्पन्न करता है। |
| जेनेसियन वायोलेट | बैंगनी रंग का बीजघ्न तरल रासायनिक पदार्थ। |
| निस्टाटिन | फंगस द्वारा उत्पन्न रोग दूर करने की दवा। |
| पेपटोन | पेपटोन साइट्रेट दूध से छेना निकालने की दवा। |
| इरिसिपेल्स | स्टेफाइलो क्रक्स द्वारा उत्पन्न चमड़ी के नीचे का गंभीर प्रदाह। |
| सेलुलाइटिस | चमड़ी के नीचे चर्बी के नरम तंतुओं में प्रदाह। |
| हाइड्रोकेफाल्स | जन्मजात त्रुटि के कारण उत्पन्न मस्तिष्क के अंदर के हिस्से में पानी बढ़ने से सिर के आयतन में वृद्धि। |
| मेनिगोसील | सिर की हड्डी के बीच में मस्तिष्क और उसके आवरण तंतु का निष्क्रमण। |

●●●